U0439909

景印香港

新亞研究所

新亞學報

第一至三十卷

第四一冊‧第三十卷

總策畫　林慶彰　劉楚華

主　編　翟志成

新亞研究所

NEW ASIA INSTITUTE OF ADVANCED CHINESE STUDIES

景印香港新亞研究所《新亞學報》（第一至三十卷）

景印香港新亞研究所《新亞學報》（第一至三十卷）

景印香港新亞研究所《新亞學報》第四一冊

第三十卷　目次

景印香港新亞研究所《新亞學報》（第一至三十卷）

第三十卷

新亞學報

錢穆

新亞研究所

景印本・第三十卷

第三十卷

新亞研究所

新亞學報

景印本・第三十卷

新亞學報第三十卷

目　錄

「聞道」並非「達道」
——廖名春教授〈《論語》「朝聞道，夕死可矣」章新釋〉讀後

勞悅強

新加坡國立大學中文系

提　要

廖名春教授嘗試從訓詁和義理兩方面重新解釋《論語‧里仁》〈朝聞道，夕死可矣〉章，並提出「聞道」當作「達道」的解釋。本文亦從訓詁和義理兩方面反駁廖文，更指出「聞」與「達」在詞義和義理上之根本差異。「聞」當作「聲譽著聞」解而「達」則當作「顯達」解。務求聲譽著聞者，心意徇外，而顯達者則先求自立，不枉己從人。此關乎聞者與達者的修養問題而非僅詞義的差別而已。另一方面，「聞道」之「聞」與「聲聞」之「聞」詞性本不相同，不可如廖文一般，引申互訓。

「聞道」並非「達道」
——廖名春教授〈《論語》「朝聞道，夕死可矣」章新釋〉讀後

廖名春教授嘗試從訓詁和義理兩方面重新解釋《論語・里仁》〈朝聞道，夕死可矣〉章，而有關訓詁方面，他又列舉自漢以下至南北朝歷代引述此章的情況，以佐成其說。一言蔽之，他認為，「聞道」當作「達道」解。他說：「這裡的『聞』，既非聽聞，也非悟知，而當訓為『達』，到達，引申之，即實現。所謂『聞道』，即到達道，實現道。」因此，他把此章譯為「孔子說：『早晨實現了我的理想，就是當天晚上死去也甘心。』」[1]

對古籍的解釋，第一關鍵是訓詁，若訓詁證據欠周，則儘管義理可通，其說自然值得商榷。廖教授無疑也遵從同樣的解釋原則，他對何晏的說法的批評正是從這種立場提出的。何晏解釋〈朝聞道〉章說：「言將至死不聞世之有道也。」[2]廖教授認為，何晏「將『道』解為『有道』，訓詁上有增字為訓之嫌。而『聞道』上古文獻除作『知道』、『悟道』解外，一般都是聽見道、聽到道的意思，並沒有聽見有道、聽到天下已太平的例子。」[3]他的批評可謂有理。

根據同樣的訓詁原則，廖教授的新釋的確沒有增字為訓，但故無論「聞道」之「道」是否可解作「理想」，最根本的問題則在於，此章「聞」

---

[1] 廖名春：〈《論語》「朝聞道，夕死可矣」章新釋〉，《清華大學學報》（哲學社會科學版），2009 年第 6 期，頁 151-155，引文見頁 154。

[2] 何晏說見皇侃：《論語集解義疏》（臺北：廣文書局，1991），上冊，頁122。

[3] 廖名春：〈《論語》「朝聞道，夕死可矣」章新釋〉，頁153。宋邢昺疏釋何說云：「此章疾世無道也。設若早朝世有道，暮夕而死，可無恨矣。言將至死不聞世之有道也。」見廖文頁153 注3 所引。

字是否可訓作「達」。廖教授認為，「『聞』訓為『達』，《論語》早有定說」，【4】而證據則見於〈顏淵〉篇以下一章：

> 子張問：「士何如斯可謂之達矣？」子曰：「何哉，爾所謂達者？」子張對曰：「在邦必聞，在家必聞。」子曰：「是聞也，非達也。夫達也者，質直而好義，察言而觀色，慮以下人。在邦必達，在家必達。夫聞也者，色取仁而行違，居之不疑。在邦必聞，在家必聞。」

由於廖教授對此章的解釋是他對〈朝聞道〉章的新釋的基礎根據，在此我把他的原話全部照錄下來。他說：

> 此章從表面看，是孔子叫子張如何分辨「聞」與「達」，但實質告訴我們「聞」與「達」是一對同義詞，子張言其同，孔子辨其異。子張先問孔子士人怎樣才可以叫「達」。孔子卻反問子張你所說的「達」是什麼意思。子張答道：「在邦必聞，在家必聞。」子張先言的是「達」，後又用「在邦必聞，在家必聞」回答孔子「何哉，爾所謂達者」之問。顯然，在子張的眼裡，「聞」就是「達」。孔子雖然力辨「聞」不等於「達」，但正好說明一般人視「聞」如「達」，只見其同，不見其異。【5】

毫無疑問，子張未明「達」的真意，但嚴格而言，他並未以「聞」為「達」；他只是認為在邦在家都必能有聲聞就是「達」。在子張的理解中，聲聞的範圍決定「達」與否。對他來說，如果「聞」與「達」真有其同，則兩者的差異似乎只在其影響的範圍的大小。子張個人對「聞」與「達」的理解是否可以代表當時人的一般看法，自然值得商榷。廖教授的推論，孔子時代的「一般人視『聞』如『達』，只見其同，不見其異」，只能姑備一說。無論如何，子張與孔子之間的問答並不能證明此

【4】 廖名春：〈《論語》「朝聞道，夕死可矣」章新釋〉，頁154。

【5】 廖名春：〈《論語》「朝聞道，夕死可矣」章新釋〉，頁154-155。

章「實質告訴我們『聞』與『達』是一對同義詞」。我們最多只能說，在一定的語脈中，針對特殊對象而言，「聞」與「達」義或可通而已。

《淮南子・主術》：「是故號令能下究，而臣情得上聞。」高誘注：「聞猶達也。」[6]廖教授據此為證，於是認為「聞」與「達」是同義詞。事實上，猶，如同之意；高注用「猶」字，意謂「聞」在此處的語用意義猶如「達」。「上聞」意即在上者得以聽聞，換言之，消息得以上達，但這並非等於說「聞」與「達」是同義詞。若「聞」與「達」同義，高誘注文則會是「聞，達也」。這是訓詁學上「猶」這個術語的義例。對此，段玉裁的解釋最扼要明白。《說文解字》卷三下〈言部〉：「讎」下段注云：「凡漢人作注云『猶』者，皆義隔而通之。如《公》、《穀》皆云『孫猶孫』，謂此子孫字同孫遁之『孫』。《鄭風傳》：『漂猶吹也』，謂漂本訓浮，因吹而浮，故同首章之『吹』。凡鄭君（指鄭玄）、高誘等每言『猶』者，皆同此。」[7]「猶」的作用在於「義隔而通之」，也就是將兩個本義不同的字作通訓，或藉假借義而通，或借引申義而通。高注謂「聞猶達也」，便是此意，[8]但「聞」與「達」本身並非同義詞。

子張誤以「在邦必聞、在家必聞」為「達」，但他犯的並非訓詁上的錯誤，而是概念上的混淆。子張問「達」並非因為他不知道「達」的詞義，此猶如孔門弟子屢問仁，他們也非不知「仁」字的通行詞義。子張的問題本身就已經說明，他關心的是士的實際行為問題，而此處的實

---

[6] 引文見廖名春：〈《論語》「朝聞道，夕死可矣」章新釋〉，頁155。

[7] 段玉裁：《說文解字注》（上海：上海古籍出版社，2000），頁90。又黃侃說：「漢人說經，凡云某猶某之說，皆其後起之義。又其說必有所本，蓋訓詁不可臆改，猶篆書之不可臆造也。」見所著：《黃侃國學講義錄》（北京：中華書局，2006），頁240。

[8] 子曰：「野哉，由也！君子於其所不知，蓋闕如也。」孔安國訓曰：「野猶不達也。」見皇侃：《論語集解義疏》，下冊，頁444。我們不可據此而謂「野」與「達」是相反詞，更不能以「野」作「不聞」解。

際行為則由「達」的概念內容決定。所謂概念內容自然是以孔子所理解為據。子張問「達」，實際上他不啻是問「士」。眾所周知，「士」正是孔子竭力提倡的新的社會流品。正因為是孔子的創見，所以，《論語》中師徒討論「士」的精神、性格以及責任的地方甚多。子張問「士何如斯可謂之達矣」正是一例。所謂「何如斯」正是「達」的概念內容以及由「達」所界定的行為，而非「達」的詞義。「何如斯」猶如「怎樣做」或「要做出什麼成績」的意思。【9】既然子張問的是概念內容，【10】因此孔子在回答之前便先向他確認他所理解的「達」到底為何，以免發生誤會，遂致答非所問。當然，孔子瞭解門人弟子的性格和學問造詣，他回答之前的澄清工作自然有其合理的理由。【11】《論語・雍也》載子貢問曰：「如有博施於民而能濟眾，何如？可謂仁乎？」子曰：「何事於仁，必也聖乎！堯、舜其猶病諸！夫仁者，己欲立而立人；己欲達而達人。能近取譬，可謂仁之方也已。」可見在孔子心中，「達」乃仁者的修養，其內涵深湛精微，一般弟子未必足以知之。這應該是孔子回答之前先向子張澄清他的問題的一個原因。另一方面，儘管子張未必清楚知道自己問題的實際意義，孔子總不會以為子張根本不知「達」的通行詞義而需要預先跟他確認。

【9】《論語》中弟子屢有「何如斯」之問，而孔子總是針對行為作答，無一例外。參看〈子路〉篇子貢和子路分別問「何如斯可謂之士矣」以及〈堯曰〉篇子張問「何如斯可以從政矣」。

【10】《論語・為政》載子游問孝。子曰：「今之孝者，是謂能養。至於犬馬，皆能有養。不敬，何以別乎？」又載子夏問孝。子曰：「色難。有事，弟子服其勞；有酒食，先生饌，曾是以為孝乎？」子游、子夏關心的都不是「孝」的詞義，而是「孝」的義理內涵。

【11】子貢嘗曰：「我不欲人之加諸我也，吾亦欲無加諸人。」子曰：「賜也，非爾所及也。」見《論語・公冶長》。孔子又說：「中人以上，可以語上也；中人以下，不可以語上也。」見《論語・雍也》。

　　子張所謂「達」，即是「在邦必聞，在家必聞」。毫無疑問，子張關心的是政治上的成就。如果沒有這一澄清，「達」未必指政治成就而言。這也是孔子向子張確認他的問題意旨所在的另一原因。子張的回答重點無疑在「聞」，而兩個「必」字又是關鍵所在。子張認為在邦在家都「必聞」方可稱「達」。孔子即針對他這一看法而回答。首先，他強調子張所講者是「聞」而非「達」──「是聞也，非達也」。然後，他進一步區辨「達」與「聞」之不同。他說：「夫達也者，質直而好義，察言而觀色，慮以下人。在邦必達，在家必達。夫聞也者，色取仁而行違，居之不疑。在邦必聞，在家必聞。」從個人修養而言，「達」者「質直而好義，察言而觀色，慮以下人」，一己有內涵，處事有原則，能體諒他人，相機行事，所以，在邦在家都能不辱所命。相反，「聞」者中無所守，唯一的原則就是巧言令色，目的在於徇外求名而已，至於能否完成其所受使命，則又非其所關心之義。從實際效果看，「達」者不必能「聞」，而「聞」者更必不能「達」。譬喻言之，有本領的人物不必有什麼名氣，名氣大的人物不一定有本領。又或者實用的貨品未必是名牌，名牌貨不一定實用。子張以為名人就是「達」者，但孔子告訴他，凡事只顧追求名聞，很容易會流為鄉原。顯然，「達」與「聞」並非一對同義詞，而「達」者與「聞」者也非同一類人物。【12】孔門弟子中，夫子以「達」相許者似乎只有子貢一人而已。【13】

　　從詞義來看，子張所講的「聞」字是形容詞，舊讀音「問」，出名、有名望、有聲聞之意。《論語・子罕》載子曰：「後生可畏，焉知來者之不如今也？四十、五十而無聞焉，斯亦不足畏也已。」此處，「聞」

【12】《論語・衛靈公》載子曰：「辭達而已矣。」從詞義上論，子張以「聞」為「達」，是謂辭不達意。從義理上論，孔子區辨「聞」與「達」，其實就是他講究的「正名」。

【13】《論語・雍也》載季康子問：「賜也可使從政也與？」曰：「賜也達，於從政乎何有？」

即聲譽、名望之意。《墨子・非命中》：「初之列士桀大夫，慎言知行，此上有以規諫其君長，下有以教順其百姓，故上有以規諫其君長，下有以教順其百姓，故上得其君長之賞，下得其百姓之譽。列士桀大夫聲聞不廢，傳流至今，而天下皆曰其力也。」[14] 此處，聲聞同樣即聞也、聲譽也。「達」者或「聞」或否，後世「聞達」二字連用，則逐漸變為偏義複詞，並不能證明「聞」與「達」原來同義。比如，皇侃《論語集解義疏》〈子罕〉篇〈後生可畏〉章疏云：「言後生可畏，若四十五十而無聲譽聞達於世者，則此人已不足可畏也。」又引孫綽曰：「年在知命，蔑然無聞，不足畏也。」[15] 皇侃所謂「聞達」實即孔子原話中的「聞」，孫注曰「無聞」則重複夫子原話。但必須強調，「聞」與「達」連用的時候，兩字同是形容詞。廖教授既然認為〈朝聞道〉章中「聞道」當作「達道」解，他無疑也以「聞」為動詞。「聞」字作為動詞，古代只有聽聞的意思，其後又衍出嗅聞之意，[16] 同樣不作「有名望」解。

---

[14] 孫詒讓：《墨子閒詁》（北京：中華書局，1986），上冊，頁 249。

[15] 皇侃：《論語集解義疏》，上冊，頁 318。

[16]《孔子家語・六本》載孔子曰：「吾死之後，則商也日益，賜也日損。」曾子曰：「何謂也？」子曰：「商也好與賢己者處，賜也好說不若己者。不知其子，視其父；不知其人，視其友；不知其君，視其所使；不識其地，視其草木。故曰與善人居，如入芝蘭之室，久而不聞其香，即與之化矣；與不善人居，如入鮑魚之肆，久而不聞其臭，亦與之化矣。丹之所藏者赤，漆之所藏者黑。是以君子必慎其所處者焉。」楊朝明主編：《孔子家語通解——附出土資料與相關研究》（臺北：萬卷樓，2005），頁 193-194。如果《家語》所載真的是孔子的原話，則孔子已有以「聞」作「嗅」義的用法。又《韓非子・十過》：「共王駕而自往，入其幄中，聞酒臭而還。」陳奇猷：《韓非子集釋》（香港：中華書局，1974），上冊，頁 165。可見戰國末年，「聞」作「嗅」解的用法已經普遍流行。又按：《書經・酒誥》：「[紂]弗惟德馨香，祀登聞于天，誕惟民怨。庶群自酒，腥聞在上，故天降喪于殷。」《注疏》引《經典釋文》曰：「聞音問。」又

作為形容詞的「達」字（顯達之意）也並沒有「到達」之意，更不能引申作「實現」解。換言之，以動詞義而言，「聞」是聽聞、嗅聞而「達」是「到達」，兩者意義並不相同，也不能引申互訓，因此，「聞道」不能解作「達道」。

　　廖教授說，「『聞道』上古文獻除作『知道』、『悟道』解外，一般都是聽見道、聽到道的意思，並沒有聽見有道、聽到天下已太平的例子。」此說固然不誤。[17] 但上古文獻也沒有「聞道」作「實現道」的用法。「達道」的用法倒見於《論語‧季氏》——孔子曰：「見善如不及，見不善如探湯。吾見其人矣。吾聞其語矣。隱居以求其志，行義以達其道。吾聞其語矣，未見其人也。」此處，「達其道」即是完成隱居所守之志。從語法表面上言，這似乎是最能符合廖教授以「達道」為「實現道」一說的用例，但其實仍然不能證明「聞道」可作「達道」解。以〈季氏〉篇此章為例，「行義以達其道」不能改作「行義以聞其道」。從義理上言，「隱居以求其志」，即孔子所講仁者「己欲立而立人」之志，「行義以達其道」即孔子所講仁者即「己欲達而達人」之道，[18] 顯

孔傳曰：「紂不念發聞其德，使祀見享，升聞於天，大行淫虐，惟為民所怨咎。紂眾羣臣用酒沈荒，腥穢聞在上天，故天下喪亡於殷，無愛於殷，惟以紂奢逸故。」見《尚書注疏》，收入阮元：《十三經注疏》（嘉慶二十年〔1820〕江西南昌復學開雕，臺北：藝文印書館，1976），第一冊，頁210。儘管在〈酒誥〉中，「聞」音問，上達之意，但由於原文以「馨香」形容「德」，則「登聞於天」的「德」顯然有嗅聞的比喻意義，所以下文又直接謂「腥聞在天」。然則，商王祀天，其德上聞於天；不管馨德或腥德，都能登聞於天，所以，嗅聞之義原來大概是由上聞之義引申而來的。

[17] 但上古文獻其實並沒有「聞道」可作「知道」或「悟道」的解釋的例子。

[18]《論語‧雍也》載子貢曰：「如有博施於民而能濟眾，何如？可謂仁乎？」子曰：「何事於仁，必也聖乎！堯、舜其猶病諸！夫仁者，己欲立而立人；己欲達而達人。能近取譬，可謂仁之方也已。」

景印香港新亞研究所《新亞學報》（第一至三十卷）

然，「達其道」乃指「其人」而言。從語法上說，「達其道」的主語是「人」。相反，如果「聞道」真如廖文所言作「孔子早晨實現了他的理想」解，則原文應作「朝聞吾道」方合語法。【19】事實上，正如孔子所言，「如有用我者，吾其為東周乎」。【20】「為東周」即是孔子實行其道；他必然稱之為「吾道」，【21】而非一個他所繼承的現成的「道」。

廖教授又在文末舉出《後漢書・公孫述傳》、《晉書・李壽傳》和《南齊書・荀伯玉傳》中徵引《論語》〈朝聞道〉章，以證明「聞道」即「達到」、「實現理想」的意思。他認為這些都是「前人解讀的先例」。事實上，這三個引例並不能證明「聞道」即「達道」，茲借其中《南齊書・荀伯玉傳》一例以資說明。傳曰：

> 初，善相者見伯玉家墓，謂其父曰：「當出暴貴而不久也。」伯玉後聞之曰：「朝聞道，夕死可矣。」死時年五十。

廖教授解釋道：「『聞道』對『暴貴』而言，『夕死』對『不久』而言，荀伯玉為了『暴貴』而不惜『五十』而死，也是將『聞道』視為『暴貴』理想的實現。」【22】荀伯玉借孔子的話，郢書燕說，廖教授所指出的對應關係固然可以成立，但郢書與燕說之間有否必然的對應關係本來就無關宏旨。其餘兩個例子的情況也一樣，不煩贅述。值得注意的是，

【19】依孔子說話的習慣，他不會說某人達到或完成他的理想（即廖教授所講的「達道」），他會說道得以實行。《論語・憲問》載子曰：「道之將行也與，命也；道之將廢也與，命也。」此說道的實現。又《論語・公冶長》載子曰：「道不行，乘桴浮於海。從我者，其由與？」《論語・微子》又載子路曰：「不仕無義。長幼之節，不可廢也；君臣之義，如之何其廢之？欲潔其身，而亂大倫。君子之仕也，行其義也。道之不行，已知之矣。」此說道不能實現於天下。以達道來表示道的實現至少不合《論語》的用法。

【20】《論語・陽貨》。

【21】孔子的確有明確的「吾道」意識。他說過：「吾道一以貫之」（《論語・里仁》）。

【22】廖名春：〈《論語》「朝聞道，夕死可矣」章新釋〉，頁155。

三個例子都跟占夢或筮相有關，講的都是夢想暴發暴貴之人的故事。荀
伯玉等人都是借題發揮，對他們來說，孔子原話的內容完全無關緊要，
關鍵僅僅在於「道」難得以聞，若能聞得，則死而無憾。【23】以此類推，
他們心想只要能暴發暴貴，儘管時間不久，死又何恨。正是不盼天長地
久，但求曾經擁有。這是抽象的附會和借用。但對荀伯玉等人來說，
「聞道」的確就是「聽聞到道」的意思，而非「實現理想」之意。【24】在
論文的第一部分，廖教授另舉《漢書·夏侯勝傳》以證明他所謂的「『知
道』的矛盾」。傳文曰：

> 勝、（黃）霸既繫久，霸欲從勝受經，勝辭以罪死。霸曰：「朝

【23】劉向《新序》卷一〈雜事〉載：「楚共王有疾，召令尹曰：『常侍筦蘇與我處，
常忠我以道，正我以義，吾與處，不安也；不見，不思也。雖然，吾有得也，其
功不細，必厚爵之。申侯伯與我處，常縱恣吾，吾所樂者，勸吾為之，吾所好
者，先吾服之。吾與處，歡樂之；不見，戚戚也。雖然，吾終無得也。其過不
細，必亟遣之。』令尹曰諾。明日，王薨，令尹即拜筦蘇為上卿而逐申侯伯
出之境。曾子曰：『鳥之將死，其鳴也哀；人之將死，其言也善。』言反其本
性。共王之謂也。故孔子曰：『朝聞道，夕死可矣。』於以開後嗣，覺來世，
猶愈沒身不寤者也。」見趙善詒：《新序疏證》（上海：華東師範大學出版社，
1982），頁10。楚共王臨死檢討自己一生而有所覺悟，他所覺悟者便是所謂
「道」。再者，共王乃自悟而非聽人勸解，所以不可謂聞道。覺悟後翌日共王便
逝去，時涉兩日，而非朝夕之隔。從情節而言，共王一事與朝聞夕死並不對應，
但這無害於劉向借題發揮。又按：廖教授認為，「《新序》解《論語》此章是以
『聞』為『悟』。」見廖名春：〈《論語》「朝聞道，夕死可矣」章新釋〉，頁
151。其實，「聞」與「悟」意義不同，聞不必悟，而悟也不必聞。
【24】廖教授指出，何晏說以「『聞』即『聽』，用的是本義。孔子『聽說』了道，暮
夕而死，就可無恨，未免太簡單了。」但何以此章「聞」字作本義解，便成太簡
單，他並未說明。廖名春：〈《論語》「朝聞道，夕死可矣」章新釋〉，頁153。
此外，〈朝聞道〉章的主語也非孔子。詳下文。

11

　　　　聞道，夕死可矣。」勝賢其言，遂授職。繫再更冬，講論不怠。

　　廖教授說：「黃霸獄中仍抓緊時間『明經』，根據就是『朝聞道，夕死可矣』，是以『聞道』為『知道』。」【25】其實，黃霸自知命在旦夕，但仍然一意求道，他引用《論語》，並非借作譬喻，而乃指實情而言。換言之，黃霸衷心希望死前能夠從夏侯勝口中聞道。這是他跟荀伯玉等人隨意附會孔子之言的絕大不同，但對他而言，「聞道」也是「聽聞到道」的意思。【26】「知道」是「聞道」的結果，而非「聞道」的訓詁解釋。

　　上文反駁廖文的訓詁論證的時候，除了針鋒相對從訓詁立論外，其實已經兼顧到《論語》義理的問題，因為考證問題，鮮少能夠從訓詁立場孤立論證。但廖教授的新釋尚有直接從義理論證一面。廖文第一部分即從義理說起。廖教授舉出宋代朱熹和清代劉寶楠的看法為證，認為「『聞道』就是『知道』、『悟道』。古人大多如此理解」。【27】他又指出，這樣的理解「與孔子的思想性格存在矛盾。如果孔子以『求知』為人生的最高追求，他可以說『早晨得知真理，就是當晚死去都可以。』這樣，孔子和純粹的理論研究者就沒有區別了。但是，孔子的人生最高追求是『德』而非『知』，『尊德性』與『道問學』比較，『尊德性』是第一位的，『道問學』是第二位的。……基於這種重德甚於求『知』的一貫性格，孔子是不可能『朝聞道』而『夕死』的」。【28】廖教授的論證的前提是，足以讓人朝聞夕死者必定是人生最高的追求。一般而言，

【25】廖名春：〈《論語》「朝聞道，夕死可矣」章新釋〉，頁152。

【26】廖文尚有《晉書・皇甫謐傳》和《魏書・劉昞傳》兩例，目的都在證明「聞道」即是「知道」，但事實上，這兩個例子仍然只證明「聞道」是「聽到道」的意思，而「知道」只是「聞道」的結果。見廖名春：〈《論語》「朝聞道，夕死可矣」章新釋〉，頁152。

【27】廖名春：〈《論語》「朝聞道，夕死可矣」章新釋〉，頁151。

【28】廖名春：〈《論語》「朝聞道，夕死可矣」章新釋〉，頁152-153。

從道理上講，這個假定可以成立，但這並非必然的定律。朱熹注曰：「朝夕，所以甚言其時之近。」[29]換言之，孔子在此只是在修辭上強調「道」的重要性，至於「聞道」是否人生最高的追求卻未必然。事實上，孔子更重視而且要求門人弟子去行道和「弘道」。他說：「人能弘道，非道弘人。」[30]

廖教授又認為孔子的話是針對他本人而說的，所以，他把此章譯為「孔子說：『早晨實現了我的理想，就是當天晚上死去也甘心。』」然而，這最多只是一個可能的讀法，而這個可能性並不大。《論語》中一般沒有主語的言論大多泛指而並非針對個別對象而言，更沒有專指孔子本人而說的。如此說來，按廖教授的思路，「朝聞道，夕死可矣」中的「道」應指個別對象自己的人生最高追求。這顯然不會是孔子所能認可的看法，因為孔子所講的「道」是人人共行的大道。因此，從義理上而言，廖教授的譯解是難以成立的。再者，〈朝聞道〉章既非夫子自道，則此章大概是孔子對門人弟子的勉勵。「道」難得以聞，門人弟子應該眂勉力求，若真有幸與聞，則可謂死而無憾矣。所謂朝聞夕死，其實不過是修辭的手法，以強調「道」之可貴以及「道」之難聞而已。孔子嘗言：「道不行，乘桴浮於海。從我者，其由與？」子路聞之喜。子曰：「由也好勇過我，無所取材。」[31]孔子恐怕並沒有真的打算乘桴出海，同理，他也並沒有真的鼓勵有幸「聞道」的門人弟子去尋死。另一方面，孔子說朝聞夕死，這並不表示「聞道」勝於行道，更沒有「知」重於行的意思。言非一端，義各有當。孔子提醒門人弟子「道」之可貴以及「道」之難聞，這極可能是因材施教或隨機說法，孔門如此設教，司空見慣，絕不為奇。孔子之學，重圓通，戒偏激，所以他說：「攻乎異

---

[29] 朱熹：《四書章句集注》（北京：中華書局，2002），頁71。

[30] 《論語・衛靈公》。

[31] 《論語・公冶長》。

景印香港新亞研究所《新亞學報》（第一至三十卷）

端，斯害也已。」【32】舉一端以排斥其餘，無論是以知掩行，抑或是以行蓋知，孔子均不為也。廖文所謂的「『知道』的矛盾」，原來不外是一個轉移問題重點的假問題（red herring）而已。

　　最後，雖然「『知道』的矛盾」只是一個假像，但知不即是行卻是事實。《論語》中「聞」與「行」的確常常對言。顯然，「聞」並不等於「行」，這恰恰證明「聞」不可能引申作達到或實現的意思；「聞道」不是「達道」。《論語・公冶長》謂「子路有聞，未之能行，唯恐有聞。」子路由「聞」至「行」，顯然需要相當一段時間，這是他修養工夫不足。《論語・先進》又載子路問：「聞斯行諸？」子曰：「有父兄在，如之何其聞斯行之？」冉有問：「聞斯行諸？」子曰：「聞斯行之。」公西華曰：「由也問聞斯行諸，子曰：『有父兄在』；求也問聞斯行諸，子曰：『聞斯行之』。赤也惑，敢問。」子曰：「求也退，故進之；由也兼人，故退之。」「聞斯行諸」即是「聞」後尚有「行」的努力實踐，而且根據孔子所講，聞後是否立刻實踐有時候還需因情況而異，未能一概而論，但與個人修養工夫無關。【33】

【32】《論語・為政》。

【33】關於〈朝聞道〉章的詳細分析，可參看勞悅強：〈《論語・里仁》〈朝聞道〉章正解——兼論儒、道二家的道論〉，待刊。

漢武帝朝末期之政治局勢及昭帝繼承之問題

廖伯源

新亞研究所

提　要

西漢初年，有兩大勢力影響朝廷之政治，是為關東之諸侯王及京師之功臣列侯。然經文景武之削藩措施，樹立皇帝之專制，武帝崩時，政局可謂是權力之真空。諸侯王力量太小，無力干預京師之事務。列侯集團早就消散，毫無政治力量。丞相失去列侯之支持，不再是一政治勢力之代表；再者，自景帝始，不再如漢初之尊重丞相，武帝更輕視丞相，所命丞相皆無能尸位之輩，又動輒羞辱丞相，甚至以小事誅殺丞相。結果是武帝集中權力於一身，建立其個人之專制獨裁統治。包括丞相在內之政府官員，鎮攝於武帝多年獨裁之恐懼，習慣性地不敢反對，乃至不敢懷疑宮內傳出來之決定。

武帝崩前四年，巫蠱之禍，衛太子死，衛皇后及其娘家之親屬亦多誅死。武帝崩後，昭帝繼位，年七歲；其母鈎弋夫人前已卒，鈎弋夫人娘家親戚無一人在朝任官。

武帝崩時，有三子，是為燕王旦、廣陵王胥及幼子弗陵。前二人早已成年，弗陵年七歲，然弗陵繼承大統，是為昭帝。昭帝繼立，時人及後世皆覺其事突兀驚奇。史書謂燕王旦及廣陵王胥多過失，故不得立，然二人之傳並無其過失事實之記載。弗陵見立為太子及霍光等人受遺詔輔少主，時間皆在武帝崩前一二天，而紀傳記載其事又有歧異，令人懷

疑昭帝之繼承，是否武帝之意旨？

　　受遺詔輔少主者五人，然昭帝時，霍光獨攬大權，此必有違武帝之意。霍光於武帝時不見記載，於武帝臨崩超擢為大司馬大將軍，其事亦突兀。又霍光於武帝崩後二年，謂武帝遺詔封其為列侯，蓋假造遺詔，自封為侯。近人李源澄譴責霍光奸詐不忠，其言近是。更有甚者，霍光為人膽大敢決，奪權不擇手段。有此理解，可以容易了解昭帝崩後，霍光力排群臣立武帝子廣陵王胥之議，而立昌邑王賀，二十八日後又廢賀而立宣帝。

漢武帝朝末期之政治局勢及
昭帝繼承之問題

一、 武帝朝末期之政治局勢

西漢初年，有兩大勢力影響朝廷之政治，是為關東之諸侯王及京師之功臣列侯。然至武帝晚年，此兩大勢力皆煙消瓦解；諸侯王「與富室亡異」，功臣侯繼嗣子孫庸碌，星散各地，且多已失侯。

【一】諸侯王勢力之削弱

戰國時期，各國為自保爭霸，皆廢除封建勢力，努力富國強兵。秦國自商鞅變法之後，廢封建最為徹底，用人唯才，乃至丞相多用客卿，故日漸強大。百餘年後，終於消滅六國，統一天下。秦始皇以封建制度下各國獨立，互爭雄長，是為「樹兵」；乃不復封建，天下盡置郡縣；以為天下僅一政權，無與爭者，可以傳國萬世。然始皇崩後一年，陳勝、吳廣以戍卒起兵反秦，天下響應。秦亡，國祚僅十有五年（西元前221-207年）。

漢高祖劉邦本秦泗水沛縣之平民，豪邁不顧家，為沛人擁戴反秦，與群雄亡秦，後又聯合各方勢力，圍滅項羽，即位為皇帝。漢高祖以為秦祚短，蓋秦無封建之藩輔，皇帝孤立無援。故高祖建立漢帝國之制度，為封建與郡縣並行：西半部為直屬漢朝廷之郡縣，東半部為諸侯王國。乃於漢五年即位之後，致力於消滅異姓諸侯王，代以同姓子弟。高祖崩時，諸侯王國凡十：齊、趙、代、梁、燕、淮陽、淮南（以上皆高祖諸子所封）、楚（高祖弟交所封）、吳（高祖兄子濞所封）及長沙（異姓，番君吳芮所封）。[1] 此十諸侯王國所領之土地與人口總和，多於

---

[1] 高祖所封諸侯王，尚有閩越王及南越王（《史記》114／2979，113／2967，

3

景印香港新亞研究所《新亞學報》（第一至三十卷）

漢廷所領諸郡。【2】漢初諸侯王皆封大國，「大者或五六郡，連城數十」【3】。如齊國六郡七十餘縣，【4】吳國三郡五十三縣，【5】楚國三郡三十六縣，【6】其他諸侯王國亦皆有數十縣。

　　漢初諸侯王「掌治其國」，擁有其國之統治權。王國之政府組織制度與漢朝廷類似，所謂「宮室百官同制京師」是也。【7】諸侯王又擁有其王國官員之任命權，除王國丞相由中央派任外，其他百官由諸侯王自除。諸侯王亦擁有其王國之賦稅財政權。【8】漢初諸侯王擁有巨大之政治勢力，對欲建立中央集權君主專制制度之皇帝，構成重大威脅，亦為建立中央集權君主專制制度之主要障礙。更有甚者，諸侯王世襲，幾代

　　《漢書》1 下／53，95／3848，3859）然《史記》及《漢書》之〈諸侯王年表〉
　　不收此二王，或是當時此二王國尚獨立在外。本文引用正史，除特別注明者外，
　　皆引中華書局點校本。

【2】史書不載此時諸郡國之人口。漢初諸侯王國在關東，為六國之舊地，經濟文化
　　皆較西部為發達，推測其人口亦較漢廷所領之西部為多。

【3】《史記・漢興以來諸侯王年表》，17／801-802。

【4】《史記》17／801-802，52／1999。《漢書・高帝紀》曰：「以膠東、膠西、臨
　　淄、濟北、博陽、城陽郡七十三縣立子肥為齊王。」（1 下／61）。

【5】《史記・吳王濞列傳》曰：高祖「乃立濞於沛，為吳王，王三郡五十三城。」
　　（106／2821）《漢書・吳王濞傳》同。（35／1903）

【6】《漢書・高帝紀》曰：「以碭郡、薛郡、郯郡三十六縣立弟文信君交為楚王。」
　　（1 下／61）。《漢書・楚元王傳》曰：「漢六年……立……交為楚王，王薛郡、
　　東海、彭城三十六縣。」（36／1922）三郡之名，二處所言有異。〈高帝紀〉注
　　引文穎曰：「郯郡，今東海郡也。」（1 下／61）

【7】《漢書・百官公卿表》19 上／741。

【8】《史記・五宗世家》曰：「太史公曰：『高祖時諸侯皆賦【《集解》徐廣曰：國所
　　出有皆入於王也。】得自除內史以下。漢獨為置丞相，黃金印。諸侯自除御
　　史、廷尉正、博士，擬於天子。』」（59／2104）

之後，諸侯王都成為當時皇帝之疏遠親戚，親屬關係極薄而擁廣土大權，自非皇帝所能安心容忍者。所以自文帝朝開始，皇帝即進行削弱諸侯王之力量。

文帝至武帝中期，漢朝廷之最主要政策，為削弱諸侯王之力量。此中央集權之政策包含二大措施。【9】

〔一〕改革諸侯王國制度，以削弱諸侯王之權力，加強朝廷對王國之控制。

漢初諸侯王國之百官，除丞相由天子所置外，皆王自置。然在高后時已有若干改變，朝廷對某較軟弱之諸侯王，為置二千石官。《漢書・淮南厲王長傳》曰：

> 「（厲王高祖幼子，文帝幼弟，驕恣不用漢法，文帝使其舅將軍薄昭書諫厲王曰：）『……漢法，二千石缺，輒言漢輔。大王逐漢所置，而請自置丞相、二千石。皇帝屈天下正法而許大王，甚厚。』」（44／2137）

淮南厲王於文帝六年免，後死。薄昭書諫厲王事應在文帝元年至六年之間。據薄昭諫厲王之語，文帝初年諸侯王國之二千石已漢為置。然此恐尚未成為制度，且僅對部份王國施行，不及吳、楚等國。七國之亂後，七國敗廢，朝廷之力量大大超越諸侯王國，景帝乃明令公布改革諸侯王國之制度。

> 《漢書・百官公卿表》曰：「景帝中五年，令諸侯王不得復治國，天子為置吏。改丞相曰相，省御史大夫、廷尉、少府、宗正、博士官，大夫、謁者、郎諸官長丞皆損其員。武帝改漢內史為京兆尹，中尉為執金吾，郎中令為光祿勳；故王國如故。損其郎中令

【9】在此二項措施中，嚴耕望先生更詳其事：「削藩政策之施行，可分為四方面：削其封疆，制其形勢，奪其政權，限其財政是也。」見嚴耕望：《中國地方行政制度史》上編卷上《秦漢地方行政制度》，頁20-27。中央研究院歷史語言研究所專刊之四十五，台北，中央研究院歷史語言研究所，民國六十三年再版。

　　秩千石，改太僕曰僕，秩亦千石。成帝綏和元年省內史，更令相治民如郡太守，中尉如郡都尉。」（19上／741）

　　《漢書・元帝紀》：「（初元）三年春，令諸侯相位在郡守下。」（9／283）

　　自景帝中五年令下後，諸侯王之權力與地位大變；「不得復治國」是奪其統治權；「天子為置吏」是收其任命官員之權。朝廷派遣之官員治理諸侯王國，並監視諸侯王。景帝、武帝及以後諸帝改革諸侯王國官制，其目的是矮化諸侯王國之官僚組織，擴大朝廷官制與王國官制之距離。其實際措施可以分為三類：一是廢除若干諸侯王國之官職，如景帝「省御史大夫、廷尉、少府、宗正、博士官」。二是削減若干諸侯王國官職之員額，如「大夫、謁者、郎諸官長丞皆損其員」。三是改變漢廷若干官員或諸侯王國若干官員之名稱，使漢廷與王國官員之官名不復相同，並降低王國官員之秩級，使其地位低於漢廷官員。如景帝改王國丞相曰相，「武帝改漢內史為京兆尹，中尉為執金吾，郎中令為光祿勳；故王國如故。損其郎中令秩千石，改太僕曰僕，秩亦千石。」武帝晚年，諸侯王國變成特別之郡。後代皇帝又有種種措施，使諸侯王國之特殊化越來越少，最後與郡無大異，且地位低於郡。

　　〔二〕削減諸侯王國之領土。

　　文帝即位後二年，分齊國為數國。齊國為高祖所封諸侯王國之最大者，其始封者齊悼惠王肥，高祖庶長子。【10】肥子章、興居於誅諸呂之役有功，文帝裂齊之二郡封章及興居為王，名為賞有功，實則分齊以弱之。

　　《史記・齊悼惠王世家》：「孝文二年，以齊之城陽郡立章為城陽王……以齊之濟北郡立興居為濟北王。」（52／2009-5100）

【10】齊悼惠王肥，高祖六年封，惠帝六年薨。其子襄嗣，惠帝七年，王襄元年，哀王襄於文帝元年薨。子則嗣，文帝二年，王則元年。齊王則新立而弱，文帝分其國以封其叔父章及興居。

又高祖子趙王友為呂后所誅，文帝即位，重建秩序，立友長子遂為趙王。文帝二年，又以遂弟辟彊誅諸呂時有功，「於是取趙之河間立辟彊，是為河間文王。」（《漢書》38／1990）

藉口賞有功，文帝分齊為三，分趙為二。

諸侯王之疆土權勢過大，威脅天子，當時對政治作全面思考之朝臣已感覺此問題非解決不可。賈誼上書文帝曰：

> 「臣請試言其（諸侯王之）親者，假令悼惠王王齊，元王王楚，中子王趙，幽王王淮陽，共王王梁，靈王王燕，屬王王淮南，六七貴人皆亡恙，當是時陛下即位，能為治虖？臣又知陛下之不能也。若此諸王，雖名為臣，實皆有布衣昆弟之心，慮亡不帝制而天子自為者，擅爵人，赦死罪，甚者或戴黃屋。漢法令非行也，雖行不軌如屬王者，令之不肯聽，召之安可致乎！幸而來至，法安可得加！動一親戚，天下圜視而起，陛下之臣雖有悍如馮敬者，適啟其口，匕首已陷其匈矣。陛下雖賢，誰與領此……明帝處之尚不能以安，後世將如之何！」（《漢書・賈誼傳》48／2234）

賈誼於上引文所舉諸王，除楚元王是文帝之叔父，其他皆是文帝兄弟，且全已死去；賈誼假設其人尚在世，在親戚強王環伺之下，皇帝之權難伸。為天下及後代皇帝計，此種形勢必須改變。賈誼為文帝籌劃：

> 「臣竊跡前事，大抵彊者先反……欲天下之治安，莫若眾建諸侯而少其力。力少則易使以義，國小則亡邪心……割地定制，令齊、趙、楚各為若干國，使悼惠王、幽王、元王之子孫畢以次各受祖之分地，地盡而止，及燕、梁它國皆然。其分地眾而子孫少者，建以為國，空而置之，須其子孫生者，舉使君之。」（《漢書・賈誼傳》48／2237）

是為所謂「眾建諸侯而少其力」之策，強制分割諸侯王國為若干固定大小之小王國。其法過於激烈，易引起諸侯王之反抗，故文帝不

敢採用。

　　一計不行，賈誼又提出第二策：為制衡已成疏屬之諸侯王，文帝應封其子以大國。當時文帝除太子外，尚有二子：武為淮陽王，參為代王（王文帝為代王時之故地）。賈誼又曰：

> 「陛下所以為蕃扞及皇太子之所恃者，唯淮陽、代二國耳。代北邊匈奴，與彊敵為鄰，能自完則足矣。而淮陽之比大諸侯，廑如黑子之著面……臣之愚計，願舉淮南地以益淮陽，而為梁王立後，割淮陽北邊二三列城與東郡以益梁；不可者，可徙代王而都睢陽。梁起於新郪以北著之河，淮陽包陳以南揵之江，則大諸侯之有異心者，破膽而不敢謀，梁足以扞齊、趙，淮陽足以禁吳、楚，陛下高枕，終亡山東之憂矣，此二世之利也……文帝於是從誼計，乃徙淮陽王武為梁王，北界泰山，西至高陽，得大縣四十餘城。」（《漢書‧賈誼傳》48／2260-2263）

　　封帝子以大國，制衡已成疏遠親戚之諸侯王，不能根治諸侯王勢力過大，威脅皇帝之問題。蓋二三世代之後，文帝子之後代又成為當時皇帝之疏遠親戚。是制衡之策，治標而不治本。文帝不敢採行急進之改革，然其知賈誼之建議有助於改善形勢，故其於不引起諸侯王眾怒之範圍內，盡量分解降低諸侯王之力量。《漢書‧賈誼傳》又曰：

> 「後四歲，齊文王薨，亡子。文帝思賈生之言，乃分齊為六國，盡立悼惠王子六人為王；又遷淮南王喜於城陽，而分淮南為三國，盡立厲王三子以王之。」（48／2264）

　　以王薨無子而分其國，蓋眾建諸侯而少其力之修改。按封建世襲，傳之無窮；王薨無子應以近親為嗣繼承。漢文帝為削弱諸侯王之力量，乃以王薨無子為廢王國之籍口，日後形成漢代之制度。而王薨無子國除制之形成，亦有曲折，初不敢直接施行，乃分王國為若干國，分王前王之兄弟，上引文所言者是也。

　　文帝削藩政策謹慎小心，恐引起諸侯王之不滿反彈。景帝相反，大

膽改革，用鼂錯之策，大削諸侯王領土，引起七國之亂。

　　鼂錯在文帝時已上言請削諸侯事，文帝不用其言，以為太子家令。錯得幸於太子，太子家號曰「智囊」。景帝即位，以錯為內史，「遷為御史大夫，請諸侯之罪過，削其支郡。奏上，上令公卿列侯宗室雜議，莫敢難。獨竇嬰爭之，繇此與錯有隙。」（《漢書・鼂錯傳》49／2300）錯請削藩之言，請見《史記・吳王濞列傳》：

> 「（錯）說上曰：『昔高帝初定天下，昆弟少，諸子弱，大封同姓。故王孽子悼惠王王齊七十餘城，庶弟元王王楚四十餘城，兄子濞王吳五十餘城，封三庶孽，分天下半。今吳王……乃益驕溢，即山鑄錢，煮海水為鹽，誘天下亡人，謀作亂。今削之亦反，不削亦反。削之，其反亟，禍小；不削，反遲，禍大。』三年冬，楚王朝，朝錯因言楚王戊往年為薄太后服，私姦服舍，請誅之。詔赦，罰削東海郡。因削吳之豫章郡、會稽郡。及前二年趙王有罪，削其河間郡。【11】膠西王卬以賣爵有姦，削其六縣。漢廷臣方議削吳，吳王濞恐削地無已，因此發謀，欲舉事。」
> （106／2825）

　　諸侯王權力、疆土過大，既富且強。漢皇帝為鞏固中央集權之君主專政，勢必削弱諸侯王國。景帝施行此政策過急，諸侯王領土被削，「恐削地無已」，是為七國之亂之原因。吳王乃先聯絡各國，然後起兵，各國響應。《史記・吳王濞列傳》曰：

> 「諸侯既新削罰，振恐……多怨鼂錯。及削吳會稽、豫章郡書至，則吳王先起兵。膠西王正月丙午誅漢吏二千石以下，膠東、菑川、濟南、楚、趙亦然，遂發兵而西。齊王後悔，飲藥自殺，畔約。濟北王城壞未完，其郎中令劫守其王，不得發兵。膠西為渠

【11】《史記》《索隱》案：《漢書》作「常山郡」也。（106／2825）《漢書》見〈吳王濞傳〉。（35／1906）按河間時為河間文王封國。文王，趙幽王友子，趙王遂弟。

率，膠東、菑川、濟南共攻臨菑。趙王亦反，陰使匈奴與連
兵。」（106／2827）

吳楚七國反，以誅鼂錯為名。景帝問計於故吳相爰盎。盎對曰：

「吳楚相遺書，曰高帝王子弟各有分地，今賊臣鼂錯擅適過諸侯，
削奪之地，故以反為名，西共誅鼂錯，復故地而罷。方今計獨斬
鼂錯，發使赦吳楚七國，復其故削地，則兵可無血刃而俱罷。」
（《史記・吳王濞列傳》106／2830-2831）

景帝乃斬鼂錯，而拜盎為太常，密裝治行，欲其與七國妥協講和。
然吳楚繼續進兵，景帝無所抉擇，只好出兵與戰。

吳楚七國之亂發生於景帝三年，為時僅三月，諸王失敗身死，國除
為漢郡。漢朝廷之力量與諸侯王力量對比，大為增加，前此最強之二諸
侯王國，吳國、楚國俱廢除，皇帝從此可為所欲為，不必顧忌諸侯王。
所以數年後，景帝徹底改革諸侯王國制度，剝奪諸侯王對其國之統治
權。（見前）諸侯王國由朝廷委派之官員治理與監察。王國官員只對漢
朝廷及皇帝負責，其人雖在諸侯王國為官，但在行政上並不是諸侯王之
下屬，蓋王無行政權。王國官員且監察諸侯王之行為。

皇帝之子除繼承皇位者外，皆封諸侯王。但自景帝以後，初封諸侯
王之封國都不超過十餘縣，漢初之大諸侯王國已不復見。文帝前封其子
武為梁王，梁「北界泰山，西至高陽，得大縣四十餘城。」梁孝王於七
國之亂時為漢之藩輔，擋吳楚軍西進，甚有功效。景帝中六年，「夏
四月，梁王薨。分梁為五國，立孝王子五人皆為王。」（《漢書・景帝
紀》5／149）是景帝對親弟之國亦分割為小國。諸侯王國勢力過大威脅
漢朝廷之問題，景帝基本已解決。武帝用主父偃之策，更縮小諸侯王國
小至數縣。

主父偃為武帝之謀士，說武帝行推恩分封之策。《史記・平津主父
列傳》曰：

「偃說上曰：『……今諸侯子弟或十數，而適嗣代立，餘雖骨肉，

　　無尺寸地封，則仁孝之道不宣。願陛下令諸侯得推恩分子弟，以
　　地侯之，彼人人喜得所願，上以德施，實分其國，不削而稍弱
　　矣。』於是上從其計。」（112／2961）

推恩分封政策內容細節，請見下列資料：

　　《史記・建元已來王子侯者年表》曰：「制詔御史：『諸侯王或欲
　　推私恩分子弟邑者，令各條上。朕且臨定其號名。』」（21／
　　1071）

　　《漢書・武帝紀》曰：「元朔二年春正月，詔曰：『梁王、城陽王
　　親慈同生，願以邑分弟，其許之。諸侯王請與子弟邑者，朕將親
　　覽，使有列位焉。』於是藩國始分，而子弟畢侯矣。」（6／170）

　　武帝實行主父偃設計之推恩分封之策，不強迫諸侯王分其國土予其
子弟，而由諸侯王自願主動請求。推恩分封之策受到歡迎，蓋諸侯王可
以傳大部份國土與王位予其繼承人，又可給予其他兒子每人一小縣為侯
國，使其受封為列侯，故皆大歡喜。（大概只有繼承人之利益受損，然
為孝悌之名聲，繼承人不敢反對。）

　　諸侯欲分其國土之部份予其弟或其子，可上書請求，皇帝乃決定新
封列侯之號名。蓋封侯為皇帝之特權。

　　推恩分封之策所以有效地分割諸侯王之領土，蓋不知何時始，王國
內已無侯國。侯國如縣一般，為郡太守治下之下一級行政區劃。當諸侯
分其一縣作為其子之侯國，此新侯國即不復隸屬於王國，而在行政上別
屬於旁邊一郡。《漢書・景十三王傳・中山靖王勝傳》曰：

　　「其後更用主父偃謀，令諸侯以私恩自裂地分其子弟，而漢為定制
　　封號，輒別屬漢郡。」（53／2425）

　　據漢代之爵位制度，列侯無權統治其侯國，而由漢朝廷任命之侯國
相治理侯國，一如縣令長之治理其縣。侯國相亦如縣令長，只對漢朝廷
及其縣所隸屬之郡府負責，與列侯則無行政上之隸屬關係。侯國與縣之
不同是縣之財政收入為朝廷所有，侯國之賦稅則由侯國相徵收後交付列

侯，為列侯之收入。王國之一縣變為侯國，此新侯國即脫離王國，成為漢朝廷統治郡縣之一部份。

　　主父偃推恩分封之策於元朔二年（前127）開始實施，漸進地削減諸侯王國之領土，至西漢末，諸侯王國多小至數縣。清代學者錢大昕有清楚之說明。《漢書·景十三王傳·中山靖王勝傳》《補注》引錢大昕曰：

> 「按〈地理志〉諸侯王國二十，如趙、真定、河間、廣陽、城陽、廣陵皆止四縣，菑川、泗水止三縣，高密、六安皆五縣，魯六縣，東平、楚皆七縣。竊疑漢初大封同姓，幾據天下之半。文、景以後稍有裁制，然諸侯王始封，往往兼二三郡之地，其以罪削地者，史亦不多見，何至封域若此之小。及讀〈勝傳〉始悟諸侯王國所以日削者，由王子侯國之多。以〈表〉徵之，城陽五十四人，趙三十五人，河間二十三人，菑川二十一人，魯二十人。王國之食邑皆入於漢，無怪封圻之日蹙矣。郡領縣多者，無過於琅邪、東海。琅邪縣五十一，東海縣三十八。琅邪與城陽、菑川、膠東、高密四國鄰。東海與魯、泗水、楚、城陽諸國鄰。侯國之析置者，多屬焉。此所領之所以多於它郡也。」（53／12a）

　　錢大昕從數不同角度說明推恩分封之結果，其統計方法極有用，唯不全面，今依其方法，據《漢書·王子侯表》之資料，統計自元朔二年，即推恩分封政策施行之首年，至西漢末王子侯之數目。

　　附表一：「元朔二年（前127）至元始五年（5）王子侯數目表」

諸侯王國名	武帝所封	昭帝及以後諸帝所封	總數
梁	1	16	17
菑川	17	4	21
城陽	33	21	54
趙	24	12	36

中山	20	3	23
廣川	8	8	16
河間	1	12	23
濟北	11		11
代	9		9
齊	11		11
魯	5	15	20
長沙	11	9	20
衡山	1		1
膠東	3	19	22
六安		4	4
清河		7	7
廣陵		6	6
燕		2	2
平干		9	9
真定		2	2
高密		7	7
廣陽		9	9
泗水		3	3
楚		20	20
淮陽		4	4
東平		29	29
總數	165	221	386

　　據此表統計，武帝封165王子侯，昭帝及以後諸帝封221王子侯。自推恩分封之策實施至西漢末，凡封386王子侯。換言之，共有386侯

國脫離諸侯王國而別屬漢郡。推恩分封之策可謂徹底解決諸侯王國疆土過大之間題。

文、景、武三朝努力削弱諸侯王國之力量，至景帝時七國之亂後，改革諸侯王國制度，諸侯王喪失統治權力，不能治理其國。漢朝廷派遣之官員治理諸侯王國且監察諸侯王之行為。再者，諸侯王國疆土日削，越來越小，武帝時之諸侯王已不能影響漢朝廷之政治。班固謂此後諸侯王「與富室亡異」。實則王受監視，動輒得咎，見錮於國內，嚴禁與大臣交通，其景況不及富室多矣。景帝以後之諸侯王，已無力為天子之藩輔矣。

諸侯王無復天子之藩輔。武帝崩，昭帝七歲登基，霍光以宮內臣一決天下之事。昭帝崩後，光又立帝廢帝，把持皇帝權力二十年。蓋諸侯王無藩輔之力，則權臣可以為所欲為。

【二】功臣列侯勢力之消散

漢初，功臣列侯是另一強大政治勢力。漢高祖即位後，隨即大封功臣為列侯，陸續所封凡一百三十七人。[12] 列侯皆有侯國為食邑；侯國為縣級之行政區劃，侯國之大者，居民多至四萬戶。[13] 侯國之賦稅為侯之收入，[14] 列侯極為富有。再者，自漢初至文帝崩，朝廷重要之官

---

[12] 漢高祖封列侯凡一百四十三人，其中一百三十七人是功臣，二人外戚，四人宗室。見《史記‧高祖功臣侯者年表》（18／881-975）及《漢書‧高惠高后文功臣表》（16／531-617）。《漢書》又言高祖封侯凡一百五十三人，其中一百四十七人為功臣，見〈高惠高后文功臣表〉（16／617-618）。此二數字與侯表所列有差異。

[13] 《史記‧高祖功臣侯者年表》敘，18／877-878。

[14] 參見廖伯源，〈漢代爵位制度試釋〉，《新亞學報》第十卷一期下，頁155-162，香港，新亞研究所，1973年。

員幾皆為功臣列侯，及其子孫或其部屬。【15】

附表二：「漢初（前206）至文帝崩（前157）朝廷大臣家世表」

	丞相、太尉、御史大夫	九卿
高祖所封功臣侯	12【注一】	14【注三】
以父功封侯	1	1
高祖軍吏，於高后時封侯		3【注四】
高祖軍吏，於文帝時封侯	1	1
功臣侯繼嗣	2	2
諸呂	1【注二】	
姓或名不全者	1	17【注五】
儒者		1
宗室		2【注六】
其他	1	5
總數	19	46

　　此表之資料來源為《史記》、《漢書》之〈侯表〉、《漢書・百官公卿表》及《史記》、《漢書》之其他〈紀〉、〈傳〉。凡資料非出自諸〈表〉，則注明其出處。

　　在此表中，大臣分為三公（丞相、太尉、御史大夫）及九卿二類。同一人任同一類之大臣二任以上，皆作一人計算。（例如周勃在高祖、惠帝、呂后、文帝時都曾為太尉，在文帝時亦曾為丞相，作一人計算。）若同一人曾任二類大臣之官職，即曾為九卿，後又為三公，則其人在二類官職中各作一人計算。

【注一】　盧綰後封為燕王，其名不見於〈侯表〉。請見《史記・盧綰

【15】見本文附表二：「漢初（前206）至文帝崩（前157）朝廷大臣家世表」。

景印香港新亞研究所《新亞學報》（第一至三十卷）

傳》，93／2637-2639。

【注二】呂后兄子呂產，先封侯，後封王。（《漢書・外戚恩澤侯表》
　　　　18／680）呂產又於高后八年為相國，然不見載於《漢書・百
　　　　官公卿表》。

【注三】《漢書・百官公卿表》曰：漢王元年，「執盾襄為治粟內史」《補
　　　　注》先謙曰：「此〈功臣表〉之棘丘侯」。（19下／1b。按治
　　　　粟內史於武帝太初元年〔-104〕改名為大司農。見《漢書・百
　　　　官公卿表》，19上／731）《史記・高祖功臣侯者年表》棘丘
　　　　侯，注《索隱》：「襄，名也，史失姓及謚。」（18／919）

【注四】《史記・呂太后本紀》曰：呂太后「封高祖之功臣郎中令無擇為
　　　　博城侯。」《集解》徐廣曰：「姓馮。」（9／400-401）

【注五】《史記・淮南衡山列傳》謂文帝初，彈劾淮南王長之官員有「廷
　　　　尉臣賀、備盜賊中尉臣福」等人。（118／3077）

【注六】《史記・淮南衡山列傳》謂文帝初，彈劾淮南王長之官員有「宗
　　　　正臣逸」等人。按漢代宗正必以宗室擔任，此宗正之姓名為劉
　　　　逸。（118／3077）

　　漢初功臣列侯，除出任地方官員外，群聚京師。[16] 功臣列侯於開
國戰爭中為軍隊之同僚，及天下已定，又為政府之官員，同功一體，利
益與共，政治傾向亦類似，自然形成一強大之政治集團。呂太后崩
（前180）後，功臣列侯誅諸呂，立高祖子代王為皇帝，是為文帝。此
時功臣列侯集團是京師政治中最強之勢力，處於支配之角色。[17] 文

[16]《漢書・荊燕吳傳》曰：呂后時，田生說呂后所幸大謁者張卿曰：「臣觀諸侯邸
　　第百餘，皆高帝一切功臣。」（35／1901）是其時諸功臣列侯多聚居京師。

[17] 薩孟武列舉四事，以見漢初功臣列侯非常強大有力：功臣列侯擁帶支持高祖登
　　基為皇帝；諸呂懼怕功臣列侯；功臣列侯立代王為皇帝，代王清楚功臣列侯之意
　　後，乃敢入京師。參見薩孟武《中國社會政治史》，頁126-127，台北，1961 年。

帝新即位，一如惠帝、呂后，尊重功臣列侯，凡事皆顧及其利益與意見。數十位高祖之功臣列侯群聚京師，【18】無疑對皇帝而言，是一種壓力。為分解此政治勢力，最好的方法是使諸列侯離開京師，各居於其侯國。文帝即位之後約一年，乃下詔書，令在京師之諸列侯各歸其侯國。《史記・孝文本紀》曰：

> 「二年十月……上曰：『今列侯多居長安，邑遠，吏卒給輸費苦，而列侯亦無由教馴其民。其令列侯之國，為吏及詔所止者，遣太子。』」（10／422，參見《漢書・文帝紀》4／115）

一年之後，仍有不少列侯不肯奉行詔書，仍居留於京師，【19】文帝乃再下詔，重申前令，又為嚴重其事，罷免丞相周勃，使其歸國，以為其他列侯之榜樣。《史記・孝文本紀》又曰：

> 「三年……十一月，上曰：『前日詔遣列侯之國，或辭未行。丞相朕之所重，其為朕率列侯之國。』絳侯勃免丞相，就國。」（10／424-425，參見《漢書・文帝紀》4／119）

在文帝強勢之詔令下，不任官職之列侯只好各歸其國。從此之後，除任官職或受詔到京者外，列侯皆各居於其侯國，遠離京師，分散於各地。上文已述，列侯不治其國，列侯僅享有崇高之社會地位及巨大之經濟利益，侯國之稅收為侯之收入。列侯極為富有，卻無行政之權力，分散各地之列侯，各自孤立於其侯國，不能互通聲氣，亦無對京城政治之影響力。列侯集團乃煙消雲散，不復為影響皇帝政治之力量。

文帝令列侯就國之後三十六年，景帝於後元二年（前142），下詔

【18】文帝元年（前179），功臣列侯尚見在者有五十二人。見廖伯源：〈試論西漢時期列侯與政治之關係〉之附表「漢高祖功臣列侯封侯年份與薨年或奪爵年份簡表」，《歷史與制度——漢代政治制度試釋》，頁131-137，香港教育圖書公司，1997。

【19】史書不言究竟有多少列侯仍留在京師。估計應有不少，否則文帝不必重申前詔，更不必罷免丞相周勃，使其就國，以為列侯之榜樣。

「省徹侯之國。」（《漢書・景帝紀》5／150）此時已是漢興六十四年之後，所有從龍立功之第一代功臣侯皆已薨逝。其子孫繼嗣為侯，皆生於富貴，長於安樂，未經困苦之磨練，不知世事之艱難。故此時之列侯毫無政治勢力可言，皇帝視之蔑如。景帝解除列侯之國，蓋為方便外戚寵臣留於京師。

武帝初年，魏其侯竇嬰為丞相，武安侯田蚡為太尉，欲「令列侯就國……時諸外家為列侯，列侯多尚公主，皆不欲就國，以故毀日至竇太后。」（《史記・魏其武安侯列傳》107／2843）列侯不欲就國，僅能借公主外戚為之言於竇太后，其時列侯無能為力可知。

武帝心目中，列侯毫無地位。最明顯之證明是武帝以酎金小事，一次罷免九十位列侯之爵位。【20】所謂酎金，請見下列資料：

> 《漢書・武帝紀》注引服虔曰：「因八月獻酎祭宗廟時，使諸侯各獻金來助祭也。」如淳曰：「《漢儀注》：諸侯王歲以戶口酎黃金於漢廟，皇帝臨受獻金，金少不如斤兩，色惡，王削縣，侯免國。」師古曰：「酎，三重釀醇酒也」。（6／187）

是每年八月皇帝祭宗廟，諸侯王與列侯得各依其國人口數目，貢獻相應數量之黃金，作為助祭之禮物，因祭宗廟獻酎酒，故諸侯助祭所獻稱酎金。據《漢書・食貨志》曰：

> 「（元鼎五年，）南粵反……齊相卜式上書，願父子死南粵。天子下詔褒揚……布告天下，天下莫應。列侯以百數，皆莫求從軍。至飲酎，少府省金，而列侯坐酎金失侯者百餘人。」（24下／1173）

武帝怒諸侯不支持其討南粵，因藉口酎金不如規定，一次奪九十列

【20】據《漢書・武帝紀》曰：元鼎五年，「九月，列侯坐獻黃金酎祭宗廟不如法，奪爵者百六人。」（6／187）下文引《漢書・食貨志》，亦謂「列侯坐酎金失侯者百餘人。」但據〈侯表〉，僅有一百位列侯坐酎金奪爵，其中九十位是在元鼎五年奪爵。參見前引廖伯源〈漢代爵位制度試釋〉，頁127。

侯爵。按在元鼎五年之前，不見有諸侯因酎金重量不足或金之成色不好而見罰。酎金既是助祭之禮物，禮物是否十足，主人應不會斤斤計較。元鼎五年之前不見得諸侯之酎金皆合式，所以不見罰，蓋小事不足以動怒施罰。元鼎五年以酎金奪侯，蓋武帝故意為之。武帝敢於為小事而一次奪大量列侯之爵邑，顯示諸列侯毫無政治力量，武帝視之如無物。

　　西漢之政府制度，百官之中，丞相之職位最高，其職「掌丞天子，助理萬機。」[21]丞相是皇帝之主要顧問，幫助皇帝決定國家大政，領導百官，監督朝廷各分職部門（九卿）及地方政府執行政務。[22]漢初，政府官員幾全為高祖之功臣，而較為重要之職位，如御史大夫、九卿等，任職者都是高祖之大功臣。至於丞相，則以功勞最大者擔任，其人受百官敬服，接受其領導，才是最佳之安排。此所以高祖與群臣論功，貶野戰攻城之功，而重運籌規劃之助，堅持丞相蕭何之功最盛。《史記・蕭相國世家》曰：

　　「漢五年……定天下，論功行封。群臣爭功，歲餘功不決。高祖以
　　蕭何功最盛，封為鄼侯，所食邑多。功臣皆曰：『臣等身被堅執
　　銳，多者百餘戰，少者數十合，攻城略地，大小各有差，今蕭何
　　未嘗有汗馬之勞，徒持文墨議論，不戰，顧反居臣等上，何
　　也？』……高帝曰：『夫獵，追殺獸兔者狗也，而發蹤指示獸處
　　者人也。今諸君徒能得走獸耳，功狗也。至如蕭何，發蹤指示，
　　功人也……』群臣皆莫敢言。列侯畢已受封，及奏位次，皆
　　曰：『平陽侯曹參身被七十創，攻城略地，功最多，宜第一。』
　　上已橈功臣，多封蕭何，至位次未有以復難之，然心欲何第一。
　　關內侯鄂君進曰：『……（高祖與項羽爭天下五年，數次兵敗失
　　軍；前線互有勝負，攻城略地，蓋一時之事。蕭何留守後方，以

【21】《漢書・百官公卿表》，19上／724。

【22】參見李俊，《中國宰相制度》，頁34-35，上海，1947。周道濟，《中國宰相
　　制度研究》，頁57，台北，嘉新水泥公司文化基金會叢書，1964。

兵、糧支援前線，使高祖立於不敗之地。）此萬世之功也，今雖亡曹參等百數，何缺於漢？……蕭何第一，曹參次之。』高祖曰：『善。』於是乃令蕭何〔第一〕，賜帶劍履上殿，入朝不趨。」（53／2015-2016）

蕭何是漢代之第一任丞相。高祖功臣多出身平民，粗魯不文，議功時爭論不休，「拔劍擊柱」，高祖亦無可奈何。其時百官多由功臣出任，為使其敬重丞相，服從領導，政府之行政得以順利運作。高祖乃代蕭何爭功，以其位次第一，蓋亦欲與政府行政官員之位次配合。關內侯鄂君提供蕭何功次第一之理由，高祖「於是因鄂君故所食關內侯邑封為安平侯。」（53／2017）

高祖朝，蕭何長為丞相。及惠帝二年，蕭何薨，曹參繼任為丞相。蕭何與曹參不相能，及何病，以為代其為相者莫如曹參。（53／2019）而蕭何卒。參時為齊丞相，自知必將入為漢丞相。（《史記‧曹相國世家》54／2029）所以如此，其原因之一，蓋曹參之功僅次蕭何，受功臣百官推崇，其接任丞相，易為百官支持，有利政局穩定和諧。

陳平自惠帝六年（前189）為丞相；文帝即位（前179）後，陳平以周勃在誅諸呂之役有大功，欲讓丞相之位與周勃。《史記‧陳丞相世家》曰：

「孝文帝立，以為太尉勃親以兵誅呂氏，功多；陳平欲讓勃尊位，乃謝病……平曰：『高祖時，勃功不如臣平。及誅諸呂，臣功亦不如勃。願以右丞相讓勃。』於是孝文帝乃以絳侯勃為右丞相，位次第一；平徙為左丞相，位次第二。賜平金千斤，益封三千戶。」（56／2061）

漢初，功臣列侯勢力大，丞相應以功大者為之，此例最可見之。而文帝因陳平退讓以維持功臣之和諧，厚加賞賜，其事更為明顯。今陳列漢元年至文帝末之丞相，是為蕭何、曹參、王陵、陳平、審食其、呂產、周勃、灌嬰、張蒼、申屠嘉。除呂產是呂太后之姪，在呂后當政時為相國外，其餘各位皆是高祖之功臣，且多是大功臣。其中審食其之功

稍弱，其為丞相是在呂太后當政時，蓋以其長期侍從呂后，深受呂后之親幸信任。（《史記・陳丞相世家》56／2060）

文帝之最後一位丞相是申屠嘉。嘉於高祖軍中為隊率、都尉，惠帝時，官至淮陽守。文帝元年，優待高祖之故吏卒，其官至二千石者，賜爵為關內侯食邑；嘉以此得為關內侯，食邑五百戶。嘉遷御史大夫。文帝後元二年，丞相張蒼免，「而高帝時大臣又皆多死，[23] 餘見無可者，乃以御史大夫嘉為丞相，因故邑為故安侯。」（《史記・張丞相列傳》96／2682-2683）申屠嘉拜相前爵關內侯，及其拜相，因以前之丞相皆是列侯，嘉非列侯而拜相，似有損丞相之尊嚴，乃於嘉拜相時封其為列侯。此後成為慣例：凡新任丞相非列侯，於拜相時封為列侯。[24]

漢初於功臣列侯中選擇丞相，丞相自然成為功臣列侯集團之首領，代表功臣列侯，亦受功臣列侯之支持。[25] 從漢初至文帝朝中葉，丞相極受皇帝尊重，言聽計從，換言之，丞相權勢甚盛；其主要原因是丞相受強大的功臣列侯集團之支持。但是，在文帝詔令諸列侯離開京師，各就其國後，而第一代之功臣列侯在文帝後期又死喪殆盡，功臣列侯集團煙消雲散，丞相失去功臣列侯之支持，其權勢亦日漸衰減削弱。

文帝賢主，尊重丞相，即使在列侯集團瓦解後，文帝仍然禮敬丞

---

[23] 文帝後元二年，只有四位高祖所封之列侯尚在世（除去以其父功封侯者外）：是為博陽侯陳濞（《漢書》16／537，《漢書補注》16／8a）、北平侯張蒼（《漢書》16／576）、慎陽侯樂說（《漢書》16／598）及嚴侯許猜（《漢書》16／612）。陳濞於此年薨。樂說本淮陰侯家小臣，以告發淮陰侯謀反封。

[24] 參見前引廖伯源，〈漢代爵位制度試釋〉，頁107-108。

[25] 薩孟武謂漢初丞相一方面以列侯集團代表之名義助理皇帝，另一方面在列侯集團之支持下限制皇帝權力。參見前引薩孟武，《中國社會政治史》，頁127。

相。【26】然其子景帝對丞相之態度則太為不同。景帝初即位，丞相申屠嘉仍在職，景帝信用鼂錯。《史記・鼂錯列傳》曰：

> 「（鼂錯於文帝時為太子家臣，）以其辯得幸太子，太子家號曰『智囊』……景帝即位，以錯為內史。錯常數請閒言事，輒聽，寵幸傾九卿，法令多所更定。丞相申屠嘉心弗便，力未有以傷。」（101／2746）

丞相申屠嘉「自絀所言不用，疾錯」，以錯壞太上皇廟垣事，請誅錯，帝又迴護錯，嘉悔不先斬後奏，怒極，嘔血而薨。【27】

司馬遷謂「自申屠嘉死之後」，景帝及武帝時之丞相，其中六位【28】是「列侯繼嗣，娖娖廉謹，為丞相備員而已，無所能發明功名有著於當世者。」（《史記・張丞相列傳》96／2685）今稍為詳細審視景帝、武帝時期之丞相如下。

景帝朝之丞相凡五位，除申屠嘉與周亞夫外，餘皆無能不足道。周亞夫為功臣故丞相絳侯周勃之少子。勃薨，子勝之嗣侯，有罪國除，文帝別封勃子河內守亞夫為條侯。亞夫後為將軍、中尉。景帝三年，吳楚七國反，周亞夫以太尉領兵擊吳楚，破吳軍。戰後，亞夫「遷為丞相，【29】景帝甚重之。」「孝景時每朝議大事，條侯、魏其侯，諸列侯莫敢與亢禮。」【30】蓋二人皆討吳楚七國之主將，功勳最高。

【26】文帝最後一任丞相申屠嘉。嘉懲罰文帝之幸臣鄧通，文帝尊重丞相之權威，使鄧通受罰，文帝再遣使者向丞相請求釋放鄧通。參見《史記・張丞相列傳》96／2683-2684，《漢書・申屠嘉傳》42／2100-2101。

【27】《史記・張丞相列傳》96／2684，〈鼂錯列傳〉101／2746。

【28】《史記・張丞相列傳》提及之列侯子孫為丞相而無能者，為「景帝時開封侯陶青、桃侯劉舍。」武帝時「柏至侯許昌、平棘侯薛澤、武彊侯莊青翟、高陵侯趙周」。（96／2685）

【29】周亞夫於景帝前元七年（前150）拜丞相，中元三年（前147）免。見《漢書・百官公卿表》19下／763-764。

【30】《史記・絳侯周勃世家》57／2073-2077，《史記・魏其武安侯列傳》107／2840。

周亞夫為人端正苛嚴，不屑取悅皇親，亦不肯迎合景帝。景帝廢栗太子，亞夫為丞相，固爭之。而竇太后及景帝皆欲封皇后兄王信為列侯，亞夫以高祖約「非有功不得侯」而阻其事。景帝欲侯匈奴降王，亞夫謂侯降者，「何以責人臣不守節者乎？」景帝不用丞相之言，侯匈奴降王。「亞夫因謝病。」中元三年，亞夫免相。後且被告有意謀反，死獄中。（《史記・絳侯周勃世家》57／2077-2079，）

皇帝欲建立絕對權力，丞相之權力與地位皆是其障礙；皇帝要行使絕對權力，則必須貶抑丞相。景帝已開始限制丞相之權力，武帝更進一步。

武帝朝之丞相，凡十三人，無真正有勢力者。

田蚡是武帝母王太后之異父同母弟，其於武帝初年為丞相，時武帝年輕，【31】蚡以帝舅尚見尊重；然其欲認真行使丞相職權，即為武帝譴斥。《史記・魏其武安侯列傳》曰：

「上初即位，富於春秋，蚡以肺腑為京師相……當是時，丞相入奏事，坐語移日，所言皆聽，薦人或起家至二千石，權移主上。上乃曰：『君除吏已盡未？吾亦欲除吏。』」（107／2844）

田蚡奏事，「坐語移日，所言皆聽」，武帝大概已不喜，以其長輩，尚以禮待。及蚡薦人任官太過，觸及武帝之人事佈局，武帝乃斥止之。按推薦人材乃丞相之職掌，武帝其時已有任官皆出己意之傾向，不欲丞相干涉，故有如此態度。

田蚡之後，武帝朝另一較為有名之丞相是公孫弘。弘六十餘歲，始入朝為官，老於世故。其於武帝面前，從不堅持己見，揣摸上旨而順上之意發言，又凡事皆以儒家之言作外表，深中武帝之喜好。《史記・平津侯主父列傳》曰：

「弘為人恢奇多聞……每朝會議，開陳其端，令人主自擇，不肯面

【31】田蚡於武帝建元六年（前135）拜相，元光四年（前131）三月乙卯，薨於任上。（《漢書・百官公卿表》19下／768-770）武帝生於景帝元年（前156），田蚡為丞相期間，武帝年21至25歲。

折庭爭。於是天子察其行敦厚，辯論有餘，習文法吏事，而又緣
飾以儒術，上大說之……弘奏事，有不可，不庭辯之。嘗與主爵
都尉汲黯請間，汲黯先發之，弘推其後，天子常說，所言皆聽，
以此日益親貴。嘗與公卿約議，至上前，皆倍其約以順上旨。」
（112／2950）

武帝以公孫弘為丞相，是以其不反對自己之政策，且為政策辯護。
弘年七十六，始拜相，年八十，終於丞相之位。【32】武帝以老朽為丞
相，亦可見其不欲丞相有所作為。武帝好用個性軟弱，無原則立場，而
恭謹服從其意志之人為丞相。公孫弘之後，武帝之丞相皆是無能尸位之
輩。《漢書‧公孫弘傳》曰：

「其後李蔡、嚴青翟、趙周、石慶、公孫賀、劉屈氂繼踵為丞相。
自蔡至慶，丞相府客館丘虛而已，至賀、屈氂時壞以為馬廄車庫
奴婢室矣。唯慶以惇謹，復終相位，其餘盡伏誅云。」（58／
2623）

公孫弘之後，丞相府之「客館丘虛」，後且改作為「馬廄車庫奴婢
室」，蓋其時丞相不復招致賢才，不再推薦人才任以官職，不再養士，
客館荒廢作他用。丞相所以不養士，蓋不敢也。竇嬰、田蚡厚養賓客，
其後武帝常言之切齒。【33】武帝忌大臣養賓客，樹立私人之聲望勢力。

盡管武帝後期所用之丞相皆是恭謹服從，武帝仍不滿意。上引文所

【32】《漢書‧百官公卿表》：公孫弘於元朔五年（前124）拜相，元狩二年（前121）
薨於任上。弘為丞相前後凡四年。（19下／773-774）弘薨時年八十，見《漢
書‧公孫弘傳》，58／2623。

【33】《史記‧衛將軍驃騎列傳》曰：「太史公曰：『蘇建語余曰：「吾嘗責大將軍至
尊重，而天下之賢大夫毋稱焉，願將軍觀古名將所招選擇賢者，勉之哉。大將軍
謝曰：『自魏其、武安之厚賓客，天子常切齒。彼親附士大夫，招賢絀不肖者，
人主之柄也。人臣奉法遵職而已，何與招士！』」驃騎亦放此意，其為將如
此。』」（111／2946）

列之六位丞相，除石慶一人外，其他五人皆見誅。【34】蓋武帝有意盡量打擊丞相之權威，貶抑其影響力，有事即以丞相頂罪，誅殺丞相。石慶得以壽終，非武帝對其較為仁慈，蓋詔書嚴譴石慶，本意令慶自殺，慶以詔書無明言自殺，乃復視事。《漢書・萬石君傳》曰：

> 「元封四年，關東流民二百萬口，無名數者四十萬，公卿議欲請徙流民於邊以適之。上以為慶老謹，不能與其議，乃賜丞相告歸，而案御史大夫以下議為請者。慶憮不任職，上書曰：『臣……無以輔治……願歸丞相侯印，乞骸骨歸，避賢者路。』上報曰：『……動危而辭位，欲安歸難乎？君其反室！』慶素質，見詔報反室，自以為得許，欲上印綬。掾史以為見責甚深，而終以反室者，醜惡之辭也。或勸慶宜引決。慶甚懼，不知所出，遂復起視事。」（46／2197-2200）

武帝一時暴怒，下詔令丞相自殺，詔文語意不明白，丞相不知如何舉措，武帝怒過之後，忘記其事，石慶得免。然武帝好遷怒丞相，又喜怒無常，使朝臣視拜相為殺身破家之險途，乃至於武帝任公孫賀為丞相，賀哭求請免，不肯接受丞相印綬。《漢書・公孫賀傳》曰：

> 「初，賀引拜為丞相，不受印綬，頓首涕泣，曰：『臣本邊鄙，以鞍馬騎射為官，材誠不任宰相。』上與左右見賀悲哀，感動下泣，曰：『扶起丞相。』賀不肯起，上乃起去，賀不得已拜。出，左右問其故，賀曰：『主上賢明，臣不足以稱，恐負重責，從是殆矣。』」（／2877-2878）

【34】《漢書・武帝紀》：元狩「五年春三月甲午，丞相李蔡有罪，自殺。」（6／179）元鼎二年，「十二月，丞相青翟下獄死。」（6／182）元鼎五年九月，「丞相趙周下獄死。」（6／187）征和「二年春正月，丞相（公孫）賀下獄死。」（6／208）征和三年，「六月，丞相屈氂下獄要斬，妻梟首。」（6／210）參見周道濟，〈漢唐宰相年表〉，頁6-9，《漢唐宰相制度》，台北，嘉新水泥公司文化基金會叢書，1964年。

景印香港新亞研究所《新亞學報》（第一至三十卷）

武帝朝後期，動輒誅殺大臣，朝臣莫不恐懼而小心謹慎，無人敢於反對武帝之意欲，皆盲目地執行宮中傳出之命令。丞相尸位素餐，不敢有所發明獻替，僅為執行命令之工具。武帝之最後一位丞相車千秋，乃是其中典型。

征和二年，衛太子見譖以巫蠱事，發兵反，兵敗自殺。稍後，武帝「頗知太子惶恐無他意，」後悔。時千秋為高寢郎，「上書訟太子冤……（帝）乃大感寤，」《漢書・車千秋傳》曰：

> 「千秋長八尺餘，體貌甚麗，武帝見而說之……立拜千秋為大鴻臚，數月，遂代劉屈氂為丞相，封富民侯。千秋無他材能術學，又無伐閱功勞，特以一言寤意，旬月取宰相封侯，世未嘗有也……然千秋為人敦厚有智，居位自稱，踰於前後數公……後歲餘，武帝疾，立皇子鉤弋夫人男為太子，拜大將軍霍光、車騎將軍金日磾、御史大夫桑弘羊及丞相千秋，並受遺詔，輔道少主。武帝崩，昭帝初即位，未任聽政，政事壹決大將軍光。千秋居丞相位，謹厚有重德。每公卿朝會，光謂千秋曰：『始與君侯俱受先帝遺詔，今光治內，君侯治外，宜有以教督，使光毋負天下。』千秋曰：『唯將軍留意，即天下幸甚。』終不肯有所言。光以此重之。每有吉祥嘉應，數襃賞丞相。」（66 ／ 2883-2886）

車千秋本為「高廟衛寢之郎」，[35] 蓋為郎中，服勤於高廟。郎中為朝廷命官之起階官職，[36] 史文謂其「無伐閱功勞」，是也。以一言

---

[35]《漢書・車千秋傳》謂車千秋官「高寢郎」，師古注曰：「高廟衛寢之郎。」（66／2884）

[36] 郎中為朝廷命官之起階官職，舉孝廉即為郎中，郎中秩比三百石，「掌守門戶，出充車騎」（《漢書・百官公卿表》19 上／727）以年資功勞，以次外任，多為小縣長史。參見嚴耕望，〈秦漢郎吏制度考〉，《中央研究院歷史語言研究所集刊》23 本上冊，頁 89-143，台北，1951 年。

寤意，擢升為九卿，數月為丞相，然其資歷，實不足為百官之首，故其行事低首退讓。武帝崩後，昭帝七歲即位，大將軍霍光於宮內決策，行使皇帝之權力。「政事一決大將軍光」，其事違反武帝使五人輔導少主之意，【37】千秋不敢有所言。此時丞相已不復為百官之代表，亦不復為百官之首領。政府之行政官員，無丞相之領導，不能團結一致，以阻止宮內官員之濫權。

【三】外戚見誅盡淨

武帝晚年，越來越迷信而多疑，迷信神鬼巫幻之事，多疑是懷疑身邊親人對其施巫蠱詛祝之術。巫蠱之禍因此發生，武帝之長子及繼承人衛太子亦於巫蠱之禍中喪生。

巫蠱之禍始自丞相公孫賀家族。賀子敬聲【38】為太僕，貪污下獄。《漢書‧公孫賀傳》曰：

> 「敬聲以皇后姊子，驕奢不奉法，征和中擅用北軍錢千九百萬，發覺，下獄。是時詔捕陽陵朱安世不能得，上求之急，賀自請逐捕安世以贖敬聲罪。上許之。後果得安世。安世者，京師大俠也，聞賀欲以贖子，笑曰：『丞相禍及宗矣……』安世遂從獄中上書，告敬聲與陽石公主私通，及使人巫祭祠詛上，且上甘泉當馳道埋偶人，祝詛有惡言，下有司案驗賀，窮治所犯，遂父子死獄中，家族。」（66／2878）

【37】武帝遺詔輔導少主之官員除上引文所列之大將軍霍光、車騎將軍金日磾、丞相車千秋及御史大夫桑弘羊外，尚有左將軍上官桀。〈霍光傳〉則列霍光、金日磾、上官桀、桑弘羊四人之名，缺丞相車千秋。（68／2932）〈外戚傳〉僅列霍光、上官桀二人。（97上／3957）〈昭帝紀〉提及受遺詔輔少主者則僅書霍光之名。（7／217）班固於不同紀傳之行文，各有詳略。

【38】《漢書‧公孫賀傳》曰：公孫賀夫人衛君孺，「衛皇后姊也，賀由是有寵。」公孫敬聲乃衛皇后外甥。（66／2877，2878）

　　此案除丞相公孫賀族滅，牽連而死者尚有「陽石、諸邑公主，及皇后弟子長平侯衛伉皆坐誅。」【39】陽石公主及諸邑公主是衛皇后所生，【40】是公孫賀一案，衛皇后娘家親戚及其女幾全涉案見誅。【41】

　　史書言公孫賀案文字不多，不言是否真有巫蠱詛祝，亦不言是否有證據。賀父子死獄中，蓋酷刑迫供致死。有獄中囚徒上書，證據不明而竟使多位高官皇親誅死。此案顯示此時武帝之思想精神：任何人被控告不利於皇帝之生命安全，即使全無證據，亦當處死。武帝此種極端思想為江充利用，江充得罪衛太子，恐太子繼位後對其不利，乃利用巫蠱陷害太子。

　　武帝信用江充，「拜為直指繡衣使者，督三輔盜賊，禁察踰侈。貴戚近臣多奢，充皆舉劾。」江充之「禁察踰侈」，全不顧人情面子，甚至得罪太子。《漢書・江充傳》曰：

　　「（充）逢太子家使乘車馬行馳道中，充以屬吏。太子聞之，使人謝充曰：『非愛車馬，誠不欲令上聞之，以教敕亡素者。唯江君寬之！』充不聽，遂白奏。上曰：『人臣當如是矣。』大見信用，威震京師……後上幸甘泉，疾病，充見上年老，恐晏駕後為太子所誅，因是為姦，奏言上疾祟在巫蠱。於是上以充為使者治巫蠱。充將胡巫掘地求偶人，捕蠱及夜祠，視鬼，染汙令有處，輒收捕驗治，燒鐵鉗灼，強服之。民轉相誣以巫蠱，吏輒劾以大逆亡道，坐而死者前後數萬人。是時，上春秋高，疑左右皆為蠱

【39】《漢書・武五子傳》，63／2742。按皇后弟衛青，為大將軍征匈奴，封長平侯。青薨，子伉嗣。

【40】《漢書・武帝紀》，師古注曰：「二公主皆衛皇后之女也。」（6／208）

【41】《漢書・外戚傳》曰：衛「子夫生三女」。（97上／3949）除陽石公主、諸邑公主外，衛皇后所生之另一公主，《史記・外戚世家》《索隱》謂「衛長公主後封當利公主是」。當利公主似不涉巫蠱案。又衛皇后娘家之親戚尚有其姊衛少兒，少兒子霍去病，去病早死，霍氏無涉及公孫賀案者。

祝詛，有與亡，莫敢訟其冤者。充既知上意，因言宮中有蠱氣，先治後宮希幸夫人，以次及皇后，遂掘蠱於太子宮，得桐木人。太子懼不能自明，收充，自臨斬之……太子繇是遂敗。」（45／2177-2179）

江充為使者，乃皇帝之代表，太子使人收捕江充，行同造反。太子本因「上疾在甘泉，皇后及（太子）家吏請問皆不報。」[42]恐為武帝近臣所陷，乃捕江充，欲「窮治其姦詐」。唯其事發展，失去控制，太子乃「發長樂宮衛，告令百官曰江充反，乃斬充以徇。」並使人冒充使者，向各軍營發兵，並釋放監獄之囚徒為兵。武帝聞太子起兵反，乃從甘泉返長安，幸建章宮，命丞相領兵擊反者。太子與丞相劉屈氂各領兵，「合戰五日，死者數萬人」。太子兵敗，逃出長安，匿於湖縣，後發覺，格鬥死。「太子有三男一女……皆同時遇害。」衛皇后自殺死。太子有一孫，稱皇曾孫者，時僅數月大，亦下獄。[43]此役發生於征和二年，四年後，後元二年，武帝崩。

總結上文，武帝崩，其時政局可謂是權力之真空。諸侯王力量太小，無力干預京師之事務。列侯集團早就消散，毫無政治力量。丞相失去列侯之支持，不再是一政治勢力之代表；再者，自景帝始，不再如漢初之尊重丞相，武帝更輕視丞相，所命丞相皆無能尸位之輩，又動輒羞辱丞相，甚至以小事誅殺丞相。結果是武帝集中權力於一身，建立其個人之專制獨裁統治。武帝崩時，包括丞相在內之政府官員，鎮攝於武帝多年獨裁之恐懼，習慣性地不敢反對，乃至不敢懷疑宮內傳出來之決定。

武帝崩前四年，巫蠱之禍，太子死，衛皇后及其娘家之親屬亦多誅

---

[42] 此為太子少傅石德對太子語。《漢書・武五子傳》，63／2742-2743。

[43] 見《漢書・武五子傳》，63／2744-2747。參見《漢書・劉屈氂傳》，66／2880-2882；《漢書・宣帝紀》，8／235。

景印香港新亞研究所《新亞學報》（第一至三十卷）

死。武帝崩後，昭帝繼位，年七歲；其母鉤弋夫人前已卒，鉤弋夫人娘家親戚無一人在朝任官。【44】

　　數位宮內官員利用此一權力真空之時機，取得皇帝之權力，控制朝廷之政治。因其是宮內之官員，可以容易地控制皇帝，故在取得權力後，亦不欲離開皇宮，轉任政府行政官員。所以，其提高宮內官員之權力地位，造成部份宮內官員權力極大。此為漢代政治制度的巨大轉變。從霍光攝政開始，政治格局與以前完全不同。

二、 昭帝繼承之問題

　　武帝在位五十三年（前140-87），六十九歲崩於後年二年。【45】年僅七歲之少子弗陵繼位，【46】是為昭帝。霍光以武帝遺詔輔導少主，「事無大小，一決於光」。本章考察昭帝繼承之問題，並探討霍光、金日磾、上官桀等人之受武帝遺詔輔政之問題。

　　武帝長子名據，生於元朔元年。【47】元狩元年（前122），據年六歲，立為皇太子，其生母為衛皇后，故稱為衛太子。三十一年後，征和

【44】參見《漢書・外戚傳》，97 上／3957。

【45】《漢書・武帝紀》注引張晏曰：「武帝於景帝元年（前156）生，七歲為太子，為太子十歲而景帝崩，時年十六矣。」（6／155）膠東王徹於景帝七年四月丁巳立為皇太子。參見《漢書・景帝紀》（5／144）

【46】《漢書・外戚傳》謂昭帝生於太始三年（前94）。（97上／3956）武帝於後元二年（前87）崩，時昭帝七歲。

【47】《漢書・武五子傳》謂武帝年二十九乃得其長子據。據年七歲，於元狩元年（前122）立為皇太子。（63／2741）衛太子於元狩元年四月丁卯立，又見〈武帝紀〉。（6／174）則衛太子應生於元朔元年（前128）。參閱《漢書補注》所引錢大昕之言。（63／22b）又參閱錢大昕《廿二史考異》（8／14，《潛研堂全書》，長沙，龍氏家塾，1884 年）。

二年（前91），衛太子三十七歲，死於巫蠱之禍。

衛太子死時，武帝尚有四子，【48】是為燕王旦、廣陵王胥、昌邑王
髆及年僅三歲之少子弗陵。旦、胥早已成年，髆則於太子死前六年立為
昌邑王。【49】自衛太子死至少子弗陵立為武帝之繼承人，凡三年六月。
於此期間，武帝年過六十五，應重視其繼承問題。為何武帝於衛太子死
後不別立太子？《漢書・外戚傳》曰：

> 「衛太子敗，而燕王旦、廣陵王胥多過失，寵姬王夫人男齊懷王、
> 李夫人男昌邑哀王皆早薨。鉤弋子年五六歲，壯大多知，上常言
> 『類我』，又感其生與眾異，甚奇愛之，心欲立焉。以其年稚母
> 少，恐女主恣亂國家，猶與久之。」（97上／3956）

此引文所言當為武帝崩前一年內之事：時弗陵（日後之昭帝）年五六
歲，而昌邑哀王髆薨於武帝崩前一年。【50】

為防止宗室之爭奪繼承權而動搖國本，秦國國君與漢朝皇帝多遵守
傳統，很早就立太子，因為太子不必然是君主之長子。【51】漢武帝在其
長子六歲時，就立之為皇太子，其時武帝僅三十四歲，年富力壯。但
是，在衛太子死後，武帝已是年過六十五之老人，來日無多，卻不再立
太子。燕王旦遣使上書，求宿衛京師，武帝大怒，斥旦有爭立之心。

【48】武帝另一子齊懷王閎薨於元封元年（前110）。見《史記》（17／871）及《漢書》
　　（14／418）。

【49】武帝於元狩六年（前117）立旦為燕王，胥為廣陵王。（《史記》17／865；《漢
　　書》6／179，14／419）衛太子死時，兩人為諸侯王已二十六年。髆於天漢四
　　年（前97）立為昌邑王。（《漢書》6／205，14／420）

【50】昌邑哀王髆薨於後元元年正月（前88）。武帝崩於後元二年二月。（《漢書》6
　　／211）。

【51】秦國國君預立太子，請見《史記・秦本紀》（5／178，180，181，195，197，
　　198，199，205，213）及〈呂不韋傳〉（85／2505-2509）。漢代皇帝預立太子，
　　請見《漢書》諸帝本紀。

《漢書・武五子傳》曰：

> 「旦自以次第當立，上書求入宿衛。上怒，下其使獄。後坐臧匿亡
> 命，削良鄉、安次、文安三縣。」（63／2751）

武帝罰削燕國三縣，以燕王藏匿亡命為藉口，實乃懲其有爭立之心。【52】其時武帝之心理甚為奇怪。

武帝君臨天下，掌握獨裁權力逾半世紀，形成唯我獨尊，有我無人之性格，欲永保權力，忌言死亡，乃至不願想死亡繼承之事。燕王旦求入宿衛，武帝以為旦欲其死而代之，觸其忌諱，惹起其無名怒火。再者，衛太子之造反使武帝深切體會權力不可假人；衛太子以皇帝繼承人之權威，發兵造反，丞相領兵討之，兩軍戰於長安中五日，死者數萬。恐懼其繼承人以武力奪權，故武帝於衛太子死後，堅持不再預立太子；而燕王旦稍萌繼承之意，即見嚴譴。

秦始皇不預立太子，死前遺詔長子扶蘇「與喪會咸陽而葬。」【53】秦皇漢武，此二專制皇帝對其繼承問題，態度相似，至死尚不明言其繼承人。始皇崩時，宦官趙高行符璽事，與始皇少子「胡亥、丞相（李）斯陰謀，破去始皇所封書賜公子扶蘇者，而更詐為丞相斯受始皇遺詔沙丘，立子胡亥為太子。更為書賜公子扶蘇……賜死。」【54】胡亥非秦始皇所欲立之繼承人。漢武帝崩，其繼承人是否其所欲立者？

近人李源澄撰《秦漢史》曰：

> 「太子雖沒，武帝何以不立廣陵王燕王，史家謂其多過失。既立童
> 稚之子為太子，而必置其母於死地，史家謂憂母后專政，此皆難

【52】《漢書・武五子傳》述燕王旦之品行有謂其人好「招致游士」。（63／2751）諸侯王得寵之時，其招致游士可以容許，及其得罪，欲深文求其罪過，招致游士可以說成「臧匿亡命」。

【53】《史記・秦始皇本紀》，6／264。

【54】《史記・秦始皇本紀》，6／264。

明之事。」【55】

武帝崩時，尚有三子見在，是為燕王旦、廣陵王胥，及年僅七歲之少子弗陵。旦、胥各在其王國。班固於《漢書》數處，【56】皆簡單言及此二王多過失，不得立。《漢書・武五子傳》詳言二王之品行，其言曰：

> 「旦壯大就國，為人辯略，博學經書雜說，好星曆數術倡優射獵之事，招致游士。」（63／2751）

> 「胥壯大，好倡樂逸游，力扛鼎，空手搏熊羆猛獸。動作無法度，故終不得為漢嗣。」（63／2760）

二王無重大過失。所謂「二王多過失，不得立」，蓋不立二王之官方說法。昭帝崩，無子，「群臣議所立，咸持廣陵王。」【57】若廣陵王胥真是品行不端，即使其時胥為武帝唯一尚在世之子，群臣不可能多謂其可繼位為皇帝。武帝崩時，燕王旦與廣陵王胥不得繼承之原因與其品行無關。

武帝於後元二年二月，行幸右扶風盩厔縣五柞宮。「乙丑，立皇子弗陵為皇太子。丁卯，帝崩於五柞宮。」（6／211）武帝崩前立少子弗陵為太子，以霍光為大司馬大將軍，金日磾為車騎將軍，與左將軍上官桀、丞相車千秋、御史大夫桑弘羊奉遺詔輔導少主。此諸事關係重大，然《漢書》言及此諸事之各卷，所言諸事發生之日期歧異，今列表以見之：

【55】李源澄：《秦漢史》，頁 56，台北，商務印書館，人人文庫本，1966 年。

【56】《漢書・霍光傳》（68／2932）及〈外戚傳〉（97 上／3956）謂燕王旦及廣陵王胥「多過失」。〈昭帝紀〉則謂二王「行驕嫚」。（7／217）

【57】《漢書・霍光傳》，68／2937。

	乙丑（2月12日）【58】	丙寅（2月13日）	丁卯（2月14日）	戊辰（2月15日）
〈武帝紀〉（6／211）	立皇子弗陵為皇太子		武帝崩	
〈昭帝紀〉（7／217）		立太子。以霍光為大司馬大將軍，受遺詔輔少主，明日，武帝崩。	武帝崩	太子即皇帝位
〈霍光傳〉（68／2932）		以霍光為大司馬大將軍，金日磾為車騎將軍，上官桀為左將軍，桑弘羊為御史大夫，「皆拜臥內牀下，受遺詔輔少主。明日，武帝崩，太子襲尊號，是為孝昭皇帝。」	武帝崩	
〈百官公卿表〉（19下／791）			二月丁卯，霍光為大司馬大將軍。二月乙卯，【59】桑弘羊為御史大夫。	
〈外戚傳〉（97上／3957）		拜霍光為大司馬大將軍，輔少主。明日，帝崩。	武帝崩	

【58】 此日期之計算，利用三本曆書：陳垣，《二十史朔閏表》，北京，1956；董作賓，《中國年曆總譜》，香港，1960；*Rev. Pere P. Hoang, Concordance des chronologies neomeniques chinoise et europeenne*, Changhai, 1910. 此三曆書對計算陰曆之日子完全一致，但換算陽曆　但後二曆書互相牴牾。故此表僅書陰曆之日期。

【59】 武帝後元二年二月無「乙卯」日，當是丁卯之誤。

武帝崩前後數天所發生之事件，記載混亂不清，【60】班固修撰《漢書》，使用不同之記載，故《漢書》各卷有差異。此類文件相當多，同一事或記錄不同，部份文件或經竄改。儘管如此，這些文件的記載有一共同點：立太子至武帝崩，時間間隔非常短，一天或最多二天。如果真如《漢書》所言，立少子弗陵為太子是武帝之決定，決定未免太遲。

在武帝生命之最後時刻，少子弗陵被立為太子，其時弗陵是年僅七歲的小孩。其登基繼承大統在當時令人震驚，後人亦以此為奇怪。《漢書・武五子傳・燕王旦傳》曰：

> 「帝崩，太子立，是為孝昭帝，賜諸侯王璽書。旦得書，不肯哭，曰：『璽書封小。京師疑有變。』遣幸臣壽西長、孫縱之、王孺等之長安，以問禮儀為名。王孺見執金吾廣意，問帝崩所病，立者誰子，年幾歲。廣意言待詔五莋宮，宮中讙言帝崩，諸將軍共立太子為帝，年八九歲，葬時不出臨。歸以報王。王曰：『上棄群臣，無語言，蓋主又不得見，甚可怪也。』」【61】（63／2751）

王孺問執金吾廣意之問題，顯示昭帝登基時，時人對其所知甚少。燕王旦甚至懷疑昭帝繼承非武帝之意。《史記索隱》司馬貞曰：

> 「昭帝，鉤弋夫人所生，武帝崩時，年纔七八歲耳。胥、旦早封在外，實合有疑。然武帝春秋高，惑於內寵，誅太子而立童孺，能

【60】又《漢紀》記載拜霍光為大將軍、立太子及武帝崩之日期分別為後元二年三月乙卯、乙酉及丁丑。（荀悅《漢紀》，15／157，人人文庫本，台灣商務印書館，1971）乙酉為該月之第三天。至於乙卯與丁丑，後元二年三月無此二天。

【61】《史記・三王世家》褚先生補曰：「會武帝崩，昭帝初立，旦果作怨而望大臣。自以長子當立，與齊王子劉澤等謀為叛逆，出言曰：『我安得弟在者！今立者乃大將軍子也。』」（60／2118）《漢書・武五子傳・燕王旦傳》曰：「（旦）即與劉澤謀為姦書，言少帝非武帝子，大臣所共立，天下宜共伐之。」（63／2753）旦陰謀之言，不可採信，然其所以言此，蓋昭帝以七歲少子得立，確令當時人驚奇。

35

　　不使胥、旦疑怨。亦由權臣輔政，貪立幼主之利，遂得鉤弋子當陽。」（60／2119）

　　衛太子因巫蠱事死，起因於武帝之迷信，非為內寵。司馬貞既言武帝立童孺，又謂權臣貪立幼主之利；自相矛盾。然司馬貞之言仍可顯示武帝崩前後數日所發生之事件，不但令當時人覺得可疑，後世之史家亦以其事突兀無理。

　　關於昭帝之出生及其母，流傳一些神話傳說。《漢書‧外戚傳》曰：

> 「孝武鉤弋趙倢伃，昭帝母也，家在河間。武帝巡狩過河間，望氣者言此有奇女，天子亟使使召之。既至，女兩手皆拳，上自披之，手即時伸。由是得幸，號曰拳夫人……居鉤弋宮，大有寵。太始三年生昭帝，號鉤弋子，任身十四月乃生，上曰：『聞昔堯十四月而生，今鉤弋亦然。』」（97上／3956）

武帝因望氣者之指引而得昭帝母，此其神奇一也。

　　昭帝母二手皆握拳，武帝拉展其手指，其手乃得伸展。《史記正義》引《括地志》有異說，謂昭帝母「右手捲……武帝持其手伸之，得玉鉤。」（《史記‧外戚世家》49／1986）則謂僅右手握拳，其中有玉鉤。【62】此其神奇者二也。

　　昭帝母懷孕十四月，乃生昭帝。此與傳說帝堯之出生相同。【63】此其神奇者三也。

　　昭帝出生之神異故事，乃是人為造作以宣示昭帝乃真命天子。

　　昭帝母死，又有神奇之事。《史記‧外戚世家》褚先生補曰：「夫人死雲陽宮。時暴風揚塵。」（49／1986）《史記正義》引《括地志》

【62】《史記索隱》引《列仙傳》云：「發手得一玉鉤，故號（為鉤弋夫人）焉。」（《史記外戚世家》49／1985）

【63】《史記‧五帝本紀》不言此事。《史記正義》引《帝王紀》云：「帝堯……母慶都，十四月生堯。」（1／15）

曰：「武帝末年殺夫人，殯之而尸香一日。昭帝更葬之，棺但存絲履也。」（49／1986）《史記索隱》引《漢武故事》云：「既殯，香聞十里，上疑非常人，發棺視之，無尸，衣履存焉。」（49／1986）此其神奇之四也。

昭帝母之生死皆有神異，可謂是仙人，下凡來生昭帝，事畢即仙去。無怪其事收入《列仙傳》，蓋凡人不可能神異如此。昭帝年僅七歲，越二成年之兄長繼承大位，此類神異故事於焉產生，以宣告昭帝之神聖性與合法性。

漢代皇帝之生平有此類神奇傳說者，為高祖與宣帝。高祖事見《史記‧高祖本紀》：

「高祖……父曰太公，母曰劉媼。其先劉媼嘗息大澤之陂，夢與神遇。是時雷電晦冥，太公往視，則見蛟龍於其上。已而有身，遂產高祖。

高祖……常從王媼、武負貰酒，醉臥，武負、王媼見其上常有龍，怪之。高祖每酤留飲，酒讎數倍。……

高祖以亭長為縣送徒驪山，徒多道亡。自度比至皆亡之，……夜乃解縱所送徒……徒中壯士願從者十餘人。高祖被酒，夜徑澤中，令一人行前。行前者還報曰：『前有大蛇當徑，願還。』高祖醉曰：『壯士行，何畏！』乃前，拔劍擊斬蛇。蛇遂分為兩，徑開。行數里，醉，因臥。後人來至蛇所，有一老嫗夜哭，人問何哭，嫗曰：『人殺吾子，故哭之。』人曰：『嫗子何為見殺？』嫗曰：『吾子，白帝子也，化為蛇，當道，今為赤帝子斬之，故哭。』人乃以嫗為不誠，欲告之，嫗因忽不見。……後人告高祖，高祖乃心獨喜，自負。諸從者日益畏之。

秦始皇帝常曰：『東南有天子氣』，於是因東游以厭之。高祖即自疑，亡匿，隱於芒、碭山澤巖石之間。呂后與人俱求，常得之。高祖怪問之。呂后曰：『季所居上常有雲氣，故從往常

37

得季。』高祖心喜。沛中子弟或聞之，多欲附者矣。」（8／341-348）

秦末大亂，群雄逐鹿，爭天下者多造作神異故事，宣傳其為真命天子，用以鼓勵部屬，號召百姓。陳勝先起反秦，起事之前，造作狐鬼之言，謂陳勝當王，以堅從者之心。《史記・陳涉世家》曰：

> 「（陳勝、吳廣欲起事。）乃行卜。卜者知其指意，曰：『足下事皆成，有功，然足下卜之鬼乎！』陳勝、吳廣喜，念鬼，曰：『此教我先威眾耳。』乃丹書帛曰『陳勝王』，置人所罾魚腹中。卒買魚烹食，得魚腹中書，固以怪之矣。又閒令吳廣之次所旁叢祠中，夜篝火，狐鳴呼曰『大楚興，陳勝王』。卒皆夜驚恐。旦日，卒中往往語，皆指目陳勝。」（48／1950）

黥布事亦是一例。黥布本姓英，「有客相之曰：『當刑而王』，及壯，坐法黥。布欣然笑曰：『人相我當刑而王，幾是乎？』」（《史記・黥布列傳》91／2597）布受黥刑而喜，後且以黥布為名。蓋欲宣傳其「當刑而王」之「天意」，以吸引從者，擴大勢力。

高祖之神異故事最多，蓋高祖或其謀士所造作。及高祖得天下，其神異故事為人所樂道，更廣為流傳。其他群雄失敗已死，其神異事無效驗，人漸淡忘之。此所以高祖之神異事甚多而其競爭者則幾不見。

宣帝亦多此類神異。宣帝為衛太子孫。征和二年，衛太子以巫蠱之禍死，其子孫不死者僅一人，是為日後之宣帝，其時宣帝出生僅數月，亦下獄。《漢書・丙吉傳》曰：

> 「武帝末，巫蠱事起……時宣帝生數月，以皇曾孫坐衛太子事繫……後元二年，武帝疾，往來長楊、五柞宮，望氣者言長安獄中有天子氣，於是上遣使者分條中都官詔獄繫者，亡輕重一切皆殺之。內謁者令郭穰夜到郡邸獄，（丙）吉閉門拒使者不納……穰還以聞，因劾奏吉。武帝亦寤，曰：『天使之也。』

因赦天下。」【64】

　　宣帝在獄中，而望氣者言長安獄中有天子氣。其事巧合。至下述則是神異。《漢書・宣帝紀》曰：

　　「（宣帝）身足下有毛，臥居數有光燿。每買餅，所從買家輒大售，亦以是自怪。」（8／237）

　　宣帝買餅，餅家輒大售，此故事明顯倣自上引高祖留飲酒，酒家輒大售。宣帝之祖父衛太子以反死，宣帝自幼為孤兒，淪為平民，長於民間。昭帝崩後，因新帝昌邑王賀與權臣霍光之權力鬥爭，霍光廢帝而立宣帝，蓋以宣帝無勢孤立而易於控制。對其身世，宣帝終身都有強烈之自卑情結。【65】宣帝之神異故事因此而生，以宣揚宣帝為真命天子。【66】

　　除高祖與宣帝外，西漢諸帝中，僅昭帝有神異徵象之傳說。如果昭帝是在正常情況下被立為太子，似不會出現此類神異傳說。或者武帝突然崩殂，來不及指定繼承人，宮中之官員為便於掌握權力，立年僅七歲之少子弗陵為帝。又恐怕武帝之二位年長皇子（燕王旦及廣陵王胥）不服，更怕政變之流言傳布。乃造作昭帝之神異故事，以宣揚昭帝乃真命天子，應繼承大位。其後，此類神異故事在民間流傳，越傳越神，故有多個不同之說法。

　　關於昭帝繼承之問題，儘管有若干不合邏輯，令人難於理解之處。但並無明顯之證據證明昭帝之繼位非武帝之決定，而是霍光及其他宮官之合謀。再者，不知武帝之心意如何，而皇帝之心意是其選擇繼承人之

【64】《漢書・丙吉傳》74／3142。參見《漢書・宣帝紀》8／236。

【65】宣帝在位，祥瑞特多，西漢人視祥瑞為聖賢天子在位之徵兆。而凡有祥瑞，宣帝即大赦天下及賜天下民爵。又宣帝好以祥瑞改元，以祥瑞之名為年號，如神爵、五鳳、甘露、黃龍。宣帝賜民爵凡十四次，其中十次之原因為祥瑞。參見「兩漢賜爵事例表」，廖伯源：〈漢代爵位制度試釋（下）〉，《新亞學報》十二卷，頁205-216，香港，新亞研究所，1977年。

最關鍵因素。不可以否定武帝有可能棄長立幼，立少子為繼承人。所以，對昭帝繼承之合法性，本文不下任何論斷。

　　與昭帝繼承相關之另一問題是所謂「輔導少主」或「輔政」。既然以七歲小兒繼承皇帝位，乃任命五位大臣以輔導之。五位大臣是為大司馬大將軍霍光、車騎將軍金日磾、左將軍上官桀、丞相車千秋、御史大夫桑弘羊。【67】任命五位輔政大臣，應是希望五人共同輔政，合作集體決策。但是，昭帝即位後，「政事壹決於光」，【68】霍光獨擅大權，違背武帝之遺詔。【69】

　　霍光既與其他四人共同受遺詔輔少主，霍光如何可以獨掌大權，此當由其時朝廷之決策程序與制度說起。

　　秦漢皇帝專制體制，皇帝一人掌握全部決策權。皇帝在宮內決策，頒布詔令，詔令先下御史大夫、丞相，丞相下傳相關之九卿及郡國守相，再轉下各級官員執行。武帝朝，尚書成為皇帝之秘書，所有行政文書、百官之奏章、及百姓之陳情書，皆先送到尚書，尚書審核處理，加

【66】或謂高祖、昭帝、宣帝之神異故事非其本人及其親近所造作；乃是當時及後世人造為笑談之資。有此可能。西漢諸帝中，僅此三帝有神異故事，蓋其所處之地位形勢有神異故事之需要。

【67】《漢書・車千秋傳》曰：「武帝疾，立皇子鉤弋夫人男為太子，拜大將軍霍光、車騎將軍金日磾、御史大夫桑弘羊及丞相千秋，並受遺詔，輔道少主。」（66／2886）《漢書・霍光傳》曰：「後元二年春，上游五柞宮，病篤……上以光為大司馬大將軍，日磾為車騎將軍，及太僕上官桀為左將軍，搜粟都尉桑弘羊為御史大夫，皆拜臥內牀下，受遺詔輔少主。」（68／2932）受遺詔輔少主者五人。《漢書》各卷之行文或闕一人之名，合而觀之，受遺詔者凡五人。

【68】《漢書・霍光傳》68／2932。《漢書・車千秋傳》曰：「武帝崩，昭帝初即位，未任聽政，政事壹決大將軍光。千秋居丞相位……終不肯有所言。光以此重之。每有吉祥嘉應，數襃賞丞相。」（66／2886）

【69】李源澄著《秦漢史》曰：「政事一決於霍光，未必為武帝之意。」（頁55）

附意見，再轉呈御覽；而詔令亦由尚書起草。【70】

　　武帝崩後，霍光利用其宮官在宮內執勤之方便，主動領導尚書之事務。尚書處理過行政文書後，應上呈皇帝，皇帝作決定。但昭帝是七歲小兒，霍光乃代昭帝作決定；霍光之決定由尚書草成文書，作為詔書，下傳宮外行政官員執行。尚書成為霍光之秘書，霍光則行使皇帝之權力。此一領導尚書事務之事實出現，稍後乃因此而有加官官銜「領尚書事」之產生。對加官「領尚書事」之研究，詳另文。於此先考明此一領導尚書事務之事實，是如何開始。李源澄於其《秦漢史》曰：

> 「武帝遺詔原無霍光領尚書事之文，昭帝即位，大將軍光秉政，領尚書，車騎將軍金日磾左將軍上官桀副焉。是霍光自領之也。」
>
> （頁 56）

　　在提及武帝遺詔之《漢書》數卷〈紀〉〈傳〉中，確實並無言及武帝授予霍光領尚書事之加官。【71】〈昭帝紀〉謂昭帝即位，「大將軍光秉政，領尚書事」。（7／217）李源澄以此為證據，顯示霍光領尚書事是自領之。李氏所言近是。

　　與霍光同時受武帝遺詔之官員，其中丞相車千秋及御史大夫桑弘羊是行政系統之官員，其執行宮內傳出之詔令，並監督行政系統運作，其執勤地點是在皇宮之外。至於車騎將軍金日磾及左將軍上官桀，二人與霍光一樣，亦是宮官；二人可以在宮內，參與決策。《漢書‧昭帝紀》曰：

【70】研究漢代尚書的著作很多。於此僅陳列三篇論文：勞榦，〈論漢代的內朝與外朝〉，《中央研究院歷史語言研究所集刊》，第13本，頁248-266，1948。徐復觀，〈漢代一人專制政治下的官制演變〉，《周秦漢政治社會結構之研究》，頁232-241，香港，新亞研究所，1972。陳啟雲，〈略論兩漢樞機職事與三台制度之發展〉，《新亞學報》四卷二期，頁127-157，1960。

【71】《漢書‧昭帝紀》7／217，〈車千秋傳〉66／2886，〈霍光傳〉68／2932，〈外戚傳〉97上／3957。

> 「大將軍光秉政，領尚書事，車騎將軍金日磾、左將軍上官桀副
> 焉。」（7／217）

　　按霍光與金日磾、上官桀二人是兒女親家。【72】霍光自領尚書事，
應是二位親家所同意。金日磾於昭帝登基後一年卒，史書甚少言其此時
之事跡。至於上官桀，則與霍光合作，分享決策之權力。《漢書・外戚
傳》曰：

> 「桀子安取霍光女，結婚相親，光每休沐出，桀常代光入決事。」
> （97 上／3958）

　　上官安之女，為霍光之外孫女。昭帝即位後四年，始元四年（前
83），上官安女「入為倢伃……月餘，遂立為皇后，年甫六歲。」【73】
立皇后時，昭帝 12 歲，其婚姻非其自己決定可知，乃霍光與上官桀安
排之政治婚姻。昭帝初年，霍光與上官桀關係甚佳，合作無間。但是，
當其地位穩定之後，二人爭權，一人要全部獨佔，另一人要求分享更
多。上官桀所求不成，乃與御史大夫桑弘羊、燕王旦及鄂邑蓋長公主合
作，陰謀奪權；結果失敗，於元鳳元年（前80）皆為霍光誅殺。【74】自
此之後，霍光掌握絕對權力，至死為止。

【72】《漢書・金日磾傳》曰：「（霍）光以女妻日磾嗣子賞……日磾兩子，賞、建，
　　俱侍中，與昭帝略同年。」（68／2962）按昭帝七歲即位，次年金日磾死，霍光
　　應是在金日磾死前以女妻其子。則霍光以女妻金賞之時，金賞年約七八歲，此亦
　　是政治婚姻。

【73】《漢書・外戚傳》謂其事起於上官安，「安因光欲內之，光以為幼，不聽。」安
　　乃使丁外人說帝長姊鄂邑蓋長公主，公主乃詔安女入宮。（97 上／3958）按安
　　小輩，上有其父上官桀及岳父霍光，二人輔導少主，此事若非二人同意，豈能進
　　行？且年僅六歲之小女，初入宮即為倢伃，月餘立為皇后，何其快也。明顯為二
　　人安排之政治婚姻，蓋為日後鞏固權力布局。

【74】參見《漢書・昭帝紀》7／226，〈杜延年傳〉60／2662，〈楊敞傳〉66／2888，
　　〈霍光傳〉68／2934-2936，〈外戚傳〉97 上／3959。

　　另一與武帝遺詔有關之事，是霍光、上官桀、金日磾三人之封侯，霍光與上官桀假造武帝遺詔，自封為列侯。《漢書・霍光傳》曰：

> 「先是，後元年，侍中僕射莽何羅與弟重合侯通謀為逆，時光與金日磾、上官桀等共誅之，功未錄。武帝病，封璽書曰：『帝崩發書以從事。』遺詔封金日磾為秺侯，上官桀為安陽侯，光為博陸侯，皆以前捕反者功封。時衛尉王莽子男忽侍中，揚語曰：『帝（病）〔崩〕，忽常在左右，安得遺詔封三子事！羣兒自相貴耳。』光聞之，切讓王莽，莽酖殺忽。」（68／2933）

李源澄解析此引文如下：

> 「忽之言必可信，豈有武帝自為璽書封光等，必待其死後乃發封行之，是何理歟？光不敢責忽而讓其父，其情可知。據〈金日磾傳〉，誅莽何羅者乃日磾之功，與霍光上官桀無關，而金日磾反不敢受封，其為霍光矯詔又可知也。（本紀書霍光上官桀金日磾三人討之，此霍光上官桀受封而更改史事也。）【75】」（《秦漢史》頁56）

　　莽何羅兄弟欲謀殺武帝，金日磾發其事而擒之，事詳《漢書・金日磾傳》，（68／2960-2961）並無言及霍光、上官桀參與此役。

　　霍光、上官桀二人之封侯非武帝之遺詔之另一證據，為二人封侯之時間不合理。據《漢書・昭帝紀》（7／220）及〈外戚恩澤侯表〉（18／691），二人封侯之日期在始元二年（前85）元月。前引〈霍光傳〉謂武帝遺詔封侯二人，其文曰：「武帝病，封璽書曰：『帝崩發書以從事。』」按武帝崩於後元二年（前87）二月。若真有所謂遺詔封侯二人，封侯時間應在武帝崩後數日或最多一月，不可能拖延到二年之後。沈欽韓謂二人封侯在武帝崩後二年，則所謂遺詔乃是偽造者。【76】沈氏所言近是。

【75】 此括弧及其內之文字都是李源澄《秦漢史》之原文。

景印香港新亞研究所《新亞學報》（第一至三十卷）

又金日磾不肯受封。此為武帝並無遺詔封侯之別一證據。《漢書·金日磾傳》曰：

> 「初，武帝遺詔以討莽何羅功封日磾為秺侯，日磾以帝少不受封。輔政歲餘，病困，大將軍光白封日磾，臥授印綬，一日，薨。」
> （68／2962）

若武帝真有封侯三人之遺詔，則封侯事與昭帝無關。金日磾以昭帝年幼為由，推辭不肯受封。此事可見武帝並無遺詔封侯。

又據《漢書·景武昭宣元成功臣表》，金日磾於始元二年（前85）封秺侯。（17／666）《補注》：「朱一新曰：『當作始元元年九月封，〈昭紀〉可據。日磾以元年薨，見〈昭紀〉、〈公卿表〉，不得至二年。』」（17／26a）所言甚是。〈昭帝紀〉與〈百官公卿表〉相同。[77] 金日磾應於始元元年（前86）九月受封，蓋其於此月卒。〈功臣表〉誤。又《漢書·昭帝紀》曰：

> 「（始元）二年春正月，大將軍光、左將軍桀皆以前捕斬反虜重合侯馬通功封，光為博陸侯，桀為安陽侯。」（7／220）

按金日磾於始元元年九月封侯，即比霍光、上官桀二人封侯早四個月。此三人既是武帝遺詔所封，為何其封侯之時間不同？

綜合上文所言，霍光與上官桀極有可能假造武帝遺詔，自封為列

【76】楊樹達《漢書窺管》引沈欽韓《漢書疏證》（浙江官書局，1900）之評論（31／21b-22a）。楊氏不同意沈氏之言，然其理由甚弱。（《漢書窺管》頁413，北京，科學出版社，1955）

【77】《漢書·昭帝紀》曰：「（始元元年）九月丙子，車騎將軍日磾薨。」（7／220）《漢書·百官公卿表》曰：「（武帝後元二年二月，）侍中駙馬都尉金日磾為車騎將軍，一年薨。」（19下／791）按金日磾於後元二年二月（前87）為車騎將軍，一年後薨，薨當在始元元年。金日磾之卒年，〈昭帝紀〉與〈百官公卿表〉相同。

侯。至其動機，表面似甚簡單：漢代之列侯為貴族，擁有豐厚之經濟利益及崇高的社會地位。封侯拜相，為人生富貴之高峰，人之所欲。而想深一層，從政治角度看，霍光與其同伙有必要擁有列侯之爵位。蓋此時為宮官首次在丞相及行政系統官員之上，統治帝國，而行政系統官員執行霍光於宮內發出之命令。提高其爵位有助於鞏固其權力。漢制最高之爵位是諸侯王，然只有宗室乃得封為諸侯王；異姓大臣之最高爵位是列侯。上文已述，朝廷職位最高之官員是丞相，漢初慣例，丞相必以列侯為之。稍後，若新任之丞相非列侯，則於拜相時封為列侯，此後成為制度，至西漢末不變。霍光與上官桀實際上已位於行政系統官員之上，其決定即為朝廷之命令，行政官員必須執行。則其擁有與丞相相等之爵位，必大有利於其政治操作。

　　作為結論，茲引一段李源澄判斷霍光人格之文字：

> 「霍光在武帝時地位甚微，竟為輔政之人，已不可解。其專決政事，自領尚書，矯詔封侯，其為人何如，不待論而明。」（《秦漢史》頁 56）

李源澄譴責霍光奸詐不忠，其言近是。更有甚者，霍光為人膽大敢決，奪權不擇手段。有此理解，可以容易了解昭帝崩後，霍光力排群臣立武帝子廣陵王胥之議，而立昌邑王賀，二十八日後又廢賀而立宣帝。

景印香港新亞研究所《新亞學報》（第一至三十卷）

啖助學派詮釋經傳方法析論

伍煥堅

香港專業進修學校語言傳意學部

提　要

　　本文嘗試梳理啖助學派詮釋《春秋》經傳的模式，探討啖助學派如何從舊學說中變換出新方法。按照啖助學派所解讀和依據的材料作為分類準則，可以將其詮釋文字分為「詮釋經文」、「詮釋傳文」兩大項。按照方法之模式，其「詮釋經文」大致可歸納為：以例解經、以例正經、以傳考經；而「詮釋傳文」則可歸納為：駁正、篩選、刪削、移就、脫胎。本文將逐一剖析，期以呈現啖助學派《春秋》學所以為「新《春秋》學」之所在。

1

景印香港新亞研究所 《新亞學報》 （第一至三十卷）

啖助學派詮釋經傳方法析論

一　、前言

　　經學在中晚唐，開始由章句之學轉向義理之學，啖助學派正是轉折時期中的代表。他們解經，重視中心意義的展現，不事逐字逐句支離瑣碎之訓詁，務求發揮《春秋》經世之宗旨，教化之作用。此經世之宗旨與教化之作用遂成為詮經、改經、改傳之中心思想與目的。可是他們解經先設格局，以為孔子依據某種特定的道德標準或一套統一的義例修撰《春秋》，並且自信能得聖人之心。從詮釋經文方面看，由於他們堅持這些道德標準與義例的完整性，寧指言經誤，也不承認經文有不可解之處，犯了「強經就我」之毛病；從詮釋傳文方面看，他們憑著一己所知之「聖人之心」驗證三傳之說，以意去取，以「達義」為依歸，時有吸收當中的精要處，加以修改；三傳皆不中意時，就一一駁倒，提出己見，因而開創了獨立於三傳之外的新《春秋》學。

二、詮釋經文方法析論

　　如唐以前大部分經學家一樣，啖助（724-770）、趙匡（生卒年不詳）、陸淳（？-806）[1] 三子認為孔子作《春秋》時會按照某種規律去重新記錄史事，以隱藏某種意義在其中，此謂「凡例」或「義例」。於是，後世人讀《春秋》，就反過來提出某種意義，去歸納經文書寫的規

本文經盧鳴東老師多番指正，在此向他致以感謝。

[1] 啖助學派的學說主要來自啖助、趙匡，二人是學派的骨幹和奠基；陸淳的角色主要體現在整理二人之說，編纂成書的工作，他亦有在當中表達己見，但與二人的學說宗旨大同小異，詮解風格亦未見突出。

景印香港新亞研究所《新亞學報》（第一至三十卷）

律。雖然大都可以自圓其說，仍難免有削足適履之弊。本來義理的歸納與解釋，要由經典本身挖掘得來，但過度詮釋，以己意嵌入，反而將經典變成宣導個人思想的工具。

（一）以例解經

趙匡曰：「褒貶之旨在乎例。」【2】義例可說是啖、趙、陸解經之鑰匙。《春秋集傳纂例・都論褒異》云：

> 春秋時為惡者多，貶者則眾，其理易見。其見褒者前已論，訖今又總而序之，……諸侯去國之美者，莫過於紀侯；……王師之正者莫過於子突……魯公子兄弟之忠賢者莫過於季友，……故皆褒而進之，如曰「不然」，請聞其論。蔡叔（原註：桓十一年盟于折，《傳》不詳其事迹）不見事迹，蓋亦美之。【3】

「稱字為美」，是三傳皆同之說，相信是春秋戰國時一種文化現象。啖助一次列舉逾十個春秋人物，指出經書稱其字代表讚美，並一一驗之三傳記載，確有不同的可嘉之行，足以證成此義例。桓公十一年經文，出現蔡叔一人，傳文未有述此人事迹，啖助單憑義例云：「不見事迹，蓋亦美之」。啖氏相信，即使在不見「事迹」的情況下，依然可以透過義例揭示褒貶之意。這正反映他強調經學與史學性質與方法之分別，因為史書直記事實，善惡自見，但孔子修經，加以主觀判斷，會對史料進行修改，以各種書記規律記錄各類事件，甚至以不合事實的方式重寫，以示褒貶。【4】故單就《春秋》學來說，義例的解釋與建構，甚至比事實求

【2】〔唐〕陸淳纂：《春秋啖趙集傳纂例》，收入《叢書集成初編》第3636種（北京：中華書局，1991年覆《經苑》本），卷1〈重修集傳義第七〉，頁7。

【3】《春秋啖趙集傳纂例》，卷8，頁179。

【4】啖助學派強調經史之別，例如啖助〈春秋宗指議〉批評范甯以《春秋》宗旨為「明黜陟、著勸戒」之說，曰：「且歷代史書，皆是懲勸，《春秋》之作，豈獨爾乎？是知雖因舊史，酌以聖心，撥亂反正，歸諸王道。」又如駁杜預「事

證更為重要。

　　林慶彰〈唐代後期經學的新發展〉一文歸納中晚唐經學著作的整體特色，其中一項是「更改經書文字」，他舉了唐玄宗改《尚書》、韓愈改《論語》為例，指出諸凡改經之動機深具研究價值，而未作探討。[5]筆者認為啖助學派亦有改經之傾向，今詳列其疑經而改經之例，並試論其動機。

（二）以例正經

　　《春秋》中文字似乎都不是任何一套條例可以完全概括而無矛盾的，有所謂「事同而文異」、「文同而義異」等情況。對此，歷來經學家都試圖提出不同說法解釋當中之原因，「變例」是其中之一。啖助學派還舉出兩個理由，一是史闕文，這是指《春秋》的參考資料有失記的現象，是《春秋》成書前已出現的不利因素；一是傳寫之誤，這主要是指《春秋》成書後，流傳過程中出現的人為錯誤。他們時常以這兩個理由作為經文不合義例的原因，以期使義例這個褒貶系統完整無缺。此認識也使他們依據義例來改經。

　　如《春秋集傳纂例・都敘會例》指僖三十三年，「晉人及姜戎敗秦于殽」一條，「及」字是衍文。趙匡說：

> 凡魯與一兩國盟及用兵而言「及」者，乃是魯為之主；若諸國大
> 會而盟及言兵，悉是盟主所召，故往就之，非魯起意故悉不言
> 「及」……

同文異，從告及舊史之文」，曰：「若如此論，乃是夫子寫魯史爾，何名修《春秋》。」皆以申明《春秋》之獨立價值。至於獲得此價值之方法，就是作義例，故趙匡說：「褒貶之指在乎例」。分別見《春秋啖趙集傳纂例》，卷1，頁2，4，7。

[5] 林慶彰：〈唐代後期經學的新發展〉，載：《中國經學史論文選集》（臺北：文史哲出版社，1992 年）上冊，頁 670-677。

5

景印香港新亞研究所《新亞學報》（第一至三十卷）

　　凡外諸侯自盟及侵伐，皆以謀主居首，義即可知，無會及之異。

　　僖公三十三年「晉人及姜戎敗秦師于殽」者，衍「及」字耳。【6】簡而言之，是魯國為主謀，則言「及」，《公羊》：「及，我欲之」是也；他國主謀或參與其事，不關魯國，則不言「及」。這是內外用詞之異，但「晉人及」一條經文則不合此異內外之例。趙匡辯之曰：

> 「及」，衍文也。何以知之？據宣八年晉師、白狄伐秦，成九年秦人、白狄伐晉，如此例甚多，並不言「及」，故知此衍文耳。蓋舊史列序，皆以主兵者及同行者，夫子修經舉主兵為首，義已明矣，故悉去「及」字以從簡。此誤存之耳，是也。【7】

趙匡此處是檢察《春秋》經文兩國聯師伐人之例，並不書「及」，認為孔子處理此類舊史時，一概刪「及」字以從簡，所謂「省辭以從簡」【8】的原因是甚麼呢？《纂例・趙氏損益義》說：

> 知其體，推其例，觀其大意，然後可以議之耳。……若廣其辭，則是史氏之書爾，焉足以見條例而修《春秋》乎？辭簡而意隱，理自當爾。【9】

據趙說，《春秋》與史書的分別在於《春秋》是根據「條例」來撰寫的，於是，由條例中看見意義就已達到撰寫目的了，不必像史書那樣將細節記述清楚。將趙氏指言「及」為誤文之原因，與他的《春秋》學理論互參，似乎又可見他不自覺地藉考辨《春秋》這本屬「公」的經書，維護「私」見。

　　趙氏指出僖公三十三年「晉人及姜戎敗秦師于殽」的「及」字是「誤存」的，因而達致義例得以貫通全經。這「誤存」並無主語，不知是指

【6】《春秋啖趙集傳纂例》，卷6，頁129。

【7】《春秋啖趙集傳纂例》，卷5，頁108。

【8】《春秋啖趙集傳纂例》，卷1，頁7。

【9】同上註。

後人還是孔子，可謂耐人尋味。不管如何，趙氏敢於提出經文誤，已是超卓的疑古精神。

　　又如襄公三十年秋，「鄭良霄自許入于鄭」一條，原註說：「……不書復入，志在復讎，非謀害國。不爾，即經闕文也。」【10】可惜〈至歸入納例〉今本只存例子，而啖、趙之總義亡佚，未明其說之大要。但據其中註文，足知啖、趙是採用《左氏》例「以惡入曰復入」之義，即其注文之意謂鄭良霄入鄭並非惡行。如是惡行，則當書「復入」，要是不合此義例，則是經文之誤。故知義例是啖、趙判別經文正誤之準則。

　　趙匡曰：「《春秋》之作，以為經國大訓，故一字之義，勸戒存焉。」【11】即使經書中一字之差，也絕不輕輕放過，必深入考究，辨別正誤。今再看一條修正經文以及以單字推大義之例。成公八年，「天子使召伯來錫公命。」現先列三傳（以下《左氏》說乃杜註）之說，以見啖助所駁：

　　《左氏》：「『天子』、『天王』，王者之通稱。」【12】

　　《公羊》：「其餘皆通矣。」【13】

　　《穀梁》：「曰『天子』何也？曰見一稱也。」【14】

《春秋集傳纂例・名位例》啖子曰：

　　王者無上，故加「天」字，言如天也。而有不書「天」者三，（原註：桓公弒隱而王不討之，至莊元年反令榮叔來錫命，故不言「天」，一也；文公以僖公妾母成風用夫人禮，而王不責，反令榮

【10】《春秋啖趙集傳纂例》，卷7，頁160。

【11】〔唐〕陸淳纂：《春秋集傳辨疑》，收入《叢書集成初編》第3435種（北京：中華書局，1991年覆《古經解彙函》本），卷1，頁6。

【12】〔晉〕杜預注，〔唐〕孔穎達疏：《春秋左傳注疏》（臺北：藝文印書局，1965年影印阮元校刻《十三注疏附校勘記》本），卷26，頁444b-445a。

【13】《春秋集傳辨疑》，卷8，頁92。

【14】同上註。

景印香港新亞研究所《新亞學報》（第一至三十卷）

叔歸舍且賵，故去「天」字，二也；又使召伯來會成風葬，亦去「天」字，三也；成風並見文五年春經。）蓋言不能法天者也。又有書「天子」者一（成八年「天子使召伯來錫公命」），或依策命之文以懲失禮，或傳寫誤也。【15】

三傳皆以為「天王」、「天子」都只是通稱，可證書「天子」並無不可，也無特別涵義。由於相信「一字寓褒貶」的書法特質，啖助認為「二傳不知文之誤，強穿鑿爾。」【16】啖氏所以不顧前說，疑「天子」為謬文之原因是：《春秋》僅一處書天子，嫌於是孤例；以其義例言，啖氏立了一表達義理的格局：天王至高無上，應法天正道，故加「天」字，以美之，此是正常稱謂；如天王犯錯，則去「天」字以貶之，此是非常稱謂。此種說法使義例簡單清晰，而且義理通達易明，但「天子」此一孤例的出現，對此義例格局造成混亂。因「天王」去「天」字，依然是王，但「天子」去「天」字，則不能是王。從文意上推敲，啖氏認為「天王」的「天」意思是「如天」、「法天」；而「天子」之「天」則是「天的」，兩者的「天」字意義並不相同。毫無疑問，「天子」一詞就違反了啖助去「天」字貶天王這一簡明的義例格局。為了維持義例的完整，他寧願臆說是「傳寫之誤」一類的理由。

　　貶天王不法天而去「天」，貶諸侯無王而去「王」，是增減字為褒貶的方法，趙氏所謂「《春秋》之文從簡，加減一字皆有義」是也。啖助亦謂：「《春秋》之文至簡，故字皆有義」【17】其實所謂「字皆有義」，啖、趙之意，是每一字皆有獨一無二之義，倘從「通稱」之說，則二字共一義，等同少了一個表達義的單位。

　　啖、趙的釋經原則，是要保持「《春秋》大義」得到完整發揮，若遇

【15】《春秋啖趙集傳纂例》，卷8，頁171。

【16】《春秋集傳辨疑》，卷8，頁92。

【17】《春秋啖趙集傳纂例》，卷8，頁184。

經文與義例矛盾處，寧可說孔子犯了小錯誤，故不能說他不尊孔子。《春秋集傳纂例・序例》云：

> 凡合書「日」而或不書者，蓋告辭不具或舊史脫闕；不合書「日」而或書者，因舊史誤不削耳。……凡用日月，史體當耳，非褒貶之意。故經文粗成大體，亦不知精加考覈，理可知也。[18]

啖助在《纂例・取舍三傳議》聲明對《公》、《穀》日月時例一切不取，所以他自行歸納的新義例，是不講書「日」書「月」的褒貶義的。經文記日月時，很多都跟事情大小性質不合，背後並無深義，只是舊有史料遺留的痕跡。有此不完善之處，啖助歸納為兩個原因：

一、 告辭不具或舊史脫闕：魯史之制，外國來告則書，不告則不書；舊史刊落奪文。這兩項是孔子之前所遺留的問題。

二、 沒有細緻考覈，承襲了舊史之誤：上引文「不知精加考覈」的「不知」可理解為思想不周密或疏忽。「因舊史誤不削」的「誤」就顯然是「錯誤」了。雖然這兩句話並無主語，未說明是誰之誤，但要是放在孔子「為《春秋》，筆則筆，削則削，子夏之徒不能贊一辭。」[19]這個早已成共識的傳統說法底下，「因」和「削」的自然是孔子，誤的也即是孔子。然則孔子作《春秋》時「不知精加考覈」，造成了若干缺失。

　　雖然啖助強調經史之別，但也不得不認同《春秋》經的前身是史書，難免有史書的殘跡。他發現《公》、《穀》時月日例之說有很多踦駁不倫之處，這本來是緣於《春秋》之記時月日本來就過於無定準，而作《公》、《穀》者，或不敢冒瀆聖人，或墨守師法，於是使說解泥難不通。[20]因是，啖助提出了以上兩個理性的解答方法，免卻再去層累

---

[18]《春秋啖趙集傳纂例》，卷9，頁197。

[19]〔漢〕司馬遷，《史記》（北京：中華書局，一九五九年），卷47〈孔子世家〉，頁1944。

[20]關於三傳時月日例之缺點，可參看戴君仁：《春秋辨例》（臺北：國立編譯館中華叢書編審委員會，1978年），第三章至第八章，頁19-110。

矛盾之說。他對《春秋》的認識，是很進步的，他已能指出《春秋》某些殘破部分，不主張曲護經書之誤，更沒有神化經書，反而肯定經書中的人為自然因素。

（三）以傳考經

《春秋》經文載於三傳，因而得以傳世。但三傳所載的經文時有出入，因而產生了三個不同的版本。經文一字之差，足以增加解釋的難度，也使不同家學的說法莫衷一是。訂正經文當是釋經的首要步驟。《春秋集傳纂例》的〈三傳經文差謬略〉是訂正經文的專篇，其中列出一條啖、趙認為正確的經文，可以深入窺探其訂正經文的方法，該條經文乃《公羊》所傳之版本：

> 僖十九年，夏六月，宋人、曹人、邾人盟于曹南，鄫子會盟于邾。己酉，邾人執鄫子用之。[21]

「宋人」，《左》、《穀》二傳所載的經文版本作「宋公」，《公羊》的經文版本作「宋人」，趙匡從《公羊》的版本。《左氏》以事解經，補充經文記事之疏略，是其著作之特質與功用，亦以此資見本末之功用而成解經權威。趙匡要與之立異，就是挑戰權威。他首先是在享有相同地位的《公羊》處獲得證據，支持己說。

試看《左氏》記載：「宋公使邾文公用鄫子於次睢之社」，解釋了經文「邾人執鄫子用之」之義，[22]亦揭示了此盟會宋公有參與。宋公是襄公。這是一次由宋國主持之會盟，因鄫子爽約來遲，被邾人用來祭神。《左氏》記錄了此事的情節，宋襄使邾文公用鄫子「血社」，即叩鼻出血以祭神祇，直將鄫子當作宗廟祭祀的犧牲。趙匡認為《左氏》記載甚為歪曲，他指出經文既書「宋人」，一則並非貶宋襄公，因宋襄公並未參與會盟；二則此會只是由大夫主持，所以應從《公羊》作「宋

[21]《春秋啖趙集傳纂例》，卷9，頁201-202。

[22]《春秋左傳注疏》，卷14，頁239a-b。

人」。今逐一引述趙氏所持之理據，曰：

> 若然，則宋為首惡，……經文當兩譏之云「宋人使邾人」，不當
> 獨罪邾也。【23】

此乃據「諸侯稱人為貶」之義例申辯，《左氏》既云宋邾兩國君主為惡，《春秋》又為何只將邾貶稱人？如果真是宋襄公指使邾文公用鄫子，《春秋》應揭示宋襄之首惡，書「宋人使邾人」，不應只書「邾人執」，而隱蔽宋襄之惡，失去「彰善懲惡」之效。他又指出：

> 且宋襄以仁義為已任，故不重傷不禽二毛，豈肯殺諸侯以祭淫祀
> 乎？【24】

此事見於僖公二十二年《左氏傳》，宋襄公泓水之戰，不鼓不成列，不擊未陣，致大敗負傷而回。國人埋怨他，他就引「君子曰：不重傷不禽二毛……不鼓不成列」之說自解。趙匡引用此記載以證宋襄公是仁君，如忍心令邾子虐殺鄫子來當祭祀用的犧牲，也是「必無此理」的。至此可明見趙氏對《左氏》之材料，是選擇性地相信的。如此例，他是以經文與義例為立足點，定材料真偽，不過，「己意」還是佔主導地位的：

> 宋襄爾時自為霸主，若自來曹地，則曹伯、邾人何敢身不至，而
> 令大夫盟乎？【25】

趙氏又以他所知的春秋時期歷史狀況來論證，宋襄既有霸主之威，曹、邾二國之君決不敢不親身與盟的，令大夫盟，是「斷無此理」的。他既擴大了個人認知範圍去涵蓋未知的客觀事物的真偽，同時以普遍情況否定個別情況出現的可能性，實是「理所當然」的思考模式。

　　再看一例。莊三十一年「六月，齊侯來獻戎捷」，三傳皆作「齊侯」，趙匡以為也是誤文，當作「齊人」：

【23】《春秋集傳辨疑》，卷6，頁61-62。

【24】同上註。

【25】同上註。

> 據齊未霸之時，尚不曾朝魯，今既為霸主，豈有自獻戎捷乎？必
> 無此理。但文誤爾。【26】

他檢驗《春秋》，齊在「獻捷」之前，未曾朝魯，其時齊尚未為霸主；
現在成了霸主，更親自來贈戰俘，是不合理的。

趙匡今次的推測，可能是對的。按《十三經注疏校勘記》指出：「齊
侯來獻戎捷」，《說文》引作『齊人』」，《說文解字》可能證實了趙氏
之說。【27】不過，趙氏考證準確與否，依然在解經方法上的技術層面，
趙氏徑自提出「經文誤」而進行考證，其背後的動機，才是經學思想的
問題。雖然趙匡的學說的確以事實考據為主，比較缺乏思想性，【28】但
在所謂他那「技術性」的文字裡，也偶有義理隱藏。我們試推敲他提出
改經的原因，就可發現。《纂例・朝》引趙子曰：

> 《穀梁》云：「天子無事，諸侯相朝，時正也；考禮修德以尊天子
> 也。」按春秋諸侯不事天子，自以強弱相制，無考禮修德之事。
> 《左氏》云：「凡諸侯即位，小國朝之。」此乃春秋事霸者之宜，
> 非常事也。【29】

王綱解紐，周代正禮不行，天子位卑，由霸主統領諸侯，這是「春秋之
宜」。趙匡所認識的春秋之世情大體如此，這也是他和啖、陸熱衷於提
倡權變之道的原因。如前引「宋襄爾時自為霸主，⋯⋯曹伯、邾人何敢
身不至」的想法一樣，齊桓「今既為霸主，豈有自獻戎捷乎？必無此
理！」因齊侯獻捷並不合他所知的春秋歷史狀況，所以肯定三傳經文有

【26】《春秋集傳辨疑》，卷6，頁67。

【27】《春秋左傳注疏》，卷10，頁185b。

【28】參看〔日〕吉原文昭：〈關於唐代《春秋》三子的異同〉，《啖助新春秋學派
　　研究論集》，頁339-338。吉原先生對趙匡的評價不高，以為其學說大體停留在
　　技術性層面。

【29】《春秋啖趙集傳纂例》，卷6，頁66-67。

誤。可是他的認知是大輅椎輪的，如將一個籠統的認知變成必然規律，限定不在規律下的事件不能偶然發生，這未嘗不算「憑私臆決」。

　　《纂例・趙氏損益義》引趙子曰：「褒貶之指在乎例，綴敘之意在乎體。」【30】倘若義例紊亂，就會大壞聖人褒貶之意，趙氏多番作經傳文字考證，無非是要維持其《春秋》學理論的穩當與義例的周洽，達致理論與方法實踐一致。基本上，三子是預設一套義例，去驗證經文的正謬，其中有一方法，是以義理來作規矩，不合此規矩的文字，就指為謬文。但是，這副義理規矩，很大程度是三子的創發，據此去驗證經文，《春秋》就成了三子建立學說體系的材料。

三、詮釋傳文方法析論

（一）駁正三傳

　　啖助是不屬於三家中的任何一家的，雖然並非徹底與三家之訓對立，但當對三傳皆不滿時，就會自立新說。如啖助說：「若理不盡者，則演而通之；理不通者，則全削而別註。」【31】因為三傳對不少經文都只在詞義訓詁層面上理解，未能表達道德教訓的作用，也算是啖助所謂「粗陳梗概，殊無深指」一類之說。如解「取」之義，趙匡曰：「凡力得之曰『取』，不當『取』也，不是其專奪。」他引了《左》、《穀》之說，然後駁論：

> 　《左氏》云：「凡書『取』，言易也。」《穀梁》亦曰：「取，易
> 　辭也。」按：「『取』，收奪之名，何關難易，假令取之難而得
> 　之，欲如何書之乎？」又曰：「凡克邑不用師徒曰『取』。」「今
> 　經文」見云「伐」，得云不用師徒乎？今謂：凡係屬外，而我克
> 　有之，不論難易，一切稱「取」。……然「取」之非正，皆為力

【30】《春秋啖趙集傳纂例》，卷1，頁7。

【31】《春秋啖趙集傳纂例》，卷1，頁5。

景印香港新亞研究所《新亞學報》（第一至三十卷）

得，《春秋》之義在辨其得之邪正（原註：若得合宜，則不言「取」）。【32】

「取」之訓，二傳只徘徊在難易之辨，並未接上「一字寓褒貶」的前題，本著《春秋》這個前題，趙匡先指出二傳「難易」之說欠全面，又以經文駁「不用師徒」之說，表示傳文不合經義。他認為「取」是貶辭，取他國之地已為不義，即使是「復取本邑」的情況，也會同被貶抑，因為要復取本國之邑，應先「申明直辭，請於王以正疆理，但專以兵爭奪，不得正道。」【33】趙氏在「取」字的解說中發明了尊王之義，三傳則只停留在訓詁的範圍，是啖助學派所嫌不足之處。凡此類傳注，大抵都會「演而通之」、或「全削而別註」。可見啖助學派善於駁正三傳，有時不必綜括經文和參考義例，純粹按照常理判別三傳的說法。

啖、趙、陸三子中，趙匡最為善於駁詰，其發「左氏非丘明」之論，【34】正可反映其思維之獨立敏銳。今再觀其駁傳之方式：

> 入者《公羊》所謂「得而不居」是也。《左氏》曰：「弗地曰『入』」，言入其國而不有其地。按：侵、伐、圍、滅等亦是不有其地，何獨於「入」云爾乎？《穀梁》曰：「『入』，內不受也」，按：侵、伐、圍、滅皆用兵之事，安有彼國願受之乎？【35】

趙匡指出三傳兩個思考毛病，第一，是不周全。侵、伐、圍、滅、入，都是入侵人國，也是不奪人地而去的。如果只在「入」用不奪人地作解，不能說明「入」之有別於其他同類字之特質，用同類的共通特點定義其中一個同類，雖沒有錯，但就沒有意義。這種不作分別的解釋，不能有效呈現他所謂「《春秋》字皆有義」的特性。又謂：「文異者即皆有

【32】《春秋啖趙集傳纂例》，卷5，頁119-120。

【33】同上註。

【34】關於趙匡「左氏非丘明」說的緣起、內容及影響，學者已有豐富論述，茲無所加，總言之此是宋代疑古風氣之先導。可參見：《啖助新春秋學派研究論集》。

【35】《春秋啖趙集傳纂例》，卷5，頁115。

義」，【36】他所謂字皆有義之「義」與上例合觀，則是「獨一無二之意義」。他顯然是對三傳含混之說甚不滿，因這不能揭示孔子在同類事件用不同字詞的褒貶之意。第二，不合常理。侵、伐一類帶攻擊性的行為，按常理是人皆不欲受的，所以指「入」是「內不受」也沒有意義。又如：《公羊》曰：「『滅』，上下同力者也。」趙氏謂：「據侵伐圍襲未必不同力也。豈止滅乎？」也是指其不周全。《公羊》指「滅」是「亡國之善辭」，趙氏則反詰之曰：「豈有絕祀而得稱善辭者哉！此直當滅亡之文耳。」【37】也是指出其不合常理之缺點。【38】

　　另外，趙匡在檢討三傳之說時，也常以義理教化角度出發。據筆者統計，《春秋辨疑》有十四處出現「有何義」詰問三傳，【39】如僖三十一年「冬，伯姬來求婦。」趙子曰：

> 公羊曰：「其言來求婦何？兄弟辭也。」按經文直書以志其非禮也爾，「兄弟之辭」，有何義？【40】

【36】《春秋啖趙集傳纂例》，卷6，頁129。

【37】《春秋啖趙集傳纂例》，卷5，頁117。

【38】如此類駁辯甚多。隱公十年，魯師一戰敗宋于菅，連取其郜、防二邑，《春秋》將一次戰事、兩次取邑之日期記錄，《穀梁》云：「取邑不日？此其日，何也？不正其乘敗人而深為利。」趙匡云：「安有彼不敗而能取其邑乎？假如兵不敗，我直取得其邑，則無罪乎？」見《春秋集傳辨疑》，卷1，頁11。茲不俱引。

【39】依次為：「桓七年，焚咸丘。」、「桓十三年，公會紀侯、鄭伯……衛師、燕師敗績。」、「莊九年及齊師戰于乾時。我師敗績。」、「莊二十二年，肆大眚。」、「莊二十三年公至自齊。」、「莊二十八年，齊人伐衛，衛人及齊人戰，衛人敗績。」、「閔二年公薨。」、「僖九年，宋公禦說卒。」、「僖二十一年宋公、楚子、陳侯、蔡侯、鄭伯、許男、曹伯會于雩。執宋公以伐宋。」、「僖二十一年楚人使宜申來獻捷。」、「僖二十五年，宋蕩伯姬來逆婦。」、「僖三十一年冬，伯姬來求婦。」、「宣元年秋，宋公、陳侯、衛侯、曹伯會晉師于棐林，伐鄭。」、「宣九年秋，取根牟。」

【40】《春秋集傳辨疑》，卷6，頁71。

可知新《春秋》學派重視義理教化的傾向，注經不滿足於純粹訓詁之辭。

　　三傳是歷來解經的權威，此等在有用與無用之間的說法，可能一直不為人發現，反而由專家師弟相傳，強為說解。趙匡駁辯的目的，是要清除無意義之舊說，使義理表達深刻明快，各條經文皆有教化之用。他指出三傳邏輯未安或說話無謂，可以全不依經文為之，我們亦可視之為「以己意解經」。

　　啖助學派也並非純任己意的，他們探討經義時，會比對三傳，檢驗它們的說法哪一個較合「聖人之道」，合則取用，不合則駁倒。如，《春秋》有「弟」之稱，但不是凡公之弟則稱「弟」，有時稱「公子」，有時稱名字，《左》、《公》皆以凡稱弟皆為母弟，意指同母之弟。【41】

　　　　聖人之教，雖及兄弟之子，猶進之，安有異母即見疏外乎？非敦
　　　　睦之道。【42】

「異母不可稱弟」，不合啖助所知的敦睦之道，他於是斷定《左》、《公》之說不對。但《左》、《公》不同傳而有同樣說法，應能反映當時的稱謂習慣，此習慣或非與情誼厚薄有關。啖氏的「聖人之教」是要由己之子推及至兄弟之子，這也是對孔孟思想的準確掌握，但施於此則有硬套之跡。

　　解釋「宣公十年秋，天王使王季子來聘」也相近：

　　　　《公羊》曰：「王季子者何？天子之大夫也。其稱王季子何？貴
　　　　也。其貴奈何？母弟也。」啖子曰：「聖人設教，不應於母弟則

【41】見宣十七年「冬。公弟叔肸卒。」《左氏傳》。《春秋左傳注疏》，卷24，頁
　　412b。及隱七年「齊侯使其弟年來聘。」《公羊傳》。〔漢〕何休解詁，〔唐〕
　　徐彥疏：《春秋公羊傳注疏》（臺北：藝文印書局，1965年影印阮元校刻《十三
　　注疏附校勘記》本），卷3，頁38a。

【42】《春秋啖趙集傳纂例》，卷8，頁179。

16

偏貴之。」【43】

其實既為天子同母弟，當然身份會較尊貴，但啖氏以為「聖人之教」是不偏私的，於是肯定地反駁《公羊》「偏貴」之說。三子所本之「聖人之道」、「聖人之教」，就是以孔子的「道」與「教」【44】，去判斷孔子後學的是非，寬泛地說，也是一種「回歸原典」的表現方式。可是由於自信能拿捏孔子之意，有時會變成畫蛇添足，就是疑經、改經，這類行為在宋代發展甚烈。

（二）篩選三傳

以上論述駁傳，現在看用傳。啖助學派開宋人捨傳求經之風，但在解經時，依然大量採用三傳可參之說，其取用標準，大體來說，是能否表達義理教化的意思，《纂例・免牲》云：

> 凡不郊皆卜免牲，……免牛，凡未成牲曰牛，《穀梁》云：「牲傷者亦曰牛。」又曰：「已牛矣，而又免之何也？嘗置之上帝矣，故卜而免之，不敢專也。」此說是。《公羊》云：「免牲，禮也；免牛，非禮也」，此說不如《穀梁》之義精。【45】

三子雜采三傳解經，皆先比較三傳之義，而取用其最精者，如上引文，《公羊》只說禮與非禮，不明言合禮不合禮之原因，《穀梁》則帶出郊禮是敬上帝之主旨，故被認為正確。

三子有時又會用「大體」來推斷經義，判別舊說，如趙匡議天子應否行親迎禮，就直接說：

> 考之大體，故無自逆之道。【46】

【43】見《春秋集傳辨疑》，卷8〈秋天王使王季子來聘〉，頁89。

【44】據筆者檢驗，今存啖助學派三部《春秋》學著作凡言「聖人」三十九見，皆指孔子。

【45】《春秋啖趙集傳纂例》，卷2，頁24。

【46】《春秋啖趙集傳纂例》，卷2，頁34。

景印香港新亞研究所《新亞學報》（第一至三十卷）

天子親迎不親迎的問題，可以大致分為古文家主張不親迎，今文家主張親迎。【47】由於古文家之說合乎「大體」，而被趙匡採用了。趙匡並沒有像漢代經師臚舉文獻來支持自己的說法，語氣卻很確切，只是以「大體」一詞就把繁瑣的考證都省去了。按照他的思路，此「大體」就變成一個直觀的演繹，而不是證據的歸納。由於趙匡對於《春秋》的宗旨是「舉王綱」深信不疑，在此前提下，天王擁有無上的權威，如果出境迎親，就會使尊嚴有損，對尊王的前提有所牴觸了。趙匡偏重義理發揮而疏於事實考據的解經風格，標誌著經學由章句之學蛻變為義理之學。

趙匡這種「大體」之說是對一眾儒家經典所表現之主體精神的把握，基本上可以視之為一種會通經籍的學問。所舉的證據是義理上的，類似的方法不少，如他們常言的「聖人之道」、「聖人之教」。

（三）刪削三傳

一條經文下的傳文，可能同時表達數個重點，當中可能有可取也有不可取的地方，對這類傳文，啖助學派持開放與審慎的態度處理，合經義的就保留，不合的就刪削。從啖派選取和刪削傳文的傾向來看，大抵可以將其依據之準則歸納為「簡易」、「經世」和「人情」數項，這是啖助他們注經要表達的思想，也是他們的學問特質。

以《春秋》的經世功用為準則的：

> 《公》、《穀》說經多云「隱之」、「閔之」、「喜之」之類，且《春秋》舉經邦大訓，豈為私情悲喜生文乎？何待《春秋》之淺也，如此之例並不取。【48】

經世思想也表現在尊王的主張上：

【47】關於三傳到漢代經師對天子應否親迎的問題的爭論，可參看：[日]保科季子：〈天子好逑——漢代儒教的皇后論〉載：彭林主編：《中國經學》第四輯（北京：2009 年），頁 9-26。

【48】《春秋啖趙集傳纂例》，卷1，頁12

《穀梁》曰：諸侯時獻於天子，以其國之所有。故有辭讓而無徵
求。趙子曰：天子受貢，常禮也，亦何所讓，故去其「故有辭讓」
四字。【49】

以「簡易之道」為準則的：

趙子曰：聖人設教不應如此煩碎。……但譏嬌亢，義則昭然。又
云：「弗稱數」，即煩碎矣。故去其「弗稱數」三字。【50】

這其實也證明趙匡解經，以達義理為依歸，不用心名物制度的訓詁。

　　啖助學派既能自創新義，當然也大量吸收三傳舊說，故曰：「三傳
分流，其源則同，擇善而從，且過半矣。歸乎穩當，亦何常師？」【51】
由於他們重視經義的闡發，所以取捨三傳時，特別注視具有義理教誡的
材料，至於語言、禮制層面的章句訓詁，則多不採用。

　　《春秋集傳辨疑》列出趙匡駁詰三傳對隱公元年「鄭伯克段于鄢」的
解說，觀其中有一段：

《穀梁》曰：「克者何？能殺也。」趙子曰：「其釋克字雖不當，
然其傳意得骨肉情意之中，故除其殺之義存其餘也。」【52】

趙氏以為克是「能勝」之義。【53】將《穀梁》「能殺」換為「能勝」，應
是參考《左氏》記事，得知鄭莊公並未有殺段而推出的說法。但所謂
「存其餘」者為何？《穀梁》原文曰：

段，鄭伯弟也。何以知其為弟也。殺世子母弟目君。……段，弟
也，而弗謂弟；公子也，而弗謂公子，貶之也。段失子弟之道
矣。賤段而甚鄭伯也。何甚乎鄭伯？甚鄭伯之處心積慮成於殺

【49】《春秋集傳辨疑》，卷2，頁27。

【50】《春秋集傳辨疑》，卷2，頁28。。

【51】《春秋啖趙集傳纂例》，卷1，頁5。

【52】《春秋集傳辨疑》，卷1，頁2。

【53】據《左氏》記載，鄭伯並無殺段，只是將其放逐。這事實可能影響趙匡變換
　　《穀梁》的說法。

也。〔……〕然則鄭伯者宜奈何？緩追逸賊，親親之道也。【54】
趙匡又曰：「《春秋》舉重，不稱弟為重矣，不可更求公子之義。」【55】
所謂「舉重」，是指記述一件事可以有多個角度，而只選取最重要的角
度來寫。趙氏認為在《春秋》經裏，「公子」一詞蘊含的意義是比「弟」
為輕的，相信是因為「公子」可以反映的是名分尊卑，「弟」所盛載的
卻是人情親疏。趙氏的判斷，可知他認為名份是比人情為次要的。所
以，整段駁文唯一不駁且認為要保留的是「段不弟，故不言弟」、「緩
追逸賊，親親之道。」兩句。趙氏考慮到發揮人情之義的重要性，或是
不自覺地傾向選取合乎人情之解說，致有此舉動。另外，他采用了《穀
梁》傳的框架，同時參考了《左氏》的記事，換入新的內涵，此須憑藉
綜合運用三傳的能力。

（四）移就三傳

　　啖助學派不是盡棄三傳不用的，很多時候會在經文下直接引用相應
的傳文；有時則較靈活，引用某條經文下的傳文來解釋不同的經文，像
移花接木一樣。啖助說：

> 凡《公》、《穀》文義雖與本經不相會，而合正理者，皆移於宜
> 施處施之；其孤絕之文不可專施於經下者，予則引而用之，庶先
> 儒之義片善不遺也。【56】

　　如莊公十年「荊敗蔡師于莘，以蔡侯獻舞歸。」一條經文下《公羊》
介紹了七等爵之說。【57】趙子曰：

> 《公羊》曰：「州不若國。」是也。又云：「國不若氏。」按諸侯

【54】〔晉〕范甯集解，〔唐〕楊士勛疏：《春秋穀梁傳注疏》（臺北：藝文印書局，
　　1965 年影印阮元校刻《十三注疏附校勘記》本），卷1，頁10b。

【55】《春秋集傳辨疑》，卷1，頁2。

【56】《春秋啖趙集傳纂例》，卷1，頁11。

【57】《春秋公羊傳注疏》，卷7，頁89b。

無稱氏之例。又云：「氏不若人，人不若名。」按《春秋》無氏獨行之例。唯崔氏出奔尹氏卒，自是譏世卿，不同常例。假如崔氏出奔，豈惡於崔杼弑君哉？又云：「名不若字，字不若子。」是也。於此用之不當，移于閔二年「齊高子來盟」下施之。【58】趙匡對「七等爵」之說並非完全接受的，他只贊同「州不若國」與「名不若字，字不若子」之說，而不反駁「國不若氏，氏不若人，人不若名」之說。他進而提出「名不若字，字不若子」不應在莊十年「荊敗蔡師于莘」以下提出，因為此處「荊」是「州不若國」的例子，以下並無「名字」等稱呼的例子。而「名字」一說應放在閔二年「齊高子來盟」之下，因為齊高子有對魯國有平亂之功，應該獲得《春秋》以最高等級來稱呼。這樣，經文與傳文的配合也恰到好處。

可知啖助學派不但本著義例提出修正經文，也為了方便解經而提出修正傳文。以上一類例子在他們著作中是偶見的，卻漸漸演變成巨大的主流學風。〈四庫全書總目・孝經問提要〉曰：

> 漢儒說經以師傳，師所不言，則一字不敢更；宋儒說經以理斷，理有可據，則六經亦可改。然守師傳者，其弊不過失之拘；憑理斷者，其弊或至於橫決而不可制。王柏諸人點竄《尚書》、刪削《二南》，悍然欲出孔子上，其所由來者漸矣。【59】

細觀〈提要〉論宋儒之經學，謂其「憑理」改經，「欲出孔子上」，用以評論啖、趙之學亦不為過。啖、趙欲藉義例，以發明聖人之旨，經文有不合例者，以致改經從例，對傳文亦如是。雖其目的非真為「出孔子上」，但後來宋儒改經之風熾盛，啖、趙不無始作俑者之責也。

【58】《春秋集傳辨疑》，卷 3，頁 39。

【59】〔清〕紀昀等撰：《四庫全書總目》（北京：中華書局，1965 年），卷 32，頁 266b-c。

景印香港新亞研究所《新亞學報》（第一至三十卷）

（五）脫胎三傳

從形式上看，啖派的著作的確對三傳進行了大規模的改動，但是，移傳、削傳後，傳文某部分意義依然保留，他們如何在用傳、削傳後再變換出新意義，創出具有自己的價值體系的新《春秋》學呢？其實，這問題的解答就在於他們如何綜合三傳，加以己意，脫胎換骨的方法之中。此過程比較複雜，我們可細看趙匡對「桓無王」的新解。

《春秋》記魯十二公之事，桓公的即位，三傳都認為是「弒隱」而得的，啖助指出：「桓即位十八年，唯元年、二年、十年、十八年，四處有『王』字，餘皆無『王』字。」趙匡推衍說：

　　王者，人倫之所係，桓無「王」，惡桓之滅人倫也。桓之有「王」，是謬增加書之也。【60】

「桓無王」之說出自《穀梁傳》：

　　桓弟弒兄、臣弒君，天子不能定，諸侯不能救，百姓不能去，以為無王之道，遂可以至焉爾。【61】

及《公羊傳》「春正月。公會齊侯于嬴。」何休《解詁》：

　　無「王」者，以見桓公無王而行也。【62】

又《穀梁傳注疏》引徐邈說云：「桓公篡立，不顧王命，王不能討，故無『王』。」又范氏例云：「桓無『王』者，見不奉王法」，【63】兩說意義相近。

眾所周知，桓公弒兄而立，三傳皆對桓公有貶刺。如《穀梁》謂「桓無王」，意指其不請命於周天王而自立，就是「不顧王命」、「不奉王法」。【64】至於孔子依然在其正月前冠以「王」字，似與「無王法」之

【60】《春秋集傳辨疑》，卷2，頁20。

【61】《春秋穀梁傳注疏》，卷3，頁28a。

【62】《春秋公羊傳注疏》，卷4，頁50a。

【63】《春秋穀梁傳注疏》，卷3，頁28a。

【64】同上註。

義相悖，《穀梁》認為孔子目的是「謹始」，因為此年桓公即位，未被周天王問罪討伐，故書「王」以象徵懲治桓公，亦以譏諷天王縱惡，雖有王位而不為王者治諸侯之職責。趙匡執信《穀梁》「桓無王」說，但不采「治桓」說，進而提出《春秋》經桓公元年不應書「王」。但三傳經文皆作「春，王正月」，有「王」字，趙匡就如此說：

> 予謂去「王」字，理由夫子，不因舊史，夫子修經時豈不知此年竟不討乎？何須存之也？（《穀梁》）又云：「末年有『王』，言王終不能討，所以書之。」若然者，總除「王」字，理不益明乎？按十五年王崩至十六年嗣王既立，年月已深，過不在嗣王，何不書「王」乎？足明非責王明矣。但為學《春秋》者，慣習於「王正月」，不覺遂四處妄加耳。聖人辭意朗然平暢，若譏王則王未崩之前悉去「王」字可矣，安肯乍見乍隱，煩碎若此乎？詳經意，直以桓公不顧王法，故去其「王」字，以見其罪耳。【65】

趙匡認為，孔子「因史制經」不必全依舊史，即便史冊存有「王」字，孔子亦可本著「理」而將之刪去，以表達對貶桓公「無王」的貶斥。《穀梁》文意其實有兩方面，桓公目中「無王」，是責桓公；而經文所以有「王」，則是對周天子之譏諷，認為其不行天子之責。這兩種意思合起來說，是較複雜而牽強的，因為內在意義與經文所見出現不一致。在趙匡的處理下，他就直接採用了「桓無王」之意義，而為求達到經文與意義的統一，他直指是後來儒者不能深得孔子之意，只流於記憶文本的表層面貌，瞀於「王正月」的出現，就憑僅有膚淺的印象性認知，私自將桓元年經文「正月」改為「王正月」字。

　　注、疏都分別為桓「四處有王」作解，但無一認為是「謬增加書之」， 獨趙匡為了保持《春秋》「王者，人倫之所係」一義通貫全書，因而寧願說是經文之誤。趙匡大刀闊斧地削去《穀梁》傳文的枝蔓，但

【65】《春秋集傳辨疑》，卷2，頁15。

景印香港新亞研究所《新亞學報》（第一至三十卷）

在未有文獻根據的情況下，自信能以一己之心盡得孔子之心，進而提議修改經文，可見他在學術上的主體意識之強烈。他從迂曲的舊說中抽取大義，經過批判的接受與私意的改造─近乎「偷換概念」之方法，將舊瓶換入了新酒。這種解經模式也往往可以在宋代《春秋》學著作中發現，啖助學派對後學的啟迪或者說是與後學的相通特質也可以在這方法上得以體現。

如上趙匡提出「無王」的新解，與其說這是他經過歸納經文得出，不如說是他先設了一意義格局來解釋經書用詞的共通點，這種模式不妨稱為「據義起例」，也就即是說義例是由一高懸的義理統攝的。趙匡執信於義例的完整或存在，因而懷疑不合義例的經文，雖與杜預信傳改經立場不同，但亦近乎本末倒置。杜預以歷法考證經文記日月之誤，尚且有事實根據；三子袒護義例，指言經誤，則屬猜測。畢竟因為「經先於例」，非「例先於經」。

四、結語

《春秋》經的詮釋傳統，是透過歸納義例，探求經文所負載之褒貶精神。但義例的建立，目的是表達一個中心義理，這一義理有很大程度是個人思想的反映。為了維護義例可以完整地表達此中心義理，而改造經文以符合義例，就是本末倒置。註經本來的任務是探求孔子原意，如將「探求孔子原意」變成「發表個人學說」，經書遂成為可任意改易的立言工具。

不過啖助學派的確運用其敏銳的思辨能力，指出不少三傳說法於理不合的地方。在清除三傳無大義可申之說時，提出有道德訓誡作用之說。從「《春秋》是垂大義之書」這個命題來說，啖助學派在申明大義的工作上，比三傳專家的意識更強烈。從經學發展史上的意義來說，他們自發脫離章句注疏之學，走向義理之學，帶起宋代清理漢唐專門學術所層累的附會之說，開直尋聖人大義之風氣。

皎然詩境說與蘇軾詩禪觀念的源出

劉衛林

香港城市大學文化及傳意部

提　要

　　宋人論詩每與禪相提並論，在宋代詩學理論當中，以禪說詩成為一時風尚。宋人之以禪說詩，論者多以為始於蘇軾，然而若細加考察，則知蘇軾之以禪說詩並非其所獨創，其詩禪觀實可上溯於唐人詩學上之詩禪學說，尤其集中見於中唐時以境說詩的皎然詩論當中。本文主要即從辨正歷來探討唐宋詩禪觀念關係諸說，並追溯蘇軾詩禪學說源出，由此析述皎然《詩式》及與此相關詩論所發揮之詩境理論，如何影響蘇軾詩學觀念上詩禪之說，從而闡明蘇軾詩禪學說所受中唐詩境觀念之具體影響，及兩者在詩學理論上之密切關係。

關鍵詞：蘇軾詩禪說　宋代以禪說詩　嚴羽《滄浪詩話》　皎然《詩式》
　　　　中唐詩境說　詩之妙

景印本・第三十卷

1

皎然詩境說與蘇軾詩禪觀念的源出

一、 緒　言——宋人詩論與蘇軾以禪說詩

　　在宋代詩學理論當中，以禪說詩成為流行一時的風氣。宋代文人在論詩時往往將詩學與禪學兩者相提並論，在宋人的詩話或筆記小說當中，以禪喻詩甚至將學詩比之於參禪之類的說法，可說是宋代詩論中至為常見而且又頗為突出的一套詩學觀念。如蘇軾〈夜直玉堂攜李之儀端叔詩百餘首讀至夜半書其後〉一詩便有：「暫借好詩消永夜，每逢佳處輒參禪」[1]，不特將詩禪相提並論，更有以詩參禪之說。此外韓駒在〈贈趙伯魚〉一詩內亦提到：「學詩當如初學禪，未悟且遍參諸方。一朝悟罷正法眼，信手拈出皆成章。」[2] 更是直截將學詩比之於學禪。錢鍾書在《談藝錄》內，便列舉蘇軾而下不少比學詩於學禪的文人及其持論為例，說明論詩諸家好將學詩擬諸學禪，其實是宋代文人的老生常談。[3] 在宋代以禪說詩的多家持論當中，嚴羽的《滄浪詩話》是其中最受重視的一套詩學理論。胡應麟在《詩藪》內論前代詩話，對兩宋以來諸家詩話多有不滿，獨對嚴羽的《滄浪詩話》推崇備至。在《詩藪》內胡氏即提出：

> 宋人詩話，歐、陳雖名世，然率紀事，間及諧謔，時得數名言耳。劉貢父自是滑稽渠帥，其博洽可睹一斑。司馬君實大儒，是

---

[1] 蘇軾著，王文誥輯註，孔凡禮點校：《蘇軾詩集》（北京：中華書局，1982 年），卷 30，頁 1616。

[2] 吳之振等編：《宋詩鈔》（臺北：世界書局，1962 年），上冊，《陵陽詩鈔》，頁 5。

[3] 錢鍾書論證宋人好比學詩於學禪之說，詳見《談藝錄》（北京：三聯書店，2001 年），頁 638 至 641 所舉述。

> 事別論。王直方拾人唾涕，然蘇、黃遺風餘韻，賴此足徵。葉夢
> 得非知詩者，億或中焉。呂本中自謂江西衣鉢，所記甚寥
> 寥。……南渡人才，遠非前宋之比，乃談詩獨冠古今。嚴羽卿崛
> 起爐餘，滌除榛棘，如西來一葦，大暢玄風。昭代聲詩，上追
> 唐、漢，實有賴焉。【4】

胡應麟於批評歐陽修、陳師道、王直方，以至葉夢得、呂本中諸人詩話
種種不足之餘，卻盛稱嚴羽詩論「滌除榛棘，如西來一葦，大暢玄風。」
胡氏之所以將嚴羽詩說比之於一葦西來，大暢玄風的禪門祖師達摩，就
正因嚴羽在《滄浪詩話》中標舉以禪喻詩之說。嚴羽這套以禪為喻的詩
學理論，胡應麟在《詩藪》內編卷二內便對之稱譽備至：

> 嚴氏以禪喻詩，旨哉！禪則一悟之後，萬法皆空，棒喝怒呵，無
> 非至理。詩則一悟之後，萬象冥會，呻吟咳唾，動觸天真。【5】

即可見胡氏之所以推崇嚴羽詩論，就在於以禪喻詩這一詩學理論之上。
正因嚴羽在《滄浪詩話》中所提出一套以禪喻詩之說頗受世人矚目，是
以前人論文學觀念上契合詩禪者，便每以為應始自嚴羽《滄浪詩話》的
以禪喻詩之說。【6】

　　嚴羽在《滄浪詩話》內所提出以禪喻詩理論，固然遠較其先比學詩
於參禪的宋代論詩諸家在理論上更為具體與深入。錢鍾書在《談藝錄》
內論歷來以禪喻詩問題時，便點出嚴羽詩禪說的特色及其在詩學上的貢
獻：

> 滄浪別開生面，如驪珠之先探，等犀角之獨覺，在學詩時工夫之

【4】 胡應麟：《詩藪》（上海：上海古籍出版社，1979 年），雜編，卷 5，頁 321。

【5】 胡應麟：《詩藪》（上海：上海古籍出版社，1979 年），內編，卷 2，頁 25。

【6】 清代李光昭〈詩禪吟示同學〉一詩，即稱「喻詩以禪始嚴氏，作詩能令佛天
喜。」載李光昭《鐵樹堂集》，轉引自錢鍾書《談藝錄》（北京：三聯書店，2001
年），頁 637 所載李光昭〈詩禪吟示同學〉詩。

外，另拈出成詩後之境界；妙悟而外，尚有神韻。不僅以學詩之事，比諸學禪之事，並以詩成有神，言盡而味無窮之妙，比於禪理之超絕語言文字。他人不過較詩於禪，滄浪遂欲通禪於詩。【7】

錢氏指出嚴羽詩禪說在詩學上的最大特色與貢獻，是「在學詩時工夫之外，另拈出成詩後之境界」，結果是在「他人不過較詩於禪」以外，能進一步「通禪於詩」。雖然嚴羽以禪喻詩之說，確如錢氏所論遠比宋代一般較詩於禪的論者深入一步，然而錢氏所指出「在學詩時工夫之外，另拈出成詩後之境界」的「通禪於詩」這種詩禪觀念，其實並非始見於嚴羽的《滄浪詩話》之內。通禪於詩的這一文學理論，在嚴羽之先早可見諸北宋時蘇軾的詩說當中。清人汪師韓在《蘇詩選評箋釋》內闡述蘇軾〈送參寥師〉一詩大旨時便點出：

> 取韓愈論高閑上人草書之旨，而反其意以論詩，正得詩法三昧者。其後嚴羽遂專以禪喻詩，至為分別宗乘，此篇早已為之點出光明。【8】

於此汪氏明確提出蘇軾〈送參寥師〉內詩禪之說得詩法三昧，嚴羽《滄浪詩話》內以禪喻詩之說即自此發軔。對此郭紹虞在〈《滄浪詩話》以前之詩禪說〉一文內，便進一步具體論證嚴羽以禪喻詩之說其實本於蘇軾：

> 以禪喻詩，人皆知始於嚴羽《滄浪詩話》，實則由詩話言，固似此義發自嚴羽，由論詩韻語言，則司空圖《二十四詩品》已發其義。至東坡詩中則益暢厥旨，如云：「若言絃上有琴聲，放在匣中何不鳴？若言聲在指頭上。何不於君指上聽？」（〈琴詩〉），

【7】錢鍾書：《談藝錄》（北京：三聯書店，2001 年），頁 642。

【8】見汪師韓：《蘇詩選評箋釋》，卷2。轉錄自曾棗莊、曾濤編：《蘇詩彙評》（臺北：文史哲出版社，1998 年），第 2 冊，頁 734。

妙語解頤已近禪悟，又云：「衝口出常言，法度去前軌，人言非妙處，妙處在於是。」（〈詩頌〉），亦已透露此意，至如〈送參寥師〉詩云：「欲令詩語妙，無厭空且靜。靜故了群動，空故納萬境。閱世走人間，觀身臥雲嶺，鹹酸雜眾好，中有至味永，詩法不相妨，此語當更請。」〈跋李端叔詩卷〉云：「暫借好詩消永夜，每逢佳處輒參禪」，則更和盤托出，無餘蘊矣，所以東坡「作詩必此詩，定知非詩人」之語，即滄浪「不必太着題」之說也。東坡「新詩如彈丸」，及「中有清圓句，銅丸飛拓彈」之語，即滄浪「造語貴圓」之說也。東坡「讀破萬卷詩愈美」，即滄浪「然非多讀書多窮理則不能極其至」之說也，東坡〈讀孟郊〉詩「何苦將兩耳，聽此寒蟲號」，即滄浪所謂「孟郊之詩刻苦，讀之使人不歡」之義也。人皆知滄浪論詩，反對蘇、黃之以文字為詩，以才學為詩，以議論為詩，而孰知其論詩主張正出東坡也哉？【9】

郭氏在以上論證中指出嚴羽以禪喻詩之說，其實在司空圖《二十四詩品》中已發其義，至東坡詩中則益暢厥旨，並舉出蘇軾詩中多涉及禪悟，證明嚴羽《滄浪詩話》以禪喻詩之說的理論體系應當上溯於蘇軾的詩禪觀念。現時論蘇軾詩學觀念的學者，便不乏主張嚴羽以禪喻詩甚至所提出的妙悟之說，直接受蘇軾的詩禪觀念影響而有；【10】更有學者在考索宋代詩學上以禪喻詩理論源出時，以為提出融合詩禪的詩學理論就

【9】郭紹虞：〈《滄浪詩話》以前之詩禪說〉，載《照隅室古典文學論集》（上海：上海古籍出版社，2009 年），上編，頁 200-201 。

【10】曾棗莊先生在《三蘇文藝思想》一書內〈送參寥師〉一篇解題下，便指出：「蘇軾的結論是『詩法（法指佛法）不相妨』。這實際上是宋代以禪說詩的濫觴，影響很大。……到了南宋的嚴羽更明確地主張『以禪喻詩』，認為『禪道惟在妙悟，詩道亦在妙悟。』」見曾棗莊：《三蘇文藝思想》（成都：四川文藝出版社，1985 年），〈三蘇詩論選釋〉，蘇軾〈送參寥師〉一詩題解，頁 188-189 。

當以蘇軾為先。【11】然而倘若對蘇軾詩禪觀念進一步考察的話，便會發現蘇軾所提出通禪於詩的這套詩學理論並非蘇軾本身所獨創，蘇軾以禪說詩的這一詩學觀念，其實可以上溯到唐人詩學觀念——尤其在中唐詩境學說當中可見。以下將集中析述唐代皎然在《詩式》內所闡發的詩境理論，如何影響蘇軾詩學觀念上的詩禪之說，藉此闡明蘇軾詩禪學說所受中唐詩境觀念的具體影響，及兩者在詩學理論上的密切關係。這對於具體探究蘇軾詩禪學說的源出，或者要進一步深入瞭解宋代詩學觀念，以至傳統詩禪觀念的傳承等問題而言，可說就具有極為重大的意義在內。

二、　蘇軾以禪說詩與唐人詩禪觀念

　　蘇軾詩禪觀念之可以上溯於唐代詩論，其先亦不乏學者指出這點。如上文所舉出郭紹虞於〈《滄浪詩話》以前之詩禪說〉一文內，論證嚴羽以禪喻詩之說實本於蘇軾時，便從以禪喻詩的角度指出其實在蘇軾之先，司空圖於《二十四詩品》內已發其義。此外郭氏在〈《滄浪詩話》以前之詩禪說〉一文中，又從佛教影響的角度，提出最早能夠溝通詩理與禪理，並且能說明詩與禪關係的，應該始於唐代的詩僧皎然：

　　　以禪喻詩，顯然的是受佛教之影響，所以現在先就詩僧之詩論言之。唐代詩僧與此較有關係者，即為寒山與皎然。……寒山生當盛唐，稍後皎然《詩式》，始說明詩與禪之關係，如云：「康樂公早歲能文，性穎神澈。及通內典，心地更精，故所作詩發皆造極。得非空王之道助耶？」「取境之時，須至難至險，始見奇句。成篇之後，觀其氣貌，有似等閒，不思而得，此高手也。有

【11】蕭麗華在〈東坡詩論中的禪喻〉一文中便指出：「儒釋融合的現象應在宋初崇儒反佛的風潮之後，綜觀北宋詩禪融合的痕跡實以蘇軾為先。」見蕭麗華：〈東坡詩論中的禪喻〉，《佛學研究中心學報》，第 6 期（2001 年 7 月），頁 243。

時意靜神王，佳句縱橫，若不可遏，宛若神助。不然，蓋由先積精思，因神王而得乎？」「重意已上，皆文外之旨。若遇高手，如康樂公，覽而察之，但見情性，不覩文字，蓋詣道之極也。」……故根據於此數節，亦正可看出禪理詩理最早溝通之端。【12】

雖然郭氏〈《滄浪詩話》以前之詩禪說〉一文中指出在蘇軾之先，分別就有皎然與司空圖之溝通詩禪與以禪喻詩，然而唐人這些詩禪學說與蘇軾詩禪觀念之關係如何，郭氏於論述中其實並未真正觸及。具體而明確地點出蘇軾詩禪說與唐人詩禪觀念彼此對應關係的是錢鍾書，在《談藝錄》內論歷來以禪喻詩問題時，錢氏舉出唐人多有會通詩禪的說法：

> 禪悟可通於藝術，唐人為僧侶之有才情者作詩文，每申此旨。……權載之〈送靈澈上人廬山迴歸沃州序〉曰：「心冥空無，而跡寄文字。故語甚夷易，如不出常境，而諸生思慮，終不可至。讀其詞者，知其心不待境靜而靜。」楊巨源〈贈從弟茂卿〉云：「吾家驥足楊茂卿，性靈且奇才甚清。海內方微風雅道，鄴中更有文章盟。扣寂由來在淵思，搜奇本自通禪智。王維證時符水月，杜甫狂處遺天地。」劉夢得〈秋日過鴻舉法師院便送歸江陵引〉曰：「梵言沙門，猶華言去欲也。能離欲，則方寸地虛，虛而萬景入，入必有所洩，乃形乎詞，詞妙而深者，必依乎聲。故自近古而降，釋子以詩聞於世者相踵。因定而得境，故翛然以清；由慧而遣詞，故粹然以麗。」皆以詩心禪心，打成一片。【13】

在列舉權德輿、楊巨源、劉禹錫及司空圖等人，提出將詩心禪心打成一

【12】郭紹虞：〈《滄浪詩話》以前之詩禪說〉，載《照隅室古典文學論集》（上海：上海古籍出版社，2009 年），上編，頁 193-194。

【13】錢鍾書：《談藝錄》（北京：三聯書店，2001 年），頁 643。

片的詩禪說之後，錢氏於篇中又舉出蘇軾有關詩禪相通的持論，證明其在理論上契合甚至本之於唐人的詩禪觀念：

> 東坡〈送參寥〉有云：「頗怪浮屠人，誰與發豪猛。細思乃不然，真巧非幻影。欲令詩語妙，無厭空且靜。靜故了群動，空故納萬境。鹹酸雜眾好，中有至味永。詩法不相妨，此語當更請。」「靜了群動」，闇合載之之意，「空納萬境」，明同夢得之言；「鹹酸中有至味」，又本司空表聖〈與李生論詩書〉之旨。東坡〈書黃子思詩後〉極推表聖論詩，而表聖固滄浪之先河；東坡此篇殊可玩味。【14】

以上所舉與蘇軾詩禪說相合的唐人詩論，其中權德輿〈送靈澈上人廬山迴歸沃州序〉的「心冥空無，而跡寄文字。故語甚夷易，如不出常境，而諸生思慮，終不可至。」【15】與楊巨源〈贈從弟茂卿〉的「扣寂由來在淵思，搜奇本自通禪智。」【16】都不過點出詩思足以通於禪心；劉禹錫〈秋日過鴻舉法師院便送歸江陵引〉所述，重點只在以虛靜之心納外境成詩；至於司空圖〈與李生論詩書〉的以辨味論詩，以為醇美在鹹酸之外，亦不過點出詩家當追求韻外之致而已。上述所舉諸說雖然都關乎詩學上以禪喻詩的概念，然而所舉各項既未見其間的理論體系或宗旨所在，況且僅鋪列唐代諸家說法再加以比對的做法，自不免失諸零碎，亦未能從禪學、禪觀或者禪法上，清楚說明唐人詩禪觀念如何具體地影響著蘇軾以禪說詩的問題。是以唐人詩禪觀念對於蘇軾詩禪說的影響問題，雖然早經前人著意探究，然而事實上仍有待進一步的開拓與發明。

【14】 錢鍾書：《談藝錄》（北京：三聯書店，2001 年），頁 648。

【15】 權德輿：〈送靈澈上人廬山迴歸沃洲序〉，董誥等編：《全唐文》（北京：中華書局，1983 年），卷 493，頁 5027。

【16】 楊巨源：〈贈從弟茂卿〉，彭定求等編：《全唐詩》（北京：中華書局，1960 年），卷 333，頁 3717。

景印香港新亞研究所《新亞學報》（第一至三十卷）

三、　蘇軾詩禪觀念與皎然《詩式》中的詩境說

　　如果要從理論體系上具體說明唐代以禪論詩諸家與蘇軾之間，在詩禪觀念上彼此如何一脈相通的話，相信可以明確指出的是，兩者共通之處就在於同樣在基於以禪說詩的大前提下，彼此有著完全一致的詩歌理想境界追求。兩者所追求的詩歌理想境界，借用上述錢鍾書在《談藝錄》內的說法，便是「在學詩時工夫之外，另拈出成詩後之境界」。這種冀望通禪於詩以後所達至的詩歌理想境界，無論在蘇軾詩禪說之內，或者是唐代以禪論詩諸家持論當中，所追求的同樣都在於一個「妙」字。對於這一詩歌創作理想境界的追求，蘇軾在〈送參寥師〉一詩中便有相當明確的說明：

> 上人學苦空，百念已灰冷。劍頭惟一吷，焦穀無新穎。胡為逐吾輩，文字爭蔚炳？新詩如玉屑，出語便清警。退之論草書，萬事未嘗屏。憂愁不平氣，一寓筆所騁。頗怪浮屠人，視身如丘井。頹然寄淡泊，誰與發豪猛？細思乃不然，真巧非幻影。欲令詩語妙，無厭空且靜。靜故了群動，空故納萬境。閱世走人間，觀身臥雲嶺。鹹酸雜眾好，中有至味永。詩法不相妨，此語更當請。【17】

在這篇作品之內，蘇軾藉著商榷韓愈在〈送高閑上人序〉內禪法有礙詩歌創作的觀點，在點出詩禪本不相礙的「詩法不相妨」這一詩學主張後【18】，又進一步從禪學角度來提出「欲令詩語妙，無厭空且靜。靜故了群動，空故納萬境」，這一說明詩歌創作要求與理想境界的詩學見

【17】 蘇軾著，王文誥輯註，孔凡禮點校：《蘇軾詩集》（北京：中華書局，1992年），卷17，〈送參寥師〉，頁 905-907。

【18】 有關蘇軾在〈送參寥師〉一詩內所闡發「詩法不相妨」的具體分析及有關問題，請參見拙著〈蘇軾詩法不相妨說初探〉一文所論析。原文載香港新亞研究所編：《新亞學報》，第 21 卷（2001 年 11 月），頁 305-320。

解。在〈送參寥師〉一詩中，蘇軾明確提出「欲令詩語妙」，則要「無厭空且靜」，換言之詩人之所以要以空靜禪心創作，完全就在於要令詩語得以入妙而已。蘇軾在〈送參寥師〉中所提出的這種從空寂禪心入手，以求在作詩時筆下能抵於入妙的一套詩禪理論，倘若向上追溯的話，便可以發現本來就是中唐時皎然、劉禹錫等以境論詩諸家，一向所提倡的詩境學說。[19]劉禹錫在〈秋日過鴻舉法師院便送歸江陵引〉一文中所提出的創作要求和由此達至的理想境界，便與蘇軾上述提到的一套詩禪理論頗為一致：

> 梵言「沙門」，猶華言去欲也。能離欲則方寸地虛，虛而萬景入。入必有所泄，乃形乎詞。詞妙而深者，必依乎聲律。故自近古而降，釋子以詩聞於世者相踵焉。因定而得境，故儵然以清；由慧而遣詞，故粹然以麗。信禪林之蕙萼，而誠河之珠璣耳。[20]

劉禹錫在以上提出以定慧禪心從事詩歌創作，足以寫出「詞妙而深」作品的一套詩境學說，正同於蘇軾在〈送參寥師〉內，在以禪說詩的大前提下提出要以空靜禪心成詩，而令詩語入妙的這種創作要求。事實上這種從「妙」的角度析論禪心與詩歌創作關係，並藉此說明所追求的詩歌理想境界的整套詩學見解，唐代以境論詩諸家中除劉禹錫之外，尤其明確見諸劉禹錫曾長期追隨學詩的詩僧皎然的持論當中。皎然於所撰專門以境論詩的詩學專著《詩式》的〈序〉內，即開宗明義從「妙」的角度闡述詩歌的本質和意義：

> 夫詩者，眾妙之華實，六經之菁英。雖非聖功，妙均於聖。彼天地日月元化之淵奧，鬼神之微冥，精思一搜，萬象不能藏其巧。

---

[19] 中唐時皎然、劉禹錫等人所提倡的詩境學說，詳細論述請參閱拙作〈中唐以境論詩之說與佛教思想關係〉一文對此的具體析論。原文載鄺健行先生主編：《中國詩歌與宗教》（香港：中華書局，1999 年 9 月），頁 353-382。

[20] 劉禹錫著，瞿蛻園箋證：《劉禹錫集箋證》（上海：上海古籍出版社，1989 年），卷 29，〈秋日過鴻舉法師寺院便送歸江陵引〉，頁 957。

景印香港新亞研究所《新亞學報》（第一至三十卷）

　　　其作用也，放意須險，定句須難，雖取由我衷，而得若神授。至
　　　如天真挺拔之句，與造化爭衡，可以意冥，難以言狀，非作者不
　　　能知也。【21】

在〈詩式序〉內，皎然就以一「妙」字去界定詩歌的本質，不但指出詩
歌是「眾妙之華實」，而且能「妙均於聖」，其妙又在於足以將「天地
日月元化之淵奧，鬼神之微冥，精思一搜，萬象不能藏其巧」，也就是
點出詩之所以「妙」，在於可以藉著精微禪思，將天地間一切淵奧微
冥，透過詩歌創作將萬象之巧搜羅呈現於詩人筆下。皎然這種藉着精微
禪思冥搜萬象，令天地萬物之巧見於筆下的取境之說，【22】也就是劉禹
錫在〈秋日過鴻舉法師院便送歸江陵引〉中，要求以定慧禪心令萬景入
於方寸，然後寫出「詞妙而深」的詩境理論；【23】亦即是蘇軾在〈送參
寥師〉中所提出，要以頹然淡泊的空靜禪心納萬境於方寸，然後可以在
筆下令「詩語妙」的一套詩禪學說。

　　如果與同樣詩禪並言，又同樣以一「妙」字論詩的嚴羽詩論比較的
話，便可見皎然、劉禹錫與蘇軾等人這套追求詩歌理想境界抵於入妙的
創作要求，與前者在理論上有頗為明顯的不同。其間最大差別是，嚴羽
雖然在以禪說詩時往往標舉「妙悟」，然而所謂「妙悟」，正如錢鍾書
在《談藝錄》中所解釋：「夫『悟』而曰『妙』，未必一蹴即至也；乃
博采而有所通，力索而有所入也。」【24】所謂「妙」者，不過指學詩

【21】李壯鷹：《詩式校注》（濟南：齊魯書社，1986 年），〈詩式序〉，頁 1。

【22】有關皎然藉著禪思及禪觀冥搜物象，從而建構出其詩學理論上的取境之說問
　　題，詳細分析及論證請參見拙著〈皎然天機說與中唐詩論的禪玄互補〉一
　　文，載劉楚華主編：《唐代文學與宗教》（香港：中華書局，2004 年 5 月），
　　頁 235-258。

【23】有關中唐詩境說諸家以定慧禪心取境與造境問題的論述，請詳見拙著〈中唐詩
　　學造境說與佛道思想〉一文論述。原文載中國唐代文學學會編：《唐代文學研
　　究》（桂林：廣西師範大學出版社，2002 年 4 月），第 9 輯，頁 352-369。

時參悟的層次或境界而已。對於詩歌本質的界定，嚴羽在《滄浪詩話》中便明確地提出「詩者，吟詠情性也」【25】，可見仍然本乎《毛詩序》以來傳統儒家詩學觀念去說明詩歌的本質和要求。然而皎然、劉禹錫與蘇軾等人的以「妙」論詩，卻是由佛學上尤其自禪學上立說。蘇軾在〈送參寥師〉一詩中便清楚點出「欲令詩語妙」的話，便要做到「無厭空且靜。靜故了群動，空故納萬境」的地步。蘇軾提出的這種以空靜之心納萬境而成詩，由此寫出詩句足以入妙的創作方式，其實即是劉禹錫〈秋日過鴻舉法師院便送歸江陵引〉內「因定而得境，故翛然以清；由慧而遣詞，故粹然以麗」，以定慧虛靜的禪心，令「方寸地虛」，達到「虛而萬景入」，然後得以在筆下寫出深妙之詞的一套詩境學說。這種以空靜定慧禪心取納萬境於方寸之中，由此寫成足以入妙佳句的取境之說，事實上就是以禪法入詩法，以禪心取代詩心的一種詩禪觀念。對於中唐時皎然所提倡的這套詩禪學說理念的所本，于頔在〈釋皎然杼山集序〉內便有相當深入的說明：

> 上人之植性清和，稟質端懿。中祕空寂，外開方便。妙言說於文字，了心境於定惠，又釋門之慈航智炬也。【26】

從于頔這篇專為皎然文集所寫的序內，可以清楚解釋何以皎然之所以在《詩式》內，能建構出這套以禪法入詩法，甚至以禪心取代詩心的詩禪觀念。于頔在序內指出皎然以方外之身而從事詩歌創作，可說是「釋門之慈航智炬」，原因就在於其「中祕空寂，外開方便」，能夠「妙言說於文字，了心境於定惠」。所謂「了心境於定惠」，便是劉禹錫在〈秋日過鴻舉法師院便送歸江陵引〉內所提出作詩時「因定而得境，故翛然以

【24】錢鍾書：《談藝錄》（北京：三聯書店，2001 年），頁 235。

【25】嚴羽著，郭紹虞校釋：《滄浪詩話校釋》（北京：人民文學出版社，1961 年），〈詩辨〉，頁 26。

【26】于頔：〈釋皎然杼山集序〉，董誥等編：《全唐文》（北京：中華書局，1983 年），卷 544，頁 5520。

清；由慧而遣詞，故粹然以麗」的定慧禪心；亦即是蘇軾在〈送參寥師〉中要求創作時頹然淡泊，至於「靜故了群動，空故納萬境」的空靜禪心。這種從空靜定慧禪心入手，在了群動而納萬境於方寸之後而令詩語入妙的創作方式，便是皎然在〈詩式序〉內所提出藉着精微禪思冥搜萬象，令天地萬物之巧見於筆下的取境之說【27】，也就是于頓所點出禪門修證的「妙言說於文字，了心境於定惠」理念的具體實踐。這種本於「中祕空寂」而「外開方便」的詩禪觀念，皎然在〈答俞校書冬夜〉一詩內就同樣提到：

> 夜閒禪用精，空界亦清迴。……月彩散瑤碧，示君禪中境。真思在杳冥，浮念寄形影。……詩情聊作用，空性惟寂靜。【28】

皎然在這篇之中，明確點出以詩情為禪用，藉著詩情的作用可以深入禪心寂靜，更由此而證得空性。這正足以說明皎然以至劉禹錫、蘇軾等人，在以禪說詩時何以都會要求詩人從空靜定慧禪心入手，最終能在筆下寫出詞深而妙作品；甚至足以說明，何以諸人同樣都會以一個「妙」字作為所追求詩歌創作的理想境界，原因就在於這套自皎然而下的詩禪理論，所追求的不過在於「妙言說於文字，了心境於定惠」，要求透過定慧禪心取境，最終得以令文字入妙而已。由此亦足以證明，皎然在《詩式》內所提出的一套以禪法禪心入詩的創作主張，從理論根本上對於蘇軾詩禪觀念產生著深刻而直接的影響。

　　　　　　　辛卯孟春完稿，孟秋修訂於香江馬鞍山致遠軒

【27】 有關中唐以來詩論中苦吟冥搜以取境之說，詳細論證請見拙文〈謝榛《四溟詩話》冥搜說探析〉析述。原文載東方詩話學會編：《詩話學》（韓國大田廣域市：梨花圖書出版，2001 年 5 月），第 3、4 合輯，頁 451-468。

【28】 皎然：〈答俞校書冬夜〉，《杼山集》（上海：上海古籍出版社影印文淵閣《四庫全書》本，1992 年），卷 1，頁 6。

北宋外戚將門開封浚儀石氏第三代傳人石元孫事蹟考述

何冠環

香港理工大學中國文化學系

提 要

　　本文利用新出土的〈石元孫墓誌〉及〈宋石宗永妻趙氏乳母徐氏墓誌〉，結合《宋史》、《續資治通鑑長編》、《宋會要》以及宋人文集的相關史料，考論北宋外戚將門開封浚儀石氏第三代的代表人物石元孫（992-1063）的生平，並析論石氏將門的在兩宋時期的興衰歷程及其原委。

　　石元孫是宋太祖（927-976，960-976在位）開國大功臣石守信（928-984）長孫，守信長子石保興（945-1002）的長子，太祖駙馬石保吉（954-1010）的親姪。石元孫家世顯赫，他以父祖之蔭，從真宗朝（968-1022，997-1022在位）到仁宗朝（1010-1063，1022-1063在位），以外戚子弟的身份在仕途逐步上陞，到仁宗寶元二年（1039）已擢陞為三衙管軍位列第四的殿前都虞候，領邕州觀察使而出任鄜延路副都部署的兵職。本來他是中興開封石氏將門的耀目將星，卻不幸在康定元年正月（1040）宋夏三川口（約今陝西延安市西20公里處，即今延安市安塞縣、延安市境的西川河入延河處）之役，敗在一代軍事天才夏主元昊（1003-1048，1032-1048在位）之手，與主將劉平（973-1040後）同時兵敗被俘。他被俘後卻和劉平同樣沒有「守節而死」，五年後他獲釋歸宋，雖得仁宗寬宥不殺，但不見諒於大部份的宋廷文臣。他被削奪所有

官爵，其子弟先前獲得之恩恤也收回。他餘生二十載，先被編管全州（今廣西桂林市全州縣），後移襄州（今湖北襄樊市）和許州（今河南許昌市），再移安州（今河湖北孝感市安陸市），逝世前六載獲准返回京師居住，他雖向仁宗請求再效命沙場，然終被投閒置散，罷廢終身。開封浚儀石氏，在石元孫罷廢後，雖然仍挾外戚勳臣之家，為宗室名門所青睞，與之聯姻；但石氏子弟既沒有出類拔萃的人才，也似乎受石元孫之連累，不再獲得趙宋皇室的寵用，擔任要職。

開封浚儀石氏在石元孫遭到挫敗後，幾乎一蹶不振，尚幸石元孫的幼子石宗永的孫兒石端禮（？-1143），在徽宗（1082-1135，1100-1125在位）大觀四年（1109），居然被選尚哲宗（1077-1100，1086-1100在位）第三女陳國公主（？-1117），於是石氏再度成為戚里之門。石端禮後來逃過靖康之難，在南宋初年仍保有駙馬的身份，石氏的世家地位仍稍得以保持。

景印香港新亞研究所《新亞學報》（第一至三十卷）

北宋外戚將門開封浚儀石氏第三代傳人石元孫事蹟考述

一、導言

筆者多年前曾撰〈敗軍之將劉平（973-1040 後）── 兼論宋代的儒將〉一文，考論在宋仁宗（1010-1063，1022-1063 在位）朝被稱為「詩書之將」、「儒將」，卻在康定元年正月（1040）宋夏三川口（約今陝西延安市西 20 公里處，即今延安市安塞縣、延安市境的西川河綉入延河處）之役兵敗被俘的敗將劉平的生平事蹟。[1] 因篇幅所限，以及該文重點旨在探討宋代儒將的問題，故筆者沒有一併考索與劉平同時被俘，在五年後，即慶曆五年（1045）五月被夏人釋回的敗將邠州觀察使、鄜延路副都部署石元孫（992-1063）的事蹟。正如該文所提到，石元孫家世顯赫，祖父石守信（928-984）是宋太祖（927-976，960-976 在位）黃袍加身的從龍大功臣，父親石保興（945-1002）是石守信長子，是宋太宗（939-997，976-997 在位）及宋真宗（968-1022，997-1022 在位）朝一員頗稱職的邊將，而他的叔父石保吉（954-1010）在開寶五年（972）閏二月尚太祖次女延慶公主（？-1009），讓開封浚儀（今河南開封市）石氏將門早在太祖朝已兼有外戚的身份。[2] 石元孫是石守信的嫡孫，

---

[1] 參見何冠環，〈敗軍之將劉平（973-1040 後）── 兼論宋代的儒將〉，載何冠環，《北宋武將研究》（香港：中華書局，2003 年 6 月），頁 283-339。

[2] 延慶公主即魯國賢靖大長公主，生年不詳，她卒於大中祥符二年（1009），比石保吉早死一年。《隆平集・石保吉傳》稱她是太祖的第五女，據《皇宋十朝綱要》及《宋史》，太祖共育六女，惟最長的三人申國大長公主、成國大長公主及永國大長公主均未成年而夭亡。故延慶公主實際上是太祖的次女。參見曾鞏（1019-1083），《隆平集》，收入趙鐵寒（1908-1976）（主編），《宋史資料萃編》第一

石氏外戚將門的第三代傳人。他在三川口之役兵敗被俘前，官至三衙管軍位列第四的殿前都虞候，領邕州觀察使而出任鄜延路副都部署的兵職。本來他是中興開封石氏將門的耀目將星，卻不幸敗在一代軍事天才夏主元昊（1003-1048，1032-1048 在位）之手，而他被俘後卻和劉平同樣沒有「守節而死」，獲釋歸宋後雖得仁宗寬宥不殺，但不見諒於大部份的宋廷文臣。他被削奪所有官爵，其子弟先前獲得之恩恤也收回。他餘生二十載，先被編管全州（今廣西桂林市全州縣），後移襄州（今湖北襄樊市）和許州（今河南許昌市），再移安州（今河湖北孝感市安陸市），逝世前六載獲准返回京師居住，他雖向仁宗請求再效命沙場，然終被投閒置散，罷廢終身。開封浚儀石氏，在石元孫罷廢後，雖然仍挾外戚勳臣之家，為宗室名門所青睞，與之聯姻；但石氏子弟既沒有出類拔萃的人才，也似乎受石元孫之連累，不再獲得趙宋皇室的寵用，擔任要職。

　　石元孫的父親石保興及叔父石保吉均有神道碑銘傳世。【3】值得一

輯（臺北：文海出版社，1967 年 1 月），卷十八〈武臣傳・石保吉〉，葉12下；李埴（1161-1238），《皇宋十朝綱要》，收入《宋史資料萃編》第一輯（臺北：文海出版社，1980 年 1 月），卷一〈太祖〉，葉1 下至2 上；脫脫（1314-1355），《宋史》（北京：中華書局，1977 年 11 月），卷二百四十八〈公主傳・太祖六女・魯國大長公主〉，頁 8772。關於石保吉尚主之事，可參見何冠環，〈宋太祖朝的外戚武將〉，載何冠環，《北宋武將研究》，頁 79-81。

【3】石保興和石保吉的神道碑銘，最早收錄於清代金石家王昶（1724-1806）所編的《金石萃編》卷一百二十九〈宋七〉，現亦收錄於國家圖書館善本金石組（編）的《宋代石刻文獻全編》第三冊。另亦收入《全宋文》，為方便一般讀者，本文使用現代標點的《全宋文》版本。參見國家圖書館善本金石組（編），《宋代石刻文獻全編》（北京：北京圖書館出版社，2003 年 3 月），第三冊，《金石萃編》卷一百二十九〈宋七〉〈石保吉神道碑〉、〈石保興神道碑〉，頁 140-151；曾棗莊、劉琳（編），《全宋文》（上海：上海辭書出版社，2006 年 8 月），第十冊，

提的是，筆者最近從 2007 年出版的《河洛墓刻拾零》，又得見重新發現的〈石元孫墓誌〉（全文參見本文附錄一），這對研究石元孫生平，以及開封浚儀石氏外戚將門均甚有重大的史料價值。另該書又收錄另一則〈宋石宗永妻趙氏乳母徐氏墓誌〉（全文參見本文附錄二），該碑文提供了石元孫幼子石宗永的四個兒子的名字，而石宗永幼子石澈，據《宋會要》的一條關鍵的記載，他是哲宗（1077-1100，1086-1100 在位）第三女陳國公主（？-1117）駙馬石端禮（？-1143）之父。這讓我們知道開封浚儀石氏在兩宋之交仍可以憑著石端禮尚主，而得在石元孫兵敗被貶後稍得以復振，或是餘燄一吐。【4】筆者近期研究北宋另一外戚將門上

卷一九九〈李宗諤二〉〈大宋故推忠保節同德守正翊戴功臣鎮安軍節□陳州管內觀察□□□使開府儀同三司檢校太師同中書門下平章事使持節陳州諸軍事行□□刺史兼管內勸農使上柱國駙馬都尉西平郡開國公食邑一萬三千九百戶石保吉神道碑・大中祥符三年四月〉（以下簡稱〈石保吉神道碑銘〉），頁 69-75；第十五冊，卷二九九〈楊億十八〉〈大宋故棣州防禦使光祿大夫檢校□□□持節棣州諸軍事行棣州刺史兼御史大夫上柱國西平郡開國公食邑三千四百戶食實封二百戶贈貝州觀察使石公神道碑銘〉（以下簡稱〈石保興神道碑銘〉，頁 39-45 。

【4】趙君平、趙文成（編），《河洛墓刻拾零》（北京：北京圖書館出版社，2007 年7 月），下冊〈四九一・宋石元孫墓誌〉，頁 672；〈四九七・宋石宗永妻趙氏乳母徐氏墓誌〉，頁 679 。〈石元孫墓誌〉原題作〈宋故前忠果雄勇功臣殿前都虞候邕州管內觀察使金紫光祿大夫檢校左散騎常侍使持節邕州諸軍事邕州刺史兼御史大夫上輕車都尉太原郡開國公食邑二千六百戶食實封肆百戶石公墓誌銘并序〉（以下簡稱〈石元孫墓誌〉）。據編者所述，〈石元孫墓誌〉在新中國建國初年在河南省洛陽市孟津縣出土，不久卻遺失，近年再被發現。該碑文共 49 行，滿行60 字。大小為 900X900X175 。碑文記石元孫的卒年字跡並不清楚，惟該書的編者認為是嘉祐「九」年，但仁宗在嘉祐八年三月崩，英宗在翌年（1064）正月乙酉（初一）已改元治平。在任何情況下，宋人不應將治平元年寫作嘉祐九年，何況石元孫在治平二年（1065）五月一日下葬。碑文這時由比部員外郎李端卿（？-1074 後）撰，不應該有寫作嘉祐九年的錯誤。筆者認為石元孫應卒於嘉祐八年八

5

黨李氏的第三代傳人李昭亮（993-1063），而石元孫在生卒年、家世仕歷以至最初的名字都與李昭亮很相近，於是引起筆者的興趣，把擱置多年的課題，以新尋得的關鍵史料，作一番論述，並作為研究北宋外戚將門興衰問題另一可供學人參照的個案。【5】

月十七日，而非「九」年八月十七日。又該墓誌由著名書家比部郎中薛仲孺（？-1064後）書寫，當世有大名的金石家屯田員外郎楊南仲（？-1066）篆蓋，王克明（？-1064後）鐫。按李、薛、楊三人的簡歷在後文交待。本書編者將此方拓片縮小刊印在書上，閱讀異常困難。筆者將之影印放大一倍，勉強認讀墓誌大部份文字。請參看本文〈附錄一：石元孫墓誌〉。至於〈石宗永妻趙氏乳母徐氏墓誌〉，據本書編者所記，此碑誌無首題，共14行，滿行14字460x460。該碑在1994年9月在河南洛陽市孟津縣常袋鄉石碑凹村，農民澆地塌方發現，它先歸村民某氏。2004年4月，孟津謝光林先生拓贈。該拓片十分清晰，閱讀無問題。碑文參見〈本文附錄二〉。關於石端禮是石元孫曾孫的考證，參看下文。

【5】據〈石元孫墓誌〉及上注的考證，石元孫卒於嘉祐八年八月十七日，得年七十二（按：《隆平集》及《東都事略》也記石得年七十二）。上推石的生年，他即生於太宗淳化三年（992）。至於李昭亮，他生於淳化四年（993），比石元孫少一歲，卻同卒於仁宗嘉祐八年，得年七十一（按：《隆平集》及《東都事略》均記李昭亮得年七十一，而據《長編》，李昭亮卒於仁宗嘉祐八年三月，則上推李之生年當為太宗淳化四年（993））。又石元孫原名石有慶、石慶孫，李昭亮原名李昭慶，他們都是避章獻劉太后祖父劉延慶的名而改今名。參見《宋史》，卷二百四十二〈后妃傳上‧章獻明肅劉皇后〉，頁8612；卷二百五十〈石守信傳附石元孫傳〉，頁8814-8815；卷四百六十四〈外戚傳中‧李昭亮〉，頁13563；《隆平集》，卷九〈李處耘傳附李昭亮傳〉，葉4上下；卷十九〈武臣傳‧石元孫〉，葉6上至7下；王稱（？-1200後），《東都事略》（臺北：文海出版社，1967年1月），卷十九〈石守信傳附石元孫傳〉，葉2下至3上；卷二十〈李處耘附李昭亮傳〉，葉5上；李燾（1115-1184），《續資治通鑑長編》（以下簡稱《長編》）（北京：中華書局點校本，第十四冊（1985年11月），卷一百九十八，嘉祐八年二月甲寅條，頁4791；本文〈附錄一：石元孫墓誌〉。

6

二、華胄恭人：石元孫早年仕歷

據〈石元孫墓誌〉所記，石元孫原名石有慶，字善長。後避章獻劉太后（970-1033，1022-1033 攝政）祖劉延慶名而改名元孫。嫡母南陽郡太夫人楊氏，是五代宋初大藩保大軍節度使楊廷璋（912-971）女，他的生母廣陵郡太君南宮氏，家世不詳。他是石氏將門的第三代長子嫡孫，「少明敏，有立志」，因而得到叔嬸齊國賢靖大長公主（初封晉國，即石保吉妻延慶公主）的器重而「愛養甚優」。【6】

【6】據《宋史・石元孫傳》及〈石保吉神道碑〉所載，石元孫原名石慶孫。今以〈石元孫墓誌〉所記為準，他初名有慶。按他的二弟名懿孫，他的堂弟（石保吉諸子）名貽孫、孝孫。很有可能他後來又改名慶孫，與諸弟聯名。考他的叔父石保吉在大中祥符四年（1011）十一月立神道碑時，記有有姪二人：長曰「崇儀副使慶孫」。據此，石元孫在大中祥符四年仍名石慶孫。他當在仁宗初年劉太后臨朝時才改名石元孫。至於他的別字，《隆平集》及《東都事略》均作「善長」，惟《宋史》作「善良」。《宋史》的點校者據《隆平集》及《東都事略》在後注中也校作「善長」，現有〈石元孫墓誌〉拓文之證，知《隆平集》及《東都事略》所記正確。附帶一談，清代的著名金石家王昶在編纂《金石萃編》時，收載了由李宗諤（964-1012）所撰的〈石保吉神道碑〉和楊億（974-1020）所撰的〈石保興神道碑銘〉，他在兩碑的考異中，引〈石保吉神道碑銘〉所載石保吉有二姪，長姪為崇儀副使石慶孫的說法，而誤以為石慶孫是石元孫的長兄，而不知石慶孫即是石元孫。參見《宋史》，卷二百四十二〈后妃傳上・章獻明肅劉皇后〉，頁8612；卷二百五十〈石守信傳附石元孫傳〉，頁8814，8830（注1）；《隆平集》，卷十九〈武臣傳・石元孫〉，葉6上；《東都事略》，卷十九〈石守信傳附石元孫傳〉，葉2下；《全宋文》，卷一九九〈石保吉神道碑銘〉，頁74；卷二九九〈石保興神道碑銘〉，頁43；國家圖書館善本金石組（編），《宋代石刻文獻全編》，第三冊《金石萃編》卷一百二十九〈宋七〉〈石保吉神道碑〉、〈石保興神道碑〉，頁140-151；本文〈附錄一：石元孫墓誌〉。

　　　石元孫父石保興在咸平五年（1002）八月十一日病卒於京師，得年五十八。真宗得報，「嗟悼良久」，又特派中使守護喪事，喪事的費用都由官給。作為遺孤的石元孫，這年才十一歲。在叔父石保吉等至親的扶持下，於咸平六年（1003）八月，奉亡父的棺槨歸葬於河南洛陽縣平樂鄉宣武村梓澤原的先塋，與早逝的嫡母弘農縣君楊氏夫人合葬。【7】

　　　因賢靖大長公主的上奏，歷數石氏一門的勳勞，並稱許石元孫之賢，故此真宗賞給元孫特恩，讓他承受其祖石守信的使相級別恩蔭，優授東頭供奉官。石元孫「居喪，孝自夙成，毀慟過禮。」【8】景德元年（1004）十一月戊辰（十八），真宗決定親征，迎擊來犯的遼國大軍。真宗除了任命外戚宿將山南東道節度使同平章事李繼隆（950-1005）為駕前東面排陣使外，又委石元孫的叔父石保吉以武寧軍節度使同章事充駕前西面排陣使，分別統率真宗駕前的禁軍。【9】石元孫因尚在服中，就

【7】《全宋文》，卷二九九〈石保興神道碑銘〉，頁43；《宋史》，卷二百五十〈石守信傳附石保興傳〉，頁8812。

【8】論輩份，賢靖大長公主是真宗的堂姊（按：賢靖公主生年不詳，她於開寶五年出閣，若女子十六歲出嫁，她當生於後周世宗顯德四年（957），長於生於開寶元年（968）的真宗。真宗在大中祥符二年正月晉封她為晉國大長公主時，即稱她為「皇姊」，是故她的進言當甚有份量。又按石保興官至棣州防禦使，他的兒子受蔭補官，最高只是侍禁一級。只有宰相、樞密使及使相一級之子弟，才得補東頭供奉官。石元孫獲授東頭供奉官，是用石守信之恩蔭。參見《宋史》，卷二百五十〈石守信傳附石元孫傳〉，頁8814；《隆平集》，卷十九〈武臣傳·石元孫〉，葉6上；《東都事略》，卷十九〈石守信傳附石元孫傳〉，葉2下；本文〈附錄一：石元孫墓誌〉，《長編》，第六冊（1980年1月），卷七十一，大中祥符二年正月己巳條，頁1588。

【9】《長編》，第五冊（1980年1月），卷五十八，景德元年十一月戊辰條，頁1282。

無法像與他同齡的外戚子弟李昭亮一樣，有機會參預這場大戰，從而得到寶貴的大征戰經驗。【10】石保吉在這次澶州（今河南濮陽市）之役中，其實並無甚麼功勞，都是因人成事。是年十二月戊子（初九），宋遼和議達成後，真宗往澶州北寨勞軍，與李繼隆及石保吉等諸將宴射於行宮亭。在宴上。石保吉一方面知趣地將一切榮耀歸於主子，另一方面又大大推許李繼隆的功勞。他謙卑地說「臣受命禦寇，雖上稟宸略，至於戎人侵突之際，分布行陣，指揮方略，皆出於繼隆。」石駙馬爺如斯禮讓，李國舅爺也就投桃報李，反過來大大恭維了他一番，稱「契丹之敗，並出聖謀，然宣力用心，躬率將士，臣不及保吉。」真宗心情極佳之餘，自然對石、李二人都褒獎一番，賜襲衣、金帶、雕鞍、名馬。景德二年（1005）正月丙寅（十七），真宗賞功，石保吉除加封邑外，又移鎮鎮安軍節度使（即陳州，今河南周口市淮陽縣）。【11】石保吉在澶州之役，因緣際會立功受賞，石家也沾光不少。這對石元孫日後的仕

【10】李昭亮奉真宗之命，持詔往其父李繼隆軍中，問李的方略及宋遼雙方陣營兵力眾寡的情勢。他覆奏稱旨，得到真宗的嘉許。參見《宋史》，卷四百六十四〈外戚傳中・李昭亮〉，頁13563。

【11】《長編》，卷五十八，景德元年十二月戊子條，頁1293-1294；卷五十九，景德二年正月丙寅條，頁1312；《全宋文》，卷一九九〈石保吉神道碑銘〉，頁71-72。據〈石保吉神道碑銘〉的說法，石保吉「總精銳之旅，軍于澶淵北門之外。一旦戎騎數萬，徑及城下。公不俟擐甲，獨當其鋒」。關於真宗在行在亭的宴射的經過，〈石保吉神道碑銘〉則記真宗連射均中，而石保吉及「襄帥」（按：即李繼隆，以李為山南東道（襄州）節度使之故）次第中焉。石保吉那番老練面面俱到的陳詞，碑文所記與《長編》所記略有出入，稱石保吉「慷慨自陳曰：臣無鷹犬之材，蒙被驅策，仰資廟勝，獲覩謐寧。誠賴繼隆，共申□海，逃曠敗以期幸，愧勤勞而蔑聞。」究竟石保吉真的在御前文縐縐地說出這番令真宗及李繼隆都大慰的話，還是翰林學士李宗諤的大手筆潤飾而成，也無須深究。總的來說，石駙馬爺打仗不行，做官是在行的。

宦，有相當助力。是年石元孫三年守孝服終。據〈石元孫墓誌〉所記，他服終後真宗授他勾當內物料庫的差遣。是年石元孫才十四歲，似乎未到出仕的年齡，他出仕最早也應到景德三年（1006）以後。【12】

石元孫在景德以後，「繼歷西染院、禮賓、右騏驥院、南／北作坊、東／西八作、御前忠佐軍頭引見司官。」從內廷諸司到禁軍的御前忠佐司，他都獲委不同的差遣。至於他的武選官，他的墓誌稱「覃慶改內殿崇班」。相信是在大中祥符元年（1008）十月癸丑（廿六）泰山封禪大典完成後，在真宗詔「大赦天下」，「內外諸軍將士，比南郊例特與加給。文武官並進秩」；然後在是年十二月癸卯（十七），「群臣並以次覃恩」之時，得以從東頭供奉官遷一階至大使臣的內殿崇班。然後再遷內殿承制加閤門祗候（按：此職在大中祥符二年（1009）正月乙丑（初九）新置）。【13】

大中祥符二年正月己巳（十三），一直器重石元孫的晉國長公主獲真宗封為晉國大長公主。【14】但公主在是年十月病重，真宗雖從十月二十九日到十一月四日，命內侍張永和赴華山西嶽廟，為她設醮祈福；但公主仍舊藥石無靈，延至十一月庚辰（廿九）病逝。【15】禍不單行，已抱病在身的石保吉從陳州力疾赴京，料理亡妻的喪事。他抵京後病益沉

【12】本文〈附錄一：石元孫墓誌〉。

【13】本文〈附錄一：石元孫墓誌〉；《宋史》，卷七〈真宗紀二〉，頁138，140；《長編》，卷七十，大中祥符元年十月癸丑條，頁1572；十二月癸卯條，頁1581；卷七十一，大中祥符二年正月乙丑條，頁1587。按內殿承制在崇班之上，是大使臣之首，秩比文官的殿中丞。石元孫遷內殿承制年月不詳，當在二年正月後。

【14】《長編》，卷七十一，大中祥符二年正月己巳條，頁1588。

【15】《長編》，卷七十二，大中祥符二年十一月庚辰條，頁1643；《宋代石刻文獻全編》，第三冊，《金石萃編》卷一百二十七〈宋五〉〈晉國大長公主設醮題記〉，頁111。

重。真宗急命太醫到其府第治理，並且親臨視疾。但延至大中祥符三年（1010）四月二日，石保吉終於病卒於京師的豐義坊之私第，得年五十七。真宗得報，馬上命入內內侍省內侍都都知秦翰（952-1015）往石家，督視其喪事。真宗特廢朝三日，贈保吉中書令，諡莊武。並親臨其家致哀。是年六月二十六日，石家子弟奉石保吉靈柩歸葬於河南府洛陽縣平樂鄉宣武村先塋，與晉國大長公主合葬。翌年（即大中祥符四年，1011）十一月四日，石家子弟又為石保吉立神道碑，並請得翰林學士李宗諤（964-1012）為石保吉撰寫神道碑銘。相信是石元孫的主意，在叔父立碑的翌月十一日，他又為亡父石保興立碑，並請得翰林學士楊億（974-1020）為亡父撰寫神道碑銘。【16】

　　開封浚儀石氏外戚將門在短短數月內，失去了族中第二代最尊最貴的石保吉夫婦二人。【17】雖然真宗照例給予石家很厚的恩恤，但對石元孫兄弟的仕途卻大有影響，他們以後要靠自身的本事才可望出人頭地。石氏的第三代除了石元孫兄弟外，石保吉有子十人，最長的是當時官崇儀副使的石貽孫（？-1027後）和禮賓副使石孝孫（？-1029後）。因他們的生卒年均不詳，暫難確定石元孫的行第，筆者傾向石元孫居長。身為石氏長子嫡孫的石元孫，在大中祥符四年十一月，不過二十歲，已自大使臣的內殿承制擢至諸司副使第四等第四階的崇儀副使。相信他是沾了叔父的恩澤而得到超擢。他為官的表現如何？為他父親石保興撰寫神道碑銘的楊億曾泛泛地說他「嘗為小相，角巾東道，方庇大宗，實華冑

【16】《全宋文》，卷一九九〈石保吉神道碑銘〉，頁 72-75；卷二九九〈石保興神道碑銘〉，頁 44-45；《長編》，卷七十二，大中祥符二年十月庚寅條，頁 1636；卷七十三，大中祥符三年四月壬子條，頁 1662-1663。考石保吉在大中祥符二年十月尚在陳州。他在概在是年底才從陳州赴京奔喪。

【17】石保吉有弟一人名石保從，但早在大中祥符三年四月石保吉逝世前已過世，終於東頭供奉官、閤門祗候。參見《全宋文》，卷一九九〈石保吉神道碑銘〉，頁 73。

之恭人，鍾高閎之積慶」【18】石元孫顯然因家世貴冑才獲得諸司副使的官位，並非有甚麼功勞。

終真宗之世，石元孫的事蹟不詳，只知他稍後再遷一階為如京副使。他的最後差遣當是御前忠佐軍頭引見司官，任職於禁軍。【19】

三、差強人意：出任邊將的石元孫

真宗於乾興元年（1022）二月病逝，仁宗以沖齡嗣位，由章獻劉太后臨朝攝政。【20】石元孫以戚里子弟獲任為在京舊城內同巡檢。不久，遷三階為文思副使，並受差遣為勾當法酒庫。這次他卻失職，因屬吏盜酒，坐失察之罪而被貶二官。【21】

【18】本文〈附錄一：石元孫墓誌〉；《全宋文》，卷一九九〈石保吉神道碑銘〉，頁 73-74；卷二九九〈石保興神道碑銘〉，頁 43。

【19】本文〈附錄一：石元孫墓誌〉。

【20】《宋史》，卷九〈仁宗紀一〉，頁 175-176。

【21】本文〈附錄一：石元孫墓誌〉；《宋史》，卷二百五十〈石守信傳附石元孫傳〉，頁 8814。他被追二官，當指貶官二等，即由諸司副使第三等的文思副使貶為第五等的西京作坊副使。又法酒庫隸光祿寺專門供應御用、祠祭和賜給臣僚的法酒。勾當法酒庫的差遣參用文武臣僚，除了委任石元孫這類武臣外，也委任文臣，好像宋仁宗朝都官員外郎鄭燾，及神宗朝的虞部員外郎陳世卿均曾任勾當法酒庫。據陳世卿在熙寧三年（1070）六月的上奏，法酒庫的吏人仍多作弊倖，偷減藏酒，甚至勾收空瓶作弊。是故石元孫失察吏人盜酒的事，一直並未禁絕。參見沈遘（1028-1067），《西溪集》，文淵閣《四庫全書》本，卷五〈都官員外郎勾當法酒庫鄭燾可職方員外郎〉，葉 17 上；鄭獬（1022-1072），《鄖溪集》，文淵閣《四庫全書》本，卷六〈虞部員外郎陳世卿等六人轉官制〉，葉 3 上；徐松（1781-1848）（輯），《宋會要輯稿》（北京：中華書局，1957 年 11 月影印國立北平圖書館 1936 年本），〈職官二十一之三〉、〈食貨五十二之一〉。

景印香港新亞研究所《新亞學報》（第一至三十卷）

　　天聖五年（1027）九月庚子（初三），宋廷如常遣使往遼，賀遼主生辰及正旦。這次石元孫的堂弟石貽孫中選，以崇儀使獲委為契丹主賀生辰（千齡節）副使。宋廷對石氏一門也頗恩待，給予貽孫這份優差。【22】就在石貽孫等抵遼邦不久，十一月癸丑（十七），宋廷祀天地於圜丘，並大赦天下。十二月辛未（初五），加恩百官。石元孫也在此時覃恩復官為如京副使，【23】並獲差遣充任澶州在城巡檢兼管句駐泊軍馬的兵職。這是石元孫首次獲委邊任。這年他三十六歲，已有豐富的治事經驗。他的墓誌稱譽他馭軍嚴謹，訓練無怠。知澶州楊嶠（？-1028後）對他的才能甚為賞識，向宋廷推薦他可任邊將。宋廷稍後接納楊之推薦，將石元孫移知莫州（今河北滄州市任丘市北）。值得一提的是，其父石保興也先任澶州駐泊都監，再知莫州。【24】

【22】《長編》，第八冊（1985 年 11 月），卷一百五，天聖五年九月庚子條，頁 2447；脫脫，《遼史》，（北京：中華書局，1974 年 10 月），卷十七〈聖宗紀八〉，頁 201；《宋史》，卷二百五十〈石守信傳附石保吉傳〉，頁 8814。考宋廷擔任契丹主賀生辰使的是吏部郎中、知制誥石中立（972-1049）。據《遼史》所記，石中立和石貽孫等在是年十一月初抵遼。《宋史》記石貽孫官至崇儀使帶御器械，坐事免官。不知是否與這次出使有關。

【23】據〈石元孫墓誌〉所記，「天聖中，上郊赦，復如京副使」。按天聖中當為天聖四年（1026）至六年（1028）。而宋廷舉行南郊大典在天聖五年十一月。故推斷石元孫當在天聖五年十二月因南郊恩典復官如京副使。參見《宋史》，卷九〈仁宗紀一〉，頁184。

【24】楊嶠是宋朝第一榜狀元、真宗初年官至樞密副使楊礪（931-999）的長子。他的生平只在《長編》及《宋會要輯稿》有零星的記載。他在真宗天禧四年（1020）正月，在屯田員外郎任上，請於秦州（今甘肅天水市）入中，商賈芻糧就四川界人見錢。到天聖六年三月十四日，當他獲授京西轉運使時，又上言澶州浮橋用船四十九隻，自溫州（今浙江溫州市）歷梁堰二十餘重，經兩三年才抵達澶州。他請從今在秦、隴及同州（今陝西渭南市大荔縣）伐木，從磁州（今河北邯鄲市

　　石元孫出知莫州，正逢該地的大水患。據〈石元孫墓誌〉所記，當時河北的水患，以莫州最甚。水患造成「桑土蕩壞，民悉飢殍」。石元孫到任後，就加大力量修護河隄，並且盡力做好賙濟災民的工作。因為天雨不止，莫州的城垣均被浸壞。石元孫顧念時逢凶歲，不想在此時興役，但又擔憂邊壘之防，最後仍不得已調發州民修理城垣。幸而莫州民都甘願應役修城，並且相告說：「公愛人甚，而為公家之事。吾等何憚耶？」於是修築城垣的工程，很快便竣工。本路監司、剛陞任河北轉運使的楊嶠對石元孫的工作大為嘉許，並奏報宋廷。仁宗即賜詔獎諭。石元孫守莫州的表現，其墓誌所記難免有溢美之處。不過，《宋史・石元孫傳》也記他守莫州「有治迹」。據此，若說石元孫是一員能幹稱職的邊將，當不會距離事實太遠。【25】

磁縣）及相州（今河南安陽市）取鐵及石炭，在澶州造船。同月十六日他又上言，指出澶州每年檢視河堤，每春徵民夫數萬，並由濮州（今山東荷澤市鄄城縣）、鄆州（今山東荷澤市鄆城縣）差往。他認為這樣做擾民勞民甚。因請求只於外州抽兵五、七千人，與負責清河的兵士同修。宋廷接納他兩次上奏的意見。從他連番上奏討論澶州修河的問題，可推論他改授京西轉運使前的職位當是知澶州。這正吻合〈石元孫墓誌〉所載，石元孫在天聖五年底充澶州在城巡檢兼管勾駐泊兵馬時，「太守楊公嶠雅知公」。考駙馬都尉、宣州觀察使李遵勗（988-1038）在天聖六年四月壬申出知澶州，顯然他是接在三月十四日遷京西轉運使楊嶠知澶州之任。按楊嶠在是年九月又徙河北轉運使，並上奏論富豪之家趁旱災生利盤剝小民之弊。他官至祠部郎中，天聖六年以後的事蹟待考。參見本文〈附錄一：石元孫墓誌〉；《宋史》，卷二百八十七〈楊礪傳〉，頁9643-9644；《長編》，第八冊，卷一百六，天聖六年三月己酉條，頁2467；四月壬申條，頁2470；《宋會要輯稿》，〈食貨一之二十四〉、〈食貨三十六之十五〉、〈食貨六十三之一七七〉、〈方域十四之十三〉；《全宋文》，卷二九九〈石保興神道碑銘〉，頁41。

【25】本文〈附錄一：石元孫墓誌〉；《宋史》，卷二百五十〈石守信傳附石元孫傳〉，

　　天聖七年（1029）正月癸卯（十三），一直權勢薰天的樞密使曹利用（971-1029），因長期開罪了章獻劉太后、貴戚內臣及文臣集團而不自知，給政敵抓著姪兒曹汭不法的把柄，坐失察之罪而遭罷職遠貶。同年閏二月辛卯（初二），他更被押解的內臣楊懷敏（？-1050）謀殺於路上。一大批被指為曹黨的文武臣僚均被貶黜，邊將中的知瀛州（今河北滄州市河間市）禮賓使魏正，即被指為曹黨而被罷。【26】同為邊將的石元孫一門既屬於貴戚，也與曹利用無甚交情，這次就沒有受到牽連，仍舊得到劉太后的信任。

　　這年三月，遼邦遭遇大饑，遼民越過界河。宋廷下令邊臣予以賑濟。四月，輪到河北大水。宋廷下詔大赦天下，免河北被水之民戶賦租。六月，河北又發生大水，將澶州的浮橋摧毀。宋廷於七月初一，命戶部副使鍾離瑾為河北安撫使，作坊使范宗古為副使往河北諸州郡賑撫災民，並命他們將邊防事機、民間疾苦，盡行經畫奏聞。據〈石元孫墓誌〉所記，因當時邊郡多事，石元孫於是向宋廷提出守邊的謀議。石元孫大概就在這時上奏。他勇於任事，得到宋廷的欣賞。大概在這年中，仁宗召他入朝，讓他面奏其禦邊的謀議。據載仁宗很滿意他對邊事利害的分析。【27】大概為了酬獎他，仁宗於八月癸卯（十七），給他一份優差，選派他以如京副使擔任契丹主正旦副使，出使遼國。十二月丁未（廿三），宋使團抵遼都。據〈石元孫墓誌〉所載，宋使團抵達遼邦後，遼廷賜宴款待，宴會上雙方使臣比射，石元孫被邀落場比試。他從容不

<hr />

　　頁8814。按〈墓誌〉記河北路按察使嘉許石元孫的治迹，並申報宋廷。考石元
　　孫澶州的上司楊嶠在天聖六年九月徙河北轉運使。他應該就是石元孫的本路按察
　　使。參見注【23】。

【26】《長編》，卷一百七，天聖七年正月癸卯至閏二月辛卯條，頁2491-2499。

【27】本文〈附錄一：石元孫墓誌〉；《長編》，卷一百七，天聖七年三月庚辰條，
　　頁2504；四月庚寅條，頁2506；卷一百八，天聖七年六月甲寅條至七月戊午
　　條，頁2518。

迫，揖讓一番後施射，結果矢無虛發，大大為宋使團掙得面子。他的同僚和隨從都相顧歎服。因出使遼邦，不辱使命，結果他獲超擢為禮賓使，進入諸司正使的行列。【28】

　　大概在天聖八年（1030）初，宋廷以石元孫熟悉邊事，就再任他知莫州。據〈石元孫墓誌〉所載，莫州民都歡迎他重來。在他管治下，州民都守法。據載有一日，莫州邊陲的民戶傳言遼軍入寇，民眾驚恐失措之下，紛紛攜挈老幼，爭相走入莫州州城躲避。石元孫得報，怡然無懼色。他判斷這番傳言必屬虛妄。這時莫州首縣任丘縣（今河北滄州市任丘市）令亦帶同其家人逃入州城躲避。石元孫見狀，即派人訓斥他：「君，民帥也。既不能安民，而又挈屬先之，何以儀民？宜促屬以歸，無重民駭。」任丘令於是遣回家屬，莫州民情就得以安定下來。本路監司後來知道此事，原本打算處分任丘令。石元孫卻為屬下說情，使他免受責罰。【29】

　　石元孫不久移知保州（今河北保定市），加領廉州刺史，充保州、

【28】本文〈附錄一：石元孫墓誌〉；《宋史》，卷二百五十〈石守信傳附石元孫傳〉，頁8814；《長編》，卷一百八，天聖七年八月癸卯條，頁2521；《遼史》，卷十七〈聖宗紀八〉，頁205，208-209，注18，21。按擔任契丹主正旦使的是職方員外郎、判三司理欠司的張群。關於這次宋方的使團，《遼史》記他們在遼太平九年（即宋天聖七年）十二月丁未抵達，但《遼史》只著錄賀遼主生辰使的禮部員外郎鞠永（按：《遼史》訛寫為「仇」永）和副使供奉官王永錫（按：《遼史》訛寫為「韓」永錫），而沒有著錄同時使遼的張群、石元孫，以及擔任賀遼皇后正旦使戶部判官蘇耆及副使內殿承制王德明之名字。又禮賓使為諸司正使第五等第四階，高於最低的供備庫使之上。不過，石元孫由諸司副使第四等第三階的如京副使逕遷禮賓使，已是超擢了。

【29】本文〈附錄一：石元孫墓誌〉。考宋廷在石元孫未復任莫州前，在天聖七年十一月，特賜莫州修城卒緡錢。這對石元孫重來莫州，是一項支持。又石元孫的本路監司、當時的河北轉運使很有可能是明察秋毫，不畏權勢，在天聖八年四月自京西轉運使徙河北路轉運使的工部郎中王彬。參見《長編》，卷一百八，天聖七年十一月庚辰條，頁2528；卷一百九，天聖八年四月甲午條，頁2539。

廣信軍（今河北保定市徐水縣西遂城鎮）、安肅軍（今河北保定市徐水縣）沿邊都巡檢使，負責守禦北邊。宋廷整飭邊備，就命他審議在保州城西開屯田及鑿塘水的可能。石元孫經過查察研究後，認為此一方案可行。不過，他亦向僚屬表示：「民樂久安，難以慮始。役興必有訟者。」他所料不差，不久果然有保州民班化等人前往開封，擊登聞鼓訟告石元孫「擅污民田」。宋廷於是遣官前往保州查究。可幸的是，使者的覆奏指出石元孫的墾田開水塘的工程實在利國利民，訟告人因此承認誣告。仁宗特賜璽書獎諭，並賜白金五百兩以旌美之。石元孫上表謝恩之餘，卻很厚道地請求寬恕原告人的罪責。他的容人器量及謀事遠慮，贏得其他邊吏的佩服，尤其是他「不以小沮而廢大功」的識見。【30】

　　天聖八年十一月戊辰（十九），宋廷舉行祀天地於圜丘的大典，大赦天下。十二月癸未（初五），宋廷加恩百官。石元孫得以從禮賓使遷三階為西京作坊使。【31】天聖十年（1032）十一月甲戌（初六），仁宗改元明道，大赦天下，百官均進官一等。大概在此時，石元孫再優遷為橫班使臣的西上閤門使，依舊領廉州刺史。【32】翌年（明道二年，1033）三月甲午（廿九）劉太后病逝，仁宗親政。四月丙辰（廿一）劉太后所親信的一班內臣被貶逐出朝廷。其中入內副都知江德明（？-1037）被出為并州（即太原，今山西太原市）、代州（今山西忻州市代縣）路鈐轄。半年後，即同年十月乙巳（十三），江德明再被解除副都知之職，並徙

【30】《宋史》，卷二百五十〈石守信傳附石元孫傳〉，頁8814；本文〈附錄一：石元孫墓誌〉。

【31】本文〈附錄一：石元孫墓誌〉；《宋史》，卷九〈仁宗紀一〉，頁188-189。考〈石元孫墓誌〉記石元孫「上籍田慶成，恩加西京作坊使」。這裡的「籍田慶成」當指天聖八年十一月的一次南郊大典。

【32】本文〈附錄一：石元孫墓誌〉；《長編》，卷一百十一，明道元年十一月甲戌條，頁2591。考石元孫自西京作坊使超擢西上閤門使的年月不詳，相信是明道改元百官加恩的時候。按西上閤門使是橫班正使的最低一階。

為潞州（今山西長治市）鈐轄。石元孫大概在這時接江德明之缺，調充并州、代州路管內馬步軍鈐轄專管勾麟州（今陝西榆林市神木縣）、府州（今陝西榆林市府谷縣）路駐泊軍馬。石保興曾任過麟州、府州故關都巡檢使。石元孫這回又步亡父後塵鎮守河東路。據他的墓誌所記，他曉得邊鄙久安，守軍不習知戰鬥。一旦有事需要出征，實不知如何應戰。他於是將守軍嚴加訓練。經他的訓練後，河外的邊兵，號為精兵。【33】石元孫在邊將中，當時已享有令譽。他被擢陞更高的職位，已是指日可待。

四、榮辱無常：從三衙管軍到敗軍之將

仁宗在翌年改元景祐（1034）。這年正月，元昊開始進犯府州。閏六月，石元孫所管轄的府州上奏宋廷，稱元昊自正月後數次入寇。仁宗馬上命并代部署司發兵嚴備。宋廷以石元孫守邊的功績昭著，就在半年後，即是年十二月，因原龍神衛四廂都指揮使、永州防禦使劉平擢陞步軍都虞候，就特除石元孫龍神衛四廂都指揮使、榮州防禦使，接替劉平的遺缺。石元孫從此進入三衙管軍的行列，位列將帥。這一年石元孫已四十三歲，終於出人頭地，得到武臣所冀求的三衙管軍高位。【34】他守

【33】《長編》，卷一百十二，明道二年四月丙辰條，頁 2612；卷一百十三，明道二年十月乙巳條，頁 2639；《全宋文》，卷二九九〈石保興神道碑銘〉，頁 41；本文〈附錄一：石元孫墓誌〉；《宋史》，卷二百五十〈石守信傳附石元孫傳〉，頁 8814。

【34】《長編》，卷一百十四，景祐元年正月戊辰、庚寅條，頁 2659，2662；閏六月乙丑條，頁 2682；附錄〈石元孫墓誌〉。石元孫原遙領廉州刺史，現在越過團練使一級，逕授榮州防禦使。關於劉平為何在景祐元年十二月，能越過捧日天武四廂都指揮使，連陞兩級，陞任步軍都虞候的緣故，以及當時三衙管軍人事升降的情況，可參閱何冠環，〈敗軍之將劉平（973-1040 後）——兼論宋代的儒將〉，頁 303-305 及注 40。

邊的勞績、資歷，再加上他是開國功臣之後，以及戚里世家子弟的身份，自然是喜歡重用外戚子弟的仁宗所垂青的。公道而論，他倒是靠自己的本事獲得管軍高位的。他的擢陞，並未有受到文臣們的批評與反對。三川口兵敗前，文臣們並沒有對他的能力有負面的批評。仁宗拔用他，倒不算是用人惟親。事實上，石元孫雖屬外戚，但他和另一外戚子弟李昭亮一樣，與仁宗並沒有直接的血緣關係。他得到仁宗的擢用，倒是靠自己的本事居多。

景祐二年（1035）十一月乙未（十五），宋廷再舉行南郊大典，仁宗以石元孫獲授管軍職位已久，應該入朝輪流擔任宿衛之任，就特召他赴闕，命他權在京舊城內都巡檢使。【35】

石元孫在京擔任宿衛才半年多，仁宗在景祐三年（1036）五月，以他熟知澶州修河工程，任他為知澶州兼修河部署。他尚未赴任，又改授真定府（今河北石家莊市正定縣）、定州（今河北保定市定州市）等路駐泊馬步軍副都部署，並陞一級軍職為捧日天武四廂都指揮使。不久，又被調返澶州，任知澶州兼兵馬部署。【36】

景祐四年（1037）閏四月，因殿前都指揮使夏守贇（977-1042）被罷，三衙管軍人事調動，石元孫就得以依次補為步軍都虞候。【37】宋廷

【35】《長編》，卷一百十七，景祐二年十一月己丑至丙午條，頁2762-2763。

【36】考〈石元孫墓誌〉未記石元孫出守澶州的月日。據《長編》，仁宗在景祐三年五月辛卯，以內侍副都知王守忠（？-1054）為澶州修河鈐轄，當是代替石元孫本來的任命。據此，仁宗出石元孫澶州，然後改真定府，當在景祐三年五月前後。又石元孫擢陞捧日天武四廂都指揮使，也當在他出守真定府同時。參見《長編》，卷一百十八，景祐三年五月辛卯條，頁2785；本文〈附錄一：石元孫墓誌〉。

【37】本文〈附錄一：石元孫墓誌〉；參見周應合（？-1275後）（纂），王曉波（點校），《景定建康志》，收入《宋元珍稀地方志叢刊・甲編》，第二冊（成都：四川大學出版社，2007年6月），卷二十六〈侍衛馬軍司題名記〉，

並且賜給石元孫與新陞殿帥的鄭守忠（？-1042）和馬帥高化（969-1048）特恩：三人的母親獲得追封，妻子獲得晉封郡君。【38】石元孫同年十一月再陞任馬軍都虞候，大概在寶元元年（1038）初，移任高陽關路駐泊馬步軍副都部署，接替調往環慶路的殿前都虞候劉平。他在任內曾推薦其門客、明法出身的顏雅言官職。仁宗對他眷寵正隆，就特授顏雅言將作監主簿。【39】客觀而論，石元孫任邊將多年，其實沒有立過甚麼像樣

頁 1241-1242（以下簡稱〈侍衛馬軍司題名記〉）。關於景祐四年閏四月三衙管軍拜罷的情況，參閱何冠環，〈敗軍之將劉平（973-1040 後）—— 兼論宋代的儒將〉，頁 307 及注 46。考接替夏守贇任殿帥的，是原馬帥鄭守忠。原步帥高化〕陞任馬帥。原馬軍都虞候劉平則次補為殿前都虞候。

【38】宋庠（996-1066），《元憲集》，文淵閣《四庫全書》本，卷二十六〈外制〉〈授鄭守忠光祿大夫依前檢校戶部尚書寧遠軍節度使殿前副都指揮使加食邑實封制〉，葉 13 下至 14 上；〈帥臣鄭守忠高化石元孫追封母制〉，葉 19 下；〈帥臣鄭守忠高化石元孫妻進封郡君制〉，葉 22 上。考宋庠（本名宋郊）這兩道制文的撰寫年月不詳，也沒有具體列明三人母妻的姓氏。宋庠在景祐元年閏六月前已任知制誥，到寶元元年（1038）三月戊戌（初一）自知制誥陞任翰林學士。他撰寫這兩篇制文當在景祐元年閏六月至寶元元年三月前。在兩篇加封三人母、妻的制文之前，同卷還收有另一篇授鄭守忠殿帥的制文。據此推論，筆者認為宋庠最有可能在景祐四年閏四月，當鄭、高二人拜殿帥及馬帥，而石元孫同時陞步候的時候奉命撰寫這兩篇加封三人母妻的制文。至於宋庠的制文的受益的人，為何沒有包括其他管軍，例如當時陞任步帥的張潛（？-1039）及殿候的劉平，原因不可考。關於宋庠拜罷知制誥年月的記載，可參見《長編》，卷一百十四，景祐元年閏六月辛酉條，頁 2681；卷一百十八，景祐三年二月壬戌條，頁 2777；卷一百十九，八月丙辰條，頁 2799；（按景祐三年二月及八月兩條，《長編》均將宋郊訛寫為其弟宋祁）；卷一百二十一，寶元三月戊戌條，頁 2866。

【39】〈侍衛馬軍司題名記〉，頁 1242；《宋史》，卷三百二十五〈劉平傳〉，頁 10500；《長編》，卷一百二十二，寶元元年十二月辛未條，頁 2887；《全宋文》，第二十冊，卷四二五〈宋庠十〉〈侍衛親軍馬軍都虞候高陽關部署石元孫

的汗馬功勞，為何仁宗如此看重石元孫？〈石元孫墓誌〉說石元孫「凡履歷文安、麟、府、澶淵、高陽，皆先德□治，仁啟德化之愛，浹民深厚，人皆相慶。公履事仍循舊規，民亦稱治。」【40】雖有溢美之嫌，不過石元孫是一員懂得治理地方，算得上是稱職的邊臣，則宋人並無異議。倘沒有後來三川口兵敗一劫，他可能會無災無難到公卿，成為中興石氏一門的大功臣。

　　元昊在寶元元年正月已開始計劃侵宋，【41】宋廷卻仍不察覺他的動靜。三月戊戌（初一），仁宗因言官的交相論奏，將不孚眾望的宰相王隨（973-1039）、陳堯佐（963-1044），參政韓億（972-1044）、石中立（972-1049）同時罷免。然新任的宰執大臣自張士遜（964-1049）、章得象（978-1048）、盛度（970-1040）以下，都不給人能挽救時艱的信心。諷刺的是，剛被擢為同知樞密院事王博文（？-1038），做不了一個月便病卒於任上。據說仁宗因為可憐他，才在他病重之時陞他官的。【42】這樣的一個爛班子偏偏要應付元昊入侵的危機。十月甲戌（十一），元昊稱帝兼改元。十二月丙寅（初四），鄜延路都鈐轄司奏報元昊反宋的消息。五天後，宋廷即徙宿將環慶路副部署、殿前都虞候、邕州觀察使劉平為鄜延路副部署。兩天後，再任三司使、戶部尚書夏竦（985-1051）知永興軍（今陝西西安市）兼本路都部署兼提舉乾州（今陝西咸陽市乾

　　門客顏雅言可踐將作監主簿制），頁347。按宋庠這篇制文不載《四庫全書》本的《元憲集》，《全宋文》編者從《永樂大典》卷一四六零八輯出。又劉平先任高陽關路副部署，再徙環慶路，然後在寶元元年徙鄜延路。至於他從高陽關路徙環慶路的確實年月不詳。他是石元孫高陽關路副部署的前任則可確定。筆者認為石元孫可能在寶元元年初接劉平的缺，任高陽關路副部署。

【40】本文〈附錄一：石元孫墓誌〉。

【41】《長編》，卷一百二十一，寶元元年正月癸卯條，頁2849；

【42】《長編》，卷一百二十一，寶元元年三月戊戌條，頁2864-2866；卷一百二十二，寶元元年四月癸酉條，頁2871。

縣）、耀州（今陝西銅川市耀縣）等軍馬，吏部侍郎知河南府（今河南洛陽市）范雍（979-1046）徙知延州兼涇原秦鳳路安撫使兼鄜延路都部署、鄜延環慶路安撫使，以應付元昊的入侵。【43】

　　夏竦和范雍奉命經略西邊，應付元昊的入侵。他們都著意尋找得力的助手。夏竦在寶元二年（1039）正月丁酉（初六）推薦度支員外郎張昇可用，宋廷就將他自文階轉為武階的六宅使，任他為涇原秦鳳路安撫都監。九天後，相信是范雍的推薦，劉平再兼鄜延環慶路安撫副使，統率兩路的兵馬。至於被指不察敵情的原知延州郭勸及原鄜延鈐轄兼知鄜州的李渭（979-1041），在同月廿三日就被降職調離西邊。【44】四月乙丑（初五），相信是仁宗本人的主意，他特任曹皇后（1016-1079）的叔父同州觀察使、秦鳳路都部署曹琮（？-1045）兼本路安撫使。另外，他又擢陞另一員外戚子弟李昭亮為殿前都虞候，並將他從定州徙為秦鳳路副都部署、經略招討副使，擔任曹琮的副手。據李昭亮的神道碑所記，仁宗召見他，授以方略，並厚賜而遣。【45】六月辛未（十二），仁宗再擢用石元孫為鄜延路副都部署兼沿邊巡檢安撫使。將他從北邊的高陽關路徙往西邊的鄜延路，協助范雍和劉平。據〈石元孫墓誌〉所載，他取道京師，得到仁宗召見偏殿，並諭以西事。他在仁宗面前議事慷慨激昂，而所陳的方略清楚明白，於是得到仁宗的讚賞。仁宗於是將他從榮州防禦

【43】《長編》，卷一百二十二，寶元元年十月甲戌條，頁 2882-2883；十二月丙寅至癸酉至甲申條，頁 2887-2888。

【44】《長編》，卷一百二十三，寶元二年正月丁酉至丙午條，頁 2892；正月甲寅條，頁 2894。考同月甲寅（廿三）郭勸自工部郎中、天章閣待制被落職徙知齊州（今山東濟南市）。而李渭就自四方館使、惠州刺史被降授尚食使徙知汝州（今河南平頂山市汝州市）。

【45】《長編》，卷一百二十三，寶元二年乙丑條，頁 2902；蘇健，〈宋中書令李昭亮神道碑調查〉，《中原文物》，1995 年第 2 期，頁 99；《宋史》，卷四百六十四〈外戚傳中・李昭亮〉，頁 13563。

使擢為邕州觀察使，厚贈以遣他就道。【46】

　　這年七月癸卯（十四），宋廷再命劉平兼勾管涇原路兵馬事，讓他統率三路兵馬，統一事權應付元昊，稍後又將夏竦從永興軍調知前線的涇州（今甘肅平涼市涇川縣）。【47】九月，直集賢院富弼（1004-1083）卻上奏批評宋廷對范雍及劉平的支持不足，賞功大薄。【48】然而，鄜延一路的真正問題，是士卒的戰鬥力不足。據〈石元孫墓誌〉所載，石元孫抵延州，點閱部隊後，發現延州的守軍因久無戰事，教之不足，不習戰鬥。他對范雍表示，宋軍恐怕難以抵禦元昊入侵。他主張向宋廷請求增援，並且盡速採取主動，在敵軍主力尚未集結時主動出擊，或有勝望。【49】

　　康定元年正月，宋廷將石元孫再陞為殿前都虞候。這是石元孫軍旅生涯所得到的最高軍職。據他的墓誌銘所記，他一生最高的官職差遣、階勳爵邑是：忠果雄勇功臣、殿前都虞候、邕州管內觀察使、金紫光祿

【46】本文〈附錄一：石元孫墓誌〉；《長編》，卷一百二十三，寶元二年六月辛未條，頁2909；〈侍衛馬軍司題名記〉，頁1242；《宋會要輯稿》，〈禮四十一之五十一〉、〈儀制十一之十七〉。考石元孫何時遷殿前都虞候？《長編》記他在寶元二年六月所繫的軍職為殿前都虞候，但〈石元孫墓誌〉卻記他擢為邕州觀察使時，「軍政如故」。而據〈侍衛馬軍司題名記〉所記，石從馬候遷殿候，要到康定元年（1040）正月。按原步軍副都指揮使張潛卒於寶元二年五月，很有可能就在此時劉平由殿前都虞候陞補步軍副都指揮使，而石元孫就由馬軍都虞候依次陞任殿前都虞候。然而石元孫陞殿候的時間，究竟是寶元二年五月或六月，抑或是康定元年正月，暫難確定。現從〈侍衛馬軍司題名記〉的說法。

【47】《長編》，卷一百二十三，寶元二年六月壬午、乙酉條，頁2913；卷一百二十四，寶元二年七月癸卯、戊午條，頁2918-2919；宋廷在是年六月廿三日，下詔削奪元昊官爵，並懸重賞求其首。廿六日，又命勇將劉謙（？-1040）為環慶路副部署兼知邠州（今陝西咸陽市彬縣），加強環慶路的防衛。

【48】《長編》，卷一百二十四，寶元二年九月丁巳條，頁2931。

【49】本文〈附錄一：石元孫墓誌〉。

大夫、檢校左散騎常侍、使持節邕州諸軍事、邕州刺史兼御史大夫、上輕車都尉、太原郡開國公、食邑二千六百戶、食實封肆百戶。這是三川口之役前他擁有的所有官職頭銜。他這年四十九歲，正當盛年，不幸卻是他一生從順轉蹇的轉折點。【50】

　　石元孫向宋廷請援及從速進攻元昊的意見，尚未獲宋廷回應，元昊已在是年正月壬申（十七）親領兵十萬騎大舉侵宋。夏軍首先攻破延州外圍要塞金明寨（約今陝西延安市安塞縣南碟子溝、延安市西北約50里、延河與杏子河交匯處東側河谷中），擒守將李士彬，然後揮軍進攻延州。元昊其實使用圍點打援的戰術，但知延州范雍不察，大恐之餘，急命在慶州·（今甘肅慶陽市慶陽縣）的劉平，在保安軍（今陝西延安市志丹縣）的石元孫，在保安軍北的碎金谷的鄜延都監黃德和（？-1040）、慶州東路都巡檢万俟政（？-1040）、延州西路都巡檢郭遵（？-1040）率本部合軍萬人來援。劉平等五將所率的宋軍，在急行軍的情況下，在是月戊寅（廿三）於延州北的三川口（按：〈石元孫墓誌〉作五龍川）遇敵。宋軍本來就眾寡懸殊，又掉進元昊預設的陷阱。雖然拚死作戰多日，仍然不敵。統率後軍的內臣黃德和見勢危，就率本部二千人先遁。到是月己卯（廿九），夏軍發動總攻，擊破殘餘宋軍的陣地，劉平與石元孫均在陣東被俘。【51】

【50】〈侍衛馬軍司題名記〉，頁1242；本文〈附錄一：石元孫墓誌〉。

【51】關於三川口之役的過程及分析，可參閱何冠環，〈敗軍之將劉平（973-1040後）—— 兼論宋代的儒將〉，頁312-314。又劉平、石元孫覆師之地，《仁宗實錄》的〈文忠烈公彥博傳〉和魏泰（1050-1100）的《東軒筆錄》都寫作五龍川。據魏泰的說法，設謀打敗劉平和石元孫，是元昊兩員大將剛浪崚和野利遇乞。二人既能用兵，夏人又善戰，故宋軍連戰均北。參見杜大珪（？-1194後）（編），《名臣碑傳琬琰之集下》，文淵閣《四庫全書》本，卷十三〈文忠烈公彥博傳〉，葉1下；魏泰（撰）、李裕民（點校），《東軒筆錄》（北京：中華書局，1983年10月），卷八，頁94-95；卷十五，頁173。

　　石元孫在三川口之役擔任宋軍的副將，聽命於比他年長二十歲、號稱儒將的步軍副都指揮使劉平。他在此場惡戰之前，雖然久任邊將，但並沒有真正的戰鬥經驗。據他的墓誌所述，他「力戰於延城北五龍川累日，矢鏃殆盡」。當黃德和引兵先遁時，他並沒有跟隨逃遁，最後被俘，仍「堅守漢節，無少變矣」。墓誌的作者顯然要為他開脫兵敗之責。客觀而論，石元孫在這一場惡戰中，算是盡了力，不該苛責。真要怪責的，應該是庸懦無謀的范雍和自以為是，只會紙上談兵的主帥劉平。真的要責備石元孫，則要責他雖然治理邊郡頗有成績，也似乎懂得一點練兵，但沒有自知之明，不知道自己其實並不具有打硬仗的真本事。他雖是將家子，卻一輩子沒有機會隨父、叔出征，以及追隨好像曹瑋（973-1030）這些名將上陣。三川口之戰前，他從未經歷真正的戰鬥，受過沙場兵凶戰危的考驗和洗禮。他在仁宗前慷慨陳詞，議論邊事，其實和劉平一樣，犯上高估自己能力，而低估對手實力的嚴重錯誤，結果將自己送上三川口之覆師之路。他也許立功心切，而自薦出守西邊，然不料到對手元昊卻是百年不遇的軍事天才，於是招致覆師，成為敗軍之將。石元孫算不算咎由自取，就見仁見智了。【52】

【52】李端卿將三川口之敗，既歸罪於黃德和臨陣逃遁，又歸過於屯兵延州承平寨（後改綏平寨，今陝西榆林市子洲縣西南何家集南面山上，鄉政府所在地）不肯來援的宋將。這員宋將是誰？李端卿沒有明言，後來他再提到此事，並且認定在慶曆五年五月石元孫歸來時，也是這員宋將妒忌石，而影響言官，要誅殺石元孫。筆者認為這員宋將，很有可能是在承平寨擊敗來攻夏軍的鄜延副部署許懷德（978-1061）。據《宋史・許懷德傳》所記，許在三川口戰後，便「坐夏人破塞門砦不赴援，降寧州刺史」。他也就沒有進援延州。本文稍後談到石元孫歸來時會再論許懷德的問題。他又說石元孫「雖武，儒武之將而與之並進，而御烏合不素教之兵，以禦畜銳猖獗十倍不敵之悍虜，而求幸必勝，雖古之孫、吳、衛、霍，愚未見其可也。」參見本文〈附錄一：石元孫墓誌〉。關於許懷德屯守承平寨，後來涉嫌不肯出援劉石二人的記載，參見《長編》，卷一百二十五，寶

五、忍辱偷生：石元孫的餘生

　　三川口之戰後，劉平和石元孫首先被臨陣逃脫的內臣都監黃德和誣告降敵。起初仁宗相信誣告，甚至發兵包圍二人之家，準備收捕二人之家屬。繼而文臣一面倒地為二人辯護，力證劉、石二人沒有降敵，而是兵敗被俘後罵賊不食而死。仁宗一方面命殿中侍御史文彥博（1006-1097）、天章閣待制龐籍（988-1063）及內臣入內供奉官梁致誠（？-1040後）往河中府（今山西運城市永濟市西）置獄審訊黃德和等，查證黃所指控是否屬實。另一方面釋放二人家屬，並各賜二家絹五百匹、錢五百貫、布五百端。【53】四月乙巳（廿一），文彥博等審結黃德和指控劉平降敵一案，上奏宋廷，判定黃實屬誣告，指他退怯當誅，而劉平等力戰而沒，子孫宜加賞卹。仁宗准奏，同月丙午（廿二），腰斬黃德和於河中府，梟首於延州城下。翌日（廿三），追贈劉平為忠武軍節度使兼侍中，石元孫為忠正軍節度使兼太傅。另賜劉家信陵城第，封劉平妻趙氏為南陽郡太夫人，劉平子孫及諸弟都獲優遷，而也錄石元孫子孫七人官。至於在延州不敢出戰的內臣盧守懃等均被貶官。八月戊子（初六），改贈劉平為朔方軍節度使，石元孫為定難軍節度使。【54】宋廷給予這些恩卹，因認定劉平及石元孫二人力戰被俘，盡忠不降而死，堪為臣子盡忠的表率。

　　宋廷文臣營造的劉、石忠貞不屈而死的典範，卻被無情的事實粉

元二年十一月辛亥條，頁 2944；卷一百二十六，康定元年正月癸酉條，頁
2966；二月戊寅條，頁 2988；卷一百二十七，康定元年六月壬寅條，頁 3019；
《宋史》，卷三百二十四〈許懷德傳〉，頁 10477。

【53】《長編》，卷一百二十六，康定元年二月丙戌條，頁 2971；二月戊寅條，頁
2989-2992。

【54】《長編》，卷一百二十七，康定元年四月乙巳條，頁 3007-3008；卷一百二十
八，康定元年八月戊子條，頁 3032。

碎。新任陝西安撫使韓琦（1008-1075）所稱許「極一時之選」的劉平，
及「委任次焉」的石元孫，【55】其實沒有盡節而死，而是偷生於夏邦。
宋廷為了顏面，一直不承認，也不去尋證劉平其實尚在人間的傳聞。【56】
據《宋史・劉平傳》的記載，後來降羌多有傳言劉平被俘至興州（即夏
都興慶府，今寧夏銀川市）未死，而且在六十八歲的高齡還「生子於
賊」中。他後來死在興慶府，卒年不詳。另亦有傳聞被追贈果州團練
使之勇將左侍禁郭遵也並非戰死，而是敗走東原大崖下，稍後逃往環州
（今甘肅慶陽市環縣）。後來聞知黃德和被斬，死事者（包括他自己）都
得到封卹，就藏匿不敢還。至於石元孫在興慶府的五年是如何度過的，
他的墓誌銘就簡略地記「及觀西賊，因困公而節守，無屈其為忠也，
亦已至矣。居數年，豈昊賊納款而歸公于朝。」【57】他似乎沒有向西
夏投降，也沒有像劉平一樣在敵邦娶妻生子。

　　三川口之戰後，元昊再在慶曆元年（1041）二月及慶曆二年（1042）
閏九月重創宋軍於好水川（今寧夏固原市西吉縣境內之什字路河川）和
定川寨（今寧夏固原市中河鄉大營村硝河西北岸黃嘴古城）。宋西邊面
臨空前的危機。經韓琦及范仲淹等艱苦經營，才轉危為安。元昊亦因連

【55】《長編》，卷一百二十六，康定元年三月癸未條，頁 2994。

【56】關於宋廷對劉平尚在人間的傳聞的反應，以及宋人對此事的相關官私記載的討
　　論，可參閱何冠環，〈敗軍之將劉平（973-1040 後）── 兼論宋代的儒將〉，
　　頁 317-329。

【57】《宋史》，卷三百二十五〈劉平傳〉，頁 10503-10504；《隆平集》，卷十九〈武
　　臣傳・石元孫劉平合傳〉，葉 7 上；附錄〈石元孫墓誌〉；《長編》，卷一百
　　二十六，康定元年二月癸酉條，頁 2986。考《隆平集》記劉平兵敗「遇害」時
　　年六十八。又郭遵不死的說法來自宋人王回（1023-1065）所撰的〈記客言〉的
　　說法。李燾對王回之說法加以考證，表示未必俱可信。又郭遵因死事而家人子弟
　　均得到錄用及遷陞，他的弟弟就是後來官至簽署樞密院事的英宗、神宗朝名將郭
　　逵（1022-1088）。

年征戰，民窮財竭，也願與宋議和。慶曆三年（1043）四月，宋夏議和。宋廷冊元昊為夏國主，歲賜絹十萬疋，茶三萬斤。這年八月，范仲淹內召為參政，韓琦及富弼為樞密副使，開始推行有名的慶曆新政。雖然范、韓等人所推行的新政最終無功，但在慶曆五年（1045）正月范、富等相繼被罷政時，宋西邊已回復安寧，宋廷且罷河東、陝西諸路招討使。【58】就在這時，西夏忽然釋放被囚五載的石元孫。這年五月壬戌（初七），石元孫從興慶府返至延州。據〈石元孫墓誌〉所記，當時知延州梁適（1000-1070）收到石元孫獲釋的稟狀後，馬上奏上宋廷，等候宋廷對石元孫歸來的處置。當時朝議仍批評石元孫當日以輕敵致敗。石元孫回到延州，聽到這番批評後，就為自己申辯。他指出當時夏軍已兵臨延州城下，延州危逼。他並非不知眾寡難敵，但認為宋軍若能趁敵兵尚未盡至時速戰，或可以遏制敵勢，而保全延州。他感憤為何有人如此厚誣他？延州的百姓，對他歸來則與朝臣持完全不同的態度。當石元孫抵保安軍界，延州眾至千百的蕃漢父老，出境數十里，攜酒餚迎接他歸來。他們對石表示，當年夏軍攻延州，延城之百姓，都因為石元孫的力戰而得以保全，不致被敵軍所擄。倘若當日石元孫等以兵少而畏敵，不敢來援，延州城就會不保。故延州民實受了石元孫大恩惠。現在他平安回來，當然既歡喜而且感謝。【59】

仁宗接到梁適的奏報後，據說本來深深憐憫石元孫的情況，因為石本來是他賞識的外戚子弟；但言官除了侍御史王平（983-1045）外，都不放過石元孫，紛紛上奏，以石元孫軍敗不死，是國家的恥辱，請斬石於塞上（按指延州），以示威於夏人。其中侍御史梅摯（995-1059）便兩度上奏，奏論石元孫「不死行陣，係縲以還，國之辱也，不斬無以厲邊

【58】《宋史》，卷十一〈仁宗紀三〉，頁211，214-216，218-219。

【59】本文〈附錄一：石元孫墓誌〉；《長編》，卷一百五十五，慶曆五年五月壬戌條，頁3771；卷一百五十七，慶曆五年八月庚辰條，頁3799。考梁適在慶曆五年八月仍任知延州。

臣。」次相（990-1059）陳執中請如御史和諫官所奏，誅殺石元孫。幸而首相賈昌朝（998-1065）力排眾議，覆奏「在春秋時，晉獲楚將穀臣，楚獲晉將知罃，亦還其國不誅。」賈昌朝在單獨入對時再取出《魏志・于禁傳》，向仁宗奏說：「前代將臣敗覆而還，多不加罪。」在賈昌朝的力保下，仁宗就寬貸了石元孫死罪。是月癸亥（初八），仁宗削除石元孫所有官爵，編管全州，他的子弟先前受他「陣亡」而得的恩卹，都被追奪。據〈石元孫墓誌〉所說，仁宗對石的處置，是「固以法不得已」。石元孫得生還漢邦之年，才五十四歲，正如李端卿（？-1074後）所說，他「較李陵終恨於溯漠耶」的劉平已是好一點。【60】

　　對於如何處置歸來的敗將，其實仁宗早有前例可援。早在慶曆四年（1044）九月癸未（廿五），即石元孫回來前大半年，前鎮戎軍（今寧夏固原市）巡檢、右班殿直、閤門祗候李良臣在定川寨之役被俘而被送至遼邦，這時逃歸。當年宋廷以為李良臣已死，曾贈他左牛衛將軍、梅州刺史。仁宗後來聽聞他尚在，仍接受諫官田況（1003-1061）之請，存

【60】本文〈附錄一：石元孫墓誌〉；《長編》，卷一百五十五，慶曆五年四月戊申條、五月壬戌條，頁3770-3771；《宋史》，卷十一〈仁宗紀三〉，頁220；卷二百五十〈梅摯傳〉，頁9901-9902；《東都事略》，卷七十五〈梅摯傳〉，葉5上；胡宿（986-1067），《文恭集》，文淵閣《四庫全書》本，卷三十七〈宋故奉直郎守侍御史王公墓誌銘〉，葉4上下。據為王平撰寫墓誌的胡宿所記，當一眾言官責備石元孫不能死節，請戮之以勵後人時，王平卻上言說：「西戎比年犯塞，將校覆歿幾何？甫歸元孫，隨而見戮，是堅降者之志而絕內顧之望，非計之便。」胡宿於是說，「元孫卒得不誅」。按仁宗本來沒有殺石元孫之意，當首相賈昌朝力排眾議，主張寬宥石時，仁宗自然接納。王平能持平為石說話是可貴的；不過，石元孫得以不死，卻非他一番話而能扭轉乾坤。又賈昌朝及陳執中均在慶曆五年四月戊申（廿二）拜首相及次相。關於宋廷對如何處置石元孫的爭議，可參閱何冠環，〈敗軍之將劉平（973-1040後）——兼論宋代的儒將〉，頁317-318。

景印香港新亞研究所《新亞學報》（第一至三十卷）

恤其家，封其母妻，而錄其二子官。當李良臣逃回宋境後，仁宗就特赦他罪，並且擢他為內殿承制、閤門祗候，用為鄆州（今山東荷澤市鄆城縣）都監，並令他更名李泰。仁宗對這員歸來的敗將的寬大，引起御史中丞王拱辰（1012-1085）的意見。王認為李良臣雖能逃歸，但他之前不能死戰而成為俘虜，實在有罪。現時卻超陞他六官，恢復舊職，實在無以示後人。他又引用漢朝處置兵敗被俘，陷身匈奴後得還的李廣（？-前119），和被拘不屈，白首而歸的蘇武（前140-60）的先例，認為不應這樣寬恕李良臣。但仁宗不聽。【61】此事之處置已反映仁宗與言官的態度之分歧。所不同的是，石元孫的地位比李良臣高太多，影響也大，也就不易為言官所放過。

　　對於石元孫幾乎被宋廷斬於塞上的問題，李端卿提出一個過去沒有人道及的理由：他說「向引兵先遁者被刑者黨與方熾。總兵逗遛不救者已著顯位，由是內外忌公還朝，而言者未悉之，論疏交上，乞正典刑。」前文已提到李端卿曾指出三川口之敗，原因之一是屯兵承平寨的宋將不肯出兵增援。在這裡，李氏又指出正是這時「已著顯位」的同一宋將，忌石元孫還朝，於是伙同黃德和的同黨散播不利石的謠言，影響了那些不知底蘊的言官，從而論奏，一定要置石元孫於死地。李端卿呼之欲出的兩人，筆者認為正是三川口之役任鄜延都監、黃德用的死黨內臣盧守懃，和當時任鄜延副部署、屯守承平寨的許懷德（978-1061）。考盧守懃在三川口次役後雖被貶，但後來又得到復用，官至利州觀察使，並先後出任真定府、定州和北京路鈐轄，最後以左衛大將軍致仕，卒贈保順軍節度使，賜謚安恪。而他的兒子盧昭序（？-1061後）在康定元年任御藥，是仁宗寵信的近侍內臣，到仁宗晚年官至崇儀使、康州刺史內侍押班，後獲贈正任刺史。可知他們父子二人均是仁宗一直寵信的內臣。至於許懷德在慶曆五年初已擢殿前都虞候，同年閏五月再遷馬

【61】《長編》，卷一百五十二，慶曆四年九月癸未條，頁 3703-3704。

軍副都揮使晉觀察使，那與李端卿所說的「已著顯位」的身份很吻合。【62】李端卿對盧、許二人的指控，究竟純屬主觀的猜測，還是確有

【62】《宋史》，卷四百六十七〈宦者傳二・盧守懃〉，頁13637；《長編》，卷一百二十六，康定元年二月戊寅條，頁2990-2992；卷一百五十九，慶曆六年七月癸卯條，頁3841-3842；〈侍衛馬軍司題名記〉，頁1242；《宋會要輯稿》，〈禮五十八之九十六〉；歐陽修（1007-1072）（撰）、李逸安（點校），《歐陽修全集》（北京：中華書局，2001年3月），第三冊，卷八十一〈外制集卷三〉〈盧守勤致仕制〉，頁1177；嚴杰，《歐陽修年譜》（南京：南京出版社1993年11月），頁112，124，131，151；王安石（1021-1086）（撰）、李之亮（箋注），《王荊公文集箋注》（成都：巴蜀書社，2005年5月），卷十七〈外制・故崇儀使康州刺史內侍押班盧昭序贈正刺史制〉，頁679；蔡上翔（1717-1810）撰，裴汝誠（點校），《王荊公年譜考略》，收入《王安石年譜三種》（北京：中華書局，1994年1月），卷九，頁351-355。考慶曆六年七月，許懷德自遂州觀察使陞安靜軍留後，御史中丞張方平（1007-1091）對他陞官大有保留，批評他「在邊城為將領，素乏勞效，比諸儕輩，尤無材譽」，又指他與殿帥李昭亮失和堪虞。而張方平的奏議也提到許在慶曆五年初已陞任殿前都虞候。關於盧守懃後來的仕歷確切年月，群書均不載，歐陽修（1007-1072）曾奉命為他撰寫〈盧守勤致仕制〉。據《歐陽修年譜》，歐陽修在慶曆三年十二月初任知制誥，至慶曆四年八月，然後到慶曆八年閏正月再任知制誥，二月徙知揚州。他這篇制文現收在慶慶五年三月自編的〈外制集〉卷三，則它較大可能在慶曆三年底至四年中寫的。若所推論不差，則盧守懃應在慶曆四年已致仕。不過，他在宋廷內外的影響力不一定就消失，特別是他的兒子盧昭序已逐步上陞。石元孫在慶曆五年回來時，倘真的像李端卿所說，他曾影響言官攻擊石元孫失節，也並非不可能。按他的養子盧昭序的具體仕歷亦不詳，宋廷在嘉祐末年將他自崇儀使康州刺史內侍押班追贈為正任刺史（按：李之亮以王安石在嘉祐八年撰寫這篇制文，未知何所據。據《王荊公年譜考略》所考，王安石在嘉祐六年六月任知制誥，直至嘉祐八年八月），這篇制文最早撰於嘉祐六年六月，最晚不過嘉祐八年八月）。盧昭序相信是這段期間病卒的。

其事，暫難確定。筆者以為，石元孫覆軍被俘而不死，許多帶有偏見的文臣，是接受不來的，倒不見得純因內臣或其他武臣的教唆。

罷政後出知邠州（今陝西咸陽市彬縣）的范仲淹，在這年九月上奏仁宗，總算替石元孫說了一番公道話。他首先說「素不與元孫相識，亦不知本人善惡。」然後稱他出守延州時，就聽當地官民說「劉平、石元孫部領軍馬救護延州，同戰拒賊，日夜血戰，兵少食盡，力屈被擒，即不曾退走，亦非不戰而降，但有不死于王事之罪。」他稱現時正逢上大赦（按：指在是年十月因升祔章獻劉太后及章懿李太后（987-1032）神主於太廟的大赦），而石元孫怎樣仍有救存延州之勞。縱使認為石不堪再用，也宜免其戮辱，略加以存恤。范仲淹建議授石元孫「一南班近下名目，於近州安置」。范認為這樣處置石元孫，可以「使陷蕃將校聞之，未絕向漢之心，不怨朝廷，不助夷狄，此禦戎一策也。」范仲淹的話，看來產生了良好的效果。仁宗在慶曆六年（1041）初，已打算以五年十月的赦書恩典，給石元孫從偏遠的全州遷移到近州的襄州去。可惜朝臣不是人人都像范仲淹那樣通情達理，是年二月丁卯（十六），侍御史劉湜便對量移石元孫的恩典提出反對，以「元孫失軍辱命，朝廷貸而不誅，今若例從量移，何以勸用命之士？」他請仁宗收回成命，仍舊將石元孫編管全州。仁宗礙於朝議，只好依從。【63】

「千古艱難惟一死」，許多文臣苛責別人之餘，不見得就能做到以身殉國。後代對石元孫偷生的評論，最嚴苛要算是南宋人尹起莘（？-1208後）。他以「元孫之事當以台諫之言為是，而以宰相之言為非。是時元昊反叛，邊城未復，正宜明君臣之義，辨順逆之理。今石元孫以總管敗沒於賊，不能死義，罪逆當誅。況台諫論奏，尤為明切。」他又認為

【63】《宋史》，卷十一〈仁宗紀三〉，頁221；《長編》，卷一百五十八，慶曆六年二月丁卯條，頁3820-3821；范仲淹（撰）、李勇先、王蓉貴（校點），《范仲淹全集》（成都：四川大學出版社，2002年9月），中冊，〈范文正公集續補卷第一〉，〈乞寬宥石元孫奏·慶曆五年九月〉，頁784。

「仁宗乃惑賈昌朝之言，從而赦之，是使偷生之徒橫行於天下，而誅亂討逆之法亦不必立矣。故《綱目》於此書：夏人歸石元孫以深貶之。」最後他再重重地說：「嗚呼！失節之臣猶且赦之，況下於失節者乎？《綱目》不書赦免，猶為中國諱之也。」在他眼中，石元孫是偷生失節，不能死義，該殺的逆臣，賈昌朝保他是錯的，仁宗也不該放過他。【64】

　　據〈石元孫墓誌〉所載，石元孫「後恩籍襄、許」。他大概最後還得以離開全州，移居襄州和許州。然後到他晚年的最後六載，才得以返回京師，回到他們石氏在京師的老家度其餘生。【65】考石元孫在慶曆五年五月返宋，然後被編管全州，到嘉祐八年八月卒於京師，足足罷廢了十八年。他是怎樣度過這悠長歲月的？據李端卿所描述，石元孫「賦性惇愿，倜儻大度，與人言未始不及誠，疏財樂施，以義自高。而又精騎射，善琴阮，游心禪理，通曉氣術。居常所處，尤好學書，晚年筆法愈高，如□水墨山石，草聖之妙，往往世有傳者，每開閱書史，有寓則必賦詠，令兒孫輩賡酬唱。公故家集有松齋之編，即公所著詩也。」正如李氏所說，因石元孫的個性平和，與及他擁有多樣的興趣，特別是書畫詩文的愛好，以及術數禪理的信仰，於是令他閒居有所寄託，而能淡泊自處，而沒有心生不平而憤恨而終。這未嘗不是他的福氣。【66】

　　曾為石元孫撰寫制文，後來拜相的宋庠的親弟、翰林學士宋祁（998-1061）的文集，收有一篇〈代石太尉謝令安州照管表〉，【67】從它的內容來看，這位「石太尉」正是曾任三衙管軍的石元孫太尉（按：宋

【64】宋犖（1634-1714）等（編），《御批續資治通鑑綱目》，文淵閣《四庫全書》本，卷五〈發明〉，葉14上。

【65】《宋史》，卷二百五十〈石守信傳附石元孫傳〉，頁8815；本文〈附錄一：石元孫墓誌〉。

【66】本文〈附錄一：石元孫墓誌〉。

【67】宋祁，《景文集》，文淵閣《四庫全書》本，卷四十〈代石太尉謝令安州照管表〉，葉4上至7上。

人習慣尊稱凡拜三衙管軍的武臣為太尉）。值得一提的是，宋祁在慶曆三年任知制誥上奏言三路邊防事時，還批評「劉平、石元孫輕脫寡謀，徑與敵鬥，師敗身死，損辱國威」。[68]現時卻願意代筆，為石元孫上表，希望打動仁宗，讓他得以返京。這篇表文沒有著錄寫於哪一年，只說「臣某言：八月日，安州進奏院遞到中書劄子，奉聖旨已令本州常切照管者。」考〈石元孫墓誌〉以及《宋史》等書，都沒載石元孫後來又編管於安州（今湖北孝感市安陸市）。考宋祁曾短暫出知許州，卻從未任官安州，不知石元孫如何請他代筆的。[69]一個可能的解釋，是石元孫當初因言官反對，不許徙襄州，後來事過境遷，仁宗就將他徙往襄州附近的安州，而〈石元孫墓誌〉誤將安州錯作為襄州。

這篇奏表雖非石元孫親筆所書，但倒在一定程度上反映他被罷廢多年的心情，值得我們一觀。石元孫在奏表的開始除了先感謝仁宗的寬大，說「寬大之命，下濟於天光」，使他「轂觫之軀，甫還於筮魄」之套話外，便自述家世及平生遭際一番，希望打動仁宗的憐憫。倘不是已從上文知悉石元孫的仕歷和事蹟，我們也許不盡明白大手筆如宋祁的四六文所云。表文以石元孫的口氣云：

> 「竊念臣本惟樗昧，獲邁會昌。乏千里之折衝，懵四夷之方略。程材六郡，獲預子良家；待罪五符，詎知於尺籍。先帝（按：指真宗）軫其單賤，勗以勤劬。靡試異於外庭，遽編名於衛署。宣威亭毒，屢分四牡之華；弭亂巴賨，曾預一方之勇。未能陳力，深懼曠官。伏遇皇帝陛下蒼震承休，珍圖纂業。將懋功而致賞，方右武以勸能。俄辱寵章，洊膺渥洽。乘軺出使，蔑施橫草之功；飲至勞旋，濫預策勳之爵（按：指石元孫出使遼國，在宴射中顯身手）。自爾奉簡書而祗畏，飭師律以申嚴，克完犀利之

---

[68] 宋祁，《景文集》，卷二十八〈言三路邊防七事〉，葉4上。

[69] 宋祁，《景文集》，卷四十〈代石太尉謝令安州照管表〉，葉4上；《宋史》，卷二百八十四〈宋祁傳〉，頁9593-9599。

兵，上副穆清之寄（按：指石元孫練就河外精兵）。累勞未驗，
乃眷益隆。」【70】

談到他被委西邊禦敵之任時，表文就委婉地說：「臣實妄庸，
獲膺任使。敢不深惟一得之慮，載施十駕之勤，備重耳之艱難，謹武
侯之節制。披堅執銳，志竭於寸長；斬將搴旗，誓當於一隊。」然後
他又自承做不到先前信誓旦旦破敵之大言，云：「而不能恪奉詔條，
勤修職業。畔官離局，妄肆於矢言；殄行震師，果罹於昭憲。」表文
再說到他獲釋歸來，得到仁宗之寬大處置：「既具王庭之獄，請從蕭
斧之誅。豈謂天意好生，皇明獨斷。屈成刑之端議，申肆眚之大猷。
止外竄於遐圻，俾俯存於餘喘。念一介之賤，不忍加誅；廓三面之
羅，與之更始。洪推大寬，曠絕常均。此際仰舜法之大寬，荷堯仁之
不殺。」【71】

表文繼續說石元孫被貶全州，「挺身萬里，甘淪禦魅之區；齎志九
泉，用塞喪元之責。」然後「未周成歲，尋霑鴻私，自臨賀之炎陬，徙
房陵之內郡。」仁宗且「假青宮之道侯，給長府之廩錢。擢於鉗鈦之，
齒乃衣纓之列。」跟著表文又記石元孫沒有想到，「再歲之間，復降自
天之命，改陞環衛，徙置方州。」這篇表文，乃讓我們知道〈石元孫墓
誌〉也沒有記載的事實：石元孫編管全州後，雖然一度為言官所沮，不
能在慶曆六年二月獲內徙襄州；但在是年五月前，仁宗便重新賜他大赦
恩典，將他移往「房陵內郡」的襄州，而且授他太子率府率（青宮之道
侯）之秩，給予俸錢。數年以後，又將他陞為環衛官，徙置「方州」
（按：懷疑屬次府的許州）。而且據說「昭示守臣」，要石元孫「俾自勵
於操修，且深加於存卹」。【72】

石元孫所以請宋祁為他修表，目的很清楚，他希望在暮年仍獲得仁

【70】宋祁，《景文集》，卷四十〈代石太尉謝令安州照管表〉，葉 4 上下。

【71】同上，葉 5 上至 6 上。

【72】同上，葉 6 上下。

景印香港新亞研究所《新亞學報》（第一至三十卷）

宗重新起用，得以立功，洗雪前恥。他在表文中幾乎用盡所有辭言，包括自責，懇切地請求仁宗給他一個機會：

「以臣久在戎行，屢持師節。管穴之見，雖無前筋之勤，犬馬之勞，不捨敝帷之報。特形隆旨，昭示守臣，俾自勵於操修，且深加於存卹。不寒之慄，潛釋於冰淵；垂暮之年，免隮於溝壑。事踰初願，恩極更生。再念臣抱釁以來，撫躬至熟。誠由爵位太厚，尸曠居多。失漢臣醇謹之風，冒道家干進之忌。寇至誰咎，器滿則傾。垂貽折覆之凶，上玷清寧之化。然而事君無隱，靡有於他腸；食肉寡謀，薦招於祇悔。由物情之靡協，致陰譴以自貽。每念前辜，敢忘終食。謹當上遵彝訓，克勵迺誠，用酬觀過之私，循致寡尤之地。屬桑榆之日索，懼螻蟻之命輕。雖貪祿鶴軒，深貸百鍰之贖；而裹尸馬革，愈堅十死之心。臣限以拘留，不獲躬詣闕庭，無任感激屏營之至。」【73】

宋祁代筆的表文，我們倘非知曉石元孫的生平，就無從體會石元孫那番志在雪恥的無奈感受。他是石氏將門的第三代傳人，在三川口兵敗被俘卻不死節，以致石氏一門大大蒙羞。我們或可這樣理解：他所以忍辱偷生，也許是希望能有立功雪恥的機會。

不知是否這篇表文奏上後的效果，據〈石元孫墓誌〉所記，仁宗在嘉祐二年（1057）因「嘗念之，俾還都下」。石元孫終於在垂暮之年的六十六歲，返回京師老家。石元孫在京師閒居六載，到嘉祐八年八月十七日壽終於家，享年七十二。石元孫雖然最終能返回京師，但復出戎行，再在沙場立功以雪前恥的願望，終不能得償。作為一員頗想有一番作為的將家子，石元孫無疑是抱憾而歿的。值得一提的是，李昭亮及仁宗，則早在同年的三月先後逝世。英宗（1032-1067，1063-1067 在位）知道石的死訊，據說為之嗟悼，特遣中使賜束帛賻贈，以恤他的

【73】宋祁，《景文集》，卷四十〈代石太尉謝令安州照管表〉，葉 6 下至 7 上。

遺孤。【74】

　　石元孫死後，他的家人將他的棺槨暫時厝於開封城東的法濟佛舍。到治平二年（1065）五月一日，他的家人將他卜葬於河南府洛陽縣平樂鄉宣武村之梓澤原，以他的元配夫人崔氏祔葬。他的家人請得與石氏有累世交誼，而又曾與石元孫有往來的比部員外郎判吏部南曹的李端卿，為石元孫撰寫墓誌。【75】石氏始終是外戚閥閱之家，又請得朝臣中的石書名家比部郎中通判汝州薛仲孺（？-1065 後）【76】和篆

【74】本文〈附錄一：石元孫墓誌〉；《宋史》，卷二百五十〈石守信傳附石元孫傳〉，頁 8815；《長編》，第十四冊（1985 年 11 月），卷一百九十八，嘉祐八年三月甲寅、辛未條，頁 4791-4792。

【75】李端卿的家世與里籍不詳，《長編》、《宋會要輯稿》及宋人文集於其生平事蹟有零星的記載。他的事蹟，最早見於皇祐四年（1052）。他在是年五月壬子（初八），以太子左贊善大夫集賢院校書，與屯田員外郎孫琳（？-1064 後）、殿中丞司馬光（1019-1086）及大理寺丞李杲卿及通州推官楚楷一同致祭侍讀學士郭勸（981-1052）。到嘉祐七年（1062）或八年（1063）初，他以服親喪畢復官。到治平二年（1065）為石元孫撰寫墓誌時，他所繫之官職已累遷至比部員外郎判吏部南曹。在熙寧元年（1068）四月八日以群牧判官上奏言事。約在熙寧六年前後，文彥博曾向宋廷舉薦他，稱「群牧判官李端卿累經本司任使，詳知城監利害，兼資序已深，乞差充河北監牧使。」又說最近知道李端卿家貧累重，請給他外任。不過，他在熙寧七年（1074）九月前，卻任鹽鐵判官，沒有外任。是年九月十九日，他自鹽鐵判官、金部郎中坐失職降為虞部郎中。他以後的仕歷就不詳。參見司馬光，《傳家集》，文淵閣《四庫全書》本，卷八十〈祭郭侍讀文〉，葉 2 上下；《王荊公文集箋注》，上冊，卷十五〈外制·李端卿等舊官服闕制〉，頁 560-561；《宋會要輯稿》，〈職官六十五之三十八〉、〈兵二十一之三十七〉；《長編》，第十八冊（1986 年 8 月），卷二百五十六，熙寧七年九月乙卯條，頁 6261；文彥博，《潞公文集》，文淵閣《四庫全書》本，卷三十八〈舉李端卿等〉，葉 5 上下。

【76】薛仲孺是真宗、仁宗朝名臣、歐陽修妻父，官拜參政的薛奎（967-1034）的姪

蓋名家屯田員外郎、知國子監書學權同判吏部南曹楊南仲書寫誌文和篆

兒，絳州正平（今山西運城市新絳縣）人。據《宋史・薛奎傳》所記，薛奎因無子，就以他為嗣。他以薛奎之恩蔭出仕。他的元配妻子李氏，是太宗朝名相李昉（925-996）之姪、翰林學士李宗諤之從弟、右諫議大夫知相州李宗詠（982-1047）的長女。他約在慶曆三年十二月至慶曆四年八月前，自大理寺丞陞太子右贊善大夫。當制的正是他伯父的女婿歐陽修。歐陽修勉他「惟爾伯父之行，有司考法，易以一德不懈，執心決斷之名，可謂美爾。守爾家法，克勤厥官。」他在慶曆四年秋，以贊善大夫受韓琦之邀，為韓琦父韓國華（957-1011）墓誌石書。同年九月庚申（初二），他的堂妹、薛奎第八女、王拱辰妻宜芳縣君（1013-1036）下葬，他義不容辭負責書寫，他在該墓誌的署銜是「朝奉郎守太子右贊善大夫雲騎尉」。到慶曆八年妻父下葬時他已遷官至殿中丞。嘉祐五年中已任駕部員外郎，曾奉命專管軍器庫的排垛。到嘉祐七年 （1062），他再自駕部員外郎超擢虞部郎中。當制的是王安石，在制文裡稱許他「悉心為吏，才敏見稱，嘗所踐更，咸有功最。」他在治平元年八月十一日，以提點在京倉草場、比部郎中坐擅越界支軍糧之過失，降授為通判汝州。他在治平二年五月為石元孫書寫墓誌時的官銜，正與治平元年八月時同。他在治平二年以後的事蹟無考。參見《宋史》，卷二百八十六〈薛奎傳〉，頁 9629-9632；《歐陽修全集》，第三冊，卷八十一〈外制集卷三〉〈大理寺丞薛仲孺可太子右贊善大夫制〉，頁1169；韓琦（撰）、李之亮、徐正英（箋注），《安陽集編年箋注》（成都：巴蜀書社，2000 年 10 月），卷二十二〈韓氏家集序〉，頁 728；張方平（1007-1091）（撰），鄭涵（點校），《張方平集》（鄭州：中州古籍出版社，1992 年10 月），《樂全集》，卷三十九〈朝散大夫右諫議大夫知相州軍州同群牧事上柱國賜紫金魚袋趙郡李公墓誌銘并序〉，頁 690-693；《王荊公文集箋注》，上冊，卷十三〈外制・駕部員外郎薛仲孺可虞部郎中制〉，頁 475；《宋會要輯稿》，〈職官二十六之二十七〉、〈職官六十五之二十三〉、〈食貨五十二之二十六〉；中國國家圖書館及中央研究院合編，《宋代碑拓精華》（網上資料庫），墓誌 6653〈宋故宜芳縣君薛氏墓誌銘并序〉。附帶一談，這方〈宋故宜芳縣君薛氏墓誌銘并序〉的中書玉冊官逐靈龜王克明，與〈石元孫墓誌〉的中書省玉冊官王克明同名，當是同一人。

寫墓蓋。【77】石元孫雖然生不能榮，死尚可哀。

【77】本文〈附錄一：石元孫墓誌〉。楊南仲是仁宗、英宗朝的古文篆籀名家，他自署「豫章楊南仲」，即是說他原籍古名豫章郡之洪州（今江西南昌市）。他《宋史》無傳，惟《宋史・藝文志》著錄他著《石經》七十五卷（按即歐陽修所稱的《嘉祐石經》）。他生年不詳，大概在治平三年卒。他與歐陽修交好，歐集中的〈集古錄跋尾〉很多地方都提到他。他一直為歐陽修解讀三代的古器銘。他在皇祐年間（1049-1053），任天平軍節度（即鄆州）掌書記。據趙抃（1008-1084）在皇祐末年到至和元年（1054）所寫一篇奏狀提到，「近年王沖、楊南仲、楊織輩皆以罪廢近二十年」（按：該狀提到任御史中丞的孫抃任中丞在皇祐五年中到至和二年中，因推論此文撰於此段時間）。似乎楊南仲在皇祐以前很不得意。他要到皇祐二年（1050）至四年（1052）中方獲擢為大理寺丞知國子監書學兼篆石經。擔任石經之篆書工作。當制的胡宿（按：胡宿在皇祐二年十二月已知制誥，四年九月遷翰林侍讀學士，則這制文當寫於二年至四年間），在制文稱許楊南仲之才能，說「爾翯被薦，延入預刊，正見稱篆籀之學，頗整字書之訛，亦既肆勤，宜有開勸。進丞，大理之屬，關知小學之私，勿替爾勞。」嘉祐三年（1058）五月十五日，因刻國子監石經有功，判國子監王洙（997-1058）薦他自大理寺丞賜同進士出身。嘉祐四年（1059）四月癸未（十九），當年力主誅殺石元孫的原宰相司徒致仕陳執中卒。楊南仲又以判尚書考功之差遣，負責覆議太常禮院給他訂的諡號，他建議給陳「恭襄」之美諡。為此，他曾被人批評只記陳之功而不記他之過。他在七年十月前已官太常博士知國子監書學。他擢太常博士時，當制的王安石稱他「文學藝能，見稱於世，服官惟謹，克以有勞」。楊在治平元年七月已官屯田員外郎，與二年時為石元孫墓篆蓋時之官職相同。據歐陽修所記，楊南仲在治平三年（1066）七月前已歿，歐陽修感慨楊南仲及章友直死後，古文奇字世罕識者，而三代之器銘亦不復得。他除以篆隸書寫《嘉祐石經》，又為許多名公巨卿書寫墓誌或篆蓋，包括在嘉祐八年十二月為馮京（1021-1094）兩位夫人王氏（1031-1050）、富氏（1033-1055）書寫墓誌，他所繫之官銜與〈石元孫墓誌〉完全相同。參見《歐陽修全集》，第五冊，卷一百三十四〈集古錄跋尾卷一〉〈城鼎銘〉，頁 2067-2069；

39

六、將門餘緒：石元孫的後人

　　據〈石元孫墓誌〉，石元孫有二妻：先娶清河崔氏夫人，再娶河南陸氏夫人，她們都卒在石元孫前。她們的家世身份，墓誌沒有交待。崔氏、陸氏及其他姬妾共為石元孫生育有十一子：長子宗道，官左侍禁；次子宗易，官右班殿直；三子黑頭、四子宗奭和五子黑哥都早死。六子宗尹，在治平二年見任內殿崇班、閤門祗候；七子宗亮，見任西頭供奉官；八子宗廣，見任右侍禁；九子得壽幼亡；十子宗度，官至右班殿直，亦早亡。幼子宗永，見任左侍禁。《隆平集・石元孫傳》記石元孫有子六人：宗道、宗易、宗尹；宗亮、宗廣、宗求（按：疑為宗永之訛寫）。相信是記在治平二年五月石元孫下葬時仍在生的六個兒子。【78】

〈古器銘二〉，頁 2071-2072；卷一百四十一〈集古錄跋尾卷八〉〈唐虞城李令去思頌・元和四年〉，頁 2276-2277；卷一百四十三〈集古錄跋尾卷十〉〈王文秉紫陽石磬銘〉，頁 2322；《宋史》，卷二百二〈藝文志一〉，頁 5076；王應麟（1223-1296），《玉海》，文淵閣《四庫全書》本，卷四十三〈嘉祐石經〉，葉 25 上；魏了翁（1178-1237），《鶴山集》，卷一百八，葉 20 上；《宋會要輯稿》，〈禮十八之十〉、〈禮二十之二〉、〈選舉九之十二〉；《王荊公文集箋注》，卷十四〈外制・楊南仲太常博士制〉，頁 509；胡宿，《文恭集》，文淵閣《四庫全書》本，卷十四〈楊南仲可大理寺丞知國子監書學兼篆石經制〉，葉10上；《長編》，卷一百七十三，皇祐四年九月甲寅條，頁 4171；卷一百八十九，嘉祐四年四月癸未條，頁 4562；徐度（？-1138 後），《卻掃編》，文淵閣《四庫全書》本，卷中，葉 29 下至 30 上；趙抃，《清獻集》，文淵閣《四庫全書》本，卷八〈奏狀乞依刑部定奪除落葛閎陸經罪名・六月十一日〉，葉 16 上至 17 上；中國文物研究所、河南省文物研究所（合編），《新中國出土墓誌》（河南・一）下冊（北京：文物出版社，1994 年），〈三八八・王文淑墓誌〉、〈三八九・富氏墓誌〉，頁 347-349。

【78】本文〈附錄一：石元孫墓誌〉；《隆平集》，卷十九〈武臣・劉平石元孫合傳〉，葉 7 下。

李端卿說石元孫諸子皆善士好學，卻說不出他們有甚麼政績。目前能見到石元孫諸子的事蹟，只有他的第六子石宗尹（？-1067 後）兩條記載，和他的幼子石宗永（？-109 後）一條記載。

　　石宗尹在慶曆三年底至四年中，自小使臣之首的東頭供奉官閤門祗候擢陞大使臣的內殿崇班。當制的歐陽修稱石宗尹「陳力效官，積有歲月。會其課最，來上有司，按於舊文，當得敘進，升之朝列，可謂寵榮，往服新章，益勤後效。」【79】據歐陽修的制文，石宗尹只是論資升級，並非有甚麼特別功勞。這時宋廷尚未知石元孫未死，沒有取回授給石宗尹的恩卹。到慶曆五年石元孫歸來，宋廷收回五年前給予石家子弟的恩典，大概石宗尹為此被降職。到治平二年父葬時，石宗尹仍只是內殿崇班、閤門祗候，經歷二十二年竟只遷階半級，只多了一個閤門祗候，一方面可能他本身沒有過人才幹，另一方面也可能受父親的蹇運的連累。他在父下葬後，運氣好轉，連陞數級，已由大使臣的內殿崇班、內殿承制擢至亡父擔任過的諸司副使的如京副使通事舍人。而可能在治平四年神宗即位前後，他更自如京副使超擢七階為南作坊副使。當制的鄭獬（1022-1072）說：「大昕而朝，臚傳乎紫庭之下，俾予之列辟，進退拜立，翼而有儀者，維爾之能。樞府會其課，閱歲而遷，維使介於武爵，差高仍職上閤，俾宿業焉。」看來他任事也算稱職，於是得到陞遷。在石元孫諸子中，他的官位已算最高。【80】

【79】《歐陽修全集》，卷八十一〈外制集卷三〉〈東頭供奉官閤門祗候石宗尹可內殿崇班制〉，頁 1167。

【80】考鄭獬任知制誥，由嘉祐八年底至治平四年九月，從英宗繼位到神宗繼位。這篇制文當是治平二年五月至治平四年九月前寫的，而石宗尹在這時已自內殿崇班遷至為如京副使，應該是治平四年正月神宗繼位之後，百官再加恩之時。又南北作坊使副在熙寧三年十二月十二日改東西作坊使副。此亦旁證此篇制文不會在熙寧三年十二月後寫的。參見《長編》，第十六冊（1986 年 5 月），卷二百十八，熙寧三年十二月戊辰條，頁 5303；鄭獬，《鄖溪集》，卷四〈如京副使閤門通

景印香港新亞研究所《新亞學報》（第一至三十卷）

　　《河洛墓刻拾零》除了收錄〈石元孫墓誌〉的碑文外，又收錄了一篇石元孫幼子石宗永妻趙氏乳母徐氏（（1004-1085）的墓誌，提供了我們有關石宗永一家的珍貴資料。【81】這篇碑文讓我們知道，在至和元年（甲午，1054），即石元孫獲釋回的第九年，他的幼子石宗永娶同屬趙宋開國元勳的趙普（922-992）之曾孫女瑞安縣君趙氏。而到元祐七年（1092），石宗永見任文思副使。有趣的是，石妻的乳母死後也獲准下葬石氏的祖塋。這篇碑文也提供了石宗永四個兒子的名字，補充了〈石元孫墓誌〉對石氏第五代的記載。

　　石氏是開國功臣兼戚里之家，雖然石元孫兵敗蒙羞，但石家仍是趙宋宗室、勳臣名卿門當戶對的通婚對象。上文提到石宗永娶趙普的曾孫女，石元孫的四個女兒均婚配名門：他的長女嫁另一大功臣外戚世家曹氏的第四代子弟、左侍禁曹謂。曹謂家世顯赫，他的曾祖父是太祖、太宗、真宗三朝的勳臣、官至樞相的曹彬（931-999），祖父是曹彬長子、官至殿前都指揮使拜使相的曹璨（950-1019），父曹儀（982-1036）官至耀州觀察使、步軍都虞候。曹謂是曹儀之次子，論輩份，他是曹太后的從姪。可惜石元孫這位出身貴冑的長婿卻早逝，官僅至左侍禁。【82】

事舍人石宗尹可南作坊副使制〉，葉12上；卷十二〈薦錢公輔狀〉，葉19上下；卷十八〈紀事〉，葉14上下；《皇宋十朝綱要》，卷四，〈知制誥七十三人〉，葉5下至6上。考鄭獬在〈薦錢公輔狀〉中，自言在「嘉祐八年內與天章閣待制兵部員外郎知鄧州錢公輔同日知制誥」，但未言於嘉祐八年何月何日，考《皇宋十朝綱要》沒有將鄭獬列為仁宗朝的知制誥，推知他所言在嘉祐八年內拜知制誥，當是在嘉祐八年三月後，英宗繼位時。又他在〈紀事〉一文中，記他在治平四年九月二十五日當制，兩天後，神宗面授以翰林學士。

【81】參見《河洛墓刻拾零》，下冊，〈四九七・宋石宗永妻趙氏乳母徐氏墓誌〉，頁679。碑文參見附錄二。

【82】《宋史》，卷二百五十八〈曹彬傳附曹璨傳〉，頁8984；《長編》，卷一百十五，景祐元年十二月己未條，頁2707。

石元孫的次女嫁給真宗及劉太后的寵臣、仁宗朝官至樞密使侍中的張耆（？-1048）的第十三子內殿承制張正一，可惜他也是早逝。【83】第三女則嫁皇城使、勤州團練使帶御器械劉贊明（？-1021後）的第十子左侍禁劉永正。劉永正的祖父是太宗朝名將、官至殿前都指揮使、天雄軍節度使的劉延翰（923-992）。值得注意的是，劉永正的一個女兒彭城郡君（1041-1079）（不知是否石氏所出），後來嫁給宗室右羽林大將軍沂州防禦使仲伋（1039-1077）。而他們的兒子士鄄，又娶了石保吉的曾孫女崇安縣君石氏（1056-1088）。劉永正這位將家子也比石元孫早逝。【84】石的幼女則嫁給文思使夏陽。他是石元孫逝世後尚存的石家東

【83】《宋史・張耆傳》記張耆有子二十四人，惟僅列張希一、張得一、張可一、張利一及張誠一五人之名。《隆平集・張耆傳》則記張耆有子二十三人：惟一、忠一、抱一、守一、如一、禮一、得一、繼一、希一、歸一、昭一、純一、奉一、正一、志一、平一、利一、元一、本一、舉一、誠一、宗一、可一。張正一列於第十四，與〈石元孫墓誌〉排第十三不同。可能因張耆第七子張得一在慶曆七年（1047）知貝州，同年十一月軍賊王則據城叛，他不能拒敵，卻降賊。慶曆八年閏正月，王則之亂被平定，他亦以降賊而被誅。以此之故，他被除名，大概張耆就將他這個逆子之名剔除於張氏一門之外，於是本來排第十四的張正一，後來在官方文書變為張耆的第十三子。參見《宋史》，卷十一〈仁宗紀三〉，頁224-225；卷二百九十〈張耆傳附張希一張利一傳〉，頁9709-9712；《隆平集》，卷十〈樞密・張耆傳〉，葉12下至13下。

【84】劉延翰《宋史》作劉「廷」翰，據現存多種墓誌銘，應該是劉延翰。他在太平興國四年（979）九月大破遼軍於滿城（今河北保定市滿城縣）。歷任內外，淳化三年（992）以病解職還京，未幾卒，年七十，贈侍中。劉贊明是他的次子。〈石元孫墓誌〉只記他「帶御器械」之職，沒記他官至皇城使勤州團練使。劉贊明的其他事蹟，只有《宋會要輯稿》有三條的記載。他在大中祥符四年（1011）正月，以莊宅使扈從真宗祀汾陰（后土所在，今山西運城市萬榮縣榮河鎮西南廟前村北古城），擔任車駕前後攔前收後・巡檢。到大中祥符六年（1013）十二月，再以內藏庫使、羅州刺史扈從真宗祀亳州（今安徽亳州市）太清宮，與宮

床。這位石家的四姑爺的家世，頗值得一提。其父夏守恩（？-1037）和叔父夏守贇，和張耆一樣，同是真宗藩邸親信又是劉太后心腹。夏守恩在仁宗朝官至步軍副都指揮使、武寧軍節度使。夏守贇官至同知樞密院事、宣徽南院使、天平軍節度使。夏守贇對石元孫有恩，三川口兵敗時，夏守贇極力為劉石二人辯護，力證二人沒有降敵。夏守恩的行為卻很不當，後來與子夏元吉（？-1046後）共為不法，被重貶除名連州（今廣東清遠市連州市）編管，最後卒於貶所。夏陽是他的第四子，不幸的是，他的父親與妻父都是從高位被貶，編管終身而死。【85】

　　據〈石元孫墓誌〉，治平二年五月時，石元孫共有孫男十五人：最長之孫男名石繼勛，已出仕並見任左侍禁，他之下的諸弟均未授官及出仕。石元孫次長的四個孫男石曖、石暲、石繩祖和石曦，均早世。再次的為石繼英、石昕、石暉、石暐、石日東、石晦、石繼顏、石煦、石晒

苑使郭崇仁等任都同巡檢。到天禧五年（1021）正月，他仍以內藏庫使同管勾修葺諸班營舍。他以後的事蹟不詳。至於劉永正的事蹟，據章惇（1035-1105）所撰其女〈彭城縣君劉氏墓誌銘〉所載，劉永正官至右侍禁。他的其他事蹟就不見於群書。又《宋會要輯稿‧職官四十一》記在天聖四年六月，仁宗遣太常博士直史館高餗及閤門祗候劉永証往淮南及兩浙體量安撫。這個劉永証是否即是石元孫的女婿劉永正？從他的職位及任事的年月來看，頗有可能。關於劉永正婿宗室仲伋之子士鄆娶石保吉曾孫女之事，詳見下文。參見《宋史》，卷二百六十〈劉廷翰傳〉，頁9025-9026；《宋會要輯稿》，〈禮五十一之四〉、〈職官四之四十、四十一〉、〈職官四十一之八十九〉、〈兵六之十三〉；章惇，〈宋宗室贈定武軍節度觀察留後博陵郡公仲伋夫人彭城縣君劉氏墓誌銘〉，收入《宋代碑拓精華》資料庫519號（原拓文收藏於中國國家圖書館「章專1939」；蔡確（1037-1093），〈宋宗室故金紫光祿大夫檢校右散騎常侍右羽林軍大將軍使持節沂州諸軍事沂州刺史充本州防禦使兼御史大夫上柱國天水郡開國公食邑三千七百戶食實封陸伯戶贈定武軍節度觀察留後博陵郡公墓誌銘〉，收入《宋代碑拓精華》資料庫508號（（原拓文收藏於中國國家圖書館「章專1249」）。

和石曄。上文提到，〈石宗永妻趙氏乳母徐氏墓誌〉記在元祐七年九月，石宗尹已有子四人，　分別是石況、石演、石濬和石澈（？-1109後），四人都已出仕。即是說石元孫至少有孫男十九人。石氏第五代這十多人的事蹟大部份都暫不可考。【86】惟一可考及甚值得一談的是石宗永的幼子石澈。據《宋會要・帝系》的記載，徽宗（1082-1135，1100-1125 在位）在大觀四年（1109）七月廿七日，「以西京左藏庫副使石澈男石端禮（？-1127 後）為左衛將軍駙馬都尉選尚瀛國長公主」。這條資料所記的石澈，筆者認為很有可能就是石宗永的幼子，石元孫的曾孫。因為倘不是他的家世顯赫，徽宗沒有理由將姪女、哲宗第三女陳國公主許配給他的兒子石端禮。石澈在大觀三年官至左藏庫副使，他以後的事蹟待考。【87】

　　石元孫在治平二年五月時共有孫女十二人，其中最長的嫁趙普的曾孫內殿承制趙思明。連同石宗永娶趙普的曾孫女，石氏與趙氏這兩大開

【85】《宋史》，卷二百九十〈夏守恩、夏守贇傳〉，頁 9714-9718。考夏守恩之弟夏守贇，當劉平、石元孫兵敗時，他一力為他們辯護，堅信他們沒有降敵。夏陽是夏守贇的親姪，與石元孫一家有這樣的因緣。

【86】參見〈附錄一・石元孫墓誌〉、〈附錄二・石宗永妻趙氏乳母徐氏墓誌〉。

【87】《宋會要輯稿》，〈帝系八之三十二、五十六〉；《宋史》，卷二百四十八〈公主傳・哲宗陳國公主〉，頁 8781；《皇宋十朝綱要》，卷十一，葉 2 上，不著撰人（編）、司義祖（校點），《宋大詔令集》（北京：中華書局，1962 年 10月），卷三十九〈瀛國公主進封陳國公主制・大觀四年三月四日〉，頁 236-237；〈陳國公主特改淑和帝姬制〉，頁 209。據《宋會要・帝系》另一條的記載，以及《皇宋十朝綱要》所載，陳國公主要在大觀四年二月才尚石端禮，三年七月大概是徽宗下詔的日期，成婚要到翌年二月。根據《宋大詔令集》的記載，瀛國公主在大觀四年三月四日進封陳國公主。到政和三年（1113）四月，改封淑和帝姬。她卒於政和七年（1117）正月，追封靖懿帝姬。到建炎元年（1127）八月，復封陳國長公主。

國元勳世家的第四代與第五代已至少聯姻兩次。【88】

【88】據李心傳（1166-1243）所撰的〈趙韓王六世小譜〉，趙思明的祖父是趙普次子趙承煦。趙承煦先後兩娶均為後蜀主孟昶（919-965）女。趙承煦生子趙從約，即趙思明之父。趙從約字元禮，官至東上閤門使、象州防禦使、贈建寧軍節度使。趙從約妻曹氏，是曹彬之女同安郡夫人。趙從約有子十四人，長子趙思齊，官至左藏庫使、榮州刺史，贈華州觀察使。石宗永妻父「觀察」很有可能就是指趙思齊。趙思明是趙從約的第三子，官至引進使。趙從約、趙思明父子的事蹟，略見載於《長編》及《蘇軾文集》。考慶曆七年（1047）九月庚辰（初九），趙從約以洛苑使、嘉州團練使上奏太宗所御製及書的其祖趙普碑。同月丙戌（十五），仁宗加趙從約為眉州防禦使。到慶曆八年（1048）閏正月（廿五），趙從約以崇政殿親從官顏秀四人在禁中生變，他坐失職被降為陵州團練使出為濮州（今山東荷澤市鄄城縣）都監。他以後的事蹟不詳。趙思明在治平二年五月時為大使臣的內殿承制，到元豐六年（1083）八月乙酉（十二）以供備庫使任遼主正旦副使，十多年間已陞為諸司使臣。到元祐元年（1086）三月以後出知永靜軍（今河北滄州市東光縣），當制的中書舍人蘇軾（1037-1101）（按：蘇軾在元祐元年三月辛未（十四）拜中書舍人，至九月丁卯（十二日）擢翰林學士。故他的外制文當寫於元祐元年三月至九月），在給趙思明任知永靜軍的制文中，提醒他「武吏之進，以守土扞城為高選；而戎壘之政，以平徭決獄為餘事。汝以財用，往分使符。知高選之未易得，而餘事之不可忽。」言下之意，似乎怕這位世家子弟不能任邊事。這道制文沒有提到趙思明當時的官位。不久，宋廷又將趙思明擢升為橫班副使的初階的西上閤門副使。這次又是蘇軾當制，制文就點出宋廷因眷念他是趙普的後代，所以得到陞官。制文云：「敕具官趙思明。國之宗臣，義同休戚。故文終之後，配漢並隆；而梁公之孫，與唐無極。國家佐命，元老獨高。韓王銘勳太常，侑食清廟。爰及近歲。歎其中微。乃眷裔孫，尚有遺烈。宜因近侍之請，進陞上閤之貳。勉蹈祖武，副朕懷人追遠之心。」趙思明後來的仕歷不詳。參見本文〈附錄一：石元孫墓誌〉、〈附錄二：石宗永妻趙氏乳母徐氏墓誌〉；李心傳（撰）、徐規（點校），《建炎以來朝野雜記》（北京：中華書局，2000 年 7 月），乙集卷十二〈雜事‧趙韓王六世小譜〉，頁 686-687；《長

　　石元孫另外三個孫女，都嫁與趙宋宗室：次長的永安縣君，嫁給輩份屬英宗姪的右武衛大將軍、簡州刺史趙仲論（？-1089）（按：趙仲論最後官崇信軍節度觀察留後，贈開府儀同三司英國公）。趙仲論屬英宗近支宗室，是英宗本生父、尊為皇伯濮王允讓（995-1059）之孫，英宗親兄右驍衛大將軍、洺州防禦使趙宗誼（？-1078）（按：趙宗誼最後爵封濮國公、追封廣陵郡王）的長子。可惜這位永安縣君早世。【89】

編》，卷一百六十一，慶曆七年九月庚辰至丙戌條，頁 3887；卷一百六十二，慶曆八年閏正月甲子條，頁 3909；卷三百三十八，元豐六年八月乙酉條，頁 8144；蘇軾（撰）、孔凡禮（點校），《蘇軾文集》（北京：中華書局，1986 年 3 月），卷三十九〈制敕〉〈趙思明知永靜軍〉，頁1104；〈趙思明西上閤門副使〉，頁 1121-1122；孔凡禮，《蘇軾年譜》（北京：中華書局，1998 年 2 月），中冊，卷二十五，頁 711 ，738 。

【89】趙宗誼和趙仲論父子的事蹟略載於《宋史・宗室傳》、《宋史・神宗紀一》、《宋會要輯稿》及一些宋人文集。考趙宗誼於英宗治平二年五月後自右驍衛大將軍、洺州防禦使晉為明州觀察使（按：當制的韓維要在治平年間較後的時間任知制誥，疑這道制文撰於治平三年）。到神宗熙寧十年（1077）十月癸巳（十六），因其兄濮國公宗樸（？-1077）卒，十七日他便除昭化軍節度使加同平章事襲封濮國公，但四個多月後，即元豐元年（1078）二月庚戌（初五），他便病逝，神宗輟朝三日。三月辛未（初二），神宗親臨其第為他發哀。二年（1079）二月贈太師、中書令、廣陵郡王，諡莊孝。到政和四年 （1114）正月二十四日，徽宗又追封宗誼為祁王。趙仲論的生平事蹟，群書亦多不見載。從他一個兒子右侍禁趙士燴（1070-1089）的墓誌銘，得知趙仲論在永安縣君石氏卒後，續娶了建安郡君杜氏，而生了兒子趙士燴。趙仲論卒於元祐四年（1098），最後爵封英國公，而其父趙宗誼最後獲追贈為廣陵郡王。考《宋會要・帝系》則記趙仲論在元符三年閏十二月，以崇信軍節度觀察留後，贈開府儀同三司英國公，所記趙仲論卒年及追贈官爵與范祖禹之碑記有出入。按追贈官爵不一定在受封人剛卒之年，趙仲論之卒年，現從范祖禹的說法。參見本文〈附錄一：石元孫墓誌〉；韓維（1017-1098），《南陽集》，文淵閣《四庫全書》本，卷十七〈皇兄右驍衛

　　石元孫另一個孫女延安郡君，則嫁給輩份屬英宗從弟、在治平二年官右驍衛大將軍峽州刺史宗絳。趙宗絳是真宗幼弟、著名的「八大王」周王元儼（985-1044）之孫。他的父親是元儼次子（按：《宋會要輯稿》作第四子，以長子及第三子早夭不名）、輩份屬英宗皇叔的襄陽郡王允良（？-1067）。宗絳是允良的長子，在熙寧中嗣封吳國公。石元孫的這個孫女延安縣君，嫁入這樣顯赫的宗室貴家，可惜也是早逝。【90】

大將軍洺州防禦使宗誼可明州觀察使〉，葉11上；《宋史》，卷十五〈神宗紀二〉，頁 294；卷二百四十五〈宗室傳二·濮王允讓附宗誼傳〉，頁 8708，8711；范祖禹（1041-1098），《范太史集》，文淵閣《四庫全書》本，卷四十九〈右侍禁墓誌銘〉，葉15上下；《宋會要輯稿》，〈帝系二之三十七〉〈帝系三之十五、十九〉、〈帝系四之三十一〉、〈帝系五之二四、二十五〉〈禮四十一之二、四十〉、〈禮五十八之八三〉、〈儀制三之四十〉。

【90】據《宋會要輯稿》，趙允良在天禧四年閏十二月初封右千牛衛將軍。乾興元年仁宗即位後，進右千牛衛大將軍領舒州刺史。天聖五年二月進泰州刺史。天聖七年（1029）九月進穎州團練使。明道二年（1033）十月進鄭州防禦使。景祐二年（1035）十一月進安州觀察使。寶元二年（1039）二月進鎮國軍節度觀察留後。慶曆四年七月十六日封華原郡王，八月進安德軍節度使。至和二年（1055）六月一日，授同知大宗正事，本來大宗正司只有知事兩員，允良以其父周王遺表自陳，於是仁宗特添置同知一員以授允良。但御史指允良起居日夜顛倒，不堪作大宗正。同月八日，仁宗特遷他奉寧軍節度使而罷他同知大宗正事。嘉祐元年（1056）九月十二日，仁宗祀天地於大慶殿，加允良同平章事，並以他攝右衛上將軍充三獻。嘉祐五年（1060）十二月改彰信軍節度使兼侍中。嘉祐七年（1062）九月七日，仁宗祀天地，大饗於明堂，允良以親貴之尊，獲委為三獻。嘉祐八年英宗繼位後，進兼中書令改封襄陽郡王。這亦是〈石元孫墓誌〉他所繫之銜。治平元年（1064）五月二十一日，英宗下詔，特許允弼和允良免常朝，只需五日一次朝請。治平二年（1065）十一月十六日，英宗舉行南郊大典，原再以允良為三獻，但他以疾辭。治平四年（1067）正月神宗繼位後，加守太保、寧江軍、平江軍兩節度使。同月十七日，神宗特旨他與東平郡王允弼許每

　　石元孫再次的孫女仁和縣君（？-1090 後），則嫁給英宗從姪，在治平二年官右羽林軍大將軍、施州刺史的趙仲防（？-1094）。趙仲防的祖父右神武將軍濮州防禦使追贈中書令趙允成（？-1025），是太宗長子、真宗同母兄楚王元佐（966-1027）之第三子。他的父親右羽林軍大將軍慶州防禦使趙宗嚴（1013-1065）則是趙允成的第四子（按：其墓誌銘稱他是允成第五子），而趙仲防就是趙宗嚴之長子。趙仲防卒於紹聖元年（1094）。【91】石元孫這位孫女仁和縣君，後晉封為齊安郡君，約

月朔望才朝謁。二人即上表墾辭這恩典，請依英宗朝之例，五日一朝。但神宗在二月十七日下詔不允所請。他在同年三月二十六日卒，因神宗正在守孝期間，不能親往祭奠，即命輔臣代往允良府第祭奠，並輟朝五日。閏三月贈太師尚書令兼中書令追封定王諡榮易。因他的長兄博平侯允熙早卒，他在慶曆四年以後就成為周王元儼一房最尊長的，他是仁宗至神宗朝的近支親貴。正如前文提到，他有一個怪脾氣，就是好晝寢，以日為夜，於是他一宮的人都晝睡夕作。他卒贈定王。有司以他「反易晦明」，就諡曰「榮易」。參見本文〈附錄一：石元孫墓誌〉；《宋會要輯稿》，〈帝系一之三十五、五十七、五十八〉、〈帝系三之五、十二〉、〈帝系四之七、十、十六〉、〈禮一之三十〉、〈禮二十四之三十三〉、〈禮二十五之五十四〉、〈禮四十一之二十二、二十四〉、〈禮四十七之五〉、〈禮五十八之八十三〉、〈儀制二之十五〉、《宋史》，卷二百四十五〈宗室傳三・周恭肅王元儼傳附允良傳〉，頁 8705-8706。

【91】據《宋會要輯稿》的記載，趙允成在至道三年（997）四月真宗即位後授右千牛衛將軍。大中祥符元年（1008）十二月遷右屯衛將軍，再三遷至右驍衛將軍。大中祥符七年（1014）十二月領綿州刺史。天禧二年（1018）八月進汝州團練使。乾興元年仁宗即位後，進濮州防禦使。天聖三年（1025）五月二十二日卒，贈安化軍節度使、郇國公，仁宗輟朝三日。明道二年（1033）十一月，再加贈鎮江軍節度使兼侍中。嘉祐八年四月，英宗即位贈兼中書令。到治平元年閏五月再贈太尉。他的輩份屬英宗的從伯父，故〈石元孫墓誌〉稱他為「皇伯故中令」。趙宗嚴及其母霍國夫人康氏（999-1065）均有墓誌銘傳世，他字子莊，母為霍國夫人康氏。他初授右侍禁，歷東頭供奉官、內殿承制，慶曆元年（1041）

在元祐三年（1088）至五年（1090）間曾應召入宮謁見宣仁高太后（1032-1093），她和陪同進見的媳婦吳氏（1069-1090）均獲賜霞帔。她至少育有兩男，分別是左班殿直士專（？-1090後）和右監門率府率士覿（1068-1087）。她以後的事蹟暫不考。【92】石元孫其餘的孫女，在治平二時以

換右屯衛將軍。但二年（1042），他連喪二女，先是八月喪第七女，閏九月折第五女。遷右武衛將軍領簡州刺史，又領鳳州團練使。英宗即位以為右羽林大將軍慶州防禦使，封華陰侯。治平二年六月，霍國夫人卒，他亦得病不起，同年十二月戊申（廿三）卒，得年五十三。。故寫於治平二年的〈石元孫墓誌〉稱他為「皇兄故右羽林大將軍慶州防禦使」。英宗追封他他武寧軍節度觀察留後彭城郡公。治平四年八月癸酉（廿七）葬河南永安縣三陵旁。他有子十六人，長仲虞及仲新均早夭，故行三的趙仲防成為長子。按趙仲防在治平二年五月時官右羽林大將軍施州刺史，到四年八月祖母霍國夫人下葬時改單州刺史。元祐五年（1090）九月，其子左班殿直士專之妻吳氏卒時，他官原州防禦使。紹聖元年（1094）五月，他獲追贈武康軍節度使洋國公。疑他卒於是年。參見本文〈附錄一：石元孫墓誌〉；《宋史》，卷二百二十七〈表十八·宗室世系十三〉，頁6958；卷二百四十五〈宗室傳二·漢王元佐附允成傳〉，頁8693-8697；《宋會要輯稿》，〈帝系一之三十三〉、〈帝系三之四、二十二、二十三、二十五〉、〈帝系四之一、三〉、〈禮四十一之二十八、二十九〉、〈儀制十二之十七〉；王珪（1019-1085），《華陽集》，文淵閣《四庫全書》本，卷五十五〈宗室金紫光祿大夫檢校右散騎常侍右羽林大將軍使持節慶州諸軍事慶州刺史充本州防禦使大夫上柱國天水郡開國公食邑三千戶實封六百戶贈武寧軍節度觀察留後追封彭城郡公墓誌銘〉，葉11上12下；鄭獬，《郧溪集》卷二十二〈霍國夫人康氏墓誌銘〉，葉1上至4下；范祖禹，《范太史集》，卷四十八〈左班殿直妻吳氏墓誌銘〉，葉7下至8上；張方平，《張方平集》，卷三十八〈宗室右屯衛將軍宗嚴第七女石記文〉、〈宗室右屯衛將軍宗嚴第五女石記文〉，頁672-673。

【92】范祖禹，《范太史集》，卷四十八〈左班殿直妻吳氏墓誌銘〉，葉7下至8上；卷五十〈贈左領軍衛將軍主墓誌銘〉，葉9上下。考士覿卒於元祐二年七月，年二十二。而士專之妻吳氏卒於元祐五年九月，年二十二。按吳氏年二十入門，年二十二卒。則她就當在元祐三年至五年陪同石氏入宮。

尚幼未出嫁。【93】

　　石元孫的曾孫、石氏將門第六代的子孫，最值得一提的當然是繼石保吉之後，在一百三十九年後石氏將門子弟居然再獲垂青，再得攀龍附鳳成為主婿的石端禮。石端禮沒有被收入《宋史・外戚傳》，他的事蹟群書也記載不多。他在政和初年以德州團練使提舉醴泉觀擢為復州防禦使。他的制文稱許他「不事綺紈，深尚儒素。早緣推擇，祗奉禁嚴。備殫夙夜之勤，寖歷歲月之久。」似乎他沒有貴家子弟的驕氣，而頗有儒士之風，也許與他們石氏早已衰落有關。【94】徽宗對他這個堂姊夫恩禮不薄，每逢天寧節都特賜香酒果品。政和七年二月，陳國公主病逝，徽宗仍舊待之以親貴之禮。【95】他最幸運的是能逃過靖康之難一劫。在建炎元年八月十九日，高宗（1107-1187，1127-1162在位）應石端禮之請，將陳國公主從靖懿帝姬改封為陳國長公主。【96】他南渡後居於蘇州

【93】本文〈附錄一：石元孫墓誌〉。

【94】劉安上（1069-1128），《給事集》，文淵閣《四庫全書》本，卷二〈德州團練使提舉醴泉觀駙馬都尉石端禮為復州防禦使〉，葉2上下；卷五〈附錄・劉安上行狀〉，葉15上下；陸心源（輯），《宋史翼》（北京：中華書局，1991年12月），卷七〈劉安上傳〉，葉7上。據新任通判舒州、承議郎薛嘉言在建炎二年（1128）十一月為劉安上寫的行狀所記，劉安上在政和元年冬服闋以中書舍人召還，到政和三年除給事中。故這篇制文當是寫於政和元年底至三年間。

【95】《皇宋十朝綱要》，卷十一〈陳國公主〉，葉2上；慕容彥逢（1067-1117），《摛文堂集》，文淵閣《四庫全書》本，卷九〈賜駙馬都尉石端禮等罷散天寧節道場香酒果口宣〉，葉11上。考慕容彥逢在政和元年還朝任翰林學士，至七年卒。而這道賜石端禮的制文編在賜都指揮使高俅（？-1126）天寧節香果制文之後，顯然兩道制文都寫在同一時間。天寧節是徽宗誕辰，在每年十月。據筆者考證高俅仕歷一文所得，這兩道制文當寫於政和六年十月。參見何冠環，〈水滸傳第一反派高俅（？-1126）事蹟新考〉，載《北宋武將研究》，頁531，注59。

【96】《宋會要輯稿》，〈帝系八之三十二〉；李心傳，《建炎以來繫年要錄》，文淵閣《四庫全書》本，卷六，建炎元年六月甲子條，葉17上。

（今江蘇蘇州市），與當時不少士大夫都有往來，好像名士、號鴻慶居士、官至吏、戶部尚書的孫覿（1081-1169）便與他多有往來。【97】石端禮卒於紹興十三年（1143）八月乙酉（初一），他最後的官位是武寧軍承宣使提舉醴泉觀公事駙馬都尉。【98】他的家人將他和陳國公主葬於蘇州吳縣董山法華寺堂上。【99】

石端禮至少有一親弟，在紹興十年（1140）二月，曾任單州（今山東荷澤市單縣東南）監酒使臣。【100】他另有一堂妹，許配與他賞識的知通州右朝請大夫董時敏（1089-1157）為繼室。據董時敏的墓誌所記，當董氏尚在太學上舍時，石端禮知其名，就以堂妹嫁之。董氏於是「用戚里恩，及貢登進士第，銓衡為選首，授迪功郎」。董時敏後來以軍功改宣義郎。當金兵進攻湖州烏程縣（今浙江湖州市）時，他竭力防守，得

【97】在孫覿的文集裡，收有他與石端禮的三封小帖。第一封說「吳門報聞，即日就道」。可知石端禮居於吳門（即蘇州）。孫覿曾知平江府（即蘇州），第二封帖說「專介惠誨‧審問隱居無恙。殊慰望思，守藩無由往拜門下，臨書悵望。」可知石端禮當是隱居蘇州，而當時孫覿正為蘇州知府。又這三封小帖沒有收在《四庫全書》本的《鴻慶居士集》。參見《全宋文》，第一百五十九冊，卷三四四五〈孫覿二八〉〈與石都尉帖一〉、〈與石都尉帖二〉、〈與石都尉帖三〉，頁 304-305。

【98】《建炎以來繫年要錄》，卷一百四十九，紹興十三年八月乙酉條，葉 22 上。

【99】周必大（1126-1204），《文忠集》，文淵閣《四庫全書》本，卷一百六十七〈泛舟游山錄一〉，乾道元年五月己卯條，葉 23 上。據明人王鏊（1450-1524）所記，常熟縣（今江蘇蘇州市常熟市）東七十二里有靖懿帝姬（即陳國公主諡號）殯，旁有褒親崇惠寺，有政和七年賜額，王氏認為當時以之權厝陳國公主，後來改葬。參見王鏊，《姑蘇志》，文淵閣《四庫全書》本，卷三十四〈塚墓〉，葉 18 下至 19 上。

【100】徐夢莘（1126-1207），《三朝北盟會編》（上海：上海古籍出版社，1987 年 10 月），卷一百九十九〈炎興下帙九十九〉，葉 10 下至 11 上（頁 1437-1438）。

以保全湖州。他後來屢經州郡，歷忠州（今重慶市忠縣）及通州（今江蘇南通市）守，與叛兵多有戰鬥而受傷。他屬於有軍功能戰鬥的士大夫。難怪石端禮賞識他。他的墓誌特別提到他的繼室、駙馬都尉石端禮之堂妹「再娶石氏，西秦王之七世孫」。這就旁證了石端禮的確是石守信的苗裔。【101】

　　石元孫一房的後人的事蹟可考的已如上述。至於他的弟弟石懿孫及其後人的事蹟暫亦不詳。據《宋史・石保興傳》所載，石保興本來「世豪貴，累財鉅萬」，但給他的幼弟石保從之子所敗。【102】這大概也是令石元孫一族後來家道中落的一個原因。當然，石元孫兵敗被俘，卻又不能死節，被釋回後遭宋廷投閒置散，才是石氏一門由盛轉衰的轉捩點。至於石氏一門後來因石端禮獲選尚主而展餘暉，也許是徽宗顧念石氏一門乃勳臣之後，而石元孫也沒有太太的過惡吧。

　　至於石保吉一房的後人，和石元孫一房也相近。雖然沒有出過好像石端禮的貴戚，但後人仍不乏與名公巨卿及宗室聯姻。石保吉共有十個兒子，最長的石貽孫和石孝孫的事功遠不及石元孫。石貽孫官至內園使資州刺史，石孝孫官至西京左藏庫使。【103】他們的後代目前事蹟可考的

【101】《全宋文》，第二百十二冊，卷四七零二〈宋故朝請大夫通州大守董公墓誌・畢豫（撰）〉，頁112-113。

【102】《宋史》，卷二百五十〈石守信附石保興傳〉，頁8812。

【103】考石孝孫在天聖七年（1029）十月以冬至仁宗御殿，他以西京左藏庫使，與另一外戚子弟左千牛衛將軍符承煦（975-1033）等七人，分攝左右金吾衛。參見《宋史》，卷二百五十〈石守信附石保吉傳〉，頁8814；《宋會要輯稿》，〈禮五十六之七〉、〈禮五十七之一〉、〈禮五十七之三〉；中國文物研究所、河南省文物研究所（合編），《新中國出土墓誌》（河南・一）下冊〈三七七・宋故左藏庫使眉州防禦使王公夫人萬年縣君贈蓬萊縣太君石氏墓誌銘并序〉（程伯孫撰），頁332-333。據石保吉孫女萬年縣君石氏墓誌銘所載，其父石貽孫官至內園使資州刺史，而非《宋史・石保吉傳》所說的崇儀使帶御器械。

有二則，一是石貽孫的一個女兒、嫁予王咸融（？-1071）為妻的萬年縣君石氏（1019-1071）。王咸融是太宗、真宗朝庸將王超（951-1012）之孫，仁宗朝樞密使王德用（980-1058）子。官至左藏庫使眉州防禦使。石氏的墓誌銘自然大大誇耀她的婦德，稱許她「生貴戚，其歸又大族，驕侈華美，勢固宜為」。她卻「能自抑損，志於靜閒。當她嫁王咸融後，「益能修飭以盡婦道，閨門之譽，內外藹然」。另說她事翁姑至孝，與王咸融也伉儷情深。夫婦二人均於熙寧四年四月先後病逝，她得年五十三，有男二人，女六人。【104】倘石氏墓誌銘所述沒有誇大太多，石貽孫這位女兒倒能維持石氏的名門風範。另一個則是石保吉的曾孫女、嫁與宗室右監門衛大將軍士鄲的崇安縣君石氏（1056-1088）。據她的墓誌銘所載，她的父親是左藏庫副使石繼勳，祖父是石保吉神道碑沒有著錄的另一個兒子、光州團練使石先普。墓誌銘毫無例外地稱美她「幼奇警，能讀班大家《女戒》。及笄，聰明和靜，歸右監門衛大將軍士鄲，事皇姑彭城郡君盡婦道。執姑喪毀瘠。性不妒忌，能和其族人。」她卒於元祐三年（1088）七月，年三十三。范祖禹在她的墓銘特別點出石氏將門與趙宋宗室聯姻的情況，稱「石氏近世，昏姻天屬，以及其孫，來嫁公族。朱輪煌煌，彤管煒煒。」【105】

【104】〈宋故左藏庫使眉州防禦使王公夫人萬年縣君贈蓬萊縣太君石氏墓誌銘并序〉，頁333；《宋史》，卷二百七十八〈王超傳附王德用傳〉，頁9469。據《宋史・王德用傳》所載，王德用諸子中，他最鍾愛王咸融，晚年更頗縱容他，教他所為多不法。後來王咸融才折節自飭，不知是否受夫人石氏的影響。

【105】考石保吉有子十人，最長的是石貽孫和石孝孫，其他的八子卻沒有著錄在他的神道碑上。石先普大概是石保吉的幼子，但他之名字，與石貽孫、石孝孫甚至石元孫、懿孫的都不同，未知何故。石繼勳的名字倒與石元孫之幾個孫兒繼字輩的相近。石先普及石繼勳的事蹟均不可考。考石氏之夫婿士鄲，是右羽林大將軍、沂州防禦使仲佋和彭城郡君劉氏的第三子。仲佋是太宗子商王元份（968-1004）之曾孫，元份長子信安郡王允寧（？-1034）之孫，允寧次子會稽侯宗敏

七、餘論

為石元孫撰寫墓誌的李端卿，給石元孫寫上以下的銘文：

> 举举偉才，時推賢曹，有耀勳門，名服群醜。忠義許國，一節同守。器業未宣兮，良人遽瓆。令問無玷兮，有初有終。從先兆兮永久，貽嘉謀兮匪窮。【106】

我們都能理解，替人寫墓誌銘，只能隱惡揚善。客觀而言，石元孫也算得上一員能辦邊事的「賢曹」。在三川口之戰發生前，他也勉強稱得上

之子。他與夫人彭城郡君劉氏均有墓誌銘傳世。仲伋字希魯，康定元年初授右監門衛率府副率，累遷右武衛大將軍黎州刺史。神宗即位後遷右羽林軍大將軍漢州團練使。他曾要求補外職，但不獲准。熙寧八年（1075）二月十三日授沂州防禦使，熙寧十年（1077）九月卒。按元份的第三子正是英宗本生父濮王允讓，故仲伋及士郢父子算是近支親貴。士郢在元豐三年母下葬時官太子右監門率府率，到元祐三年其妻石氏卒時已遷至右監門衛大將軍。據崇安縣君石氏的墓誌所說，她事皇姑彭城郡君盡孝，彭城郡君就是指石元孫三婿劉永正之女劉氏。彭城縣君劉氏卒於元豐二年，墓誌說石氏執姑喪毀瘠，即是指此事。附帶一提，劉氏墓誌的中書玉冊官又同是石元孫墓誌的王克明。參見范祖禹，《范太史集》，卷四十八〈右監門衛大將軍妻崇安縣君石氏墓誌銘〉，葉7上下；《宋會要輯稿》，〈帝系四之二十八〉、〈禮四十一之三十七〉；《全宋文》，卷一九九〈石保吉神道碑銘〉，頁73-74；《宋史》，卷二百四十五〈宗室傳三‧商恭靖王元份傳〉，頁8699-8700；章惇，〈宋宗室贈定武軍節度觀察留後博陵郡公仲伋夫人彭城縣君劉氏墓誌銘〉，收入《宋代碑拓精華》資料庫519號（原拓文收藏於中國國家圖書館「章專1939」；蔡確（1037-1093），〈宋宗室故金紫光祿大夫檢校右散騎常侍右羽林軍大將軍使持節沂州諸軍事沂州刺史充本州防禦使兼御史大夫上柱國天水郡開國公食邑三千七百戶食實封陸伯戶贈定武軍節度觀察留後博陵郡公墓誌銘〉，收入《宋代碑拓精華》資料庫508號（原拓文收藏於中國國家圖書館「章專1249」）。

【106】本文〈附錄一：石元孫墓誌〉。

「有耀勳門，名服群醜」的出眾的外戚世家子弟。至於他是否「忠義許國，一節同守」？不少士大夫是持異議的，為的是他不能死節。他獲釋後近二十年都被投閒置散，對他來說，倒是「器業未宣兮，良人邅瓓」的抱憾。韓琦的親信強至（1022-1076）在石元孫卒後，曾寫過一首詩悼念他，詩題作「石太保挽詞」，詩中顯然表達了石元孫欲再效命沙場而不可得的遺憾：

> 許國三朝老，傳家萬石君。乞骸章未報，沒齒訃先聞。挽鐸搖秋
> 露，銘旌卷暮雲。龍岡逢吉壤，馬鬣寄高墳。【107】

　　從早期為石元孫說公道話的王平和范仲淹，一力維護他的賈昌朝，到後來為他寫表的宋祁，寫墓誌銘的的李端卿和寫挽詩的強至，宋廷的文臣對石元孫的整體觀感及評價其實並不太壞，石元孫的謙恭性格與及他較高的文化修養，也許讓他贏得不少朝臣的好感。考仁宗一朝，從章獻劉太后到仁宗本人，都喜歡起用外戚擔任要職。宋廷不少梗直的文臣對這種任人惟親的做法大加反對，不惜開罪帝后，抗爭不斷。仁宗礙於清議，許多時也就妥協，罷免他寵用的外戚。石元孫本來屬於外戚子弟，他受到仁宗的重用，官拜三衙管軍，執掌禁旅。但我們檢視史實，在三川口之役前，文臣從沒有對石元孫的陞遷有何異議，還覺得他是守邊良將，對付元昊的必然選擇。

　　作為開封浚儀石氏外戚將門的第三代長子嫡孫和傳人，在三川口之役前，他的表現是教人滿意的。他雖然沒有耀目的戰功，卻是稱職的邊臣，頗有乃父石保興的遺風。他若非調往元昊入侵的鄜延一線，可能就會和當時守秦鳳路的另一外戚將門第三代傳人李昭亮一樣，後來「無災無難到公卿」，陞殿帥拜節度，最後像他叔父一樣官拜使相，功名令終。

　　歷史當然沒有假如這回事，石元孫的本領，就是經不了考驗。他射

【107】強至，《祠部集》，文淵閣《四庫全書》本，卷六〈石太保挽詞〉，葉19下。

藝大概不錯，也頗懂得練兵，也知道怎樣管理邊郡。然即使他是一員稱職或良好的軍事行政管理人才，卻不一定是一員能征慣戰，可以打硬仗的優秀戰場指揮官。事實證明，一生沒有參預任何大戰的石元孫，第一仗出師遇上軍事天才的元昊，就優勝劣敗。他被俘而不死，獲釋後仁宗礙於眾議，雖然寬宥不殺，但終生不獲起用。他背負著敗將之名的恥辱而死，不幸的是，他的後代均是庸碌之輩，沒有人再立新功為祖先雪恥，並重振石氏將門的家聲。事實上石氏將門在石元孫兵敗時，已步向衰落。石氏雖然憑著開國功臣兼外戚世家的招牌，仍然成為宗室世家名卿婚配的對像，但這個曾在宋初顯赫一時的將門，到了石元孫這一代已沒落，對宋廷的政治軍事不再產生任何的影響力。雖然他的曾孫石端禮因緣際會，在徽宗朝被選尚哲宗女陳國公主，而又能逃過靖康之難，在南渡後仍擁有貴戚身份；不過，他絲毫不見有任何影響力。說得不好，石端禮的撐起石氏外戚之門，只是迴光返照。他故世後，石氏將門再次湮沒無聞。

　　在本文的前言，筆者提到上黨李氏外戚將門的情況，值得與開封浚儀石氏外戚將門作一比較：李氏的第一代起家者李處耘（920-966），和石氏的起家者石守信都是太祖最得力的從龍之臣。故早在太祖時，李處耘之女明德皇后（960-1004）及石守信之子石保吉，均分別成為太宗夫人及太祖的乘龍快婿，而李、石兩家在太祖開國之初，已成為宋室的國戚。李氏的第二代傳人李繼隆和李繼和（963-1008）兄弟，在太宗和真宗兩朝多建功勳，是外戚中的龍鳳；反之石氏第二代傳人石保興及石保吉兄弟，比較李氏兄弟的戰功，就相對尋常。景德之役，李繼隆與石保吉分別統率真宗駕前禁軍，抵禦來犯遼軍。但二人賢與不肖，有目共睹。李氏第三代傳人李昭亮及石元孫，年紀相若，而都靠祖蔭平步青雲。在三川口之役前，二人的官位和為官的政績其實相差無幾。也許李昭亮真是洪福齊天，元昊擊破宋軍的三役，李昭亮居然都避過；相反石元孫卻在首戰即敗北遇厄。於是二人後來的命運就有如天壤之別：李昭

57

景印香港新亞研究所《新亞學報》（第一至三十卷）

亮擢拜殿帥，官至使相，功名令終，連他的兒孫也蒙恩蔭遷官；石元孫卻蒙羞歸宋，罷廢終身，他的兒孫也被奪回先前授予的恩恤。惟一相同的是，李氏、石氏兩門，第四代以後均再沒有出過甚麼出類拔萃的人才，雖然仍是宗室名卿巨公婚配的名門世家，但在政治軍事上已沒有甚麼影響力了。

　　北宋開國的功臣世家名門，其實絕大部份都好像李、石二家，到了第三代以後，都慢慢走上沒落的境地。石氏一門因石端禮再次成為主婿，而留下一照風光，已算是幸運的了。

　　　　　　　　　　　　　　二零一一年十月十二日香港理工大學

附錄一：石元孫墓誌

宋故前忠果雄勇功臣殿前都虞候邕州管內觀察使金紫光祿大夫檢校左散騎常侍使持節邕州諸軍事邕州刺史兼御史大夫上輕車都尉太原郡開國公食邑二千六百戶食實封肆伯戶石公墓誌銘并序

　　　宣德郎守尚書比部員外郎判吏部南曹騎都尉賜緋魚袋李端卿撰
　　　朝奉郎守比部郎中通判汝州軍州兼管內堤堰橋道勸農事上輕車都
　　　尉賜紫金魚袋薛仲孺書
　　　朝奉郎尚書屯田員外郎知國子監書學權同判吏部南曹上騎都尉賜
　　　緋魚袋楊南仲篆蓋

公諱元孫，字善長，世為大梁人。始名有慶，避章獻大父諱，因改是焉。曾祖銳，贈太師中書令齊國公。祖守信，封秦王。考保興，贈尚書令。藝祖建極，秦王居佐輔功第一，遂世以簪組顯映於時。曾祖妣董氏，魏國太夫人。祖妣魏氏，秦國太夫人。妣楊氏，南陽郡太夫人。南宮氏，廣陵郡太君，即公之育母也。公少明敏，有立志。季父相國楊國

公保吉，藝祖朝尚齊國賢靖大長公主。賢靖檢視諸姪，常器公而愛養甚優。

先令公任棣州防禦使薨，賢靖因抗章敘世勳，以公賢聞。上特授公東頭供奉官。公居喪，孝自夙成。毀慟過禮。服終，勾當內物料庫。繼歷西染院、禮賓、右騏驥院、南/北作坊、東/西八作、御前忠佐軍頭引見司官。以覃慶改內殿崇班，遷承制、閤門祗候、崇儀、如京副使。

仁宗臨御，以公繼世勳舊，詔充在京舊城裡同巡檢。未幾，遷文思副使勾當法酒庫。失察吏盜，連茹降削。天聖中，上郊赦，復如京副使，差充澶州在城巡檢兼管句駐泊軍馬。馭士嚴謹，訓練無怠。太守楊公嶠雅知公，才薦堪將，願迺就移。公知莫州，先是河朔水害，莫最為甚，桑土蕩壞，民悉飢殍。公護河加意，修濟廣救，眾賴蒙生，感德思報。會久雨，莫城四壞。公念凶歲，憂邊壘之防，而苦興役。不得已調民，其民樂趨，相謂曰：公愛人甚，而為公家之事。吾等何憚耶？築鍾既濟，不日而完。按察使嘉之，聞于朝，就賜獎諭。時邊郡多事，設謀來上。天子特詔公赴闕，面諭其狀，迺伸利害益聞，上意□□。充賀北朝正旦副使。虜廷方錫宴，以射命公。公揖讓從容，矢無虛發。左右竊相目歎服。歸遷禮賓使。

朝廷以公詳練邊事，遂再任知莫州。民悅其來，曠時無犯。一日，封陲民輒相驚，揚言虜寇將入境，攜挈老稚，爭趨城以求避。公怡然無畏色，知其必妄。既而任丘宰亦令挈家入郡。公迺使人謂曰：君，民帥也。既不能安民，而又挈屬先之，何以儀民？宜促屬以歸，無重民駭。及宰屬歸，民遂安堵。後監司聞之，且將發責其宰。公周旋委曲，力為言之，宰遂獲免。自是移知保州，加領廉州刺史，充保州、廣信、安肅軍沿邊都巡檢。朝廷審飭邊備，俾度郡西墾屯田塘水事，公周爰究，度

知頗為便。閒謂僚屬曰：民樂久安，難以慮始。役興必有訟者，俄而土民班化等果詣朝，聲鼓告公鑿田不當。朝廷遣使按視，言甚為利。上特賜璽書獎諭，副以白金五百兩以旌美之。公表謝，仍遣訴者之責，邊吏尤服公器宏慮遠，不以小沮而廢大功也。

上籍田慶成，恩加西京作坊使，復加西上閤門使，依舊廉州刺史，充并、代州管內馬步軍鈐轄專管勾麟府路駐泊軍馬。公嘗以邊鄙久安，兵不知戰，一旦征行，將何應敵？迺勵加簡習，由是河外邊兵，號為精兵。朝廷以公望實著，每□以功□□聞，特除龍神衛四廂都指揮使、榮州防禦使。上將郊祀，以公簡在滋久，宜備宿衛，特召赴闕，權在京舊城內都巡檢使。明年命公知澶州兼修河總管。未即往中罷，改授真定府定州等路駐泊馬步軍副都總管。再遷捧日天武四廂都指揮使，復移知澶州兼駐泊兵馬總管。景祐四年，遷侍衛親軍步軍都虞候。俄轉馬軍都虞候，移高陽關路駐泊馬步軍副都總管。公凡履歷文安、麟、府、澶淵、高陽，皆先德□治，仁啟德化之愛，浹民深厚，人皆相慶。公履事仍循舊規，民亦稱治。

寶元中，昊賊背盟，西陲用兵，擇公為鄜延路駐泊馬步軍副都總管兼沿邊巡檢安撫使。道出都下，召見偏殿，以諭西事。公憤激論敘，方略明甚。天子嘉之，改邕州充觀察使，軍政如故，恩遣甚厚。及抵延安，公點閱按視而謂大帥范雍曰：天下久無事，守戍士卒教之不素。今西賊侵警，此何異駈市人而戰乎，宜速圖之，以益精銳。未報，昊賊親領番兵數十萬騎，自金明奔衝延州。公亟與步軍副都指揮使劉平、鄜延路兵馬都監黃德和聚兵共數千人接賊，力戰於延城北五龍川累日。矢鏃殆盡，復德和引兵先遁。他將總兵駐延之東路承平寨，知賊眾已入漢界，故逗遛不來救援，以此公陷重圍，為賊黨固執，益加挫厲，而公堅守漢節，無少變矣。嗚呼！戎之所以靜者，以有將也。將之所以勝者，以有兵

也。使夫雖武，儒武之將而與之並進，而御烏合不素教之兵，以禦畜銳獧獮十倍不敵之悍虜，而求幸必勝，雖古之孫、吳、衛、霍，愚未見其可也。及觀西賊，因困公而節守，無屈其為忠也，亦已至矣。居數年，豈昊賊納款而歸公于朝。

慶曆中，初公之歸，議者猶謂公當時輕敵。公聞之曰：是時賊兵已至延州，城壁危逼，予非不知眾寡難敵。同速戰庶幾可制賊勢，全護一州。何見誣之重歟？公歸至保安軍界，延之蕃漢父老千百計，越數十里攜酒餉迎公。執□謂公曰：始賊來，延城之生聚，向藉公戰不為賊虜。苟當日以我兵少畏敵玩寇，何延城之有乎？荷公之賜實大，今公還且喜且謝。時丞相梁公適領延帥，得公狀甚詳，具所敷奏。上從而詔書，舊知公本末，蓋深憫憐。公既歸國，向引兵先遁者被刑者黨與方熾。總兵逗遛不救者已著顯位，由是內外忌公還朝，而言者未悉之，論疏交上，乞正典刑，是不以眾宜之，較李陵終恨於溯漠耶！天子固以法不得已，竄黜西全，後恩籍襄、許。上嘗念之，俾還都下，居六載，感疾薨於正寢，乃嘉祐八年八月十七日也，享年七十二。天子聞之嗟悼，特遣中使賜束帛賻贈，以恤諸孤。

公賦性惇愿，倜儻大度，與人言未始不及誠，疏財樂施，以義自高。而又精騎射，善琴阮，游心禪理，通曉氣術。居常所處，尤好學書，晚年筆法愈高，如□水墨山石，草聖之妙，往往世有傳者，每開閱書史，有寓則必賦詠，令兒孫輩賡酬唱。公故家集有松齋之編，即公所著詩也。

公積階金紫光祿大夫，勳上輕車都尉，爵開國公，食邑二千六百戶，食實封肆伯戶。公娶清河崔氏夫人，再娶河南陸氏夫人，皆先公終。男一十一人：長宗道，左侍禁；次宗易，右班殿直；次黑頭，次宗奭，三班借職；次黑哥，並早世。次宗尹，見任內殿崇班、閣門祗候；次宗亮，

見任西頭供奉官；次宗廣，見任右侍禁；次得壽，幼亡；次宗度，右班殿直，亦亡。次宗永，見任左侍禁。諸令嗣皆善士好學。女四人：長適故左侍禁曹謂，今長樂之姪，故耀州觀察使儀之次子也。次適故內殿承制張正一，故侍中耆之第十三子也。次適故左侍禁劉永正，故帶御器械贊明之第十子也。次適文思使夏陽，故武寧軍節度使守恩之第四子也。孫男一十五人：長繼勛，見任左侍禁。次暧、次暲、次繩祖、次曦，早世。次繼英、次昕、次暉、次暐、次日東、次晦、次繼顏、次煦、次晒、次曄。孫女一十二人：長適內殿承制趙思明，故相國韓王普之曾孫，故閤門使從約之第三子也。次永安縣君，適皇姪右武衛大將軍簡州刺史仲論，乃皇伯故濮王之孫，即皇兄右驍衛大將軍洺州防禦使宗誼之長子也。次延安郡君，適皇弟右驍衛大將軍峽州刺史宗絳，即皇叔襄陽郡王允良之長子也，並早世。次仁和縣君，適皇姪右羽林軍大將軍施州刺史仲防，乃皇伯故中令允成之孫，即皇兄故右羽林軍大將軍慶州防禦使宗嚴之長子也。餘未出適。

始公之薨，權厝於都城東法濟之佛舍，以治平二年夏五月一日卜葬於河南府洛陽縣平樂鄉宣武村之梓澤原，以夫人崔氏祔焉，從先王兆也。公幼從仕，席寵先烈，為當世顯族，揚歷中外，承天子眷遇，不次遭際；然所蘊甚遠而未及大用，以罹否難繼天。端卿游公門，下有累世之舊，故懿行善譽，聞之詳矣。諸孫見託，義不當讓，謹系而銘曰：

犖犖偉才，時推賢曹，有耀勳門，名服群醜。忠義許國，一節同守。器業未宣兮，良人遽壞。令問無玷兮，有初有終。從先兆兮永久，貽嘉謀兮匪窮。

中書省玉冊官王克明鐫

附錄二：宋石宗永妻趙氏乳母徐氏墓誌

乳母徐氏，景祐四年丁丑歲，入趙韓王宅，乳觀察第七女。迨至和甲午歲，女適石秦王宅太原公第九男宗永。久隨之官六任，享年八十二。元豐八年乙丑歲四月二十四日，以壽終。元祐七年壬申歲九月十九日己亥，葬於洛陽宣武村梓澤原秦武烈王故塋之西南。謹誌所乳女，韓王重孫、瑞安縣君趙氏。女夫秦王重孫，文思副使石宗永。孫男況、演、潘、澈，四人並皆祿仕。孫女二人，已聘仕流。重孫男女十人尚幼。

　　　　　　崇德院主、賜紫 惠遇書丹

明隆慶年間李材所述廣東西部地方亂狀

朱鴻林

香港理工大學中國文化學系

景印本・第三十卷

提　要

　　明代廣東西部地方，尤其現代的羅定地區，多數尚在開發之中，居民種類不一，有土著編戶齊民和化外猺人，有流浪而至的漢人，有越境來的獞人，有上岸劫掠的海盜，治安惡劣，寇亂頻繁，延及珠江三角洲西邊一帶。政府相應用兵征剿，自明初開始，至萬曆五年（1577）設立羅定州及其屬縣東安、西寧之後，情況才告安定。本文從與此結局最有關係之廣東按察司僉事李材（1529-1606）的涉事記載，深入敘述和分析明代此地亂事的情況和原因，指出猺人和無籍漢人的生活問題是動亂不斷的重要原因，而亂事延續則與地方土豪勾結越境盜賊，政府軍政協調不靈，屯田兵加入盜賊隊伍，官兵冒功妄殺良猺而至逼良為賊等事最有關係。羅旁地區最終雖然整體治安受控，但區內猺人也大量減少。

關鍵詞：李材（1529-1606）　羅定州　廣東猺人　明代猺亂　浪賊

明隆慶年間李材所述廣東西部地方亂狀[*]

一　前言

　　廣東西部地方，明代的肇慶府（包括萬曆五年〔1577〕設立的羅定州）和高州府屬地，以及廣州府西部的一些縣份，基本上是邊疆地區，有的部份還未開發，地方治安惡劣，盜賊眾多，經常發生劫殺案件，還有佔據土地耕種而抗拒繳納賦役的情況，政府也時常用兵征剿，成為一個民不安居、管治困難的亂區。

　　此地被政府征剿的盜賊，來自山海兩方，種類繁多。海上來的，有沿海的海盜，也有不經常到的倭寇。陸上來的，有從廣西東部越境而來的，有從西江及其南北（尤其南部）支流出來的，有從本區山地來的，有外來人，也有本地土人。他們分別被稱為猺、浪、山、海之賊。

　　這個地區的亂事，從明初開始便常見於記載，直到萬曆四年（1576）大征德慶州所屬的羅旁地區之後，建立羅定州和東安、西寧兩縣，才見轉向安定。[1] 這次大征的軍政領導是兩廣總督淩雲翼，但大征之議，是前此這個地區的治安長官李材（1529-1606）提出的，大征的方略，包括作戰計劃和善後措施的安排，也是李材擬議的。[2] 所以，雖然大征

*本文是香港特區政府研究資助局編號 442607 項研究計劃—— The Yao Wars and State Control over Guangdong and Guangxi in Ming China （明代瑤族戰爭及政府對兩廣地方控制）—— 的部份成果。

[1] 明初至萬曆八年（1580）廣東與治安有關的大事記載，可看應檟編輯、劉堯誨重修，《蒼梧總督軍門志》（臺北：臺北學生書局，1970；影印萬曆九年〔1581〕廣東布政司刊本），卷十七至二十一，《討罪》一至五。

[2] 有關萬曆四年羅旁用兵的一些嘉靖年間的背景以及李材對羅旁之役的貢獻，見劉勇，《李材與萬曆四年（1576）大征羅旁之役》，《臺大歷史學報》第 40 期（2007 年 12 月），頁 57-91。

3

的決定和行動本身，李材因已離任都沒有參與，但大征的背景情況以及其所牽涉的問題，李材卻有全盤的掌握。

　　李材在隆慶五年（1571）初至萬曆三年（1575）初出任廣東按察司嶺西分巡道僉事，負責此道的治安。嶺西分巡道也負責兵備，所以稱為兵備分巡道，簡稱兵巡道，管轄包括德慶州在內的肇慶府以及包括化州在內的高州府屬地一共十八個州縣。李材在職期間的各種公文，包括報告上司的，批行下屬的，知會其他衙門的，連同給予文武同仁的書信，萬曆三年三月由其屬官德慶州知州以及電白、新興、恩平三縣知縣共同輯錄為《嶺西兵政抄》一書，並且刊行。【3】此書無疑是這個地區各種與治安問題有關的當時記錄，而這些記錄又包括了李材轉載的前線報告及其個人分析，內容十分豐富。前線報告多數有詳細的記載和敘述，作為史料，我們除了應有的存疑和折扣之外，是可以采信而據以形成看法的。李材自己的分析，除了反映他的知識和思想之外，也是當事人對於事情的認識和處理之道的記錄。從史料角度來看，兩者都是十分有價值，可以作為深入研究的文字根據。

　　要全面理解和敘述明代廣東西部地方的亂事情況和原因，自然應當利用其他各種記載來將此前此後的各種情狀也一併研究，而不只依靠李材的《嶺西兵政抄》。但此書畢竟完整地記載了一段長達四年的狀況，所以本身便有充分利用的價值。本文即以此書所載，記述明代這個地區的動亂情況和原因，作為粵西地方史以及明代南方邊疆史、軍政史、民族史等研究的參考。

【3】此書連同李材萬曆十三、四年間任職雲南按察使備兵金、騰（金沙、騰衝）地區時的同類文件，在萬曆二十五年（1597）前後合編成為五十卷《兵政紀略》一書刊行。1986年臺北臺灣學生書局影印出版，收入劉兆祐主編《中國史學叢書》第三編。《兵政紀略》卷一至二十四題為《嶺西經略》，卷二十五至二十七，題為《嶺西旬宣》，卷二十八至三十四題為《嶺西書剳》，便是原來的《嶺西兵政抄》內容。以上並參考劉勇前揭文，頁66、86。

二　政區地理

　　明代省區的非軍事管治分別屬於負責民政及財政的布政司和負責官員監察及地區治安的按察司。兩司都有分司在省府以外地方，分別稱為分守道和分巡道。廣東布政司參政、參議分司的分守道有三：嶺東道，駐潮州；嶺西道，駐高州；羅定道，兼兵備，駐羅定州；嶺北道嶺南道，駐南雄。〔羅定道是後李材時代建立的。〕【4】按察司副使、僉事分司的分巡道有五：嶺東道，駐惠州；嶺西道，駐肇慶；嶺南道，駐省；海北道，駐雷州；海南道，駐瓊州。【5】此外有整飾兵備道二：南韶兵備道、南雄兵備道。《萬曆會典》記載的，又有「高肇兵備道，駐肇慶府，兼分巡嶺西道，管高州、肇慶二府。」廣東的五個分巡道，《明史》都不稱「兵巡道」，而李材的資料顯示了他的職銜是「嶺西兵巡道」，可見此道是因應時勢而較為新設的衙門。【6】因此，和李材職務會直接發生關係的分道，便有駐高州的嶺西分守道和駐廣州的嶺南分巡道。各道在治安工作上需要協調行動，在軍事上則都要聽命駐於梧州的兩廣總督。（參圖一）

【4】張廷玉等，《明史》（北京：中華書局，1974），卷七十五，職官四，頁1842。相關的廣西有四道：桂平道，駐省；蒼梧道，駐梧州；左江道，駐潯州；右江道，駐柳州。

【5】《明史》，卷七十五，職官四，頁1843。相關的廣西，其分巡道都兼兵備，稱「兵巡道」；有府江兵巡道，駐平樂；桂林兵巡道，駐省；蒼梧兵巡道，駐梧州，後移鬱林州；左江兵巡道，駐南寧；右江兵巡道，駐賓州。

【6】《明史》，卷七十五，職官四，頁1844。參看譚其驤，《中國歷史地圖集・元明時期》（第七冊）（香港：三聯書店〔香港〕，1992），頁72-73，廣東地圖背頁；「兵備道」引萬曆《明會典》：「高肇，肇慶府，兼分巡嶺西道，管高州、肇慶二府。羅定，駐羅定州，管羅定州，並南鄉、富霖、封門、函口四所，及黃姜峒、大峒兩營。」

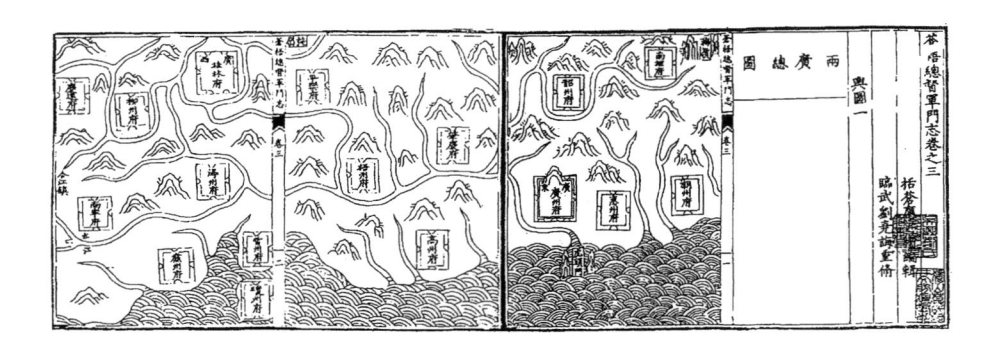

圖一　《蒼梧總督軍門志・兩廣總圖》

李材任職粵西的隆慶年間和萬曆初年的嶺西兵巡道管轄「肇、高二府化州等十八州縣。」[7]肇慶府管轄一州十縣。一州是地處府西、橫跨西江南北的德慶州，德慶州的州治在西江北岸，屬縣有封川、開建和瀧水。封川縣瀕臨西江北岸，開建縣遠在西北，這兩縣與廣西為鄰。瀧水縣在西江以南，西邊也和廣西接壤。萬曆五年之後才在這裡建立直隸廣東布政司的羅定州，並且在其東西兩邊分別開設了東安縣和西寧縣（現在的雲浮和郁南）。肇慶府直屬的七個縣份，也橫跨西江兩岸。西江以北的是府治倚郭的高要縣以及四會縣、廣寧縣。西江以南的是高明、新興、陽春、陽江、恩平五縣。[8]（明末時又從新興縣和廣州府的新

【7】這從《兵政紀略》卷二十四《清理舖遞稽程行德慶茂名等十八州縣》以及卷二十七《兵荒相繼計處穀石備賑行肇高二府化州等十八州縣》這兩個行文標題可見。

【8】按，《明史》卷四十五，地理六（頁1136-7）所載，肇慶府有四會縣，無廣寧縣。嘉靖中編刻的黃佐《廣東通志》卷三《圖經》說，肇慶府州一縣八。但其實縣份見名的只有七個，也是有四會而無廣寧。《廣東通志》又說，肇慶府總數十縣一州。這個數字有問題。因為德慶州領三縣，肇慶只能領七縣。如果領的是八縣，則要包括廣寧。按，廣寧是嘉靖三十八年十月以四會地開置的，見《明史》卷四十五，地理六，頁1137。李材《兵政紀略》所見的肇慶府所屬州縣數目也有出入。卷二十五《詳定兵糧就便儲給以滌弊源狀》所開的縣份，有廣寧而無四會；卷二十七《申明禮節正體統以杜僭越行肇慶府》說及的「所有營堡

6

會縣析出地方設置了開平縣。）高州府在肇慶府西南，雷州府之北，屬縣有府治所在而南邊濱海的茂名縣，東邊濱海的電白縣以及西邊和廣西交界、北邊和瀧水縣接壤的信宜縣。轄下還有化州，下轄南邊濱海的吳川和石城兩縣。此外，隸屬廣州府而與嶺西亂事直接相關的縣份，有西江以北、屬於北江下游的清遠縣，以及西江出海西面的新會縣和新寧縣（今台山）。（參圖二、圖三）

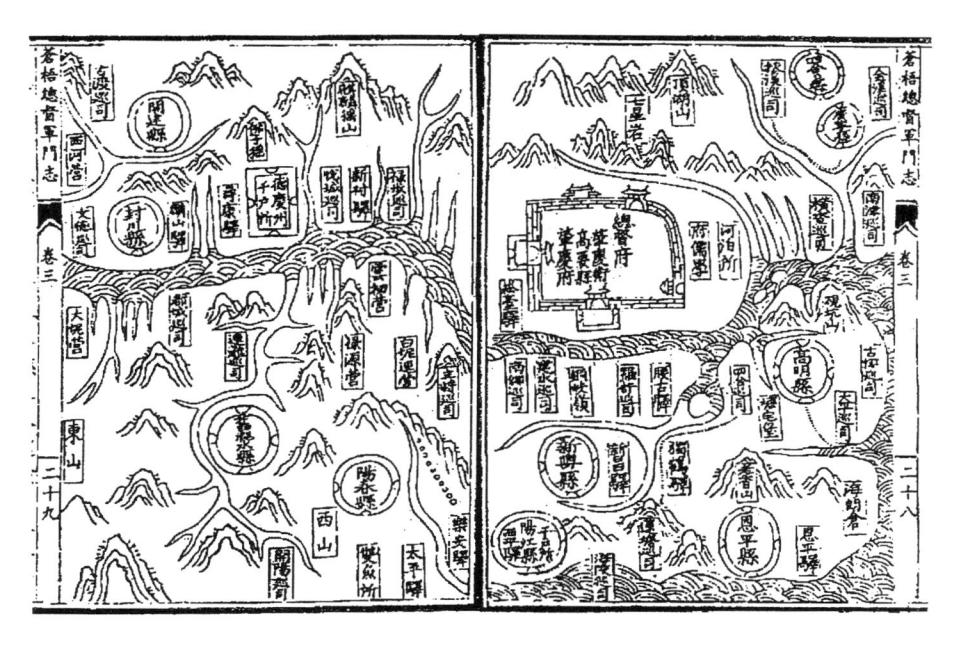

圖二　《蒼梧總督軍門志・肇慶府圖》

應屬州縣」中，廣寧和四會都有。看來，上引李材行文中說的「肇、高二府化州等十八州縣」，是不包括肇慶和高州兩個「府」本身的。

7

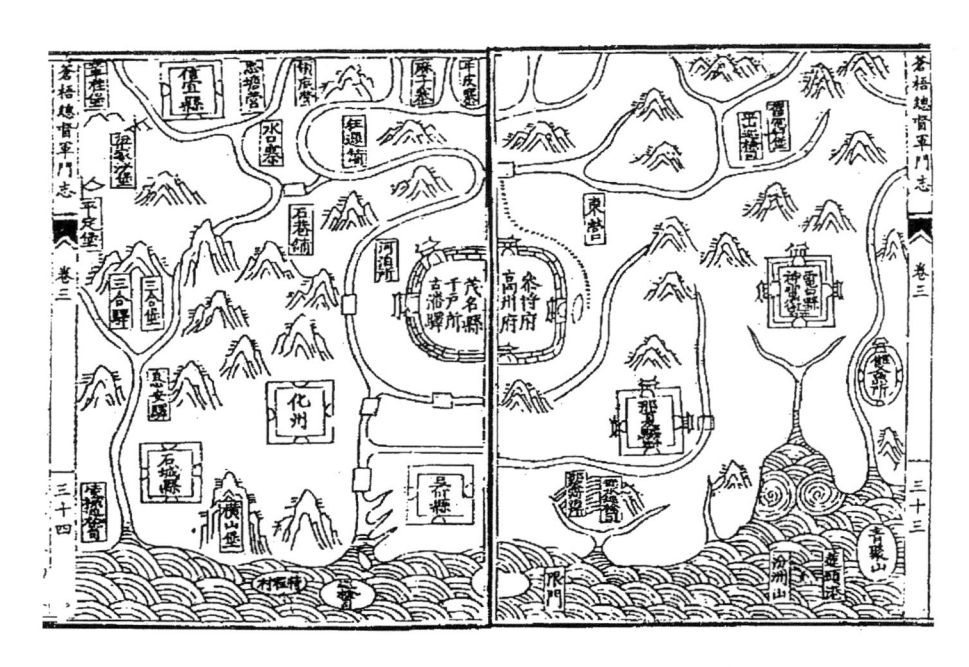

圖三　《蒼梧總督軍門志・高州府圖》

　　這個地區的人口主要屬於漢族和瑤族，還有少量的壯族。漢瑤兩族
無地無之，而漢族以居住平地為主，瑤族則以山居為主。山居瑤族主要
在瀧水縣羅旁、綠水之地。其他住在西江南北兩岸山地的，包括從高
要、陽春、新興南至化州之間的一大片土地；陽春、電白之間的沿海地
帶；新會、香山之西一帶。在西江北岸的，主要是沿江一帶。在北江流
域的，主要在從化、清遠。在粵北的，包括連州、樂昌、乳源等地。壯
族則主要居住在西江以北、梧州以東的封川。如果將廣東分為東西二
部，則西部的少數民族主要便是瑤族；西部之北接連廣西的主要是壯
族。【9】（參圖四）

【9】據司徒尚紀主編，《廣東歷史地圖集》（廣州：廣東省地圖出版社，1995），頁
　　45，「人口、民族圖組」的「明代廣東少數民族分布」圖。

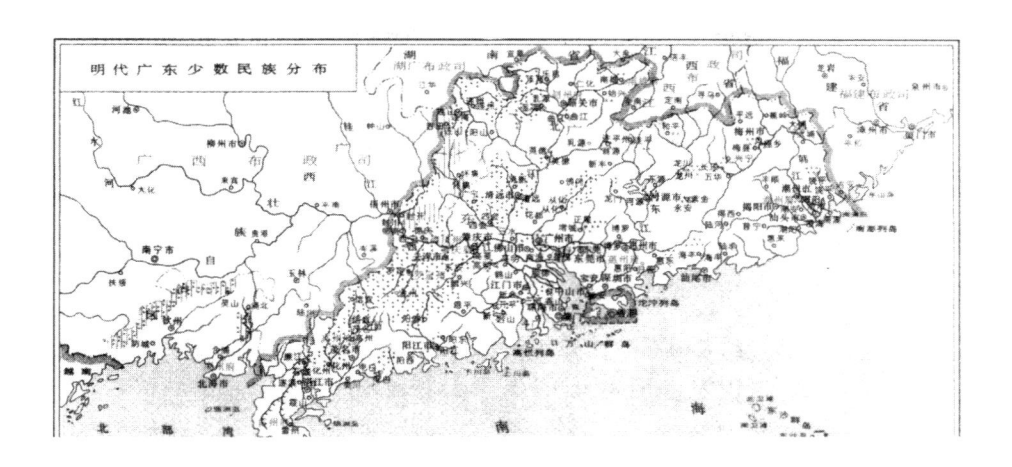

圖四　《廣東歷史地圖集·明代廣東少數民族分佈》

　　清代瑤族在廣東西部的，主要居於羅定州至雲浮一帶，散落點則在德慶州、西寧，高州府的信宜、電白兩地。居住廣州府地方的，散居府南的鶴山、新會之間以及北邊的英德、清遠。主要的聚居地則是粵北的連山、連州、乳源等地。整體上，居地的範圍縮小了很多。【10】壯族居地則增長得很快，清代由連州南至西江以南的德慶都有。這些情況都與本文所研究的事情有直接關係，是萬曆五年大征羅旁以後長期發展出來的。明顯的情形是，瑤族的居地由明代的粵西多見而平地尚多變成清代的粵北為主而平地絕少。由此可見，明代粵西「猺亂」的根本原因，和土地的控制有著密切的關係。（參圖五）

【10】《廣東歷史地圖集》，頁50，「人口、民族圖組」的「清代廣東少數民族分布」圖。

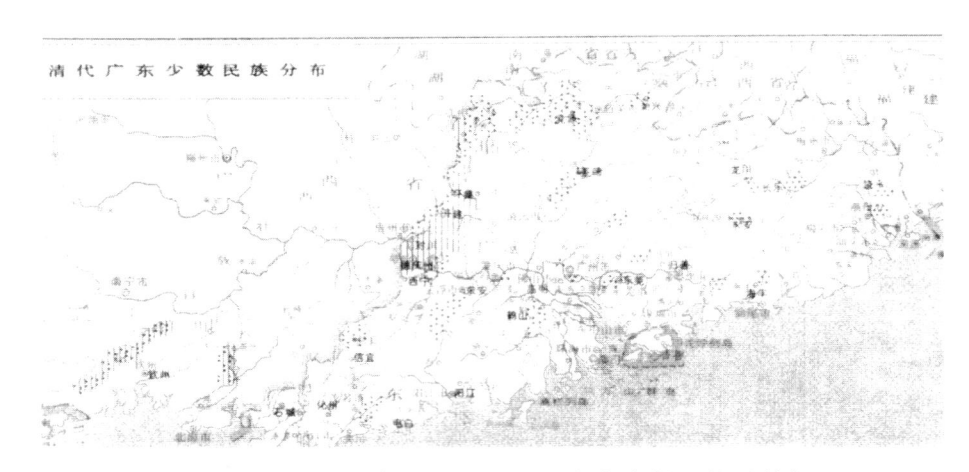

圖五　《廣東歷史地圖集‧清代廣東少數民族分佈》

　　明代廣東的亂事多，亂事平定後的結果之一，便是開設新的縣份。粵西動亂地區內的以及區外相關的新設縣份，據《明史》所載，屬於廣州府的有順德縣，景泰三年（1452）五月以南海縣大良堡置，析新會縣地益之；從化縣，弘治二年（1489）以番禺縣橫潭村置，析增城縣地益之；新寧縣，弘治十一年（1498）以新會縣德行都之上坑葫置，析文章等五都地益之。【11】屬於肇慶府的有高明縣，在府東南的西江之南，本高要縣高明鎮巡檢司，成化十一年（1475）十二月（1476）改為縣，析清泰等都益之；恩平縣，成化十四年（1478）六月改恩平堡為縣，析新興、新會兩縣地益之；廣寧縣，在府西北，嘉靖三十八年（1559）十月以四會縣地置。【12】〔羅定州和所屬的東安、西寧兩縣則是後李材活動時代的萬曆五年（1577）設置的。〕這些縣份的建立，對於地區整體治安的改善確有所利，但也有亂源長久不絕的地方，恩平、新寧、從化等地尤其顯著。【13】後來成為羅定州的地區更加不在話下。（參圖六）

【11】《明史》卷四十五，地理六，頁1133-35。

【12】《明史》卷四十五，地理六，頁1136-37。

【13】《明史》卷四十五，地理六，頁1133-35。此外，清遠縣之東有中宿峽，其西有　　大羅山，也是猺人主要活動和出擊的地區之一。

10

景印香港新亞研究所《新亞學報》（第一至三十卷）

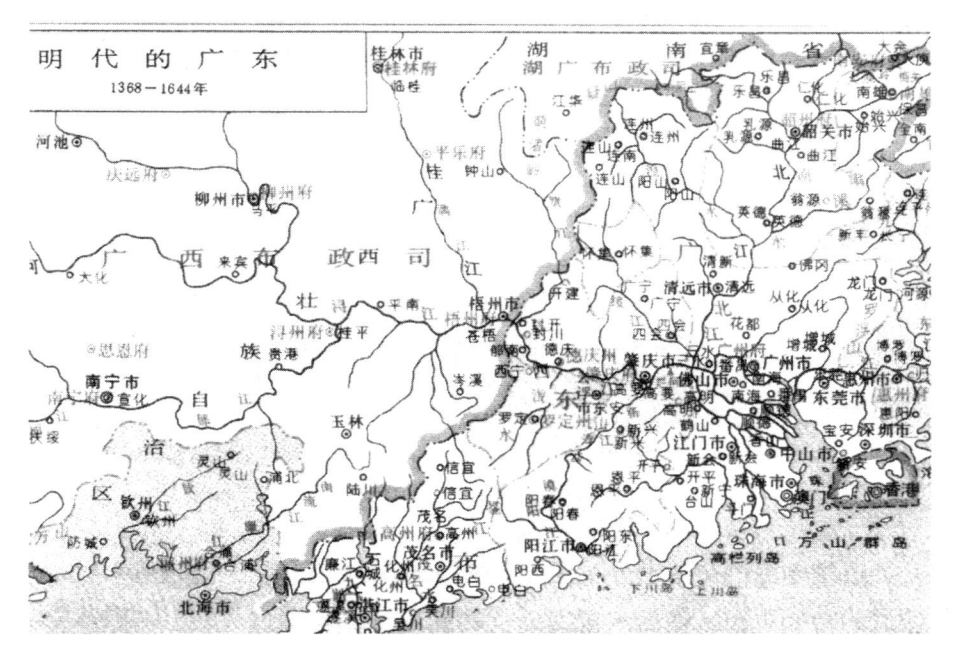

圖六　《廣東歷史地圖集・明代的廣東》（局部）

　　包括這些新設縣份在內的明代廣東西部地方人口稀少。平均人口，肇慶府是每平方公里10-15人，高州府和羅定州是5-9人。實際人口則肇慶府有41.1萬人，高州府有6.8萬人，羅定州只有3.1萬人，加起來也只有首府廣州的62.8萬人的三分之二。[14]但這個數字只代表有戶籍的編民，不屬編民的人口數量也不少。他們包括不服從政府管制的猺人，當時被稱為猺賊；漢人構成的盤踞人口和流動人口，當時被稱為山賊和浪賊；近海的地方，還有常至的海寇和不常至的倭寇，海寇是會登陸居住的。（參圖七）

---

[14]《廣東歷史地圖集》，頁45，「人口、民族圖組」的「明代廣東人口分布」圖。

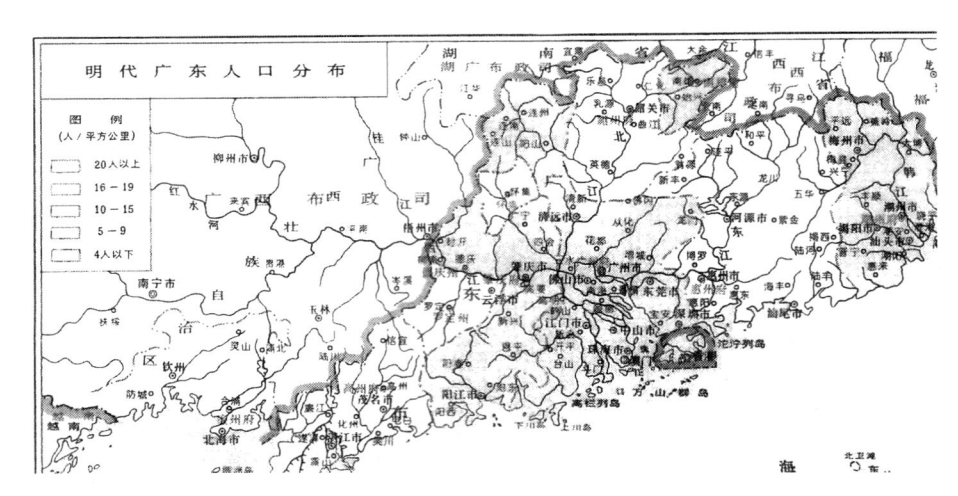

圖七・《廣東歷史地圖集・明代廣東人口分佈》

　　這個地區的交通十分不便，對維持治安也有影響，治安壞時，文件傳遞的時間更長。例如，遞送公文的鋪役，律條規定「一日一夜須行三百里」，李材初到任時的情形則是，「節據遞到公文，類皆淹逾旬朔，有近在三四百里者，文到已再越旬，遠在八九百里者，計程常及一月。」李材指責原因在於“有司漫不留心，以致鋪長、司吏往往缺懸不補，司兵等皆市棍積年，或一人包當數役，任將公文恣意停閣，沉匿拆封，莫可究詰。」但地勢崎嶇、「地方多警」的危險情況也是客觀的原因。【15】

三　亂區所在

　　廣東西部的亂區可以分為東西兩大部份。西部以瀧水縣的羅旁綠水地方為中心，是猺人主要聚居地。其地西與廣西交界，南與高州府的信宜等縣接壤。東部是瀧水縣東鄰陽春縣起東至廣州府西南的地方。此方北以西江為界，南面濱海，中間的新寧、新會、恩平、新興、陽春，「五邑之中，曠土大山，周環不下四百餘里，而肇、高兩郡，地里懸隔逾

【15】《兵政紀略》卷二十四，《清理舖遞稽程行德慶茂名等十八州縣》。

千，故令不軌之氓，有可措足之所。」【16】所以長期有盜賊活動。

李材在《兵政紀略》卷二的《議請大征羅旁累世劇賊以拯危急殘民狀》中，對於全區形勢有詳細的述析，在卷十九的《大征羅旁盤據猺巢以靖地方議》中稍有補充，並且引載了有時間記載的分巡道和分守道的行文，時間是隆慶五年十一月至隆慶六年十一月的一年。據這兩篇記載日期的文字，可見亂事發源之地及其所至地方。

據隆慶六年十一月十四日李材奉到的兩廣總督命他研究如何用兵及善後的行文，當時「肇慶府德慶封川、瀧水、羅旁、綠水一帶地方，積年被東、西二山猺、浪各賊攻打鄉村，欄江劫掠，殺死軍民商賈、男婦老幼，以數萬計；捉虜軍民商賈、男婦老幼措贖，亦以數萬計，占據各州縣官民田地八千餘頃。」【17】李材一年前（隆慶五年十一月二十七日）的呈文，說的更加詳細：據德慶州鄉官二人，監生、生員各一人等聯名，以及鄉民四人各呈稱，「本州原設都城、晉康、金林、悅城四鄉，都、晉二鄉在長江之南，久為東、西二山猺賊占據，淪陷殆盡。金、悅二鄉在長江之北，屢被猺賊首邵金皇、龐力王、盤山官、胡總管、鳳第聘、歐大統、鄧尚貴等，僭稱王號、將軍，糾合亡命流賊蘇世盛、談石松等，統眾越江，前後殺虜以萬計。原額六十四里，今僅存三十里；稅糧二萬七千石，荒去一萬七千石，僅存一萬石。……離城二三里，山林盡為藏伏淵藪，非時出劫。」禍亂所及，「近而肇慶一州十縣，遠而化州神電等處村場，皆被流毒。」【18】

此外，據新興縣被害生員三人、鄉民四人各聯名告稱：「本縣北抵德慶，西接陽春，節年屢被王三坑等巢浪賊首盧其山等，糾黨通猺，……惟自嘉靖四十五年以來，延綿流劫芙蓉、寧化等都，齊峝、四合、板村等村，北門城外關廂等處，殺死男婦通計三千餘命，捉虜男婦

【16】《兵政紀略》卷三十三，《簡上按院四》。

【17】《兵政紀略》卷十九，《大征羅旁盤據猺巢以靖地方議》。

【18】《兵政紀略》卷二，《議請大征羅旁累世劇賊以拯危急殘民狀》。

一千二百餘口，占荒田地二千五百石。」……高要縣被害鄉官一人、生員五人、鄉民二人各聯名呈稱：「本縣楊柳、都幕、山凹、白諸、布院、橫江、思勞、思辦、大灣、馬鞍、都騎共十一都，與德慶南鄉，新興腰古，壤地相接，節被猺、浪賊首盤大面、鳳馬騮、劉大秀等，糾黨流劫不時，各都荒沒田糧五千五百餘石。」……陽春縣被害鄉民三人，連名狀稱：「屢被本處浪賊首陳奇山、陳新德等，潛通德慶、瀧水東西二山猺賊首麥治天等各徒黨，連年流劫大平等都鄉村，荼毒生靈，無時休息，殺虜二千三百餘名，荒沒田糧一千餘石。」……恩平縣被害鄉民九人狀稱：「本縣十三村賊首周高山、簡總管、劉祖善等，隨招隨叛，屢剿屢遺，占據逼降，黨類日盛。有長居靜德、德化等都十三村等地方，稅糧三千七百餘石，原係良民產業，盡數歸沒賊手。」[19]

　　李材就這個「嶺西所屬，負山瀕海，無地不有賊巢，無處不被劫奪」的情形，總結出亂事集中在肇慶府內五個區域，而賊徒則有六個集團。陸路之賊：（1）自府治南岸一百三十里至新興，則有土名雲浮山等巢十二巢，賊首周高山等十三人，約賊三千餘徒。（2）由新興入百里至陽春，則有土名高崗等巢十二巢，賊首陳奇山等十一人，約賊二千餘徒。（3）自陽春迤東一百五十里至恩平，則有土名牛牯凸等巢六巢，賊首劉祖善等八人，約賊二千餘徒。水道之賊：（4）自肇慶江行二百里至德慶，以瀧水小江為界，東曰東山，有土名富祿崗等巢二十六巢，賊首麥治天等十四人，約賊六千餘徒。（5）西曰西山，有土名羅旁等巢十九巢，賊首邵金皇等四人，約賊五千餘徒。（6）此外還有一大股「浪賊」：「先年二山〔東山、西山〕止有猺賊，自嘉靖三十七年，千長陳世紀招引陽春西山黃德政等，於儒林地面耕種，因而鳩合黃德祥、張快馬等浪賊，約計四千餘徒，互相聯絡攻剽。」[20]

---

[19]《兵政紀略》卷二，《議請大征羅旁累世劇賊以拯危急殘民狀》。

[20]《兵政紀略》卷二，《議請大征羅旁累世劇賊以拯危急殘民狀》。

　　總之「取要言之，大率蜂房蟻穴，根株之盤錯者十三州縣，故其地里川原邊幅之延袤者一千餘里。」[21]

（一）瀧水的羅旁、綠水地帶

　　東山、西山的賊首部落的特點是：「兩山猺、浪，原無結聚大巢，亦無定有統帥。大率阻水依山，星列碁置，但子父丁多，人眾黨繁者，即系一山之首，稱為賊總。」

　　猺賊的勢力範圍及力量是：「酌以東山大江，上至赤土，下至洚水，入抵白雲、大澤為一方，以龐力王為首。小江，自下臺至鐵場為一方，以盤大面為首。西山大江，上自羅旁，下至古蓬，入至石龜、百片為一方，以周大為首。自連灘、黃埇至下抱為一方，以鄧禮為首。瀧水，自永信至思慮為一方，以盤鄧例為首。排埠、上下麥為一方，以陳弟平為首。雲卓、林峝二巢最大，各以孔聖賢、孔有成為首。餘皆稱甲，每首徒黨多至二三千，少至一千有眾。其平豆、慘峝、王三坑、龍滑四處，各為一方，猺賊不及千數，亦稱為甲。」可見，猺賊是山居結寨的。

　　浪賊的勢力範圍及力量是：「浪賊之首尤多，今亦難於枚舉，姑度力強，定為渠桀。如南鄉則以陳世政，瀧水大傘則以平文才，上下麥則以李惟能，平豆則以黃朝泰，四賀則以藍朝璽，陽春慘峝則以何汝爵，富林、上峝則以陳奇山，新興布平則以黃雪松，料峝則以梁廷政。其黎汝誠頃雖老病休閒，原係漏刃首渠，黨眾數多，潛寄蹤跡，又不可以目今未有行劫，便從末置。其分屯諸惡族，亦無非本逆之所驅使。」可見，浪賊也佔據土地，有些還成為屯田人戶，和屯田招兵同處一區。[22]

---

[21]《兵政紀略》卷十九，《大征羅旁盤據猺巢以靖地方議》。

[22]《兵政紀略》卷二，《議請大征羅旁累世劇賊以拯危急殘民狀》。《兵政紀略》卷二十，《覆查羅旁大征哨道圖冊狀》。

（二）西山、陽春地方

　　瀧水的西山、陽春是當時的猺賊、浪賊的主要根據地：「瀧水、陽春二縣地分，最為險遠，猺、浪環棲，動及千眾。」【23】西山浪賊東向出動時，連陽江、陽春一併流劫。李材剿滅懷寧、苔村、藤崗、九逕等處賊巢後，便收到這樣的告訴：「見有西山浪賊，勾結各巢劇賊〔山賊〕千餘，將陽江、陽春一帶村寨劫虜殆盡，見搶良人男婦一千餘名口，在於梅崗山中索贖。」【24】又「據賊屬供稱，本巢劇賊一千餘徒，俱出外打劫。向在梅崗屯剳收贖未回，止留零賊見在看巢。」【25】可見浪賊是職業打劫者，以擄掠勒索為生計，攻打一地，擄掠人口，便在該地駐紮，等待贖金，之後又再轉移。梅崗在陽春，正是浪賊收取贖金的主要地方。

　　西山浪賊也流劫瀧水縣一帶，兩廣總督衙門文告引述的「瀧水縣申稱，被強賊千餘突劫石牌岡村寨，虜人燒屋，復越二都上六營中寨地方屯剳。」【26】也有和瑤族夥同外出擄劫的。「陽春縣申稱，猺賊龐赤毛等，勾引南鄉賊黨，屠虜排年岑奎等二百餘命。及糾集車田、高崗、大林、馬櫃、丫髻等賊，一月之內，攻打一十餘寨。越來南鄉，偷破曾深等一百餘家，數日之內，約有千餘，盡往陽江兩界地方屯剳。」威脅及於陽春、陽江二縣。【27】

　　陽春本縣山賊連年流劫陽江縣南河都一帶地方，去來都無定蹤，兵出則逃，兵還則出。【28】其中一次「突犯本縣南河都第八屯地方，約賊

【23】《兵政紀略》卷十八，《飛報鷗勒稔惡巨巢奪回被擄數多狀》。

【24】《兵政紀略》卷十八，《飛報鷗勒稔惡巨巢奪回被擄數多狀》。

【25】《兵政紀略》卷十八，《飛報鷗勒稔惡巨巢奪回被擄數多狀》。

【26】《兵政紀略》卷十八，《飛報鷗勒稔惡巨巢奪回被擄數多狀》。

【27】《兵政紀略》卷十八，《飛報鷗勒稔惡巨巢奪回被擄數多狀》。

【28】《兵政紀略》卷九，《編立鄉甲教練防捕行陽江縣》。

16

一千餘徒，馬三百餘匹，四散劫掠。」[29]

（三）恩平、新寧地方

　　恩平和新寧之間，有懷寧、苔村、馬騮坑三處，是賊據要地。這三地屬於新寧縣，「蓋恩平縣近地名巢也。東接藤崗、九逕，西連十三村、大澌諸處，形勢險固，倚山為雄。」李材隨軍親自視察後說：「不但形勢委為崇嚴，即其風氣亦頗完聚，兼以地廣土沃，自熟良田幾及萬畆，即據棲虮之禾，成熟登場，可供二千之眾。」[30]賊人是當地山賊。

　　但他們最具破壞性的是夥同西山地區十三村來的浪賊。十三村是「自陽春迤東一百五十里至恩平」的六個大巢之一，賊首最強的是陳金鸞、簡總管，一共約有賊徒二千餘徒，是東向出劫的主力。[31]李材對陳金鸞有如下的描述：「陳金鸞，十三村人……兇傑異常，奸詭成性，年十五即倡亂階，未弱寇已稱賊總，東連周高山、黃朝泰、黎汝誠、簡總管等，並駕爭先，西結林翠蘭、戚碧潭、黃高飛、丘樂閑、羅紹清等，互相雄長，破寨不止千餘，殺人真是無筭，近而恩、新、寧、會、高明、高要六邑之間，遠而二陽、瀧水、電白、信宜之界，鰥居號訴者，何處不聞，寡處籲鳴者，無日不有，甚則絕戶梟夷，全村劃戮，真擢髮不足數其辜，流波不能盡其惡者也。」[32]

　　懷寧、苔村、馬騮坑的山賊，便曾「合同倉步浪賊男婦八百餘徒，流劫〔恩平〕鄉村。」[33]

【29】《兵政紀略》卷三，《報賊情請兵備禦狀》。

【30】《兵政紀略》卷十六，《建堡樹兵以永靖盜萌行團總馮公器湯鼎瑞》。

【31】《兵政紀略》卷十九，《大征羅旁盤據猺巢以靖地方議》。

【32】《兵政紀略》卷十七，《飛報計擒十三村經奏稔惡巨寇狀》。

【33】《兵政紀略》卷三，《報賊情請兵備禦狀》。

四　盜賊種類

　　這個區域的盜賊有幾類，包括盤踞山巢的山賊；男婦一起舉家出動，在移動之中過活，而有機會時占地為巢的浪賊；在海上活動，有機會時登陸居住的海賊，以及外來的倭寇。

（一）山賊

　　山賊住在山寨，他們耕種而不納賦稅，也會在附近地方行劫，但不算是慣性的盜賊。李材處理過的事例顯示，他們也在等待機會被招撫，經過「新民」階段，而恢復「編民」的良民身份的。有這樣的事情發生過：「先因倭賊敗遁，越入陽春，聲言投附山寨合夥，該本道看得，倭奴者，度海而來，暫困官兵，原無經久之計。山寨者，畢竟土著，偶緣嘯聚，終有歸化之期。若使合夥倭奴，不但官府非願，亦斷斷乎非山寨之利。」所以諭令其首領「黃朝泰等，剿倭立功，與官兵一體超格給賞，仍為敘報軍門，盡赦從前殺戮平民，擄掠財物之罪。」給予待罪領功，改過從良的機會。【34】

（二）浪賊

　　浪賊其實就是非法移民，占地耕種而不納稅糧的流浪人口，出去劫掠，劫了一處，據地為巢，之後轉劫別處，移巢別地，所以稱為浪賊。浪賊主要集結在瀧水縣與猺人錯居的東山、西山二地，他們和該地的瑤賊一樣，「原無結聚大巢，亦無定有統帥。大率阻水依山，星列棊置，但子父丁多，人眾黨羽繁者，即係一山之首，稱為賊總。」【35】
　　他們本來多是編民，也有曾經受撫而為編民的。羅旁的浪賊之中，

【34】《兵政紀略》卷八，《計諭寨賊剿倭行把總張德實》。

【35】《兵政紀略》卷二，《議請大征羅旁累世劇賊以拯危急殘民狀》。《兵政紀略》卷二十，《覆查羅旁大征哨道圖冊狀》。

有的本來是到該處當屯田開墾的，後來加入了原來的浪賊。實際的情況是：「自嘉靖三十七年千長陳世紀，招引陽春、西山黃德政等，於儒林地面耕種，因而鳩合黃德祥、張快馬等浪賊，約四千餘徒，互相聯絡攻剽。」【36】在羅旁南鄉的浪賊是招而復叛的編民，勾結猺賊作亂，影響民戶對官府之信心，從賊作亂。【37】瀧水縣「先年招撫浪賊首李惟能、藍朝璽等數百人，于鳳凰、黃姜、大崗、石栗等處，至今背叛，稱王立號，邀結猺惡孔聖富、平文才等數千，流劫一二都開陽民崗，并上下六營，殺人放火。」【38】凡此可見浪賊其實是介乎民與賊之間，他們當中有的擁有田業。而政府對他們的策略，也是以招撫為主。李材便說，大征用兵，「專以勦猺，至于浪賊，原係吾民，格故從新，即為良善，吾亦何忍多殺。有能改行者，許其就近赴縣告投，請詳安插，仍給與號牌鎮守。」企圖將他們變成政府的助力，用來對付猺人。【39】

　　浪賊是職業性打劫，以擄掠勒索作為生計。他們活動範圍很大，有馬匹，【40】機動性較強。流劫鄉村，最難追勦。夥同猺人或山賊出劫，貽害更深。他們出劫時，有些是帶同家屬的，擄劫到的人口，也是隨其流徙。他們的巢穴有兩種。一種是中轉性的，是收取贖金的地方，陽春的梅崗便是這類巢穴的重點。分守高肇參將梁守愚所得的報告稱說：「西山浪賊，勾結各巢劇賊千餘，將陽江、陽春一帶村寨劫擄殆盡，見搶良人男婦一千餘名口，在於梅崗山中索贖。日逐殺戮，萬分危苦等情。」【41】又如德慶州所報告的，「浪賊首平文才，統眾千餘，聲言要

【36】《兵政紀略》卷二，《議請大征羅旁累世劇賊以拯危急殘民狀》。

【37】《兵政紀略》卷二十一，《計剿探針鎮蟠據大顆浪賊行遊擊徐》。

【38】《兵政紀略》卷十八，《飛報鷗勤稔惡巨巢奪回被擄數多狀》。

【39】《兵政紀略》卷十九，《大征羅旁盤據猺巢以靖地方議》。

【40】《兵政紀略》卷三，《報賊情請兵備禦狀》。

【41】《兵政紀略》卷十八，《飛報鷗勤稔惡巨巢奪回被擄數多狀》。

得占據晉康鄉連灘地面為巢。」【42】

　　另外一種巢穴是長期的。這是他們的原來定住據地，有房屋糧儲等。如陽春的浪賊據被獲的賊屬供稱，「本巢劇賊一千餘徒，俱出外打劫。向在梅崗屯劄收贖未回，止留零賊見在看巢。」因其人強地險，一向無兵敢入，故不隄防而被官兵攻破。【43】又如分守高肇參將梁守愚統領嶺西道官兵，埋伏北塞逕，「比因有賊徒回巢，撞遇伏兵，驚起奔竄，我兵追勦，當陣斬獲首級二十餘顆，及生擒大賊首李翠峰妻子，并大賊首蔡惟喜夫婦，奪獲賊屬，并被擄三十餘名口，牛馬一百餘頭匹。次日統兵深入，徧搗各巢，燒燬賊巢三十餘處，計五百餘間，其積聚稻穀數千餘石，盡行燒燬。」【44】可見浪賊的據地是有一定長久性的。

　　浪賊在劫掠地方時能夠得逞，如李翠峰等夥寇陽春一起，李材調查到原因是「士民畏威圖利，半為耳目，一遇官兵進勦，無不預知。〔導致〕本月初五日，陽江縣官兵進勦，即被殺敗。」【45】浪賊之所以能夠流浪移徙，行動無礙，而不易消滅，是因為有在地鄉人通風報信，還有快腳探子、諜報之類的「賊蹻」快遞消息，而且所居山寨，有私家路可以行走逃脫。

（三）猺賊

　　浪賊勾引猺人出劫是亂事加劇的重要原因。猺人是原住民，浪人是外來的，知外邊情形，故能引誘猺人出犯。李材也認識到，賊寇雖然是「猺、浪無分，然浪能走，猺不能走，蓋其衣服語言，出穴之後，便與俗不相通也。其寔化猺為梗，逼良為盜，又皆浪賊為之，可恨尤甚。【46】

【42】《兵政紀略》卷三，《報賊情請兵備禦狀》。

【43】《兵政紀略》卷十八，《飛報鷗勤稔惡巨巢奪回被擄數多狀》。

【44】《兵政紀略》卷十八，《飛報鷗勤稔惡巨巢奪回被擄數多狀》。

【45】《兵政紀略》卷十八，《飛報鷗勤稔惡巨巢奪回被擄數多狀》。

【46】《兵政紀略》卷二，《議請大征羅旁累世劇賊以拯危急殘民狀》。

不過，李材是將不服政府的猺人視同異類的。在他看來，羅旁東西二山是「天成盜賊之藪也。有此山川，則有此盜賊，且其人非吾民也。……其四環固赤縣之疆理也。而乃令有異類不實之種，……華夷雜處，不幾於族類無復分別，有以動辛有之慨乎？」【47】他是不視猺人為「吾民」的。

　　羅旁地區的猺賊，在東山的主要劫掠西江南北兩岸的德慶州以及西江水道。在西山的主要劫掠瀧水、南鄉以及陽春以東的肇慶府地方。和浪賊之能活躍一樣，「山猺耳目，全寄我人」，所以對付之法便是「通山之禁，永當申嚴。」同時因為「山猺老穴，既處深幽，潛出窺窬，例居江畔，」為免其「日久朋棲，黨夥繁集，亦終不可禁遏，又該立有合操之法。」其法是將水道分為上中下三截，每截兵船相助，中截則另外兩截助之，聯合力量。合操其實是誤敵之詞，「名曰合操，實則打賊，揚兵山上，大肆搜剿，即無可殺之功，亦必焚其寮舍，奪其艚艇，掠其積聚，直抵山脊，而遠不得過脊。」【48】總之就是不讓其出山活動。

（四）海賊、倭寇

　　這個區域的海上賊寇種類亦多，「廣海不曉竟是何賊，可見大海中無名種類，真不可勝為數也。頃見吳川報，畢竟是自西而來者，非東賊黨也無疑。」【49】但海賊中的真倭不多，「唐人十居其七，」所以可以招撫，而利用他們和倭寇自相殘殺。【50】兩廣總督軍門也真的對這類海賊進行招撫。

　　高州一帶便有海賊成為撫民的，其中的李翠峰是福建人，政府便因為他「稍曉事，〔而〕倭中尚有漳人，」想利用他引誘倭寇加以消滅，答應他立功之後，「冠帶即日至矣。」當然，他們也並非一招即應：「各

【47】《兵政紀略》卷十九，《大征羅旁盤據猺巢以靖地方議》。
【48】《兵政紀略》卷二十二，《議行江道官兵獎賞並申嚴防守事宜》。
【49】《兵政紀略》卷三十三，《簡劉仁山太參二》
【50】《兵政紀略》卷二十九《簡張總戎六》

21

景印香港新亞研究所《新亞學報》（第一至三十卷）

民尚懷疑信，……不肯出力報效，」要李材親自申明，才能有效。【51】

　　海賊有的是假意受撫的，官府則以招撫了的舊海賊來對付之。例如「海賊許俊美，陽招陰叛，悖逆之情久矣。邇乃假以立功海北，越至吳川，肆行焚劫，情所難原，在計必剿。」於是調動已經受撫的原海賊許瑞帶領其所擁有的兵船，」劃陽江大澳，剋日進攻，……首尾夾擊。」【52】

　　真的願意受撫的，政府會給予土地安插，但他們需要先報效立功，才能正式成為從良的新民。萬曆元年十一月在陽江縣招撫來自潮州的海賊一大夥，將其安插定居在陽江的北津港，便是顯著的事例。據陽江縣以及李材差人審查顯示，這批賊徒有陽江北津民約二百，餘皆潮州等處四集之徒，通出一千四百餘人，還有在船的男婦家屬二千人，大小艚船二十九隻。其首領「許恩、陳世選等，乃本良民，蓋因賊擄，隨從為盜。」「許恩原係福建泉州府晉江縣人，先被賊首鄭大漢全家捉擄，拘留在船，脅從為盜。後鄭大漢就擒，恩與黨眾即有向化之心，未遇機會。」這次是響應總督府的招撫而來申請的，並且「情願奮勇立功，合候申詳見日，准其先行立功，後為安插，就北津起造房屋，田地任便開荒耕種，三年方行納糧當差。」李材認為，這些海賊「大率向化，察之果出真誠，蓋其漂泊歲久，頗經創艾，厭苦無聊，依土托生，寔其本願。」所以建議准許他們「派地定居，營生佃業，立甲開墟。」【53】

五　撫猺、新民、屯兵

　　這個地區的居民，除了賊寇之外，還有戶籍之內的編民以及被招撫的新民等。他們之間也有矛盾，有時更是仇殺的起因所在。

【51】《兵政紀略》卷十一，《申諭寨民剿倭行把總張德實典史徐朝信》。

【52】《兵政紀略》卷十，《密行督發會剿移參將陳》。

【53】《兵政紀略》卷二十三，《招撫海寇許恩安插議》。

（一）撫猺、撫獞

　　此區的猺獞，尤其猺人，因為居住地不同，分為山地、平地兩類，官方文書相對稱之為惡猺、馴猺。馴猺有的也稱撫猺，指的是被政府招撫之後服從政府管治的猺人，地位相當於有戶籍的編民。他們參與地方上的「鄉甲」組織，還幫助政府打擊賊人。倭寇攻略高州府吳川縣時，「石城四都石灰窰地方鄉甲陳元清等，斬從倭一顆；撫猺陸國輔等，督夫斬真倭一顆，李廷璋等生擒真倭一名。」[54] 可見他們也隸屬鄉兵組織。為了堵截從吳川退向陽春的倭寇，李材下令信宜、陽春「二縣交界要衝地面，除將軍旗守城，仍行起發馴猺、撫獞，及把總汪延淮所部，通共一千餘眾，預行把截。」[55]

　　廣州府的新寧、新會兩縣，還有「猺官」，他們也參與剿賊，並且立功獲賞，有過「二次解報，獲功五顆」的記錄。[56] 電白、茂名、陽春、陽江四縣民猺雜居，都有撫獞、馴猺和里寨鄉兵，構成一體的自衛武裝，守護鄉土，[57] 而政府對撫猺或一般服從的猺人是信任的。猺人肯於幫助政府，原因是他們也是賊寇的受害者。他們對於南鄉來的賊寇，尤其痛恨。這樣，加上政府給予的獎賞和恐嚇〔不助官，即當賊剿〕，猺人是可以也真的被招助官。這點由李材的資訊可見：「照得南鄉賊數僅千，頃行遊擊徐天麟嚴督搜圍，斬級已至四百之上，計脫逃者亦無他往，只有猺山一路，宿亦與之有仇。此不但可以威劫，而亦可以利誘也。已經遣牌詣巢懸賞，每獲一賊，即刻賞銀二兩，假令以二千金而可盡一千之賊，則本道亦甘輸之矣。」[58]

---

[54]《兵政紀略》卷七，《分哨剿獲倭功並酌機宜狀》。

[55]《兵政紀略》卷十，《激諭堵逕剿倭行陽春縣知縣熊烈》。

[56]《兵政紀略》卷十五，《續報搜獲賊級並酌進剿機宜狀》。

[57]《兵政紀略》卷十八，《飛報鷗勦稔惡巨巢奪回被擄數多狀》。

[58]《兵政紀略》卷二十三，《募猺殺賊行肇慶府取銀備給》。

（二）撫民、新民

　　新民是原來做賊，後被招撫，重新編入戶籍而仍處於免征田糧時期的民人，處於其良民化的初期。從身份上看，撫民是新民的前期身份，被認定會長期受撫後，便會改成新民，新民為政府立功之後，可能便會變成編民，亦即有戶籍的良民。有的地方，新民原來是本地居民，撫民則是外來的居民。新民服從之後，可以即時重為良民，而撫民則要先變成新民，才能成為良民。

　　撫民本身原來擁有武裝，也有戰鬥經驗，被撫之後，有的還繼續擁有武裝或者作戰工具，如原為海賊的繼續擁有其船隻。所以聽撫之後，政府通常要他們應募當兵。這算是他們的一種出路，尤其是那些帶同家屬從別處來的。李材的前任因為「賊勢眾，兵寡不敵，乞要依聽撫民千長黃中謨等報效情詞，選揀精銳一千二百名，再於各兵添召八百名，湊足二千之數，統領隨機勦捕等。」李材對此原來有所保留，雖然最終也同意。但他注意到撫民當兵的可靠性問題。【59】因為撫民到了別處，生活不下去時，又會在該地鬧事。有的從別處來扎寨居留的撫民，像高州一帶原自福建來的海賊撫民，他們也被要求出兵抵抗倭寇，但也不是一調即到的。【60】

　　新民因為生計問題，也有主動要求立功報效的。例如肇慶府金山都，陽春縣富林、西山等寨，德慶州南鄉峝，新興縣河連山上甲等寨，其新民都透過招主等管道表達：「情願委誠報效，誘出三千獷徒，……與官兵串同，一鼓勦殺盡絕，顯立功效，表示忠赤，容令撫定安插，永為良民等情。」李材雖然對此有所保留，說「招撫一事，不但官府以愚寨民，寨民亦以此愚弄官府，所以自昔行招，旋即反背，終歸屠戮，卒無有一賊永為良民者，其獘皆原於此」；認為新民聽撫和官府招撫，都

【59】《兵政紀略》卷一，《議請招兵及咨取知兵將領狀》。

【60】《兵政紀略》卷十一，《申諭寨民勦倭行把總張德實典史徐朝信》。

是彼此的詭計，反而造成亂狀不止。但他還是將計就計聽從此次的招撫建議，並且給予新民標準的良民化處理：「量功大小，給以冠帶花銀，仍行踏定土田，編立圖甲，劄賞照身，呈明兩院，盡赦從前過惡，永為良民百姓等。」[61]新民獲得「招撫」的條件是誘殺猺人，以此立功表示效忠政府。報酬則是事後獲得「安插，永為良民。」安插就是獲得配給田地，亦即承認其所佔有的土地，編入圖甲。

但在成為良民之前的被撫新民，是要接受準軍事性管制的。他們都要被編入團甲組織。例如，平定十三村之後，命令「向化良民，合行編立團甲，以便管束。為此，牌仰冠帶屯總鄒文茂，總目梁喬，照牌事理，即便通查在村人眾，將中村、石逕、牽牛岡、元山四處，併歸沙湖，為一團；大湴、石山、橫山、楊柳湴四處，併歸潘村，為一團；各立團長一名，每十人為一甲，立小甲一名，俱聽鄒文茂、梁喬等管束。各村舊遺茅寮屋宇，罄行拆用，及放火燒燬。原管田畝，聽其就便耕種，敢有一人占恡舊巢，不即併歸者，即是意圖梗化，輕則徑行責治，重則綁解本道，處以軍法。完日通將各甲大小男婦開報冊籍，赴道繳呈。其田糧寬限至次年，從輕起科，以安撫新附之民。」[62]可見新民要遷出原住地方，燒毀原來住屋。新民原住地方，加入官府的屯田，變成屯田區的團甲，由屯總、總目等管理。新民遷入新的居地，編入團甲。幸好，率領和管理他們進行人口登記，開始辦理賦稅手續的團長、小甲還是本地人。

撫民的問題是其容易再亂，接近猺山的撫民尤其容易有這種情況。撫民多數本來是從別地來的耕地之民，被招撫之後，有田可耕，還有三年免稅期，理應安定無事。但其所種田地被侵佔時，又會起亂。而侵佔其耕地的，往往就是鄉紳或軍官私自招募用來發財的屯田兵丁。撫民耕種的田地，多是與猺人山崗相連，屯田兵原則上是屯種猺人的山崗土

[61]《兵政紀略》卷十五，《諭令寨民實心報效行生員鄧孟賓排年梁相等》。

[62]《兵政紀略》卷十六，《束團編甲以安集新民行屯總鄒文茂總目梁喬》。

地，所以容易侵佔到撫民耕地。侵佔起時，撫民就會交通猺人一起作亂。因此，李材便要「私擅招兵」二千人前來屯田的千戶童克清具備甘結，保證「不擾各撫民耕作田畔，但有違誤，甘依軍法。」並且鄭重提到「覃桂全等往事可鑒也，後日追悔何及。」可見事情不是偶發的個案。【63】總之，撫民和屯田募兵同樣是向猺人要地的，但官方稱猺人原所占地本來是納稅的民人土地，所以不利的只有猺人。

新民需要有生計，否則便難免再亂。解決問題的一個做法，便是讓他們能夠經營小生意。如「就便安插於背坑村地面〔的十三村新民〕，念其初到地方，田土未開，資食無路，若非許令開墟，是名曰撫安，寔逼其窮餓而致之死也。合給告示，附近馬岡、南山二處地方排里人等知悉，於後每月刻定於二十七日開墟，聽撫新民等，任便往來貿易，不許故意抬價刁難，亦不許挾仇敢行椎剝，違者許新民徑赴本道告理。各民既已改行向善，亦宜謹守規矩，毋得再蹈不軌之踪，以來地方之釁。」【64】這便道出新民在新地，准許開設墟市，作小買賣過活，而擔心原居民的仇視報復和壓榨等情。

（三）招主、屯兵

政府和山賊以及其後的撫民之間，有通山招主。他們「熟識賊巢，堪為嚮導」，政府用之以通山賊，以制山賊。【65】他們是當地人，是官與民之間的中間人。但他們志在發財，所以有些還會招來屯田人力，開墾土地。招主有的身份頗高，包括生員在內的鄉紳。

招兵屯田，在當時是很多人贊成的。李材也承認這是「委為對證良圖，且屬簡便事緒。」因為「嶺西地虪，強半占於山猺，非一汛掃而廓清，必難屋居而耕食。今民戶日以凋殘，疆理日以逼蹙，大征既不可

【63】《兵政紀略》卷十三，《責取招兵甘結行千戶童克清》。

【64】《兵政紀略》卷二十六，《安撫新民開墟市以廣生路示》。

【65】《兵政紀略》卷十一，《用奇剿倭行陽春知縣熊烈》。

刻期，勦剿又難以收效。〔因而〕所據招兵占種，允為今日所宜亟用。」【66】招主們招來屯田的外地人，當屯田兵耕田伐木，成功的例子有「見今陽春縣十八峝等處有獞民，恩平縣鎮安屯等處有贛民，皆係先年招致，至今耕守無異。」但也會發生問題，也會變成盜賊。因為屯兵是「棄家者類多無籍之徒，」而招主則是「赴功者大率近利之輩，既上無土官為之管束，又下無身業為之據依，所以利則蠶屯，失利則蟻散，以致無補地方，反貽後害，此亦事理之所必有。」【67】

事實上，情形從李材發出的一些警告的反面可見：屯田兵「兵進之日，最忌妄殺，及未殄稔惡，先勦良獞。此蓋嶺表夙獘，而在招徠野眾，倖功徼賞之徒，尤所當首戒者也。……〔另一方面〕被虜者給親，協從者監候，自餘的親獞屬，及竹木貲財牛畜，盡給各兵，惟馬匹仍留解官差用。田塘地畝，查係獞業，徑行耕守。其入山不深，原係良民失業者，照舊定界歸民，以息爭競。」這說明，屯田兵會令獞人為賊的增加。獞人土地盡被奪去，親屬還要配給兵丁，唯一的出路便是變成「賊」了。【68】

六　反映亂狀的文件

《兵政紀略》所載的文件中，有幾件能夠多方面反映整體上的亂狀，以下加以節錄。應該注意的是生命和財產的損害情況，賊夥及賊徒的數量，地理勢至的情形，以及當時人對問題的評按。

1. 《兵政紀略》卷十二《飛報勦殺陷圍猺浪捷音》

准肇慶府黎知府面諭，據哨官鄧罡報稱，有賊一宗一千餘徒，見今

【66】《兵政紀略》卷十四，《議覆招兵占種事宜狀》。

【67】《兵政紀略》卷十四，《議覆招兵占種事宜狀》。

【68】《兵政紀略》卷十四，《議覆招兵占種事宜狀》。

攻打橫江村寨，事在危急，堂（指揮何伯堂）即統帶新兵馳至橫江，賊已潛遁不知去向。差人分投探的，越在新興，打破布茅村圍屯劄。二十日酉時追至，次日黎明，與賊交戰。……共計斬級七十四顆，奪回賊馬二十匹，被虜五名口，牛九隻。當陣損兵成應鰲等五名。賊營遺下馬牛衣服器具數多，堂恐因貪誤事，嚴令各兵盡力追殺，不許一人在後拾取，隨被附近鄉民盡行搶去，止遺前牛，當將六隻犒兵，三隻賞鄉夫。賊級馬匹人口贓仗，俱解肇慶府驗收。等因。

并據該府呈稱，閏二月十九日聞報，有賊一千餘徒，突出打劫高要縣橫江等都鄉村。本府即督指揮何伯堂，高明縣典史張正夫，哨官鄧罡，各帶部兵前去截殺。隨據鄧罡稟報，生擒賊犯一名，斬級十三顆，奪獲馬一匹，被虜十五名口。陣亡兵二名。何伯堂報，斬獲賊級七十四顆，奪獲馬二十匹，被虜五名口，沙、水牛九隻。傷兵五名。隨將功級各解到府，當委經歷錢晟、照磨谷涇驗明，醃發看守，聽候梟示。被虜給親認領，牛隻犒賞，馬匹器仗，除給哨官頭目領用，餘十五匹通發何伯堂收候，器仗二十八件，收候變價。………

2. 《兵政紀略》卷十六《計勤陷城大夥劇賊山寨盪平捷音》

准原任副總兵梁守愚手本，內開節准本道移文會議，計勤恩平近地馬驑、懷寧、苔村、九逡、藤崗、十三村等處稔惡劇賊，該本職多方計誤，將十三村諸賊先行撫順，委質輸誠，屏蔽既空，形援盡絕，乃始覆文本道，計會調兵，及製造合用兵仗，措處船隻魚米，事俱辦集，蒙本道定分哨道，約會本職，以七月十六日四鼓刻限抵巢。……寨門一開，賊眾崩潰，徒手裸身，抱頭鼠竄，我兵銃炮齊發，諸寨多係蓬茅，火經便着。各賊內多兇狠，間有潰圍逃出，數亦不多。當陣擒斬賊級四百二十三名顆，內大賊首林翠蘭、李天全、蘇茂松、戚碧潭、杜勝奇首級，俱有親屬識認。生擒大賊首一名譚權伯。其餘竄匿茅藪，被燒致死，可驗者九十八具，餘被焚化，寔亦不下百數，臭穢之氣充滿山谷。俘獲賊

屬二百八十二名口，被虜一百一十七名口，牛八十七頭，馬二十六匹，器仗衣甲三百八十九枝件，已經解送審驗。去後，續該申督官兵，就山伐木，列柵立營，四地搜扒，獲解賊級一百五十一名顆，內有大賊首羅紹清、伍弘海、侯惟貞、馮月明、丁龍泉、李業勝六名顆，賊屬四十三名口，器仗七十一件。即今四路清夷，三巢蕩靖，百年之稔惡，瞬息廓清，萬姓之冤啣，一朝頓釋，誠為鷗勤之艱，非職疎庸所及，此皆仰仗軍門廟筹，本道同心之所致也。合用手本，煩為查照，審驗類報。等因。

　　并准遊擊將軍王瑞手本，開報相同。各到道案查，三月十五十八等日，本道駐劄恩、陽地方，據廣、肇二府恩平、陽江、新寧、新會四縣民馮公器、李惟盛、趙以倫、湯鼎瑞、吳繼賢等呈，為請乞大兵勦巢賊，以雪四縣民冤，以圖長治久安事。內稱懷寧、苔村、馬騮坑、藤崗、九逕、十三村等處強賊，住間恩平、新寧，地連陽江、新會，自劫海朗所，復破廣海衛、蓮塘驛，殺死指揮費大經，場官賈朝宣等，屢值地方多事，未蒙動兵征討，彼視旁若無人，愈肆兇虐。有賊首林翠蘭僭稱嶺表天王，戚碧潭號稱混世魔君，黃高飛號稱神威大將，譚權伯、羅紹清、李天全、杜勝奇、丁龍泉、趙良譽、童景才、侯惟貞、蘇茂松、簡總管、陳金鶯、馮月明、李業勝、丘盛富、顏廷廣、梁喬、陳友諒、鄧永盛等，各假封官職，出入擺執事，乘涼轎，騎大馬。愚民謂之無敵英雄，日投月盛，始起以百，今聚累千。橫行流劫，四縣鄉村，妻子被虜淫姦，父母遭其屠戮，富者為其破家，貧者遇之絕滅，田園拋荒，盧舍燒廢，屍積如山，血流成池，日行百里斷煙之村，夜聞四處訴冤之鬼。曾聞古制設民養軍，設軍衛民，迄今荼毒十餘年，殺死者難以幾萬考計。恨不能請匹馬雙輪之軍兵，替雪滅門流離之苦害。惟去年十月，蒙總府動兵征勦，百姓期雪萬冤，殊料兵未及巢，賊早知覺，如撩蛇薑，反遭毒蜇，大兵之施方還，惡賊即日鳴金誓眾，分夥出劫陽江、新寧地方。沙浦村陳一理、朱宗期等家口，殺無遺類。廟仔埠村蘇奇秀家三十餘口，獨存一男。自後日甚縱橫，都無顧忌。被害尤慘者，難以殫

述。焚毀房屋家財，餘月燃煙不絕。牛種席卷一空，臨春舉手無措，又值時歲饑饉，逼逐流離，餓死者不可勝箅。似此毒虐地方，亙古所無。為此屢詞縣訴，奈何父母憂民匱乏，不肯申請動兵，只以招撫為策。弭盜目前，養虎日後。……團詞訴乞，早發大兵，剪除惡賊，急救倒懸等情。并據各縣被害民人陳鳴可〔……等三十一人〕各告節年屢被前項賊徒劫殺慘毒情由，計詞三十一紙，俱准在案。……

惟是時乎時乎，雖若不可後機，而度此之兵，計彼之眾，多取之轉不足以圖功，寡取之庶或可以收效。所據舍會、寧遠賊，專事於恩平，置十三村不誅，而併力於馬騮諸處，尤得量力之權，有合於知彼知己之用。……於二十八日寅刻，集兵武場，約會遊擊將軍王瑞，祭告旗纛，就於辰時進發。……蓋鵰勦之計，最苦者攻巢之險，而最難者機事之露。賊徒金帛最多，耳目最廣，而廣中百姓又樂於附賊巢，忍於背官府。三巢地形險惡，黨眾稱強，更復蔽處諸巢，一入其中，四面盡敵，小有疎虞，豈獨不可圖功，正恐翻以覆眾，故其機不得而不密也。分定哨道，約會本總及游擊王瑞，水陸兩途，俱以十六日四鼓刻限抵巢進勦。外，仍預發小票，密切差人於是日初更時分，分詣新會、新寧、陽江、恩平四縣，督發排年、千長唐子晃等，把截官來逡，……四更時分，度量官兵已次抵巢，牌行招主鄭文茂，齎督陳金鴽等，併力統兵截捕。……調度既定，本道乃復乘夜間走蜆岡，次晨詣恩平，行抵邑郭，邑人都未之知也。次晨復往鎮安屯，就近監督，兵盡入山，單車就路，而其屯介在叢藪，正係十三村地面經行村壘，到處伏藏，意矛稍乖，良可寒慄。兼以滿目茅菁，高可隱目，披紛覓逡，只尺之內，不復辨人。乃復蔽以崇山，阻以深澗，下澗者如墮坑，上澗者如登壁，沿途又多布菰簽，動防機阱，真天成盜藪，非人世所宜處也。

隨准本總飛報功捷，已經備云呈報。去後。今准前因，除將功次陸續批發肇慶府通判曾璋，恩平縣典史方燊、巡檢俞用光，逐一審驗，得生擒內，除原作賊，解審係被虜伍章等七十一名，徑發保領外，實在大

賊首羅紹清、譚權伯、伍弘海三名，從賊徐陽等一十六名；賊級內，除點驗過三巢內燒死帶頭賊屍九十八具，不開外，實在大賊級林翠蘭、戚碧潭、馮月明、丁龍泉、李天全、侯惟貞、杜勝奇、蘇茂松、李業勝共九顆，從賊級四百三十五顆，被虜男婦大小一百八十八名口，賊屬三百二十五名口。牛馬器仗，除賞兵外，見在牛六十頭，馬二十三匹，器仗三百二十一枝件。通共擒斬焚燒賊級五百六十一名顆，奪獲人口五百一十三名口，牛馬器仗四百一十一頭匹枝件。所據擒斬賊首十二名顆，相應摘解，其餘從賊垂死者一十六名，照例處決，并發恩平縣教場路衝分挂充警；牛馬發恩平縣，賊屬器仗發高要縣，各收候變價充賞；被虜釋放寧家。外，為照三巢負險，稔惡稽誅，聚匪累千，流毒四邑，初破海朗所，復破蓮塘驛、廣海衛城，久干不赦之誅，既殺指揮費大經，復殺場官賈朝宣，及虜奪官印，致厪欽依之討。至於執官劫吏，靡歲不聞，破里屠村，無月不有，行居慘目，里市蕭條，此真天討之所宜亟加，王法之不容刻宥者也。然前此蓋嘗合萬餘之眾，連兩道之兵，統以鎮臣，畀以全力，或兵甫興而賊聞風隱伏，或刃方接而兵避賊遠奔，以致無振國威，徒長賊氣。乃今驅二千不練之卒，持三日有盡之糧，乘昏黑以履危途，冒血刃以探虎穴，竟殲巨憝，保取全功，即有漏刃之徒，盡屬無能之輩。至其中僭號天王如林翠蘭，假稱魔君如戚碧潭，又如經奏有名如侯惟貞、羅紹清、杜勝奇、譚權伯、丁龍泉、李天全、馮月明、李業勝者，人人得獲，并其妻子，見即隨軍。雖斬級僅僅五百有奇，連俘獲殆踰一千有眾，功不足多，惟是兵寡而賊數眾多，地險而勢難百倍，幸無挫衂，亦號十全，重多摧陷之鋒，克靖虎狼之穴。祇今三巢空蕩，四邑謳歌，戴德明廷，頌恩督府，亦可謂一時之奇捷也已。

　　且其地東控十三村、大涯等巢，撫其背而握其樞；西接藤崗、九逕、白石等巢，扼其吭而制其命。所以環居各寨，皆依倚以為腹心，而彼屹然中居，盡用以為肘腋蔽屏。兼以賊首林翠蘭、戚碧潭、羅紹清三人者，又皆勇敵百夫，為諸賊之所畏服。形禁勢格，阻險阨而用奇，使

景印香港新亞研究所《新亞學報》（第一至三十卷）

官兵一入其中，四面盡敵，彼方高據山藪，飲酌宴咲，坐待我兵之疲，而我卒無所措其手者，亦良有故，不可謂人謀之向有未臧也。所以十三村等巢，始雖聽撫，意尚處於疑信之間，即日簡總管、梁喬、陳友諒等，皆藉記兵夫，統帶家口，面縛詣軍，投降請死，而九巡諸巢，魂搖膽落，亦疾走新寧，隨里排而輸納。何者？以腹心先潰，情志搖危，卒合本道初謀。蓋至於今，乃見攻心之果為上策也。……緣係仰仗威嚴，用奇計勦陷城稔惡、大夥盤據浪賊盡絕，山寨盪平，飛報全捷事理，所有生擒大賊首羅紹清、譚權伯、伍弘海，斬獲大賊首林翠蘭、戚碧潭、馮月明、丁龍泉、李天全、侯惟貞、杜勝奇、蘇茂松、李業勝共首級九顆，合解審驗。

3.《兵政紀略》卷十八《飛報鴳勦稔惡巨巢奪回被虜數多狀》

　　准分守高肇參將梁守愚手本，本年十一月二十三日，本職統領貴道官兵，埋伏北塞巡，遇梅崗浪賊一千餘徒，移巢鐵帽山。本職躬率部兵血戰，賊徒盡被殺傷，棄刃敗入深菁。當陣斬獲首級一百餘顆，救脫被虜男女一千餘名口。

　　案照，先為山賊猖獗，乞賜借兵守禦事。本年十一月初二日，准貴道手本，據陽春縣申，稱浪賊千餘，屠虜排年林奎等二百餘命，太平等都一月之內，俱被群醜攻打一十餘寨。懇乞發兵相機應援等因，備行本職，煩為酌量授計，督發勦捕。并准貴道親詣新興，面定策畫，督發本職，於本月十三日，自新興發兵，一面先遣土兵二百餘名，扮作山賊遠出，兵前於賊山要路把截，本職領兵由深山僻路，一日夜馳二百里，攀崖附木，潛入賊巢。時方三鼓，各巢恃其阻險，絕無隄備，比因有賊徒回巢，撞遇伏兵，驚起奔竄，我兵追勦，當陣斬獲首級二十餘顆，及生擒大賊首李翠峰妻子，并大賊首蔡惟喜夫婦，奪獲賊屬，并被虜三十餘名口，牛馬一百餘頭匹。次日統兵深入，徧搗各巢，燒燬賊巢三十餘處，計五百餘間，其積聚稻穀數千餘石，盡行燒燬。

　　審據賊屬供稱，本巢劇賊一千餘徒，俱出外打劫。向在梅崗屯劄收贖未回，止留零賊見在看巢。因其人強地險，一向無兵敢入，故不隄防，等因。

　　本職隨於本月十七日班師陽春，探哨間，據各被害鄉民冼茂英等告稱，見有西山浪賊，勾結各巢劇賊千餘，將陽江、陽春一帶村寨劫擄殆盡，見搶良人男婦一千餘名口，在於梅崗山中索贖。日逐殺戮，萬分危苦等情。

　　本職訪得，李翠峰等夥寇陽春，士民畏威圖利，半為耳目，一遇官兵進勦，無不預知。本月初五日，陽江縣官兵進勦，即被殺敗。本職一面行取守備趙一夔帶兵前來，問故，止據本官來見，其部下把總龔惟雄，因兵敗徑回陽江，故本職二十二日，堂堂統兵，徑抵近賊羅洪民寨屯劄。詢問鄉民，俱云賊眾難勦，官兵前此被害，各賊仍將前次進兵道路立柵設險，等情。

　　本職隨驅去鄉人，嚴營屯劄，就將把總胡仲膏授以方略，充作本職統兵劄營原處。本職扮作兵士，身先領帶浙兵協總趙思，把總張德實等官兵，潛自出營，從深山僻道，偷入賊巢出入私路埋伏，令胡仲膏統兵，俟天明攻打。蓋前此兵由正路而進，已被其害，今又設險，故正兵非天明難攻，然天明攻打，各賊敗遁，必由私路復歸老巢。且計賊躧見本職劄營於彼進兵，必先往報，賊必由私路遁去，故本職冒險身先埋伏。今審被擄供稱，果於是夜有賊躧報知各賊，連夜計處，於二十三日侵晨，由私路欲移巢鐵帽山屯住，出北塞逕口。本職見賊千餘，各押被擄，蔽山而來，俟其行至伏邊，領兵衝出，各賊恃其強眾，蜂擁來衝，血戰多時，官兵奮勇，各賊俱被重傷，器械盡行丟棄，扒入深林，被擄男婦千餘，盡行脫走。陣頭斬獲賊級一百餘顆，奪獲被擄三百餘名口，賊馬二十二匹。把總龔偉雄部兵，被賊奪去鳥銃，盡數奪回。見在各賊器械俱棄，齎裝盡失，身負重傷，扒入林菁。本職一面督兵搜勦，但山多路雜，一面行該縣起撥鄉夫，四處把截，務除噍類，以雪民冤，以絕

33

二縣之禍。除將前項功級被虜等項，候搜山完日，另行類解，合用手本前去，煩為查照施行。

准此案查，先於九月初二日，奉軍門憲牌，為地方賊情事，據瀧水縣申稱，被強賊千餘突劫石牌岡村寨，虜人燒屋，復越二都上六營中寨地方屯劄，等情，牌仰本道作急督行殄滅，以救民患，如賊退歸，仍一面堵截，杜其再肆，一面計勦，以絕禍根。已經備行督勦，退遁去後，續於十月十七日據陽春縣申稱，猺賊龐赤毛等，勾引南鄉賊黨，屠虜排年岑奎等二百餘命，及糾集車田、高嵩、大林、馬櫃、丫髻等賊，一月之內，攻打一十餘寨。越來南鄉，偷破曾深等一百餘家，數日之內，約有千餘，盡往陽江兩界地方屯劄，等情。已經備行春、陽二縣，協力相機勦禦，及移文本參探聽速發，務期一挫賊鋒，俾有創艾。

又於十一月十五日，奉軍門批，據瀧水縣生員黎以任、張大謀等呈稱，本縣先年招撫浪賊首李惟能、藍朝璽等數百人，于鳳凰、黃姜、大嵩、石栗等處，至今背叛，稱王立號，邀結猺惡孔聖富、平文才等數千，流劫一二都開陽民嵩，并上下六營，殺人放火。蒙道發兵到縣，賊暫退峒，兵回復出，并粘帖條陳，大約謂：大征則用兵十萬四千並舉，小勦用兵一萬聲東擊西，等情。奉批，仰嶺西兵巡道，會同守道并參將議報。

依奉，備云通行守道并該參查議去後，今准前因，為照瀧水、陽春二縣地分，最為險遠，猺、浪環棲，動及千眾，官府之視瀧、陽，不薄於諸屬，而瀧、陽之為賊，亦非勁於諸巢，徒以地分窵遠，兵退則出掠，兵進則歸巢，兵弱則乘險以相摧，兵銳則阻險以相拒。所以從前聞警，類發空文，關念可謂無情，救援卒於無策，致有以二三千眾，不敢一闖其門戶者，未聞有以千眾之兵，馳二百里昏黑之地，攀援崖逕，一呼而越入其巢穴者，其險一也。且古〔？〕、梅嵩地形高峻逼霄，賊既分立二寨，環以擂木壘石，止留前後一逕，可以通行，此雖有賁育之勇，於法亦宜避之，其險二也。夫戰勝則民氣倍，軍敗則卒難復，乃我之偏旅，既經新挫之餘，而賊席方張，又當陵險阻，仰高峻以攻之，賊

眾我寡，賊聚我散，賊為主，我為客，其難三也。而本參誓死一呼，軍氣頓倍，竟摧大隊，以收全功。雖斬馘之級，若為數止百人，而奪回被虜，已及一千有眾。一時民士懽騰，夫妻子母既離復聚者，咸慶更生。入山收贖者，目覩本參身同下卒，挺刃衝鋒，亦以為從前未有。目今尚復結寨山藪，視四環之猺、浪，無異兒曹，聳千眾之威稜，真同雷電。此皆仰仗我軍門搜羅有術，鼓舞多方，推誠信置之腹中，敘功勤不遺鉅細，故俾群策效靈，智勇思奮，事專於報主，故志存乎立功，亦不復愛身命，圖逸暇，以冀報答於知遇之萬一也。

秪今奔亡賊眾，計及千餘，林莽潛棲，理宜坐困，而我兵單寡，度數與賊僅當，山逕多岐，把截何止百數，雖該本道迅發票文，督遣電、茂、春、陽四邑撫獞、馴猺及里寨鄉兵，分投守禦，移文分守參政魏，督發高州營兵協力，然彼中亦有牽制，至可三百餘人。此亦賊之兇窮惡極，有合滅之機，而我之去暴除殘，數十年巧逢之會也，而坐困於兵。賊誠可盡，計理而揆之，賊可盡乎？西省之大舉尚未收功，東省之合兵適當始事，此亦可為巧逢之會，兵誠當益矣，以今而推之，兵可益乎？倘獲濟五千之眾，斷可保萬全之功。春陽一帶山林之嘯聚可遂空，高涼闔境之內，只海寇不來，外戶真堪闢矣。

如蒙俯念地方，及府江將歸之眾，選其精銳而激之，工食只六錢月給，彼雖有戀家之念，軍門威惠未必不歡然樂從也。然非所敢必也。至於格外之獎賞，與變通之謀畫，尤病乏貲，毫釐無處。曩荷票發鎮銀二千，向未支用，伏乞批行該府，准令便宜，事完通查，無令冒破，即兵與財，兩有所資。然愧此偏隅，屢有干請，恐酬報無能，又適為厚負也。除將大賊首蔡惟喜另行解審，功級委官閱驗明實，發該地方梟示，被虜賊屬，發陽江縣審放變賣，覈實另行冊報。

4. 《兵政紀略》卷二《議請大征羅旁累世劇賊以拯危急殘民狀》

據德慶州鄉官經歷李大夏、教授謝惟申、監生李仕毅、生員陸世鍵

景印香港新亞研究所《新亞學報》（第一至三十卷）

等聯名，并鄉民戴元懿、謝璞、甄文變、李奇等各呈稱：

本州原設都城、晉康、金林、悅城四鄉，都、晉二鄉在長江之南，久為東西二山猺賊占據，淪陷殆盡；金、悅二鄉在長江之北，屢被猺賊首邵金皇、龐力王、盤山官、胡總管、鳳第聘、歐大統、鄧尚貴等，借稱王號將軍，斜合亡命浪賊蘇世盛、談石松等，統眾越江，前後殺擄以萬計。原額六十四里，今僅存三十里；稅糧二萬七千石，荒去一萬七千石，僅存一萬石。節年殺死守備李松，州判陳琚，坐營都司鄭金，守營指揮王璉，達官馬君寵，參隨官曾世傳，千戶林熙、黃元美、劉良、張星南，鎮撫張佐，生員朱誥等；并捉擄知縣周昆，經歷林一鳳，倉官鄭鸞，吏目陸守義，巡檢江文興、周孟景，典儀李喬卿，監生李仕弘，生員李遇桂等。攻破南江逢遠、倫涌、大力、大河、陸都、泟水等營，劫奪南雄府解軍餉七千餘兩，殺死梧州上班官軍，敵傷哨捕兵將，搶掠經行船隻，殺虜過往兵商人口，俱各無筭。

離城〔德慶州城〕二三里，山林盡為藏伏淵藪，非時出劫。如金林都傑一寨，殺死姚繼華等三百餘名；悅城桃村一寨，殺虜董廷序等六百餘口；龍村一寨，殺死甄裕等一百餘命；他如太憲、蔡塘、都巨等數百村寨，一日席卷，殺虜男婦又不下數千餘口。田地荒蕪，室廬煨燼，甚至全村全戶破滅，無復遺種。少有殘民，流移四散。近而肇慶一州十縣，遠而化州、茂、信、神電等處，亦復屢被侵掠。上司加意地方，專以招守為事，乃至建立招主，濟以魚鹽，獎激猺總，給以冠帶，賞以銀牌，招出猺童，送入社學，恩典轉優，殺掠如故，招之何益。

江道營船布滿，兵約三千，歲支工食二萬餘兩，加以開山伐木，搜艇送江，可謂周密。然而賊每渡江劫掠，如入無人之境，守之何益。因循招守，徒費錢糧，恩愈褻而威愈不振，禍稔百年，毒流千種，誠可痛哭流涕。懇乞軫念生靈，動調大兵征勦，庶一勞永逸，省江道募兵之費，復國家數萬之糧。具呈轉達，等因。

又據新興縣被害生員梁臣、葉復元、趙彰信等，鄉民李仁澤、楊元

綺、區舜、葉會等，各聯名告稱：本縣北抵德慶，西接陽春，節年屢被王三坑等巢浪賊首盧其山等，糾黨通猺，除年月久遠，不敢縷陳，惟自嘉靖四十五年以來，延綿流劫芙蓉、寧化等都，齊崗、四合、板村等村，北門城外關廂等處，殺死男婦通計三千餘命，捉虜男婦一千二百餘口，占荒田地二千五百石。即今賊鋒日熾，所在蝟興，官兵稀少，鮮能防遏，若不懇請大兵征剿，則孑遺疲甿，死徙殆盡，無復獲覩天日，等情。

又據高要縣被害鄉官訓導陳嘉遇等，生員吳公澤、麥應文、李大章、曾日敏、崔夢陽等，鄉民陳惟鳳、沈廉等，各聯名呈稱：本縣楊柳、都幕、山凹、白諸、布院、橫江、思勞、思辦、大灣、馬鞍、都騎共十一都，與德慶南鄉，新興腰古，壤地相接，節被猺、浪賊首盤大面、鳳馬騮、劉大秀等，糾黨流劫不時，各都荒沒田糧五千五百餘石，戶口消耗，肝腦塗地，動盈千百，難以計數。惟鳳等幸脫殘生，無所依托，告乞救民水火，免致流亡，等情。

陽春縣被害鄉民黃瓊、蕭惟蕃、林國顯等，連名狀稱：屢被本處浪賊首陳奇山、陳新德等，潛通德慶、瀧水東西二山猺賊首麥治天等各徒黨，連年流劫大平等都鄉村，荼毒生靈，無時休息，殺虜二千三百餘名，荒沒田糧一千餘石。

恩平縣被害鄉民鄭履祥、李維盛、錢君達、張伯忍、鄧廣、梁聖潔、張元勝、馮孟羊、張文夫等狀稱：本縣十三村賊首周高山、簡總管、劉祖善等，隨招隨叛，屢剿屢遺，占據逼降，黨類日盛。有長居靜德、德化等都十三村等地方，稅糧三千七百餘石，原係良民產業，盡數歸沒賊手。頻年突劫各處村寨，殺死三千餘命；捉虜男婦回山，非刑拷逼，有銀贖回，無銀斬殺，枯骨蔽野，冤氣沖天。近蒙本道節次督兵勦巢擒斬，聲言定要攻陷城池報仇洩怨。百姓旦夕彷徨，危如纍卵，懇乞早發天兵，救民急難，等情。

各到道。除查審相同案候外，為照嶺西所屬，負山瀕海，無地不有

37

賊巢，無處不被劫奪，除陽江等縣海賊，四會縣大羅山、開建縣西省流賊不計外，止據肇慶陸地之賊，自府治南岸入百里，至新興，則有土名雲浮山、王三坑、鐵場崗、官廳地、黃沙逕、簕竹、雲蕪、黎筒、良筒、密崗、料崗、林崗等巢，賊首周高山、趙八槳、劉儈仲、蘇汝和、陳明山、黃雪松、梁鎮岡、陳候山、梁國彥、朱山雲、徐黃福、龐貴住、梁子清等，約賊三千餘徒；由新興入百里，至陽春，則有土名高崗、崩石崗、富林、鴨鬪、黃沙、小卯、白梅崗、清水、紅豆、深掘、雲青等巢，賊首陳奇山、黎汝誠、陳維山、黃朝恭、黃公染、吳公英、鳳貴寨、劉長頭、陳公猛、甘槲瓢、龐公定等，約賊二千餘徒；自陽春迤東一百五十里，至恩平，則有土名牛牯凸、白面石、磨刀、水關村、洗馬潭、十三村等巢，賊首劉祖善、蔡二仔、陳金鶯、簡總管、陸宗攜、陳友諒、李仲達、陳朝滿等，約賊二千餘徒。

水道之賊，自肇慶江行二百里，至德慶，以瀧水小江為界，東曰東山，有土名富祿崗、柞筒、上墓、下墓、石狗、天所、北涌、水澗、赤土、歐塘、柴坑、古模、大干、火燒、下埇、封門、大岡頭、大墓、尖底、崩埇、楊柳、桐村、茅坑、茯芋、塘邊、苦竹根、石背等巢，賊首麥治天、龐力王、麥德政、蕭惟蕃、劉曲慶、黃黑牙、盤大面、全眼眉、盤眉慶、鳳馬騮、劉貴腦、岑景華、劉雲潮、龐師保等，約賊六千餘徒；西曰西山，有土名羅旁、大力、石龜、磊嶺涌、百片、大埇、拱埇、封門、思律、思遙、風木埇、強車、教馬鞍、野芋、下城、水口、龍塘、古逢等巢，賊首邵金皇、鳳第聘、盤白牛、黃廷立等，約賊五千餘徒。

先年二山止有猺賊，自嘉靖三十七年千長陳世紀，招引陽春西山黃德政等，於儒林地面耕種，因而鳩合黃德祥、張快馬等浪賊，約四千餘徒，互相聯絡攻剽。究而言之，地分有水陸，然東攻則西竄，南捕則北奔，其實通為一巢。種性有猺、浪，然或倚為巢窟，或資為羽翼，其實通為一賊。根連蔓引，日熾月延，破寨焚村，凌鄉跨邑。無論遠歲，只

自隆慶改元，閱今四載之間，焚掠村鎮，何止數十百處，劫奪商船，何止數百餘艘，殺死兵民，何止萬有餘命，虜去男婦子女，何止數千餘口。且拘執見任職官，敵傷防捕兵將，兇窮惡極，勢迫情危。即北虜南倭，備極慘烈，尚有疆圉之限，來去之期，未有入處封域，為禍心腹如斯之甚者也。

夫肘腋之患不除，則倒懸之厄莫解，門庭之侮不靖，則衽席之處難安，將來疆土日以促，民賦日以增，陷溺淪胥，咸思為變，殆莫識所終矣。

及查地方陸路，非不設有堡寨，水面非不布有營船，然以地方遼曠，江道灣環，寨堡零星，禁網疎濶，株守僅充，控禦無賴。近該本道承乏，目擊心恫，慮後懲前，節將僨事提調等官，行拿究治，申嚴號令，選委將領，添發遊兵，不時巡哨；及於陸地咨取知兵總統，合併零星小寨，量其至到遠近之節，定為主客援應之規，仍不時耀武揚威於適中之地，合兵團練。僅僅兩月之內，破巢擒斬，數逾五百，軍紀為之少振，盜賊稍稍潛蹤。然亦止救目前，未堪經久，何者？蓋夥黨熾盛，巢穴之布峙者多也。

竊以為，事不一勞者不永逸，計不百備者不十全，今欲建非常之議，而尚不免牽於稠人之籌，欲啟無前之泰，而又不能不齗於銖兩之需，此計所以多隳，生靈寡幸，而賊勢轉猖也。

故前乎此，非不大征矣。嘉靖三十七年，專勦王三坑，動兵僅及三萬；隆慶三年，專勦瀧陽等處，動兵僅及二萬。兵甫出巢，賊旋嘯聚，無補毫釐，為禍轉酷。後之視今，豈不猶昔。若非計處錢糧數十倍，動調官兵十餘萬，八道並進，三月之後，將舊兵掣散，復以生力兵二萬繼守窮巢，則搜討之際必莫能周，兇逆之萌決無終殄，無論善後，只勦捕之初，未便有觀成之理也。

茲者幸荷軍門臨鎮，本院同心，總六師以行天討，計無疑貳，奉九伐以匡嶺表，兵出萬全，此真社稷之福，海濱胥慶，而在嶺西殘困遺

黎，尤切在深倚也。伏乞軫念各士民呈告危情，早定大謀，亟為援拯，批行布政司，會行各司道，具詳議奪，奏請大征，庶幾積衰可振，大患可弭，鈞臺省宵旰之憂，殘民免墊溺之患矣。至於官兵之動調多寡，錢糧之計處盈縮，與夫將領之選擇，哨道之部分，途逕之夷險，良惡之辨白，善後之機宜，統俟大謀決定，次第議呈，未敢輕率。

七　結語：亂源與難治之故

　　明代廣東西部地方賊亂之多，從以上各節所舉的資料可見，其原因是多方面的，地理上的，行政管理上的，民族關係上的，經濟活動上的，社會心理上的都有。

　　從地理上看，地方遼闊和地勢懸殊，令到交通不便，防守困難。譬如，德慶州西江以南瀧水的東山、西山，羅旁、綠水一帶，猺人是原住民，明朝二百年來都未能將之納入真正意義上的版圖，所以也成為了浪賊的巢穴。「瀧水、陽春二縣地分，最為險遠……而瀧、陽之為賊，亦非勁於諸巢，徒以地分窵遠，兵退則出掠，兵進則歸巢，兵弱則乘險以相摧，兵銳則阻險以相拒。」【69】官兵兵力不足，要用雇傭兵和徵調的土兵，出擊不能持久，所以剿殺之後，也不能獲得長期寧靜。瀧水、陽春出來的猺賊、浪賊，東向更能劫掠新寧、新會、恩平、新興、陽江五個縣份，而這「五邑之中，曠土大山，周環不下四百餘里，而肇、高兩郡，地里懸隔逾千，故令不軌之氓，有可措足之所。」【70】這五邑也是山賊、猺賊的棲息地。這種形勢，助長了浪賊的入寇。浪賊又與廣州府屬縣的賊徒連結，「在恩平，則有十三村等處十餘巢，乃嶺西賊也。在新寧，則有懷寧、苔村、藤崗、九逕等十餘巢，乃嶺南賊也。以

【69】《兵政紀略》卷十八，《飛報鷗勒稔惡巨巢奪回被擄數多狀》。

【70】《兵政紀略》卷三十三，《簡上按院四》。

地言之，則有彼此之別，其實一山相通，狼狽相倚，攻新寧藤崗之賊，則逃過十三村等巢，攻恩平十三村之賊，則避於藤崗、九逕等巢。」【71】這樣的地理環境，令到平常兵力只足防守的官兵難以有效應付。

行政管理上的統轄不一，又將情形惡化，給予了賊人遊刃之地。譬如，恩平和新會，分別屬於嶺西分巡道和嶺南分巡道，因為隸屬不同，官兵協調不易，追捕困難增加，賊人卻增加了逃竄的途徑。【72】又如在「議剿會、寧、恩、新等縣寨賊」事情上，由於「會、寧二縣，界連新興、恩平、高明三縣，東擊西走，必須〔廣州分巡道和嶺西分巡道〕二道舉兵，然後〔賊人〕腹背受敵，〔政府才能〕功收萬全。」【73】但這種合兵協調，如果沒有布政司和總督府的加意督促，是不會完滿成功的。

有時行動較大，牽涉到不同省份，協調問題便更加複雜。李材便面對過「本道境連三省〔廣東、廣西、湖廣〕，賊壘周環，在廣、會〔廣寧、四會〕二縣則苦清遠大羅山之賊，在開建則苦懷、賀〔懷集、賀縣〕等縣陳龍洲之賊」的情況。瀧水羅旁的猺人其實與廣西大藤峽等地猺人是通聲氣的，廣西猺賊越入廣東境內時，瀧水猺賊是他們的合作者。

李材指出盜賊的種類和數量增多的情況說：「嶺西積苦，山妖蟠竊為梗，邇復益以散遣之兵，流浪之賊，及地方窩引奸民，轉相煽誘，以致徒黨日繁，兇威轉熾。」【74】他分析賊亂不斷的原因說：「照得嶺西百姓，忍於背官府，甘於附盜賊，頗有殷實大家，黎為賊蹻，交通接濟，勾引窩藏，探聽軍情，走報消息，凡可以媚盜賊、得錢財者，極惡窮兇，俱所不顧。風俗如此，此良善所以日困，而賊盜日昌也。至如關村、倉步，尤為賊窟，環居各姓，寨寨有通賊之人，家家皆附賊之黨。

【71】《兵政紀略》卷十六，《計剿陷城大夥劇賊山寨蕩平捷音》。

【72】《兵政紀略》卷一，《議請招兵及咨取知兵將領狀》。

【73】《兵政紀略》卷十六，《計剿陷城大夥劇賊山寨蕩平捷音》。

【74】《兵政紀略》卷一，《議請招兵及咨取知兵將領狀》。

惟有潭碧村陳氏一門，皭然清白。」【75】這是事實，但換一個角度看，百姓與賊方便，也有自保的成份在內。李材與高級將領分析說：「取贖者絡繹奔走，通賊者何日無人。不但通賊者有護賊之心，即取贖者亦恐夫崑岡之火，玉與石俱焚也。此軍事所以漏露者多也。」【76】可見他也不是不知百姓的憂慮的。其實，政府的無能與不仁，正是盜賊增加的原因。窮民被迫投賊，事實上存在。譬如新興縣的報告所說：「馬岡等處飢民，略約一千餘口，攜挈妻子，盡數投入賊巢。」【77】

令到賊人在物資供應上有所依賴的是商業活動。外地人到這個地區做買賣，給猺賊和浪賊的武裝做了補給。李材曾經發出告示說：「照得瀧水僻在萬山之中，邑小民稀，用器原少。訪聞鐵匠行戶，多至五六十名，製造所供，不可勝數。及有轉販熟鐵、氈衫、氈帽、盔纓等項，客商接踵，雲集其處。此非通山濟猺，何所用之？併訪猺人生處深岩，初無寸刃，止有勁弩，類以竹矢施發，今則以銅鐵為之矣。又有鎗刀鏢銃，此非私通接濟，果何自而來乎？大率通山之禁，雖節有行，而造器之民，向未驅革之故。」為此，他要「販賣氈衫、氈帽、盔纓等項客商，敢有經近山猺鄉村墟市出入者，亦許緝獲，連贓解官。即將所獲物件，盡給充賞，犯人以通山論罪。」【78】但告示的效果是有限的。

商人犯禁之外，又有有官家勢力背景的商人不理會禁示，與猺、浪交通。例如，「據新興縣申稱，因奉明文驅逐鐵匠，及續奉嶺南分守道查訪西南巡司，指稱索騙緣由，通行禁示巡司，今後不許盤詰，致有番禺、東莞等縣積棍，假以鄉官勢要，藉口販穀為由，夾帶氈衫、纓帽違禁貨物，徑入小水地方，私通各巢，博換皮蠟、砂仁等件。船插刀鎗，號曰防賊，其實以禦緝捕之官兵也。小有譏呵，動稱需索，巡司畏避，

【75】《兵政紀略》卷二，《獎良善以表民風行本民陳威》。

【76】《兵政紀略》卷三十三，《簡沈參戎四》。

【77】《兵政紀略》卷十三，《計餉預請節兵並遣發膺墟土兵狀》。

【78】《兵政紀略》卷二十六，《嚴山禁革鐵匠以杜通猺示》。

無可奈何。懇乞嚴禁等因。」李材據此下告示：「查得鐵匠之禁，原自瀧水縣建議行，令每村止留二人以供農具，亦無全革之理。至於盤船一節，想見該道之心，祇慮夫官司之索商，今反違法通猺，乘隙射利，挾制官司，罪有浮於賊者。合行申飭。為此，特給告示，發仰羅苛巡檢司，常川張掛。於後但有商船經過，驗係空倉者，即刻放行，聽其收買米穀、茨葉、白藤之類，其有夾帶氊衫、紅纓、器械、私鹽、違禁等物，及有一等奸猾，假商為由，潛入通猺接濟者，就便連並人贓捕拿解縣懲治。其官吏官兵人等，敢有指以投單為名，需索一錢一物，阻滯刁難者，併許經行船商，據實走告，以憑提究。」【79】這些告示的效果應該不大。要從物資禁運著手，並不容易。即使能禁商人於一時，接濟猺人渡過德慶州段西江而為其耳目的水上蛋戶，同樣能起運送作用。以下這條資料很有說明性：「訪得〔肇慶府〕府境河道，上起桂林，下至古耶，邇日盜賊公行，皆由老賊棍徒，乘駕麻辣雞洲、九江等處高頭船隻，指稱宦族軍商，覬覦盜竊，而蛋戶漁船，暗地為之作眼，所以緝捕難行。雖云責在哨堡巡司，其實出沒行踪，根因來歷，惟有蛋船。」【80】從一個側面看，其實「宦族軍商」的特權也有助長盜賊活動的作用。而浪賊之流劫勒索，也是為了可以支付購物的費用。

　　總之，生活的問題是動亂不斷的重要原因。所以即使賊徒受了招撫，生活沒有著落時，亂事也不能斷絕。即使有了屯田兵，屯田兵也會加入盜賊隊伍，還會妄殺良猺冒功，逼良為賊。地方賊亂還是持續的，只是規模大小不同而已。萬曆五年羅旁地區開設了羅定州和東安、西寧二縣後，行政管治比較集中和直接，地區上的整體治安開始轉好，但這卻是建基在猺人又經大挫，人口損失慘重的事實上。

【79】《兵政紀略》卷二十七，《申嚴通猺盤詰示》。

【80】《兵政紀略》卷十五，《查編蛋戶以嚴緝捕行高要縣》。

葉德輝致孫毓修未刊書札十通考述

何廣棪

香港樹仁大學中文系

提　要

　　葉德輝致孫毓修書札十通原件，凡21紙，屬臺北市著名建築設計師宋緒康先生所珍藏，從未刊行，故文獻學界幾無人知之者。書札內容以商榷商務印書館編理《四部叢刊》選書及徵用善本為主，其中第八通則載及葉德輝先世之資料。其對研究中國近代出版史，或擬撰作郋園先生年譜者，均能提供極為珍貴之史料。本文乃對此十通未刊書札進行考述，文末附載書札真蹟影本以資欣賞，至可貴也。

景印本・第三十卷

1

景印香港新亞研究所 《新亞學報》 （第一至三十卷）

葉德輝致孫毓修未刊書札十通考述

壹、 前言

景印本・第三十卷

　　摯友宋緒康先生，著名建築設計師，開業於臺北市。平日好收藏，常乘赴北京、上海公幹之便，收購漢文古籍文物不少。數月前從上海拍賣行購得葉德輝致孫毓修書札一疊，未經處理。今年七月間，余遊臺北，親往造訪，蒙告以其事，並首肯將書函影本全數奉詒，俾資研究。暑期多暇，乃將諸函細讀，整治句讀，依年月為序試予編理，凡十通。後於每函之下作按語，就其內容加以考訂，雖無大貢獻，亦消暑一樂事也。

　　葉德輝致孫毓修此十通函札，從未刊行，余為求其確實情況，嘗細檢北京書目文獻出版社《文獻》、上海圖書館歷史文獻研究所《歷史文獻》、南京大學古典文獻研究所《古典文獻研究》、東北師範大學文學院古籍整理研究所《古籍整理研究學刊》各期，及華東師範大學出版社2010年12月印行之《葉德輝文集》，其內均無收及此十篇書札，故知書札難得而珍貴。爰急以整治而公諸世，或庶幾對學術研究有「發潛德幽光」之裨益也。

　　余細讀葉德輝致孫毓修書函後，乃悉此十通書信幾全為討論商務印書館編刊《四部叢刊》相關事宜，而其內容尤集中商討對《四部叢刊》之選書與板本之採擇。閱其函，每深覺葉德輝高瞻遠矚，常能提供顛撲不破並具確應履行之意見，足徵其學養富贍，見地有過人之處；尤擅板本目錄學，其助張元濟校理陸德明《經典釋文》一書，殊見卓越。商務印書館出版《四部叢刊》能獲葉氏臂助，可謂深慶得人。而孫毓修氏則每能采用其意見，遂使《四部叢刊》成為研究中國學術徵用善本最可參考之典籍。吾人又因得讀葉氏函牘，始能知悉商務印書館編刊《四部叢

3

刊》，其背後竟有此一段鮮為人知之掌故。是則此十通書札得以公開發表，其對中國近代出版史之研究，尤其對商務印書館《四部叢刊》編行一事之鑽研，乃最足依據之珍貴文獻。

　　茲為知人論世起見，特於發表葉氏書札之前，謹將葉、孫二人行事，記述如次：

貳、 葉、孫二氏之行事

　　葉德輝（1864-1927），字煥彬，一字奐彬，號郋園，又號麗廔主人。原籍湖南洞庭西山人，其祖游幕楚南，乃寄籍湘潭。生於清同治三年（1864）。年廿歲，補府學生員。光緒十一年（1885），年廿二，舉於鄉。十八年（1892），成進士，朝考二等，任吏部文選司主事。年三十，乞歸故里，奉親讀書。德輝邃於經學，尤精小學、目錄學，恆以《說文解字》、《四庫全書總目》自隨。為學一宗許慎、鄭玄家法，經史以外，旁及碑版、摹印、占卜、星命之學。家富藏書，多海內善本。其藏書樓稱「觀古堂」。著述亦甚豐贍，所著書，經、史學有《周禮鄭注改字考》、《儀禮鄭注改字考》、《禮記鄭注改字考》、《說文讀若考》、《說文籀文考》、《釋人疏證》、《同聲假借字考》、《六書古微》、《說文解字故訓》、《經學通誥》、《孝經述義》、《春秋三傳人名異文考》、《春秋三傳地名異文考》、《蔡氏月令章句》、《漢律疏證》、《南陽碑傳集》、《南陽祖庭典錄》，目錄學有《隋書經籍志考證》、《四庫全書總目提要板本考》、《書目答問斠補》、《書林清話》、《藏書十約》、《觀古堂藏書目錄》、《郋園讀書記》、《郋園書畫題跋記》，其他著述有《古器釋銘》、《古泉雜詠》、《郋園書寓目記》、《游藝卮言》、《淮南鴻烈間詁》、《輶軒今語評》、《明辨錄》、《覺迷要錄》、《翼教叢編》、《郋園書札》、《郋園詩文集》等。德輝卒後，其子啟倬為刻《郋園叢書》，凡126種，371卷，行於世。近華東師範大學出版有

《葉德輝文集》，收文亦富。至欲考知葉氏生平事迹之詳者，則可參考汪兆鏞〈葉郋園先生事略〉、許崇熙〈郋園先生墓志銘〉、黃兆枚〈葉郋園先生傳〉、金天翮〈葉奐彬先生傳〉、全根先〈葉德輝目錄學成就述評〉及德輝受業弟子楊樹穀、楊樹達昆仲合撰之〈郋園學行記〉。

　　孫毓修（1871-1922），字星如、恂如，號留庵，別號綠天翁、東吳舊孫、樂天居士，別署小綠天主人，室名小綠天。江蘇無錫人。早歲攻讀南菁書院。後從美國牧師習英文。光緒末年從繆荃孫（1844-1919）學版本目錄學。光緒卅二年（1906）入商務印書館，任高級編譯，並為涵芬樓鑒別版本，編輯《四部叢刊》。著有《中國雕版源流考》、《伊索寓言演義》；譯有《北亞美利加洲》、《亞細亞洲》。又先後撰成歷史人物傳記《文天祥》、《王陽明》、《岳飛》、《諸葛亮》等。其出版童話《無貓國》，被夏丏尊（1886-1946）譽為中國童話開山祖師。毓修生平資料，茲僅據陳玉堂《中國近現代人物名號大辭典》增訂剪裁而成。欲考其詳者，則可參考國家圖書館出版社 2011 年 6 月第 1 版之全根先編著《中國近現代目錄學家傳略・被人遺忘的目錄學家孫毓修》，與上海人民出版社 2011 年 10 月出版之柳和城近著《孫毓修評傳》。

叄、 葉德輝未刊書函十通考述

　　葉、孫二氏行事記述既竟，以下乃將書札依年月先後排次，並對函牘作按語，就其內容略事考訂。

一

　　星翁仁兄大人執事：頃奉覆書，知《絳雲目》已收到，跋文有誤，仍望將原稿寄蘇再改，此兩葉紙甚易易也。《四部叢編・例言》匆匆撰就，在鄙人所欲言者已盡于斯，體例既定，則一切築室之議不煩言而自解。菊翁決去《席刻百家》，則唐人專集善本多少可以補入（弟藏善本甚

5

多，儘尊處所見先錄），惟唐選不可無一二與宋元相配，《才調集》尤要也。此頌撰安。　　弟葉德輝頓首。己未舊曆七月廿五日。

　　按：此函乃所收諸函第一通，撰成於民國八年己未（1919）舊曆七月廿五日。德輝時在蘇州，孫氏則在上海。函中所言《絳雲目》，即錢謙益（1582-1664）所撰《絳雲樓書目》，其目收書近 3000 種，其中宋、元槧本約 50 種。考葉氏所編《觀古堂書目》收有錢謙益《絳雲樓書目補遺》1 卷，函言《絳雲目》或指此本。而《四部叢編》，即其後商務印書館編刊之《四部叢刊》，意此書最初擬用《四部叢編》之名也。「菊翁」即張元濟（1867-1959），字菊生，故敬稱為菊翁，時任商務印書館董事長。葉、孫二人於此組書函所商討者多涉及《四部叢刊》選書及采用板本事。葉氏函內所言，甚為得體，既尊重張元濟意見，又有一己建設性之提議。至張菊生所決去之《席刻百家》，乃《席刻百家唐詩》之省稱，其書清席啟寓（1650-1702）編，凡 326 卷，所收皆唐至五代詩集。張氏去之，殆以其非宋元善本之故耶？《才調集》，蜀韋縠（生卒年不詳）編，錄詩凡 1000 首。

二

　　星如仁兄大人執事：前日得書，旋即裁答；又由郵局寄上《四部叢編·例言》，一時倉卒，于燈下就館中原本隨改隨增，即將底稿奉上。菊生同年來書云「不用館中名義發起」，則語氣有無應改之處，尚宜斟酌，方可定行。昨復菊翁書，謂改「敝館」二字為「同人等」三字，如何？其論行欵一條有「兢兢于此致意」，擬改「斷斷于此致辨」。原稿似已塗改，而未將改句加上。菊翁來書云「准刪去《席刻百家唐詩》，增入單行各種」。其中各種，弟所有善本須歸家一查。惟《文泉子》與《孫可之》合刻為閩齊仿墨板本（他書多朱墨套本），似少見。弟有此本，前目已批明。《李群玉》、《李碧雲》二集，弟有黃蕘圃藏影宋書棚本。《釋齊己》、《貫休》、《皎然》（菊翁目間未列《皎然》），傅沅叔同年為

弟言有宋本可借，如有人影刻，彼可介紹，不知石印彼亦願否？《沈下賢集》無宋元明刻本，此書弟曾刻過，考之最詳，今江南圖書館有明謝氏小草齋鈔本，謝抄亦名抄，似可用。《羅昭諫集》，瞿有宋本，是甲乙集，詩文不全。江南圖書館舊抄本為何義門物，必可用。此類集部弟所有者，除席刻外，大半汲古本，惟《王右丞專文集》四卷，弟有奇字齋本，係明刻白文。元刊六卷本，有詩無文，不全也。連日秋燥，酷熱異常，夜不成寐，即檢閱瞿目、江南圖書館目，其中足供印者，多不過十餘種。印書非藏書比，有缺葉不能用，鈔配太多不能用，印本模胡不能用，此舉亦不容易，局外人烏足知吾輩苦心耶！此頌撰安。　弟葉德輝頓首。己未舊曆七月廿七日。

　　按：此函為第二通，撰於民國八年己未（1919）農曆七月廿七日。葉氏仍在蘇州。函首討論《四部叢編・例言》文字修訂事，葉氏所擬改各點應甚允恰。繼則商討選書及所用板本之良否與取捨。函中所言之《文泉子集》，唐劉蛻（850 年進士）撰；《孫可之集》，唐孫樵（855年進士）撰。葉氏謂其所藏二書為閔齊伋墨板本。考閔氏（生卒年不詳），字寓五，烏程（今湖州）人。自幼讀書勤奮，好作詩文，以刻書為事。明萬曆四十四年（1616）採用朱、墨兩色套印書籍，後又改為五色套印，先後刻印經、史、子、集古書一批，且及戲曲、小說，甚有名。《李群玉》，即《李群玉詩集》，群玉（約 807-862）字文山，亦唐代詩人，甚受宰相裴休器重。《李碧雲集》，乃南唐李中（生卒年不詳）撰，其集皆詩作，凡 3 卷。至函中又言及黃蕘圃，即清黃丕烈（1763-1825），字紹武。嗜學好古，素喜藏書，尤重宋元槧本。函謂黃氏所藏《李群玉》、《李碧雲》二集乃影宋書棚本，即指影南宋臨安陳起（生卒年不詳）、陳續芸（生卒年不詳）父子之書坊刻本。《釋齊己詩》，晚唐著名詩僧齊己（863-937）撰，詩凡 800 餘首，其詩《全唐詩》亦收之。《貫休詩》，晚唐詩僧貫休（832-912）撰，又名《禪月集》。《皎然集》，唐僧皎然（730-799）撰。皎然字清晝，劉宋謝靈運（385-433）十世孫。

《沈下賢集》，唐沈亞之（815 年進士）撰；下賢，其字也，集凡 12 卷。本函謂《沈下賢集》，江南圖書館有明謝氏小草齋鈔本。考江南圖書館，清兩江總督端方（1861-1911）於光緒三十三年（1907）創辦，即今南京圖書館前身；至謝氏小草齋，乃清謝肇淛（1567-1624）之齋名，謝氏字在杭，號小草齋主人。葉函又謂其有奇字齋本《王右丞專文集》。奇字齋主人乃清顧起經（1515-1569），所刻《類箋唐王右丞集》，世稱奇字齋本，亦即本函所言之「《王右丞專文集》」。《羅昭諫集》，唐羅隱（833-910）撰，集凡8卷。何義門，清何焯（1661-1722）號，字屺瞻，晚號茶仙，江蘇長洲人。多蓄宋元舊槧，參稽互證，丹黃稠疊，所評校之書，名重一時，有《義門讀書記》6 卷傳世。至葉氏函末謂：「印書非藏書比，有缺葉不能用，鈔配太多不能用，印本模胡不能用，此舉亦不容易，局外人烏足知吾輩苦心耶！」皆至理名言，非老於此道者，不易言之也。

三

　　星如仁兄大人閣下：昨由長沙商務印書分館交到尊處上海初五日一函，謹悉各節。《經典釋文》用通志堂本，附各家校記，此固勝於盧校，但此事亦非易事。弟如在蘇可一人任之，在湘俗務紛紜，則不能也。弟藏校本，據家石君公校宋本照校，即一點一畫亦照宋本，以朱筆改之，其餘過錄乾嘉以來諸儒校語，五色筆相雜，觸目緒多，恐非細心人不能理董；尚有三本在鄉間一從子手，俟取來寄上。《蘇欒城》、《宋文鑑》二書既有善本可印，則弟亦免郵寄往還。藝風作古訃聞想已到蘇，其家人或不知弟回長沙，擬作挽詩，藉伸知感。託抄禁刻書翻板文，望早寄下，以便增入。今年為日無多，來歲開正又是閏月，遲下則二月矣！光陰可惜，弟亦急欲回蘇，長沙不可久居，此人人所共知者，安可因此虛蕩校書之歲月耶！己畦、學山、分干《三祖集》已印出（午夢堂刻未完），暇時檢交分館寄滬。此頌撰安。　　弟葉德輝頓首。己未十

8

二月十二日。

　　按：此函為第三通，撰於民國八年己未（1919）農曆十二月十二日。時葉氏由蘇州回長沙。函中主要言及《四部叢刊》所收《經典釋文》用通志堂本，並擬附各家校記予以整理，所述校書事甚詳悉，皆葉氏經驗談也。考《經典釋文》，凡 30 卷，唐陸德明（556-627）撰。通志堂本，則指清納蘭成德（1655-1685）《通志堂經解》本，其書收錄先秦、唐、宋、元、明經解 138 種，凡 1800 卷。函中又述及藝風作古，另託孫氏抄禁刻書翻板文。藝風即繆荃孫（1844-1919），學問淵瞻，亦精目錄板本學者，葉氏摯友，卒時七十六歲。至函內所提《蘇欒城》，即宋蘇轍（1039-1112）所撰《欒城集》，其書另名《蘇文定公文集》，宋刻甚多。《宋文鑑》，原名《皇朝文鑑》，宋呂祖謙（1137-1181）奉詔編輯，乃北宋詩文總集，凡 150 卷。《三祖集》，其書所收計為明葉燮（1627-1703）《己畦文集》22 卷、《己畦詩集》10 卷、《己畦殘餘詩稿》1 卷、《己畦原詩》4 卷、《訌文摘謬》1 卷，另清葉舒穎（1631-？）《學山詩稿》，及清葉舒璐（1663-？）《分幹詩鈔》4 卷等。又函中言及之「午夢堂」，乃晚明葉紹袁（1589-1648）家族堂號。紹袁，天啟五年（1625）進士，吳江（今屬江蘇）人。明亡攜三子出家為僧，法名木拂。葉氏此函，余近考得孫氏有回函，孫函撰於民國九年庚申（1920）農曆元月廿八日，收入柳和城《孫毓修評傳》附錄二〈孫毓修書札輯錄〉，頁 428。孫函云：「前承惠家刻三種，手書致謝，想邀青睞。頃菊生學部檢示音書，知《四部叢刊》極蒙記注，實衛道之切，垂愛之深。希風南望，荷感何言！宋元明清禁止翻版示帖，輯錄無多，遲遲未寄，今承指教，應即鈔奉，以備采擇。藝老作古，知極感念。『異口趨宣重別後，書絲行想不忍聞』。弟雖未列門生之籍，而亦不無知己之感。中邙帳秘，半曾窺見，然早已十去七八。唯臥榻之旁，尚留十餘篋，造談之頃，往往引之入室，出以相賞。零星小種，此老乃愛護如頭目。棄寓瓠而室瓦缶，殊不可解。其公子輩仰仗先志，亦頗□親，借印之事或可賡

續。鼎之輕重，則固不忍問者矣。此亦書林清話中一段掌故，因縷及之。庚申一月廿八日。」孫函有「宋元明清禁止翻版示帖，輯錄無多，遲遲未寄」；又函中有「藝老作古，知極感念」云云，二函兩相比勘，皆足證後者為復函也。

四

　　星如仁兄道契執事：奉書知貴恙已全，忻慰無似。《家集》及借《佳趣堂書目》係由長沙分館裝箱運寄，不如郵局之速，故未到也。弟在家數月甚忙，當道甚糾纏，因家事不能擺脫，不然早已回蘇矣！此次宋本《說文》已從日本借得，菊生同年有書來告，大是快事。《經典釋文》應如尊議，以通志堂初印本入印，附以校勘記，此事弟可與聞，書成亦必傳之作。嘗笑康雍以來儒者誤用汲古閣《說文》解經，《說文》沿訛襲謬；嘉道以後學者又誤用阮刻《十三經》、盧校《經典釋文》，以為經學之功，得此即可升堂入室。粵之陳東塾、浙之俞曲園，皆坐井觀天，至可輕薄，五、六十年人人奉為大師，中國乾嘉以來一百年，直可謂無一開眼者，豈不可笑！《四部叢刊》能以此等古本餉人，實莫大之功德，公與菊生同年實古人、今人所同託命者也。承寄翻板禁文尚未到，以寄物較寄信略遲，掛號尤緩也。此頌撰安。　　弟葉德輝頓首。庚申二月初三日。

　　《書林清話》「翻板有禁例始于宋人」一則，當時止錄得段昌武《叢桂毛詩集解》附錄一條；祝太傅宅刻《方輿勝覽》禁人翻板一段，在蘇遍借各藏書目翻檢，均無其文，詢之繆藝風老人亦不記憶。去年歸家檢楊惺翁《日本訪書志》得之，已將此一葉改添四葉，正在刻板。適奉書寄來，恐不及補矣！然將來入之《續話》亦甚易易也。去年收到舊刻書及明板集部甚多，但無宋本、抄本(舍侄得抄本元人小集甚多，均秀野草堂舊藏，得在弟未回湘之先半月)。元板《文獻通考》、明馮天馭刻《文獻通考》，其最大部也。　　輝再拜。

10

　　按：此函為第四通，撰於民國九年庚申（1920）農曆二月初三日。其時葉氏留居長沙已將三月矣。函中所言《佳趣堂書目》，清人陸漻（約1657-1727）撰，其書不分卷，僅依經、史、子、集、地理、金石、目錄、佛道為序，著錄書籍1547部，以詩文集居多。此書目收入葉德輝所輯《觀古堂書目》，故孫氏求借諸葉氏也。又函中言商務印書館能從日本借得宋本《說文》，收入《四部叢刊》中，大是快事；繼重述對《經典釋文》之整理，以為書成乃必傳之作。惟函內對康雍以來儒者治經，有誤用汲古閣本《說文》及阮刻《十三經》者，皆給予苛評；即如陳東塾（1810-1882）、俞曲園（1821-1907）之治經，亦評為「皆坐井觀天，至可輕薄」；並謂「中國乾嘉以來一百年，直可謂無一開眼者」。讀函至此，深覺葉氏之自負，已屆目無餘子矣！函末補記《書林清話》「翻板有禁例始于宋人」一則相關情事，《書林清話》一書，乃德輝所撰，其書詳論古籍版本目錄，書凡10卷。又函中言及宋段昌武（生卒年不詳）《叢桂毛詩集解》，其書凡30卷。另《方輿勝覽》，則宋祝穆（？-1255）撰，乃南宋地理總志，計前集43卷，後集7卷，續集20卷，拾遺1卷，凡71卷。而函中謂及楊惺翁，即指清楊守敬（1839-1915），字惺吾，曾任職駐日使館，留日時訪書有獲，撰成《日本訪書志》。函後另言及其侄兒去年收得舊刻書及明板集部書，其中道及之秀野草堂，乃清康熙進士顧嗣立（1665-1722）室名，顧氏博學多才，喜藏書；而馮天馭（1503-1568），則明世宗嘉靖十四年（1535）進士，以刻《文獻通考》有名。

五

　　星如吾兄有道左右：奉三月十二日書，知前函已邀台詧。瞿氏書開印，日本岩崎書亦成功，吾輩心願已完，此真天下第一快事。王佩翁多日不見。《盤洲》、《濂南》兩集抄本，問明再報聞。《脈經》即日寄呈。歸湘以來，家事尚未了清；地方事又接起而至，急欲脫身來滬，一

11

經羈絆，竟不得自由，殊可笑也。近日從子輩收得舊書三種（其他元明刻、舊抄甚多，皆尋常之書，特刻本不同。《文獻通考》收得三部：一元板、一明馮天馭刻本、一慎獨齋本），皆曾文正所藏。一元翻宋本《陶詩箋注》，即《四部叢刊》擬印之本，有吳尺鳧一跋為可貴；一南宋麻沙本《纂圖互注莊子》，亦恆見之本；一《李習之集》，看似明初本，曾文正手跋以為宋本，曾固非講板本者，其言不足信也。前聞莫楚翁云，沅叔同年到上海新得金板《磻溪集》，此人間未見之書；又有宋本《張司業集》，似可借印。楚翁亦時通信，故得知之也。手復，並頌撰安。　　小弟德輝頓首。三月十七日。

　　按：此函為第五通，函末雖未署年，推考之實撰於民國九年庚申（1920）農曆三月十七日，乃繼上函而續致孫氏者，德輝仍在長沙也。函中言及《四部叢刊》徵用瞿氏書與日本岩崎書。瞿氏書，乃清瞿鏞（約1800-1860）鐵琴銅劍樓藏書也；岩崎書，則指靜嘉堂文庫所藏書，其創始人為日人岩崎彌之助，至其子岩崎小彌太時又購得清陸心源皕宋樓所藏宋元版刻及名人手抄本，大為擴充書庫藏書。「王佩翁」即王謇（1888-1969），字佩諍，故有是稱；「沅叔」，清傅增湘（1872-1949）字；「莫楚翁」，乃清莫棠（1865-1929），字楚孫，亦作楚生，莫友芝從子，嗜藏書，三人均葉氏書林同道也。至《盤洲集》，宋洪适（1117-1184）撰，書凡 80 卷，适字景伯，號盤洲。《滹南集》，金王若虛（1174-1243）撰，號滹南遺老，書凡 45 卷。《脈經》，西晉王叔和（265-316）撰，書凡 10 卷，98 篇。函中又提及《文獻通考》有慎獨齋本，其書乃明建陽書林著名刊刻家劉弘毅（生卒年不詳）所刊刻，凡 348 卷。慎獨齋本書，密行細字，校勘精嚴，字體版式，頗類元刊。函中又言及元翻宋本《陶詩箋注》，此書實即元初翻刻之宋李公煥（生卒年不詳）《箋注陶淵明集》，凡 10 卷。德輝謂書中有吳尺鳧一跋。尺鳧，清吳焯（1676-1733）字，錢塘（今杭州）人，喜聚書，尤精校勘，家有瓶花齋，所藏宋雕元槧與舊家善本甚富，是知此書曾為尺鳧所藏，故吳氏得以校而跋

之也。至《纂圖互注莊子》，凡10卷，其書用晉郭象（252-312）注，附以隋陸德明《經典釋文‧莊子音義》，為宋龔士卨（生卒年不詳）所編《五子纂圖互注》之一。《李習之集》，唐李翱（774-836）撰，書2卷。習之，李翱字。德輝函中言及傅沅叔得金板《磻溪集》，乃人間未見之書，至足貴。考《磻溪集》，元邱處機（1148-1227）撰。其書收詞134闋，邱詞亦刊見《正統道藏‧太平部》。宋本《張司業集》，凡8卷，唐張籍（767-830）撰。

六

　　星如吾兄道契左右：頃奉惠書，得悉種切。前夏劍兄函約來滬相會，弟回函已云不能如約，兄殆未細閱耳！去年曾允為菊翁校《經典釋文》，頗以諸經疏附陸氏音釋者不易齊備（瞿氏有七經）。心願頗大，欲撰一書與抱經相抗，若抄撮諸家校本，彙為一札記，事甚尋常，而翻檢同一費手眼，卻無味也。弟平生于百家雜學皆有撰述，惟經史未有成書。有《南北史刊誤》（此書極佳，亦前人所未留意者），久未脫稿。《經典釋文》為群經匯歸，若成一極精之書，可與《南北史刊誤》對壘，誠快事也。長沙來書，已向分館定購黃紙，印《四部叢刊》三部，皆公家所儲者。菊翁自京歸，印《四庫全書》事妥否？回珂後何日還滬，有便示知。《陳自堂集》，昨得舍姪書云「自擬付刊」，不知主意已定否？宋本《莊子》、元本《陶詩》皆其書，去年冬間得之曾氏者，彼欲弟寄京脫（集）〔售〕，而弟適欲購《四部叢刊》，事成則撥租還舍姪，免攜帶也。石君公校本書，務乞代為訪得。此頌撰安。　　弟德輝頓首。舊曆庚申九月廿七日。

　　按：此函為第六通，撰於民國九年庚申（1920）農曆九月廿七日。據函中「長沙來書」一句，知德輝已離湘回蘇州。此函仍言整理《經典釋文》事，並謂欲就此以成一極精之書，擬與盧文弨（1717-1796）《群經拾補》相抗衡。而《南北史刊誤》，葉函既謂乃久未脫稿之書，故亦無

法多考；《陳自堂集》，疑德輝姪其後亦未付刊。惟檢明《文淵閣書目》卷10則有「《陳自堂存稿》一部二冊（闕）」，或即此書。另函中所言「夏劍兄」，指夏敬觀（1875-1953），敬觀字劍丞；「石君公」為德輝二十五世祖，下函言其事甚明。又函中「脫集」一詞，恐乃「脫售」之筆誤。

<h2 style="text-align:center">七</h2>

　　星如吾兄道席：頃奉復書，詳悉一切。《莊子》、《陶詩》無必欲涵芬樓承售之意，不過帶京途中多一番招呼耳！至《四部叢刊》亦無必置之意，因自此事發出目錄後，外間皆知為弟主持，以為必有一部相酬答，不置一部裝點門面，或疑弟所鄙夷，不屑插架，而轉勸人購置，為商務印書館作分銷人，是可笑耳！弟既非股東，張菊翁亦非獨開之店，眾夥之事，非一人所能主持。弟專為菊翁幫忙，亦專為流傳古書起見，初無見好股東之心，亦無責備報酬之理。以宋本相易，亦備一說，何至欲菊翁為難耶？弟自由湘返蘇，僅與菊翁在火車一見，中有應談之事極多（商量《經典釋文》辦法，即其一也。又北宋二僧，有石門，無參寥，終覺外行，必請加入。寧于南宋或元人書中撤換一種，不然則並石門亦不印，因疊有友人詢問何以單用石門之故）；北行之期亦因此時等一長沙來之日本人相會，此時日本人未到，故須稍待也。《法言》如須用《纂圖》本，弟當信至長沙取來；至會通館活字本《文苑英華》，因弟處所藏華氏活字本，僅有蘭雪堂《蔡中郎集》，無會通館印者一種。前年傅沅叔同年堅欲請讓，弟未之允，俟遇有他種，准以相讓。如菊翁來滬，即望函知，弟即來也。此頌撰安。　　弟德輝頓首。庚申十月初七日。

　　按：此函為第七函，撰於民國九年庚申（1920）農曆十月初七日，德輝在蘇。函中申辯種種誤會，繼則商討《四部叢刊》選用書。所言北宋二僧，其中石門，即釋惠洪（1071-1128），工詩，有《石門文字禪》30卷；參寥，即釋道潛（1043-1106），號參寥子，亦喜為詩，有《參寥

14

子集》。至函中提及之會通館活字本《文苑英華》，實指明無錫華燧（1439-1513）用銅字印製之《文苑英華辯證纂要》。燧字文輝，號會通，故以「會通」為其館名。葉氏又述及傳沅叔求讓蘭雪堂本《蔡中郎集》，而己未之允。考《蔡中郎集》，東漢蔡邕（133-192）撰。蘭雪堂本乃指明無錫華堅（生卒年不詳）之銅活字印刷本。堅，華燧子。該書印成於明武宗正德十年（1515），凡 10 卷，另〈外傳〉1 卷。至函首言及之涵芬樓，初名涵芳樓，乃上海商務印書館編譯所珍藏善本之藏書樓。1907 年建成，1932 年一二八事變毀於戰火矣。

八

　　星如吾兄有道：奉書並承賜先石君手校《詞林萬選》本，謹九頓首以謝。明末國初，敝族人文最盛。而同在二十五世，石君公與林宗公以諸生聚宋元舊書，為錢牧翁、遵王、竹林及何義門、徐健庵諸公所傾倒，可知其聲氣之宏達。橫山公與其姪元禮公以文章著，文敏、九來兄弟二公，文采振耀一時。忠節公則以文學、氣節垂徽千古。諸公皆七世祖以下族兄弟，為東山嫡支。弟二、三十年來搜求先世詩文著作，陸續刊行，疏如浙族，尚不能兼顧，東南文學之族，恐無第二姓也。石君公所校小種唐詩，從子輩亦各有一二種，核其筆迹，先後相同。如《詞林萬選》乃不經意之書，而一字不肯放過如此，可見其校《經典釋文》必更精密。札記之名頗嫌習見，考證又與盧校雷同，將來定名為校證或校錄，如何？瞿藏各經探聞可借，惟其藏書禁例不能出門，殊費周折也。弟因族中有續補族譜之事，須往北京一行，因家譽甫雖籍隸廣東，並非廣東最大之葉姓一族，其先出自餘姚明工部侍郎諱祖憲者之後（黃梨洲先生外舅），石林公五子中第三房子孫，與明之文莊、國朝之文敏、忠節同為一房，弟則二房子孫，與天寥、橫山一家，及石君公同一房也。尚有珂鄉石幢一支，為明工部侍郎諱茂才之後（與弟同二房），將來奉求閣下為弟採訪；祖憲、茂才二公，皆出東林黨魁，均未罹魏奄之

禍，其潔身遠引在東林炙手時，可謂明哲也已！《四部叢刊》中如《孫淵如集》必用原刻（岱南閣本少見，弟有之），揚子《法言》，石研齋本常見，入換宋本，弟有《纂圖互注》本，可以借用（明世德堂本六子，即從《纂圖》本，可見其本之善），蓋經部有《書經》，子部亦可配入一種，非獨勝于石研齋之通常，曾一校勘，實有勝于石研齋本之異文也。曾晤莫楚翁，云：「《四部叢刊》消市甚旺。」弟擬置白紙印者一分，惟須從子《莊子》、《陶詩》脫手後始可定局。本意欲寄北京，弟因欲置《四部叢刊》就近交易，不然早已北行矣！涵芬樓《莊子》祇有校宋本，未有宋本，得此可稱雙璧。《陶詩》為吳尺鳧藏書，歸之浙人最妥，一切俟與菊生同年面商。李南澗手卷妙在《貸園叢書》全分信札皆在，得閣下錄副，多一傳本矣！手此，敬頌著安。　　弟葉德輝頓首。庚申十月上弦。

　　按：此函為第八通，撰於民國九年庚申（1920）農曆十月上弦。上弦，月之初八、九日。函中因從孫毓修處得其二十五世祖葉石君手校《詞林萬選》，乃追述其先世事。此函於研究德輝家世，材料豐富，且屬第一手資料，後之欲撰葉氏年譜者，應取資於此。所言《詞林萬選》，其書凡 4 卷，乃明人任良幹（生卒年不詳）編。函中提及之錢牧翁即錢謙益，何義門即何焯，前均言及，不重述；遵王（1629-1701），錢曾字，謙益侄曾孫；竹林，其人不詳，疑為錢曾後人，待考。徐健庵（1631-1694），乃徐乾學號，上述諸人均清初著名目錄學家兼藏書家。《孫淵如集》，清孫星衍（1753-1818）撰，其書 22 卷，淵如，星衍字。《岱南閣叢書》，則星衍所編輯，《孫淵如集》亦收入其中。本函其他所述，均與《四部叢刊》選書及板本事相關。函中所謂石研齋本，乃指清秦恩復（1760-1843）所刻書。恩復字近光，號敦夫，江蘇江都人，乾隆五十二年（1787）進士。而世德堂，乃明嘉靖間吳郡人顧春（生卒年不詳）室名。世德堂所刻書在明清時稱善本，頗受藏書家鍾愛。另函中又提及「家譽甫」，則指葉恭綽（1881-1968），恭綽字裕甫，又字譽虎，此處稱「譽甫」，亦通，或偶誤記也。至李南澗，乃清李文藻

（1730-1778）之號。乾隆進士，錢大昕（1728-1804）入室弟子，《貸園叢書》即由其所彙輯，全書收書12種，47卷，又卷首1卷。

九

星如吾兄道契左右：昨因往南翔訪一友人，大雨傾盆，衣履半濕，遂馳回蘇寓換衣。亦緣子異同年世兄臺生門人移家合居，有三五日擾攘，不得不暫避也。去年寄放活字本《朱子同年錄》、《文信國題名錄》、《涵芬樓秘笈》，如不重印，乞檢出清還；又會通館活字本《文苑英華纂要》及《辨證》，瞿良士家有宋本，擬託人借校，并乞一併清出，俟弟來滬領取也。餘容面談，即頌撰安。　弟德輝頓首。庚申十月二十四日。

按：此函為第九通，撰於民國九年庚申（1920）農曆十月二十四日，德輝在蘇。函中除談生活瑣屑，另請孫氏檢還書籍，以備其由蘇赴滬時領取。函中所言《朱子同年錄》，初名《紹興十八年同年小錄》，乃記王佐（1126-1191）榜進士題名錄者。乃至明弘治中（約1496），會稽王鑑之（生卒年不詳）重刻於紫陽書院，始改名《朱子同年錄》。《文信國題名錄》，即文天祥（1236-1283）題名錄，天祥，宋理宗寶祐四年（1256）進士第一。至《涵芬樓秘笈》，書由孫毓修編，全10集，次第攝印宋元善本，凡收書52種。《文苑英華纂要》，書4卷，宋高似孫（1158-1231）輯；《文苑英華辨證》，書10卷，宋彭叔夏（生卒年不詳）撰。

十

星如吾兄有道執事：晤後于次日返蘇，案頭書牘如鱗，竭一日之力一一裁復。隨檢《四部叢刊》目細閱，子部《荀》、《揚》斷不可用時刻，集部《姜白石詩詞》乾隆仿宋本，亦可從緩，再訪善本。此類書以押至第五、六期，不得已而後用之為妙。務乞轉告菊翁，勿學上海人搭

17

漿也。會通館活字本《文苑英華》兩種，乞從友人索來，交大通路青雲里底左臺生門人代收，以十六七日派人到上海取回也。（年來託瞿良士校宋本于其上）此頌撰安。（石君公校詞一種，不日由長沙可以寄滬總館）　弟德輝頓首。庚申十二月十三日。

　　按：此函為第十通，撰於民國九年庚申（1920）農曆十二月十三日，時德輝由滬返蘇未久。函中提議《四部叢刊》選書莫用時刻，需用善本，足見矜慎；函末又乞孫氏從友人處索回會通館活字本《文苑英華》二種，以便派人取回，此即指上函所言之高似孫《文苑英華纂要》與彭叔夏《文苑英華辨證》；又附言不日由長沙寄滬商務總館石君公校詞一種，即指《詞林萬選》也。至託校宋本于《文苑英華》二書上之瞿良士（1873-1940），前函已提及其人。考良士，名啟甲，江蘇常熟人，鐵琴銅劍樓後裔，輯有《鐵琴銅劍樓藏書題跋集錄》，亦曾助編《四部叢刊》者，今人瞿鳳起先生乃其嗣子。孫氏接葉氏此函後，即於民國十年辛酉（1921）農曆元月廿四日回一函，該函亦收入柳和城《孫毓修評傳》，頁428，茲迻錄如次。孫函云：「煥彬先生閣下：奉十三日手章，知台駕已安抵吳門。檢贈《宋人說部》11種，計18冊，已托來青閣轉寄。前贈《大戴》、《南雷》二書，不知已收到否？葉校《詞林萬選》，前從中吳某君處取來，以為某君所索想必不奢，深體執事快睹之心，未及問價，即以馳寄。乃外間流言謂弟且以此易尊藏《文苑英華纂要》，于是要價極貴，否則還其原書。歲事將闌，相持愈急。弟無法解圍，遂以《纂要》4冊質于其處，務乞將《詞林萬選》1冊從速擲下，俾《纂要》4冊原璧歸趙，不勝禱切。專此即頌年釐。十年元月廿四日。」茲觀孫函首謂「奉十三日手章」，即指葉氏第十函，其署年正為「庚申十二月十三日」。又葉函附注有「石君公校詞一種，不日由長沙可以寄滬總館」，而孫氏於一月過後去函仍索此書甚急，足證仍未收得葉寄《詞林萬選》也。

肆、 結語

　　以上考述葉氏未刊書札十通既竟，其第一至第三函撰於民國八年（1919）己未農曆七月至十二月，第四至第十函則撰於民國九年（1920）庚申二月至十二月，時葉氏奔波於蘇州、長沙兩地，亦有往返蘇、滬間者。葉氏之函，用於考證商務印書館編理《四部叢刊》事，至為重要，從中亦可考見郋園先生貢獻之鉅與學問之博也。葉氏之函第八通，內容敘述其家先世，資料至為翔實，乃撰作德輝年譜不可多得之史料。葉氏此十函真蹟，乃摯友宋緒康先生不惜重金從上海拍賣行搶購得者。此組書函，前此未嘗刊行，至足珍貴。茲經整理校點，並加考述而公諸世，不惟可發潛德之幽光，且宋先生與余幸得參與其事，略貢愚誠，亦學術史上難得之因緣也。書札真蹟影本附拙文，化身千萬，藉資欣賞。

　　　　　　　二零一一年九月卅日初稿，十二月十八日增訂於
　　　　　　　香港樹仁大學中國語言文學系。

景印香港新亞研究所《新亞學報》（第一至三十卷）

一

星翁仁兄大人執事頃奉

覆書知絳雲日已收到　跋文有誤仍坐將原稿

寄蘇再改此兩葉徙甚易～也四部叢編例言每、

撰勒在鄔人此欲言者已盡于斯體例既定則一切

篆室之議不煩言而自解　菊翁決去席刻百家

則唐人專集善本多少可以補入推唐選不可無

三與宋元相配才調集尤要也此頌

撰安　　弟藏善本日多儘尊處所見先錄

弟葉德輝頓首　己未四曆七月廿五日

二

星如仁兄大人執事　前日得書旋即裁奉　由

郵局寄上四部叢編例言一時倉卒于牋草就

伀中原本隨塲即將底稿奉上菊青年

末書云不用倣中各義發起謝語氣有無必改

之處尚宜斟酌方可言行作復菊青書消息有

館二字為同人等三字　何其論行題一涂有竣

于此致意擬改斷々于此改辦原稿倣已壁改知末

恃政句加上　菊笥末書云准刪去席刻百家唐

景印香港新亞研究所《新亞學報》（第一至三十卷）

詩增入單行各種其中各種尤多有善本須歸
家一盞惟交泉子與孫可以合刻為閩齋傚留楝本
似子兄弟有此本前目已批明李摩玉李碧雲二
集尤有黃莞圃藏教宋書棚本繹齋玉賈依然皎然傳
沅拜回年方勇言有宋本可復參有人翻刻牋玉李
石卯彼二碩並陀下寶集更完明刻本此書歸查回到
延考之最詳今江南圖書館有阴謝氏小草堂鈔本謝鈔
六名抄似可用羅照諫集罹有宋本星甲乙集詩文不

全江南圖書館四抄本為何羲門物必可用此類集部
弟津有珍臞席刻外大丰汲古本推主站逐專委樂四
卷弟有奇字爾本係明刻白文六卷本有元刊若無又不
全也連日秋燥酷热異常夜不成寐沖校亮耀目江
南圖書假目其中足供可我多不過十種印書非前
書此有缺葉石能用鈔配凡此多矮俱用印本模糊石能用
此舉上不容另局外人烏呈知其半若心郝此頌
撰安
弟葉德輝頓首
己未四歷七月廿七日

景印香港新亞研究所《新亞學報》（第一至三十卷）

三

星如仁兄大人閣下　昨由長沙商務印書分館寄到
尊處上海初五日一函　謹悉各印經典又用通
志堂本附有家校記此因勝手書校但此事亦非易
事弟以在蘇可一人任之在湘估務分但不能也
弟藏校本據家石君口按宋本照校印一點一畫六
朝宗本以朱楊筆敬之其伯過錄托嘉慶講儒授該五
色筆相雜歸月緒多瑣非細心人不能理董尚有三
春在鄉問一從子年侯取來寄上蘇寧城宗文鑑

二書陝有善本可印別有山奇郵寄往廷鈒風雅

右沂閣想已刊蘇其家八种不知有回長沙擬作挽

彼藏伸知盛詫抄築刻書細挍久望早寄下以便据

入今年每日無多來歲開正又是閒月運下約二月

矣先陰可惜弟六危頌回蘇長沙不可久层

此共知緒岁可因此違萬挍書之歲月那已咩學

山舍千三祖集已卯出眼时检妥分俵寄遠此頌

摚崇

　　弟葉德辉頓首　己未十二月十三日

景印香港新亞研究所《新亞學報》（第一至三十卷）

星如仁兄道契執事奉書知

貴恙已全愈慰無似家集及借佳趣臺書月前曾

長沙分館裝箱運寄而如郵電運返未到也弟在

家數月枉此病道世州經困家事多耗撰脱不能平

已回蘇英此次宗本既已從日本借得菊生因年有

書來發大呈快事經典擇文應為專議以通志堂

集漢勝琬石碑字葉氏嘉德堂遺成可閱書成之必傳類

和印本入印閱嵌勘記世事弟可以閱書戌

又作嘗笑康雍以來儒生漢用波古閣讀文解經說文

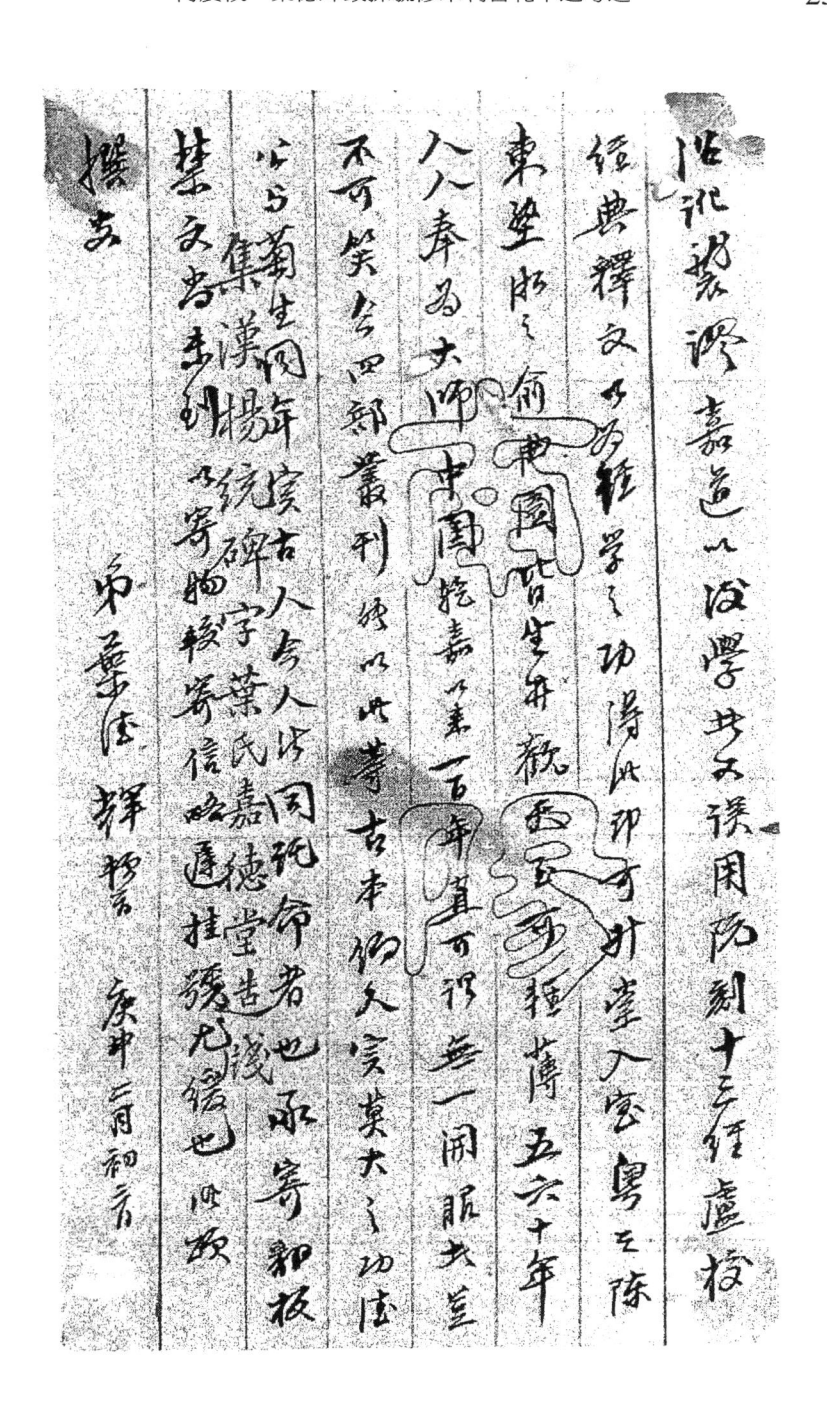

景印香港新亞研究所《新亞學報》（第一至三十卷）

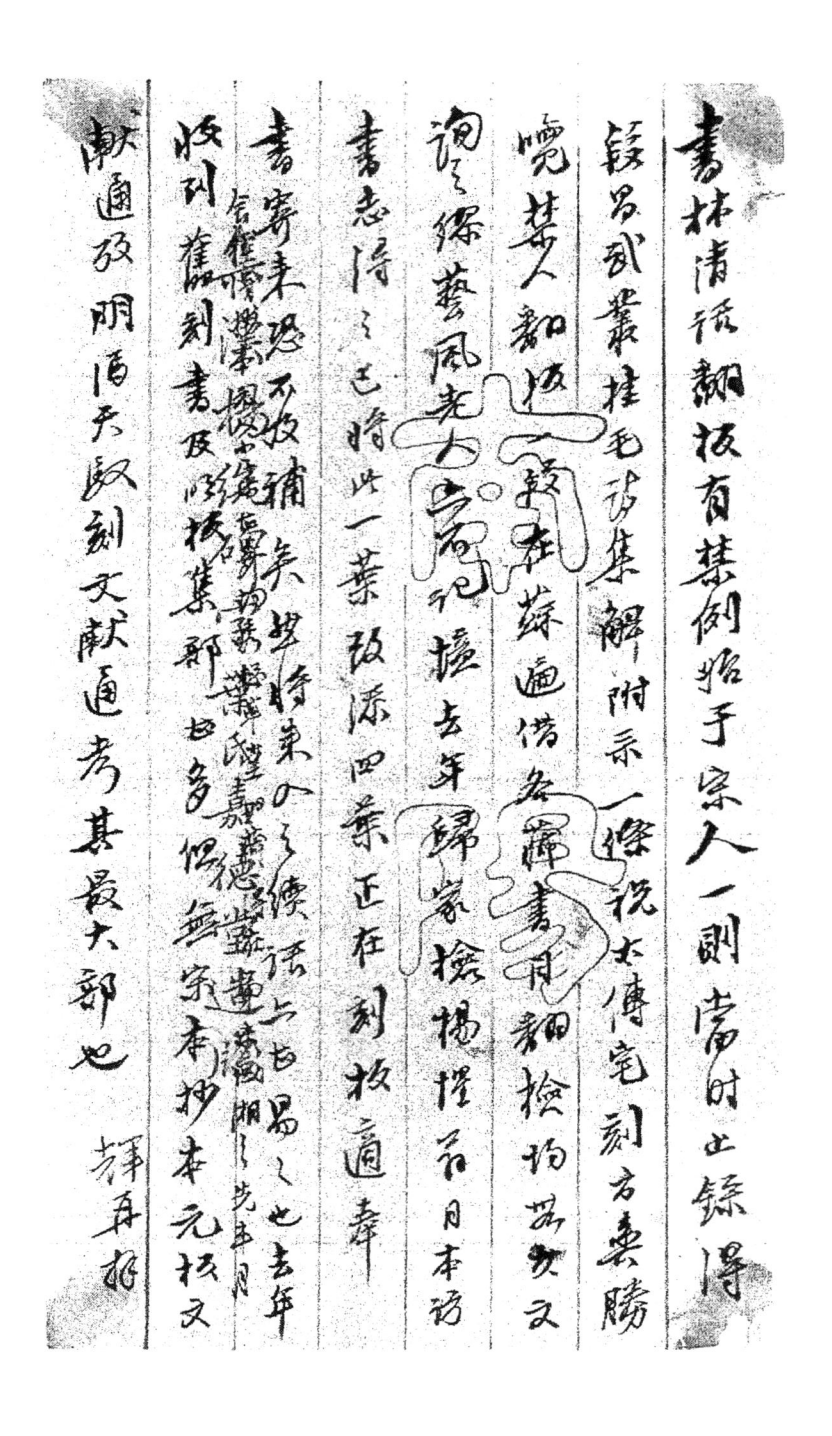

五

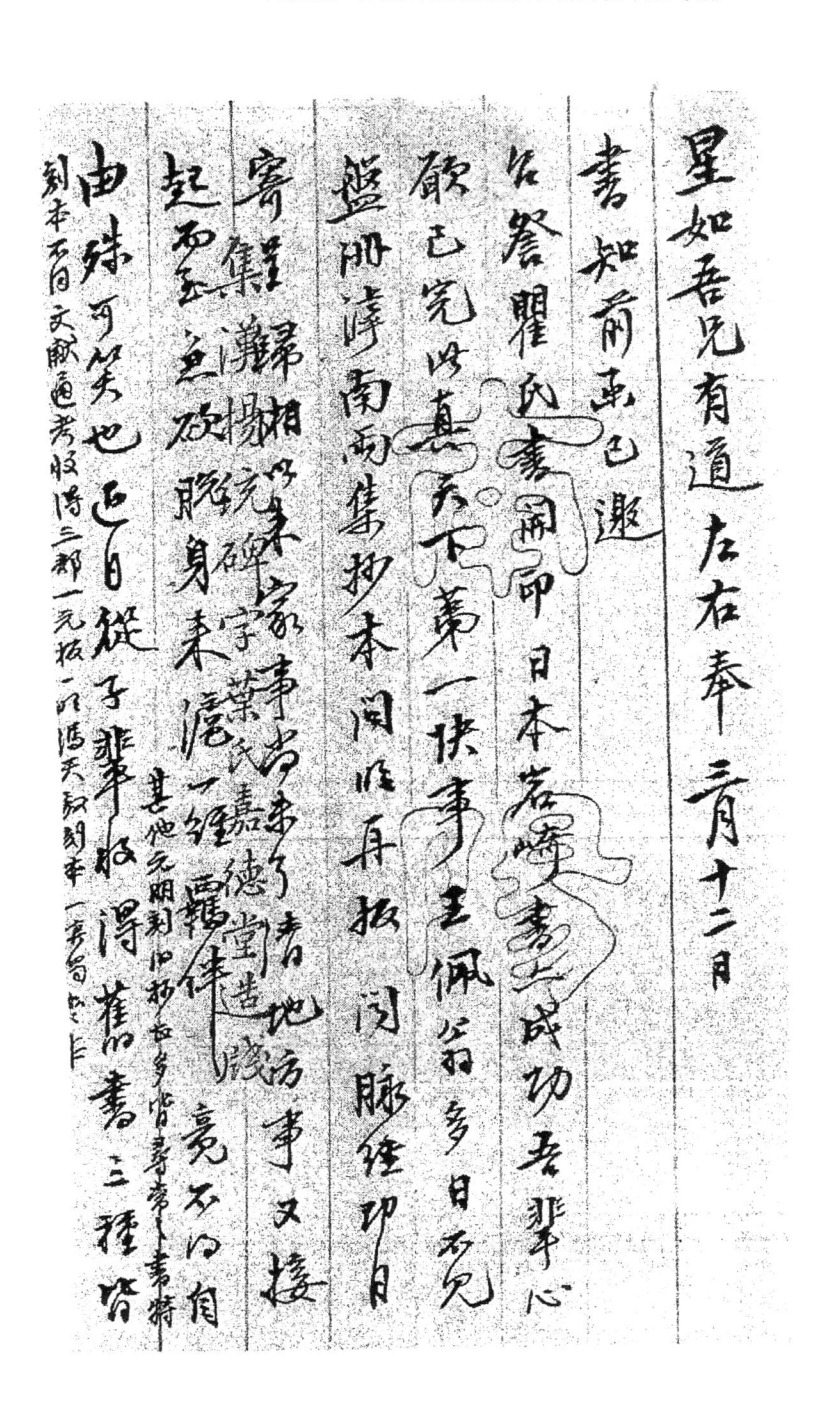

曾文正此薛一元翻宋本陶詩筆注即四部叢刊擬

印之本中有美人鳥一跋為可貴一南宋麻沙本篡圖

五臣注莊子乃坊刻本一李召之審看初本曾文正

手跋乃宋本蒪圖非講板本者此言也俟也前

閒葉楚翁玄沉時因年刻上海新得金板磧溪集

此人同年兄又有宋本張司業集以可翻印

楚翁其叭通俗揆浮崇多也手俟承孳改

撝玄

小弟陸辉謹啟

一三月十七日

景印本・第三十卷

一八

星翁吾兄道契左右頃奉

惠書得悉種切前夏劍先函約季庵相会申酉巳去不

此亦為兄殆去年（細閱年）去年（原冗多菌）校經典釋

文頗以諸經疏附陸氏音釋者不易齎儲此願頗亡故撰一

書与抛絟相抗若抄撮諸家稿本棗有一九記書七尋常

西朔檢閱一費手眼卻無味也弟平生于自家雜學皆有

撮述惟集漢揚統審字葉遺嬉皆嫌體達遂淺史孔誤久未膳稿經典釋

文為摩經匯歸若成一極精之書可与南北史刊誤

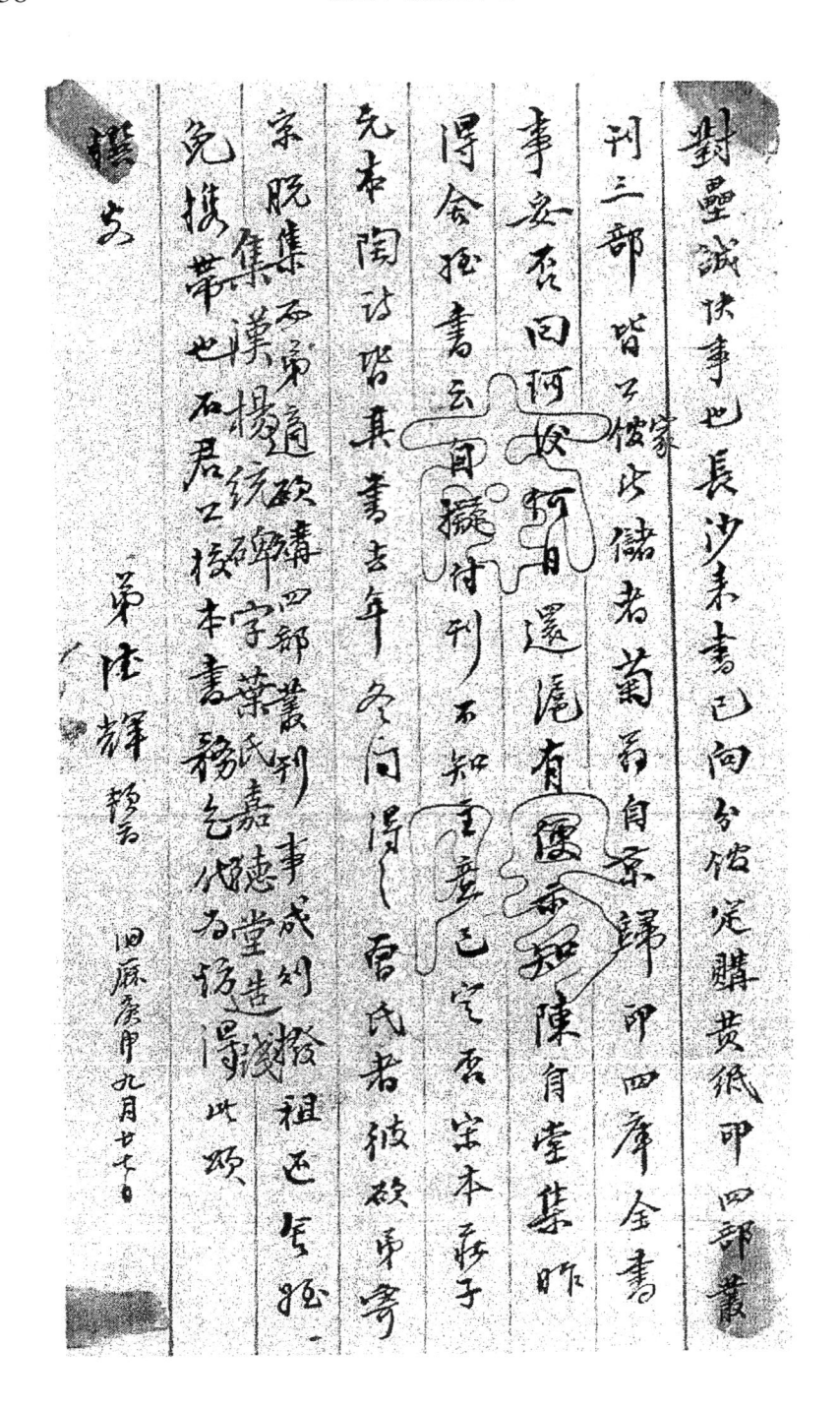

七

星沙吾兄道席項奉

復書詳悉一切莊子陶詩無必欲返書樓承慮之意不過第

京途中多一畫招呶耳公四部叢刊六無必置之意固自此事

發出目錄沒外間皆知弟主持以為似有一部相酬當不置一部

裝點門面或疑弟此舉夷不屑插架而轉勸人購置方商務印

書館作分銷人是可嘆身弟既非股東張菊端二非獨開之

集漢楊統碑字葉氏嘉德堂造後幾二非獨開之

底景雅之事非一人所能全持弟專力菊釜靜朝此之支流

傳古書起見初無見好股東之心上二無責備批冊之理以宋本

景印香港新亞研究所《新亞學報》（第一至三十卷）

相易之幅一說何玉故菊翁為難耶　弟自由相返蘇謹白菊翁

在大車一見中有應談之事極多此行之期二周此時尋一長

沙來之日本人相會此時日本人金門鼓鑄稍待也法言如

須用篆圖本乗富信玉長沙即乗玉會二通俊活字本文尚英

華因乗處必得華民活字本僅有蘭雪堂蔡中郎集無会

通俊即找一種前年傳況起同年堅欲请讓弟未已先俟

週有他種唯以相讓以菊翁乗滬即望正知弟即乗也此頌

撰安

亞德輝頓首　庚申十月黎□日

八

年　垂　文　傾　无　族　賜　星
來　徽　敓　倒　舊　人　先　如
搜　千　九　可　本　文　石　吾
求　古　束　知　書　最　君　兄
先　諸　先　其　為　盛　手　有
世　　　兩　聲　錢　兩　挍　道
詩　質　　　氣　牧　同　詞　奉
文　同　文　之　翁　在　林
著　七　來　宏　通　二　萬　書
作　世　振　達　王　十　選　并
　　祖　耀　　　竹　五　本　承
陸　　　　　槃　林　世　謹
續　不　時　山　　　石　丸
刊　族　忠　云　汲　君　繙
行　　　節　与　行　　　首
疏　而　之　其　義　　　如
以　惠　則　狐　門　少　謝
　　　　　　无　徐　　　朋
浙　婿　文　禮　健　諸　末
族　支　學　云　庵　生　國
尚　第　氣　以　諸　畔　初
不　二　節　文　云　宗　版
絕　十　　　章　以
兼　　　　　著

景印香港新亞研究所《新亞學報》（第一至三十卷）

顧東南文學之族處無第二姓也石君口此校小種唐詩從

子輩二各一三種挍其筆迹先以相同如詞林萬選乃不

經意之書西一室不肯放過此此校經典釋文心

更精密扎記之名頗孫習乃考陸又於盧本將雷同將

來定名為校證或挍錄初何瞿藏參任擇門可偽惟真藏

書禁例不然出門殊費周扚也弟因族中有續補族譜

集漢楊統碑字葉氏嘉德堂造戌

之事頻往如京一行因家譽甫雖辭隸廣東並非廣東

最大之葉椎一族其先出自焆姚明二部侍郎諱祖憲者

之後石林之五子中第三房子孫與明之文莊國朝之文敏忠

節同為一房爾則二房子孫與天麖樸世一家及石君之門一

房也尚有阿卿石憧一支為明之郡待郎諱峩才君之後皆東林豪魁

將來奉求閣下為弟採訪祖憲茂才之公

柏未羅魏庵之禍甚慘身遠引在東林炎手时可謂明

指也已集四部叢刊中如孫淵如集必用原刻楊子法言石

研之本弟見有攘宗本弟勇有篆欵五代本可以借印盖

經部有書經子郡上可配入一種非獨勝于石研世之通常

景印香港新亞研究所《新亞學報》（第一至三十卷）

曾一校勘實有勝于不研究本之異文也曾瞻英世恭云

四部叢刊消市甚旺嘉擬置身綫卯者一分惟玖從子莊子

陶詩皖手改殘〇字寫兩本意頌等此宗第四部叢

我邑最易書志〇〇辜西此行矣函〇樓孫子徒有按宗本未

有宗本得在於雙璧陶詩而吳天鬼葳書歸之浙人最

妄一切條告葛建鄒許兩商李南同手奏如在貸園書

書全分信札啟在〇同字抄副刊多一傳本矣手此敬頌

勛安

　　弟葉德輝拜啟　庚申十月上弦

九

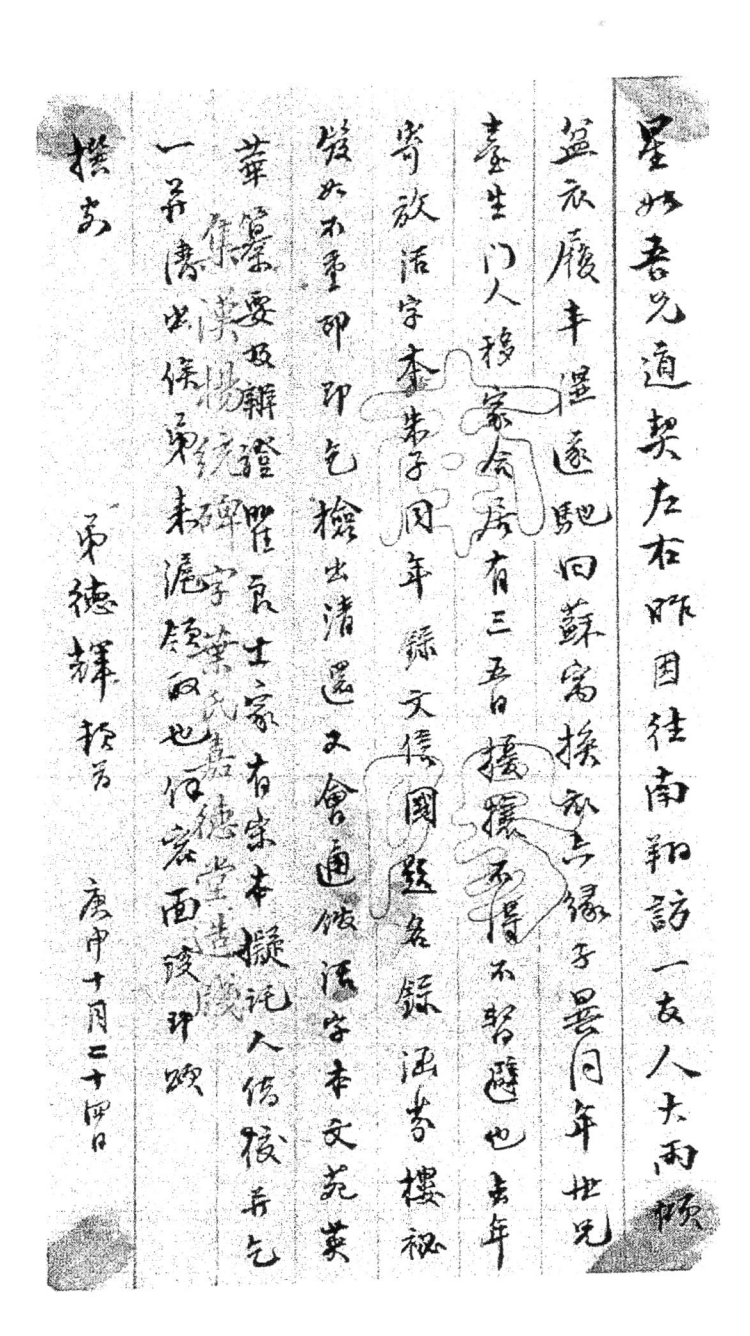

星妙吾先道契左右昨因往南翔訪一友人大雨頓

益衣履棄丰遑遽馳回蘇寓接奉書緣子曩月年世兄

臺生門人移家會房有三吾日接還不督趨也去年

奇放活字本弟子同年孫文樓國趨名錄活字本文苑黃

發如木墨印印乞撿出清還又會通俟活字本文苑黃

華集纂要及辭證眼良士家有宋本擬託人倩後兄乞

一吾濤出候兄未碑字葉氏嘉德堂造機

字韻回也伯容面陵卯頌

弟德輝頓首

庚申十月二十四日

景印香港新亞研究所《新亞學報》（第一至三十卷）

十

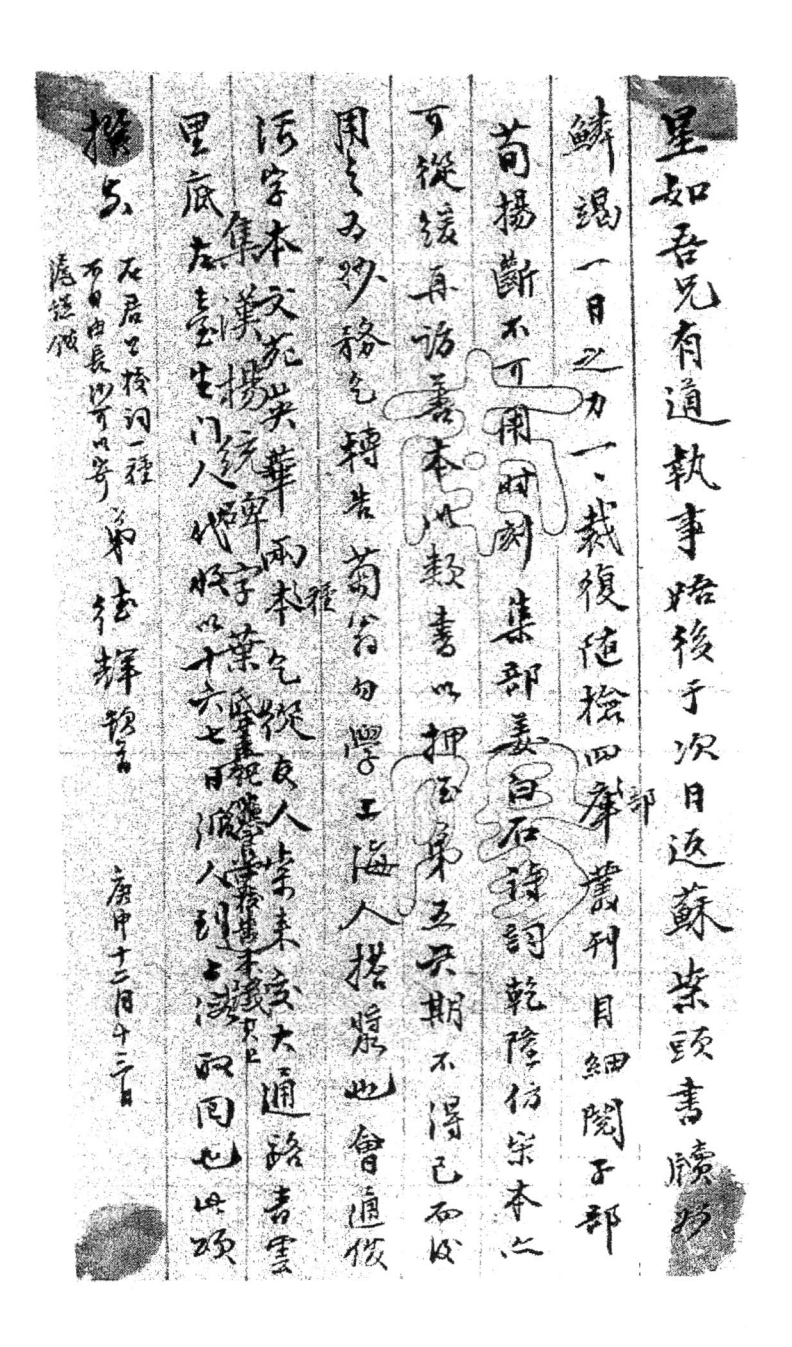

中國東北的水泥產業（1905-1945）

陳慈玉

中央研究院近代史研究所

提　要

水泥是近代化建設的基材，中國最早是1889至1890年之際，開平礦務局在煤礦附近，附設用立窯燒製水泥的唐山細綿土廠，到1907年盤讓給周學熙經營，改名啟新洋灰公司。而在自強運動的後期，廣東巡撫岑春煊與於1906年在廣州創建廣東士敏土廠。湖廣總督張之洞則因修築粵漢鐵路需要大量水泥，乃於1907年公開招商興辦水泥廠，結果由清華實業公司程祖福成立民營的湖北水泥廠（大冶水泥廠）。相對於華人資本，外資水泥企業的重要性亦不容忽視。早在1886年，英國律師艾雲斯（Creasy Ewens）即於澳門創辦青洲英坭廠（青洲島屬於中國領土），次年亦在香港設廠。二十世紀初期以後，隨著日俄戰爭的勝利，使日本取得東北的利權。日本於是組織南滿洲鐵道株式會社（以下簡稱滿鐵）來開發東北的豐富資源，並進一步樹立「蒙滿經營」的根基。而小野田水泥製造株式會社也成為日本水泥資本投資中國的先鋒，它與滿鐵在東北的經營呈現出互補性。

隨著中國東北鐵路網的普及、道路橋樑的架設、港灣河川的修築，以及市街建築的營造之進展，對於水泥的需求與年俱增；而且又有良質豐富的石灰石和粘土，與低廉的勞力等頗佳的生產條件，因此東北水泥的價格遠低於日本本國產品。所以從日俄戰爭結束以來，此產業不斷地擴張，日本民間企業接二連三地在此地建設新的工廠，甚至在中日戰爭前夕，呈現出「亂立」的景象。這些水泥工廠的產品在當局統制銷售過

程的政策下，主要供給軍方、滿鐵和政府機構；但也流入中國關內、日本、台灣與東南亞。

　　有關中國水泥產業的學術性研究，大抵集中在啟新洋灰公司，或許因為這是華人資本的緣故吧！本論文擬根據中國海關資料和滿洲國貿易年表，以及當時的相關日文史料與報刊等，研究 1945 年以前中國東北水泥產業的發展軌跡。首先分析其成立的背景，其次探討東北地區由水泥進口蛻變為出口的過程，然後闡明在經濟統制時期，水泥產業的因應之道及其成效。

2

中國東北的水泥產業（1905-1945）

一、前言

　　水泥（華北稱為洋灰，華南稱為士敏土，東北則稱塞門土，Cement）是工業建設的基本材料。1756年英國土木工程師的鼻祖史密頓（John Smeaton, 1724-1792）在建造燈塔的過程中，發現含有黏土的石灰石，經煅燒和細磨處理後，加水製成的砂漿能慢慢硬化，成為堅固的人造石。他使用新發現的砂漿建造了舉世聞名的普利茅斯港的漩岩燈塔（Eddystone Lighthouse）。但直到1824年，英國利茲（Leeds）城的泥水匠阿斯普丁（Joseph Aspdin, 1778-1855）才正是確定水泥製造的方法。因為他使用的是波特蘭（Portland）地方所產的石灰石，所以獲得第5022號的「波特蘭水泥」（Portland Cement, 矽酸鹽水泥）專利證書。其後，經過一百多年的推廣與技術革新，至今仍是建築材料中不可或缺的。[1]

　　至於中國最早是1889至1890年之際，開平礦務局在煤礦附近，附設用立窯燒製水泥的唐山細綿土廠，到1907年盤讓給周學熙經營，改名啟新洋灰公司。而在自強運動的後期，廣東巡撫岑春煊於1906年在廣州創建廣東士敏土廠。湖廣總督張之洞則因修築粵漢鐵路需要大量水泥，乃於1907年公開招商興辦水泥廠，結果由清華實業公司程祖福上書應招，成立民營的湖北水泥廠（大冶水泥廠）。[2] 換言之，中國最早的三家官營或民營水泥廠都得到當時清政府的大力支持。它們的設備也隨著先進國家水泥技術的改進，而由立窯改為回轉窯（旋窯），其產量在

---

[1] 行政院新聞局編，《水泥工業》（南京：行政院新聞局，1947），頁1；王燕謀，《中國水泥發展史》（北京：中國建材工業出版社，2005），頁6-36。

[2] 行政院新聞局編，《水泥工業》，頁1-2；王燕謀，《中國水泥發展史》，頁51-60。至於此三廠的演變，因非本文範圍，故從略。

1911 年有 10 萬多噸，接近最高年進口量（1910 年）。【3】

　　相對於華人資本，外資水泥企業的重要性亦不容忽視。早在 1886
年，英國律師艾雲斯（Creasy Ewens）即於澳門創辦青洲英坭廠（青洲
島屬於中國領土），次年亦在香港設廠。【4】二十世紀初期以後，隨著
日俄戰爭的勝利，使日本取得東北的利權。日本於是組織南滿洲鐵道株
式會社（以下簡稱滿鐵）來開發東北的豐富資源，並進一步樹立「蒙滿
經營」的根基。而小野田水泥製造株式會社（以下簡稱小野田）也成為
日本水泥資本投資中國的先鋒，它與滿鐵在東北的經營呈現出互補性。

　　有關中國水泥產業的學術性研究，大抵集中在啟新洋灰公司，或許
因為這是華人資本的緣故吧！而針對東北水泥產業的敘述僅止於王燕
謀，《中國水泥發展史》（北京：中國建材工業出版社，2005）中短短
9 頁的介紹而已。而沈學源譯，《東三省物產資源與化學工業》（上海：
商務印書館，1936）的第 27 章則簡介小野田水泥製造株式會社在東北
的發展。日本方面，小野田本身出版的井田幸治編，《小野田セメント
製造株式會社創業五十年史》（東京：小野田セメント製造株式會社，
1931）和和田壽次郎，《淺野セメント沿革史》（東京：淺野セメント株
式會社，1940）分別敘述兩水泥公司在日本及其殖民地台灣、朝鮮和滿
洲的創立發展史，為本論文最主要的資料來源。藤津清治，〈わが国お
よび満州その他におるセメント製造企業の変遷〉，《ビジネスレビュ
ー》7：2、7：3 和 8：2（東京，1959/11、1960/02、1960/10）則探討
1955 年以前在滿洲、朝鮮和台灣的各水泥公司之變遷。而田島俊雄、朱
蔭貴、加島潤編著，《中国セメント産業の発展－産業組織と構造変化》
（東京：お茶の水書房，2010 年）一書，比較重視戰後的整體發展，關
於戰前部分只有探討上海華商水泥公司的資金籌措問題、台灣與華南的

【3】 王燕謀，《中國水泥發展史》，頁 53、60。

【4】 王燕謀，《中國水泥發展史》，頁 37-41。

4

水泥貿易；而後者涉及到東北的水泥輸出，也讓筆者意欲進一步探究此產業的發展。

　　本論文擬根據中國海關資料和滿洲國貿易年表，以及當時的相關日文史料等，研究1945年以前中國東北水泥產業的發展軌跡。首先分析其成立的背景，其次探討東北地區由水泥進口蛻變為出口的過程，然後闡明在經濟統制時期，水泥產業的因應之道及其成效。

二、草創與進口替代

　　水泥是基礎建設的一重要材料，東北在20世紀初期即進口水泥。而日俄戰爭結束後（1905年），日本取得俄國在遼東半島之權益，得以經營南滿鐵路，因而組織滿鐵用來開發東北的豐富資源，不但加強大連區域的建設，並且發展以南滿鐵路為中心的產業，所以一時產業聚興，加上鐵路、港灣以及都市等建設，工程絡繹不絕，以致水泥需求與日俱增。[5]

　　東北的水泥一向依賴進口，直到1905年，小野田才派員到此地考察礦山資源等建廠條件，最後選定在大連建廠。大連乃南滿鐵路終點，又瀕臨大海，是海陸輻輳要地。而且石灰石資源豐富，品質佳，容易開採。[6]因此在1907年小野田決定建設資金120萬圓，年產25,500公噸的大連支社（即關東州分工場，以下簡稱大連分廠），地點是大連市郊外鄰近原料採取地的周水子泡崖屯，採用當時德國最先進的乾法回轉窯技術。小野田乃於翌年向關東都督府提出建廠申請，1909年正式完

[5]〈光緒三十三年（1907）通商各關華洋貿易論略・大連灣口〉，《中國舊海關史料》（北京：京華出版社，2001），第46冊，頁203；東北物資調節委員會研究組編，《水泥》（東北經濟小叢書之一，北京：全國圖書館文獻微縮複製中心，2006），頁1。

[6] 王燕謀，《中國水泥發展史》，頁64。

工運轉，【7】延聘總國工程師三名，「其工廠規模宏大，實為關東州第一」。【8】此時就是小野田日本總公司積極向海外發展的開始。

1. 日本小野田水泥製造株式會社的設立與發展

小野田會社由日本山口縣士族笠井順八，得到井上馨【9】的協助，1881 年在該縣厚狹郡小野田町創設，當時資本額為 57,150 圓，年產僅 107 公噸而已。【10】其成立的時代背景與明治政府的殖產興業政策息息相關。蓋明治政府工務省除了擴充接收自各藩的各種國營工礦企業外，【11】曾於 1872 年在東京深川區創立「攝綿篤製造所」（水泥製造廠），但經營不理想。當時政府因極力擴大國營事業，導致財政危機，乃改弦易轍，開始整理國營企業，重視民間產業的培育，所以原

【7】 井田幸治編，《小野田セメント製造株式會社創業五十年史》（東京：小野田セメント製造株式會社，1931），頁 254-260。結果花費 91 萬多圓，回轉窯的製造能力為 29,000-31,000 噸。

【8】 〈製造塞門土工廠動工矣〉，《盛京時報（附張）》，第 455 號，（1908 年 5 月 3 日），第 5 版。又，關於此處所指的關東州，是 1898 年 3 月，俄羅斯與清朝政府簽訂『旅大租地條約』後，俄羅斯開始在該地設立殖民地（勢力範圍），一般稱為關東州。日俄戰爭結束後，旅大地區的租界權轉歸日本，關東州乃成為日本的殖民地，直到 1945 年 8 月日本投降為止。

【9】 井上馨（1836-1915），幕末至大正時代的武士、政治家。早年屬幕末的開國倒幕派，明治政府初期擔任大藏大輔，而後退出政府進入實業界成立先收會社（其後為三井物產繼承）。明治 12 年（1879）後再入政界歷任外務卿、外相，推動修改不平等條約及歐化政策。嗣後又擔任農商務相、內相、藏相等職務，並進入元老院，受封侯爵。上田正昭、西澤潤一、平山郁夫、三浦朱門監修，《日本人名大辭典》（東京：講談社，2001），頁 215。

【10】 井田幸治編，《小野田セメント製造株式會社創業五十年史》，頁 1-2。

【11】 林明德、陳慈玉、許慶雄，《日本歷史與文化》（台北：國立空中大學，1992），頁 342。

6

名「水泥製造會社」的小野田乃成為日本第一家民間水泥公司。【12】到 1883 年，工部省直營的「攝綿篤製造所」（此時易名為深川水泥工場），在澀澤榮一【13】的協助下，賣給煤炭業者淺野總一郎，成立淺野水泥工廠（以下簡稱淺野），資金 45,000 圓，淺野總一郎和澀澤榮一各出資 30,000 圓和 1 5,000 圓。【14】小野田和淺野在近代日本水泥製造業分庭抗禮。

　　其中，小野田採取英國的水泥製造法，自工廠附近採掘所需的原料——泥土與石灰，而能利用舟楫之便，將產品運往各地，且容易取得地權，這是當時所以建廠在厚狹郡的要因。【15】在建廠之前，笠井順八先派人到東京深川水泥工廠研習技術，設廠之後經過不斷的努力研究，終於在 1883 年 9 月製造出不亞於深川水泥工場的優良產品。【16】其產品乃開始供應神戶鐵道局、九州三池礦山局、兵庫造船局等官營企業，以及阪神一帶的建築業。為了開拓新市場與有效管理銷售網，小野田會社於是實施分區販賣制度，把阪神方面與長崎方面的市場分別委託松村商店和三井物產株式會社（以下簡稱三井物產）販售，其本身直接經營自九州北部至山口縣方面的交易。後來，將海外輸出部分亦委託三井物產進行；到了 1901 年 12 月以後，甚至把該會社產品全權委託三井物產獨

【12】井田幸治編，《小野田セメント製造株式會社創業五十年史》，頁 3、45。

【13】澀澤榮一（1840-1931），明治至大正時代的實業家，早年曾赴歐洲見識西洋近代產業與財政制度。明治以後任職大藏省，參與建立財政、金融制度。明治 6 年（1873）辭官後參與第一國立銀行、王子製紙、大阪紡織等實業的設立，退休後並從事社會工作。著有《德川慶喜公傳》。上田正昭、西澤潤一、平山郁夫、三浦朱門監修，《日本人名大辭典》，頁 925。

【14】和田壽次郎，《淺野セメント沿革史》（東京：淺野セメント株式會社，1940），頁 82、97-101。

【15】井田幸治編，《小野田セメント製造株式會社創業五十年史》，頁 70-71。

【16】井田幸治編，《小野田セメント製造株式會社創業五十年史》，頁 71-72。

景印香港新亞研究所《新亞學報》（第一至三十卷）

台販賣。【17】

　　自1870年開始進口水泥以來，日本的水泥市場行情被輸入品的價格所左右，與外匯行情有密切關連。即使小野田和淺野先後成立後，由於產量不多，也沒有發生同業競爭所帶來的市價變動情形。大致而言，日本水泥品質略遜於進口品，所以價格較低廉。小野田創業時的市場僅限於：四國、九州和關西一帶，1887年以後，小野田試圖擴充工廠設備和增加產量，而東京方面則出現公家機關、學校和國會議事堂等建築工程計畫，以及佐世保、吳等海軍局鎮守府的設立，都亟需水泥。小野田乃積極運作，向中央政府商務省分析課提出水泥樣品，請其做化學分析；同時請橫須賀海軍鎮守府進行物理試驗，從兩處都獲得小野田水泥是「不劣於外國品的最優良品」之認定證明書。【18】

　　此時適逢日本積極建設交通事業，鐵路、港灣、道路、河川整治及橋樑等的建設都與水泥業息息相關，所以小野田的事業得以擴張。首先，小野田招聘德國工程師，改善工廠組織及製造方法，以圖改良品質和增加產量。其次，增資至10萬圓來擴充設備，並於明治政府實施「商法施行條例」（1893年1月）後，在該年11月改名為「有限責任小野田水泥製造株式會社」，其製造能力增為年產13,000公噸。【19】

　　隨著國內市場的擴大與產量的增加，小野田亦著眼於海外市場的開拓。雖然1887年三井物產天津分行曾經向小野田訂購170公噸的水泥，但因為日本內需旺盛，小野田生產不足，以致於無法交貨。到1890年，小野田擁有月產約500公噸的製造能力，乃囑咐長崎三井物產分公司調查海外各地的水泥市況，並寄送樣品到天津、上海兩地的三井物產分公司，也製作英文說明書到香港、芝罘、新加坡、馬尼拉、澳洲和美國各

【17】 井田幸治編，《小野田セメント製造株式會社創業五十年史》，頁86-88。

【18】 井田幸治編，《小野田セメント製造株式會社創業五十年史》，頁90-91。

【19】 井田幸治編，《小野田セメント製造株式會社創業五十年史》，頁100-124。

地宣傳，結果該年得以首次出口 37 公噸水泥。[20] 到中日甲午戰爭以後，日本曾經歷了短暫的好景氣，小野田乃改善工廠設備，其水泥製造能力再增為年產 34,000 公噸。小野田也與台灣的賀田金三郎商店簽訂獨佔販賣契約，從 1900 年開始出口到台灣，供給台灣築城、基隆築港等之所需，1903 年底首次出口 267 公噸水泥到美國。[21]

　　日俄戰爭結束以後，日本經濟蓬勃發達，各種企業勃興，對於水泥的需求激增。小野田的製造能力已經無法滿足日本的內需，對滿洲和朝鮮的供給也漸漸困難，滿鐵開始改築廣軌工程，對於水泥的需求增大。因此小野田乃計畫在原料豐富、交通便捷的大連附近建設工廠，1909 年5 月完工時擁有建地 35.6 公頃，除了工廠本身外，尚包含宿舍、醫務室、小學校舍等。當時水泥製造能力僅年產 3 萬公噸，其後經過兩次擴張設備，到 1928 年，年產能力已達 25 萬噸以上，[22]是創設時的 9.8 倍左右。

2. 小野田大連分廠的原料來源與水泥製造法

　　水泥最主要的原料是石灰石，中國東北蘊藏豐富的石灰石，尤其是南滿鐵路旅順線營城子站附近到大連一帶（包括大連分工廠所在地的周水子站）。以及安奉線本溪湖、火連寨站附近，盛產品質優良且豐富的石灰石。其中，只有周水子產石灰石供應水泥製造之用，而火連寨和本溪湖所產者，則使用在製鐵熔媒劑方面，各供給鞍山製鐵所和本溪湖煤鐵公司。[23] 小野田大連分廠是位於石灰山的山麓。工廠北側的小山之

---

[20] 井田幸治編，《小野田セメント製造株式會社創業五十年史》，頁 140-141。

[21] 井田幸治編，《小野田セメント製造株式會社創業五十年史》，頁 195-196、226-230。當時三井物產大阪分公司設立「水泥首部」來配合小野田水泥的販賣。

[22] 井田幸治編，《小野田セメント製造株式會社創業五十年史》，頁 489-491。

[23] 佐田弘治郎編，《滿洲に於けるセメント工業と其の需給狀況》（大連：南滿洲鐵道株式會社，1930），頁 6-7。有關鞍山製鐵所和本溪湖煤鐵公司，請參考陳慈玉，〈中國東北的鋼鐵業（1915-1945）〉，《新史學》13：4（台北，2002 年12 月），頁 67-117。

石灰石品質優良，其採掘權全屬該工廠，當時使用炸藥炸開岩石後，以空氣鑿岩機來採掘石灰石。【24】

　　水泥的另一重要原料是黏土，大連分廠從工廠以南一帶的旱田採取，採掘面積有 44,195 坪。除了普通黏土外，尚有稱做風成層的黃色黏土，皆含有多量的礬土（$A_{12}O_3$）和氧化鐵（Fe_2O_3），以及軟矽石（可補足黏土的矽酸量 SiO_2）。由於東北沒有英國所盛產的水泥原料——白堊，也沒有水泥石（cement rock），所以只有以石灰和黏土來調合成適宜的水泥原料。【25】表 1 為 1918-1931 年東北重要石灰石產地的年產量。

表 1　東北石灰年產量表，1918-1931

單位：公噸、指數：1918 = 100

年次	周水子	本溪湖	火連寨	合計	
				總量	指數
1918	50,650	33,877	27,058	111,585	100
1919	45,850	58,568	79,178	183,596	165
1920	43,100	34,455	63,489	141,044	126
1921	47,050	17,854	27,338	92,242	83
1922	49,800	-	24,935	74,735	67
1923	65,550	12,049	66,272	143,871	129
1924	129,300	29,638	96,757	255,695	229
1925	106,000	29,171	99,558	234,729	210
1926	122,000	34,000	114,333	270,333	242
1927	127,000	33,000	278,011	438,011	393
1928	224,888	40,000	206,812	471,700	423
1929	313,528	52,400	263,574	629,502	564
1930	292,068	58,128	338,293	688,489	617
1931	208,040	34,800	299,163	542,003	486

資料來源：佐田弘治郎編，《滿洲に於けるセメント工業と其の需給狀況》
　　　　　（大連：南滿洲鐵道株式會社，1930），頁 8；日本工業化學會
　　　　　滿洲支部編，沈學源譯，《東三省物產資源與化學工業》（上
　　　　　海：商務印書館，1936），頁 339-340。

【24】佐田弘治郎編，《滿洲に於けるセメント工業と其の需給狀況》，頁 12。

【25】佐田弘治郎編，《滿洲に於けるセメント工業と其の需給狀況》，頁 12-13；日

由此表可以觀察到：

（1）.石灰石產量與年俱增，而在1930年達到顛峰，是1918年的6.17倍。

（2）.周水子的產量是三者中最多的（1919年和1920年除外），幾乎佔
總產量的42%以上。此應與大連分廠水泥生產量的增加有關。

（3）.不可忽視的是火連寨的的產量亦逐年俱增，這與鞍山製鐵所的製鐵
熔媒劑之需求有關。

至於小野田大連分廠的製造法，則屬於乾式法，圖示如圖1。

圖1 小野田大連分廠製造系統圖

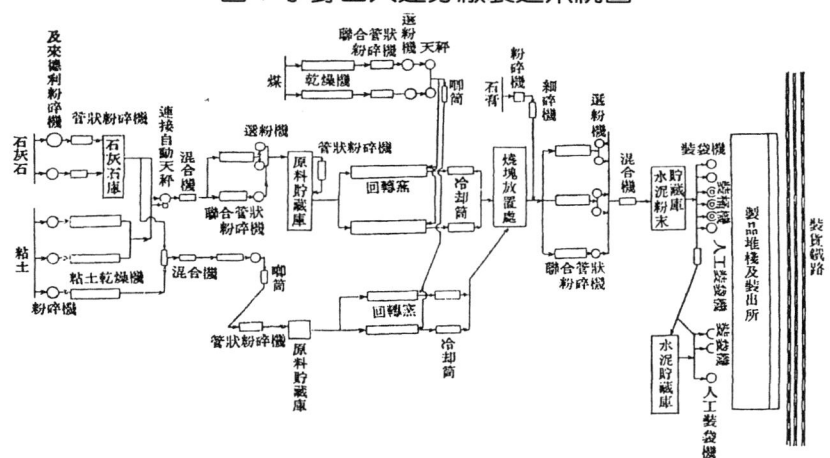

資料來源：日本工業化學會滿洲支部編，沈學源譯，《東三省物產資
源與化學工業》（上海：商務印書館，1936），頁343。

大抵言之，以一定的比例混合已粉碎乾燥的石灰石與黏土後，再加
以粉碎，然後放入回轉窯，並放入已乾燥粉碎的煤炭粉末，以約攝氏1,
400度左右的溫度燃燒之。燒成的塊狀物後，再加以冷卻。冷卻後混合
適當量的石膏粉末以調節凝結時間，然後放到粉碎機內，即可做成波特
蘭水泥。【26】

本工業化學會滿洲支部編，沈學源譯，《東三省物產資源與化學工業》（上海：
商務印書館，1936），頁340-341。

【26】佐田弘治郎編，《滿洲に於けるセメント工業と其の需給狀況》，頁13。

3. 替代日本水泥的進口

如前所述，小野田大連分廠在1908年建造完成後，次年開始生產水泥。而隨著需求的增加，該廠乃於1921年10月展開第一期擴張工程，並在1923年9月完工，年生產能力自原有的33,000公噸左右增為108,000公噸。【27】其後產量增加，逐漸替代了來自日本的水泥。根據表1，可以明顯地看出1924年水泥原料的石灰石產量是1918年的2.3倍左右。而表2「滿洲水泥需求量表」也說明在1924年，小野田大連分廠的水泥生產量比前一年增加一倍，滿洲進口量則減少了約16,000公噸，出口量卻大增了34,000公噸，而且自此年開始，東北水泥的出口量超過其進口量。

表2　滿洲水泥需求量表（1921-1928）

單位：公噸

年代	生產量（A）	輸入量（B）	計（A+B）	輸出量（C）	需要量（A+B-C）
1921	38,798	37,199	75,998	2,763	73,235
1922	39,229	43,426	82,655	3,973	78,682
1923	49,613	46,842	96,456	6,745	89,710
1924	100,181	30,611	130,792	40,756	90,036
1925	86,347	27,282	113,629	44,996	68,632
1926	105,402	65,448	170,850	59,056	111,794
1927	110,237	88,529	198,766	40,964	157,802
1928	148,695	59,432	208,127	62,278	145,849

資料來源：佐田弘治郎編，《滿洲に於けるセメント工業と其の需給狀況》（大連：南滿洲鐵道株式會社，1930），頁55。

進而言之，利用海關報告所作成的表3「東北主要口岸水泥進口量表」和圖2，及表4「東北主要口岸水泥出口量表」和圖3，也表示出在1924年的進口量顯著減少，而該年出口量則大增。

【27】井田幸治編，《小野田セメント製造株式會社創業五十年史》，頁491；佐田弘治郎編，《滿洲に於けるセメント工業と其の需給狀況》，頁26-27。

景印本・第三十卷

表 3 東北主要口岸水泥進口量表（1903-1940）

單位：公噸

年代	大連 數量	大連 比重	牛莊 數量	牛莊 比重	安東 數量	安東 比重	哈爾濱 數量	哈爾濱 比重	其他各關 數量	其他各關 比重	總計 數量
1903	-	-	1,270.08	100.0	-	-	-	-	-	-	1,270.08
1904	-	-	-	-	-	-	-	-	-	-	-
1905	-	-	166.62	100.0	-	-	-	-	-	-	166.62
1906	-	-	257.94	100.0	-	-	-	-	-	-	257.94
1907	16,365.42	92.9	978.36	5.6	271.62	1.5	-	-	-	-	17,615.40
1908	17,853.42	87.3	1,086.12	5.3	197.76	1.0	-	-	1,307.28	6.4	20,444.58
1909	16,003.20	80.1	757.92	3.8	956.88	4.8	-	-	2,248.86	11.3	19,966.86
1910	24,975.36	84.1	471.60	1.6	576.54	1.9	69.90	0.2	3,588.30	12.1	29,681.70
1911	7,348.08	41.2	411.72	2.3	8,931.30	50.1	-	-	1,136.04	6.4	17,827.14
1912	5,770.86	60.0	279.60	2.9	2,054.94	21.4	-	-	1,512.30	15.7	9,617.70
1913	16,124.52	80.5	131.94	0.7	1,504.80	7.5	-	-	2,267.16	11.3	20,028.42
1914	14,627.76	69.5	407.88	1.9	907.02	4.3	-	-	5,090.22	24.2	21,032.88
1915	3,493.98	44.8	249.24	3.2	525.12	6.7	-	-	3,537.84	45.3	7,806.18
1916	11,128.14	65.1	36.30	0.2	142.02	0.8	-	-	5,776.38	33.8	17,082.84
1917	11,474.16	68.0	11.88	0.1	769.44	4.6	-	-	4,613.58	27.3	16,869.06
1918	25,623.84	82.4	11.88	0.0	697.50	2.2	-	-	4,765.02	15.3	31,098.24
1919	55,663.02	93.3	2.94	0.0	967.74	1.6	-	-	3,001.26	5.0	59,634.96

13

年份											
1920	27,690.84	69.5	21.24	0.1	11,437.14	28.7	4.62	0.0	674.28	1.7	39,828.12
1921	28,303.68	84.1	95.58	0.3	4,997.04	14.8	46.62	0.1	223.92	0.7	33,666.84
1922	32,143.02	89.0	446.10	1.2	2,740.20	7.6	428.46	1.2	362.40	1.0	36,120.18
1923	32,489.70	89.5	259.74	0.7	3,045.42	8.4	4.44	0.0	497.76	1.4	36,297.06
1924	8,541.84	58.3	217.98	1.5	5,738.82	39.2			146.04	1.0	14,644.68
1925	15,986.34	83.1	4.98	0.0	2,690.28	14.0	4.62	0.0	540.96	2.8	19,227.18
1926	27,143.76	68.2	5,133.84	12.9	7,083.12	17.8	304.08	0.8	139.56	0.4	39,804.36
1927	20,702.70	79.8	-		3,124.62	12.0	1,048.44	4.0	1,076.64	4.1	25,952.40
1928	7,056.54	44.3	1.68	0.0	3,933.18	24.7	4,427.82	27.8	503.76	3.2	15,922.98
1929	19,672.14	62.8	-		9,477.84	30.2	1,717.80	5.5	474.00	1.5	31,341.78
1930	9,331.98	56.9	2,230.38	13.6	3,898.80	23.8	649.38	4.0	302.10	1.8	16,412.64
1931	4,967.94	56.4	-		3,173.16	36.0	287.22	3.3	375.90	4.3	8,804.22
1932	12,490.32	50.0	1,993.08	8.0	2,789.70	11.2	-		7,698.66	30.8	24,971.76
1933	107,485.02	52.4	2,579.22	1.3	30,954.54	15.1	3.48	0.0	64,112.64	31.3	205,134.90
1934	228,682.98	70.3	266.10	0.1	30,556.44	9.4	25.08	0.0	65,882.82	20.2	325,413.42
1935	107,107.26	72.2	964.20	0.6	22,434.36	15.1			17,931.78	12.1	148,437.60
1936	108,512.76	65.0	1,109.46	0.7	3,581.82	2.1	-		53,787.90	32.2	166,991.94
1937											63,323.00
1938											201,671.00
1939											506,761.00
1940											215,280.00

資料來源：《中國舊海關史料（1859-1948）》（北京：京華出版社，2001）、《中華民國海關華洋貿易總冊》（台北：國史館，1982）、歷年海關報告、1932至1936滿洲國各年海關年報、1937至1940各年海關月報。

註1：1937年僅統計至11月，1940年僅統計至9月。

註2：其他各關包含璦琿、三姓、滿洲里、綏芬河、琿春、龍井村、大賚溝、圖門、山海關、承德等地。

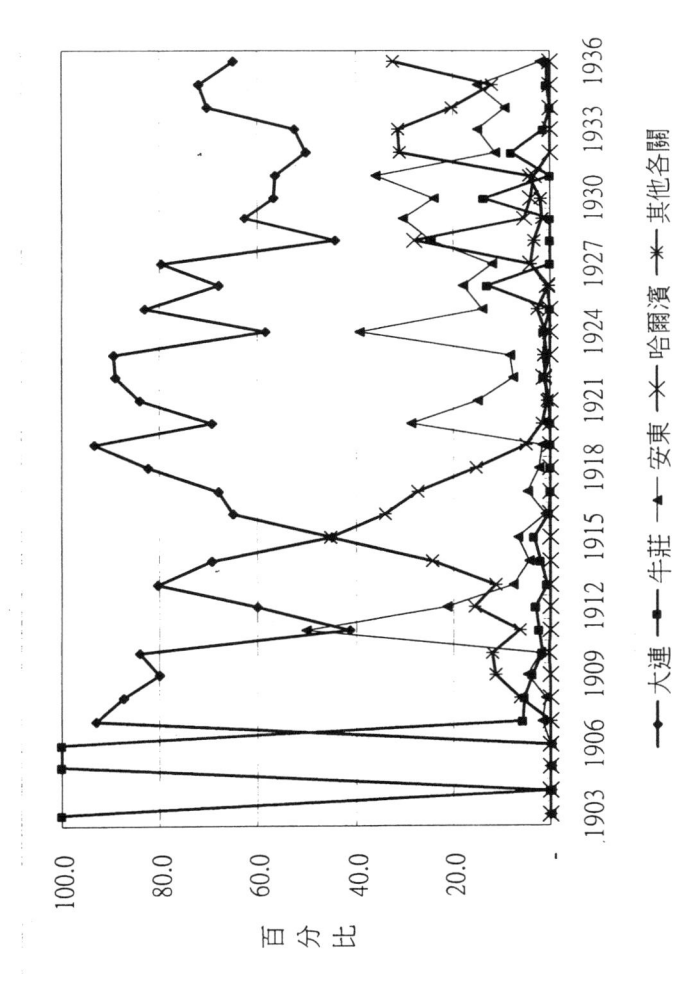

圖 2　東北主要口岸水泥進口量比重圖（1903-1936）

——大連 —■— 牛莊 —▲— 安東 —×— 哈爾濱 —＊— 其他各關

景印本‧第三十卷

資料來源：《中國舊海關史料（1859-1948）》（北京：京華出版社，2001），《中華民國海關華洋貿易總冊》，歷年
　　　　　海關報告，1932 至 1936 滿洲國各年海關年報。

註：其他各關包含愛琿、三姓、滿洲里、綏芬河、琿春、龍井村、大東溝、圖門、山海關、承德等地。

15

表4 東北主要口岸水泥出口量表（1912-1940）

單位：公噸

年代	安東		大連		牛莊		哈爾賓		其他各關		總計
	數量	比重	數量	比重	數量	比重	數量	比重	數量	比重	數量
1912	-	-	4,896.66	100.00	-	-	-	-	-	-	4,896.66
1913	-	-	15,772.62	100.00	-	-	-	-	-	-	15,772.62
1914	-	-	15,174.84	100.00	-	-	-	-	-	-	15,174.84
1915	-	-	24,374.82	100.00	0.84	0.00	-	-	-	-	24,375.66
1916	-	-	10,917.84	100.00	0.36	0.00	-	-	-	-	10,918.20
1917	21.96	0.30	7,371.36	99.66	3.42	0.05	-	-	-	-	7,396.74
1918	4.68	0.05	10,000.02	99.92	3.06	0.03	-	-	-	-	10,007.76
1919	0.24	0.00	8,256.66	99.97	2.34	0.03	-	-	-	-	8,259.24
1920	1.44	0.02	8,100.30	99.96	1.92	0.02	-	-	-	-	8,103.66
1921	0.78	0.03	2,710.32	99.93	1.20	0.04	-	-	-	-	2,712.30
1922	-	-	3,933.96	99.64	0.72	0.02	13.62	0.34	-	-	3,948.30
1923	0.90	0.02	5,373.84	99.67	4.44	0.08	12.42	0.23	-	-	5,391.60
1924	1.62	0.01	31,503.84	99.96	1.56	0.00	8.70	0.03	-	-	31,515.72
1925	5.46	0.01	48,086.76	99.94	8.22	0.02	16.02	0.03	-	-	48,116.46
1926	0.84	0.00	63,432.96	99.94	28.08	0.04	11.16	0.02	-	-	63,473.04
1927	0.60	0.00	42,992.34	99.95	1.32	0.00	20.82	0.05	-	-	43,015.08
1928	0.66	0.00	65,740.20	99.96	-	-	22.68	0.03	-	-	65,763.54

年											
1929	0.78	0.00	79,337.76	99.99	-	-	5.04	0.01	-	-	79,343.58
1930	0.90	0.00	107,985.90	99.98	-	-	16.14	0.01	-	-	108,002.94
1931	0.90	0.00	59,162.40	99.97	-	-	18.72	0.03	-	-	59,182.02
1932	1.08	0.00	35,309.46	98.93	382.44	1.07	-	-	-	-	35,692.98
1933	0.06	0.00	14,419.98	100.00	-	-	-	-	-	-	14,420.04
1934	4.14	0.05	8,345.82	99.95	-	-	-	-	-	-	8,349.96
1935	2.76	0.02	14,989.14	99.84	20.16	0.13	-	-	1.26	0.01	15,013.32
1936	0.96	0.00	92,719.92	99.99	-	-	-	-	3.96	0.00	92,724.84
1937											27,786.00
1938											13,402.00
1939											439.00
1940											71.00

資料來源：《中國舊海關史料（1859-1948）》（北京：京華出版社，2001 ）、《中華民國海關華洋貿易總冊》，歷年
海關報告、1932 至 1936 滿洲國各年海關年報、1937 至 1940 各年海關月報。

註1：1937 年僅統計至 11 月，1940 年僅統計至 9 月。
註2：其他各關包含圖門、山海關等地。

圖 3　大連水泥出口量趨勢圖（1912-1936）

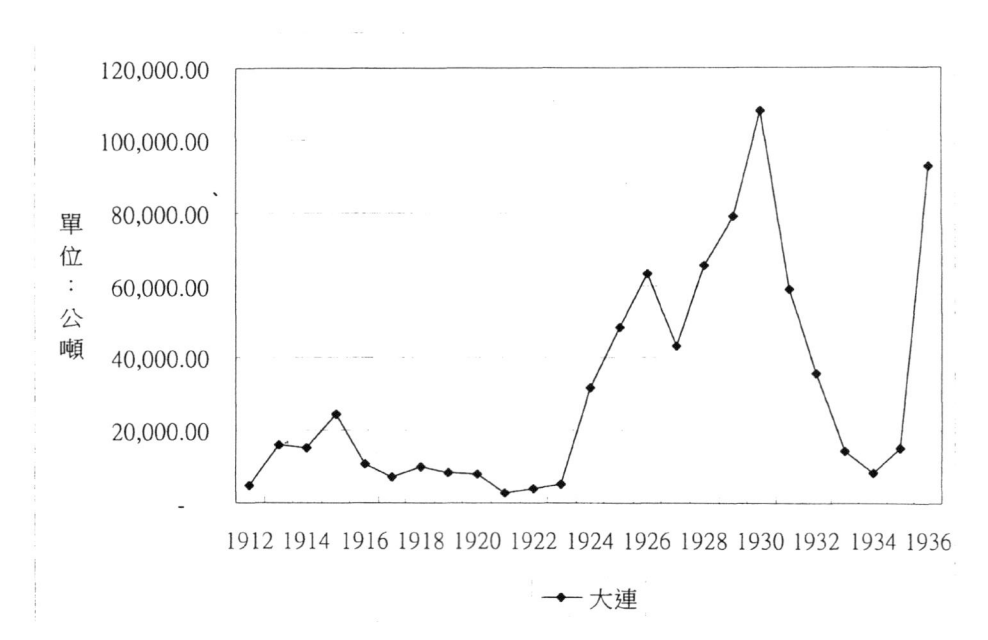

資料來源：《中國舊海關史料（1859-1948）》（北京：京華出版社，2001）、
　　　　　《中華民國海關華洋貿易總冊》，歷年海關報告、1932 至 1936
　　　　　滿洲國各年海關年報。

　　那麼，此趨勢所象徵的進口替代過程為何呢？首先，就小野田水泥的品質而言，據調查其粉末程度、擴張力和耐壓力都較二十世紀初期有明顯的進步。【28】其次，大連分廠的產品原本供應滿鐵，關東都督府、海陸軍方面，以及當地民間的需求，所以一旦滿鐵，關東都督府等的建設工程結束後，對水泥的需求就會明顯地減少，所以如後面將分析，非得開拓海外市場不可。【29】

　　另方面，刺激東北水泥需求市場興旺的主要因素是第一次世界大戰。戰後俄國的相對弱勢使東北北部的俄國資本工業完全沒落，華商資

【28】佐田弘治郎編，《滿洲に於けるセメント工業と其の需給狀況》，頁14-15。

【29】井田幸治編，《小野田セメント製造株式會社創業五十年史》，頁 497-498。

本繼之而起，在鐵路沿線以外的地區，柞蠶絲業、毛織業等小規模工廠增加不少；而東北南部的企業亦在大戰中勃興，1919 年可以說達到一個高峰。所有這些新興事業，雖然華商投資不少，但絕大部分仍是日本人投資的。【30】日本方面最主要的投資者仍是滿鐵，不僅是量方面的膨脹，而且質方面也呈現出多角化經營的現象；另一方面，日本民營企業積極參與，1915-1919 年間，共計在當地成立 605 家公司，總資本達 14,636 萬日圓，是 1914 年的 7.79 倍，而單單 1919 年一年即投入了 7,522 萬日圓，【31】約佔該年總額的 51.4%。其中最引人注目的是工業部門，日本民營公司在 5 年間共成立了 213 家工廠，全部資金為 4,806 萬日圓，【32】佔總額的 32.8% 左右。其中 111 家是 1919 年所成立的，共有資金 2,275 萬日圓，【33】是該年投資額的 30.2% 強。

　　此外，日本財閥和銀行亦在東北成立分公司和分行，投資集中於商業和金融業。至於中日合資的企業則以農林水產業和礦業居多，也有一些個人經營的小型商店和工廠出現。首先，總計 1919 年日本對東北的直接事業投資（包括滿鐵、成立於當地的企業、分公司、合資企業和個人經營者）共達 74,935 萬日圓，是第一次世界大戰前的 2.65 倍，其中滿鐵雖居總額的 49.3%，仍有舉足輕重的地位，但比戰前的 81.5%，已低降甚多。其次，就投資結構而言，包括滿鐵投資的運輸業和金融業所佔比例最大，各佔總額的 25.3% 和 23.7%，因為戰前各為 44.5% 和 5.1%，故昇降互見。工業部門（包括滿鐵的投資）的地位自戰前的 5.2% 上昇至 13.1%，礦業部門（亦包括滿鐵的投資）則從 23.1% 降到 14.2%，商業

【30】堀亮三，〈用途別需要より觀たる滿洲石炭の過去、現在及將來（一）〉，載於《滿鐵調查月報》15：5（1935 年 5 月 15 日），頁 14-15。詳見孔經緯，《東北經濟史》（成都：四川人民出版社，1986），頁 151-178。

【31】金子文夫，《近代日本における對滿洲投資の研究》，頁 192-193。

【32】金子文夫，《近代日本における對滿洲投資の研究》，頁 913，表 4-10。

【33】金子文夫，《近代日本における對滿洲投資の研究》，頁 913，表 4-10。

景印香港新亞研究所《新亞學報》（第一至三十卷）

部門亦提高，戰前僅 4.1%，1919 年則有 10.8% 的比重。【34】由上述統計數字，可見第一次世界大戰以後，東北經濟趨向多元化，這些建設都需要水泥，因此水泥的產量、進口量和總需求量增加。

　　其次，滿鐵事業本身的發展，亦促使水泥需求增加，滿鐵的投資重點是鐵路、製鐵和煤礦三大部門，其中對鐵路部門的投資高達 13,812 萬日圓，佔總金額（36,936 萬日圓）的 37.4%。【35】公司為增強鐵路運輸效率，鋪設雙軌鐵路，增強鐵軌的承載量，並增多火車頭與車廂，例如 1909 年即已完成大連至蘇家屯間雙軌鐵路的鋪設，【36】在 1915-1918 年期間，又進行蘇家屯——奉天段的工程，而到 1919 年更開始敷設奉天——長春段的鐵軌。公司同時亦逐步更新鐵軌，將原本 64 磅鐵軌改為 80 磅的鐵軌，到 1919 年更導入 100 磅重的鐵軌。機關車、客車和貨車的數目則在 1916 年分別為 270、219 和 3,194 輛，到 1920 年分別增加為 340、328 和 5,624 輛，【37】平均增加率為 71% 左右。

　　同時，滿鐵亦以提供貸款的方式，投資於非公司經營的線路，最早是第一次大戰前的吉長鐵路（本為中國官辦鐵路）。滿鐵的貸款，高達吉長鐵路所需資金之半（215 萬日圓），但中國政府仍然掌握鐵路的經營實權。【38】1917 年滿鐵與中國的財政和交通兩總長締結新借款協定，

【34】金子文夫，《近代日本における對滿洲投資の研究》，頁 195-206。1914 年的投資總額為 2 億 8,226 萬圓，見頁 66，表 1-27。

【35】金子文夫，《近代日本における對滿洲投資の研究》，頁 222，表 5-4。

【36】〈興築連蘇雙軌工程將次告成〉，《盛京時報（附張）》，第 874 號，（1909 年 9 月 26 日），第 5 版。〈大連至蘇家屯間雙軌工程告竣〉，《盛京時報（附張）》，第 903 號，（1909 年 10 月 31 日），第 5 版。此時南滿鐵路的雙軌部分實達 228 英里。

【37】南滿洲鐵道株式會社，《南滿洲鐵道株式會社十年史》（大連：滿洲日日新聞社，1919，以下簡稱《滿鐵十年史》），頁 226-227；滿鐵庶務部調查課，《南滿洲鐵道株式會社二十年略史》（大連：滿鐵，昭和 2 年，1927，以下簡稱《滿鐵二十年略史》），頁 66-81。

【38】〈在中國山座公使より牧野外務大臣宛の文書〉，1913 年 8 月 13 日，收於《日

滿鐵提供 650 萬日圓（減去前欠未償額 199 萬日圓，實際僅付 451 萬日圓），乘機取得日方干涉工務、運輸和會計的一些大權，使吉長鐵路成為配合滿鐵連絡、運費政策的「輔助線」。大戰期間，滿鐵為了擴張鐵路網到內蒙古東部，又貸款中國敷設四洮鐵路，鐵路業發展，水泥的需求自然劇增。

　　再者，除了鐵路部門以外，滿鐵也在戰後積極建造鞍山製鐵所，本溪湖煤鐵公司亦展開擴建工程。【39】這是因為第一次世界大戰期間，日本工業興旺，日本工業所以勃興，與歐洲工業和海運業的相對衰退有關。因為在大戰期間，各主要工業國家（美國、英國、德國）均面臨勞力不足、運輸交通欠缺、機械減產的問題，生產力因此降低，由於船舶不足和海難增加，歐美國家的海上運輸力也急速減低。戰火中的歐洲又極需工業產品，海運費因而迅速上昇，於是日本的海運企業獲得巨利，得以擴大規模，對於鋼材和燃料煤炭的需求也因此劇增。再者，始於海運的產業連鎖效果，亦波及到日本國內的機械製造業和電機業，增加對鋼鐵的需求；而染料業和工業用藥品業方面的進口替代成功，以及纖維工業的發展（與出口成長有關），則帶動與化學工業相關的企業，【40】所有這些新興工業都以煤炭為主要的燃料，日本當局和礦業資本家除了擴大本國煤炭和鋼鐵生產外，更汲汲於自殖民地、中國和其他國家進口所需煤炭、生鐵和鋼材。包括東北鞍山製鐵所和本溪湖煤鐵有限公司的產品，此情況戰後依然，而其擴建工廠則需要大量的水泥。

　　結果如表3所示，東北各關進口激增（1915 年除外），1919 年大連

　　本外交文書》（東京：日本外交文書頒布會，1955），大正 2 年（1913），冊 2，頁 678；〈吉長鐵路定期開工〉，《盛京時報（附張）》，第 929 號，（1909 年 12 月 7 日），第 5 版；〈吉長鐵路勘測並籌劃近情〉，《盛京時報（附張）》，第 992 號，（1910 年 3 月 4 日），第 5 版。

【39】陳慈玉，〈中國東北的鋼鐵業（1915-1945）〉，頁 72-73，85-86。

【40】中村隆英、尾高煌之助編，《二重構造》（東京：岩波書店，1989），頁 83-95。

景印香港新亞研究所《新亞學報》（第一至三十卷）

水泥的市價是開戰時的二倍多，而當時小野田大連分廠的生產不足以供應急增的需求，所以非得求諸日本本公司的補給不可，因此當時大連分廠已經孕育了擴充設備的契機。【41】

　　當時來自日本的水泥，除了小野田的製品外，尚有淺野水泥工廠（1913 年改為淺野水泥株式會社）產物。該公司在1915 年合併了北海道水泥株式會社，1917 年建設完成位於日本川崎，以及台灣台南廳興隆內里打狗山的工廠。公司所生產水泥總量則自1911 年的二廠（東京、門司）的 21 萬公噸，倍增為 1918 年底的五廠（東京、門司、川崎、台灣、北海道）的 44 萬公噸。【42】

　　事實上，日本水泥並非僅出口到中國與東北地區而已，其海外市場尚包括香港、英屬印度、菲律賓群島等東亞區域。其中，中國在總出口量中的比重，自 1922 年的 25.18%，降到 1923 年的 23.54%，而 1924 年驟降為 7.72%，1925 年僅佔 6.37%。同時，東北地區在日本水泥總出口量中的比重，則自 1922 年的 26.13% 上升為 1923 年的 50.69%，但 1924 年的比重急降到總出口量的 12.84%，1925 年的比重又下跌到 11.76%。【43】意味著東北本地所產水泥成功地替代來自日本的進口，而如表 5 所示，中國等地進口到東北的數量也減少了。

　　進而言之，東北水泥生產逐增的結果，除了替代日本水泥的作用外，又因為當地本身市場漸趨飽和，所以發展成為出口導向的產業。

【41】井田幸治編，《小野田セメント製造株式會社創業五十年史》，頁 499。

【42】和田壽次郎，《淺野セメント沿革史》，頁 277-278、327-328。

【43】自佐田弘治郎編，《滿洲に於けるセメント工業と其の需給狀況》，頁 44 的表計算出比重，而日本水泥出口量增加的地區是荷屬印尼。

表5　大連港水泥進口來源表

單位：公噸

年次	1921	1922	1923	1924	1925	1926	1927	1928
橫濱	-	-	-	-	31.75	2.72	-	261.22
大阪	-	-	94.33	471.64	6.35	48.07	704.74	-
神戶	-	-	4.54	216.77	1.81	9.98	86.17	412.69
下關	-	-	20,628.81	0.91	3,317.81	1,892.00	508.83	-
門司	-	-	-	6,930.39	10,729.81	19,548.57	17,495.12	10,140.26
津九見	-	-	8,019.69	3,902.82	1,895.63	5,446.54	-	-
姬ノ浦	-	-	266.66	-	-	-	-	-
高雄	-	-	3,802.14	-	-	1,514.69	-	-
伏木	-	-	-	-	-	-	620.39	-
小樽	-	-	-	-	-	-	1,238.96	-
仁川	-	-	-	-	-	-	0.91	-
日本合計	31,705.09	24,676.75	32,816.17	11,522.53	15,983.15	28,462.57	20,655.11	10,814.16
天津	-	-	172.33	734.67	-	636.71	-	67.12
龍口	-	-	-	-	1.81	-	-	-
芝罘	-	-	-	-	78.91	-	-	-
青島	-	-	1,628.07	2.72	-	3.63	-	-
上海	-	-	693.86	439.90	5.44	298.40	7.26	68.03
中國合計	831.72	3,865.63	2,494.25	1,177.29	86.17	938.75	7.26	135.14
歐美合計	-	-	1.81	72.56	58.05	-	66.21	11.79
其他	-	2.72	-	-	-	-	-	-
總計	32,536.81	28,545.10	35,312.23	12,772.37	16,127.37	29,401.31	20,728.58	10,961.10

資料來源：佐田弘治郎編，《滿洲に於けるセメント工業と其の需給狀況》
　　　　　（大連：南滿洲鐵道株式會社，1930），頁87-88。

註：歐美各地包含不萊梅（Bremen）、紐約（New York）、亞瑟港（Port
　　Arthur）、舊金山（San Francisco）、安特衛普（Antwerpen）、漢堡
　　（Hamburg）、利物普（Liverpool）等地。

23

三、成長與出口導向

東北水泥產業大抵以小野田大連分廠為核心，所以該廠的成長象徵著東北水泥業的成長。該廠產品的銷售市場頗為廣泛，這是由於交通運輸工具比較齊備的緣故。亦即經由滿鐵幹線，和陸續完成的四洮、吉長、吉敦等支線，可以銷售製品到滿蒙各地和華北地區，滿蒙一帶約消化了六成左右的大連分廠水泥。在出口到海外方面，則經由大連港運送到華南、台灣、東南亞和日本。【44】

1. 總出口量的增加

根據表 4 和圖 3，可以明顯地看出：

（1）. 雖然 1913-1916 年的第一次世界大戰期間，東北曾出口水泥 1、2 萬公噸，但戰後即萎縮了，甚至 1921-1922 年間只有 2、3 千公噸而已。到 1924 年，其出口大增，此後逐漸增加，1930 年達到顛峰。該年出口量是 1924 年的 3.43 倍左右，而為 1914 年的 7.12 倍。

（2）. 就出口港而言，幾乎都是從大連港出口的，僅有少量分別經由安東、牛莊和哈爾濱。

（3）. 1931 年的出口量驟減，是前一年的 54.80%，此後持續減少（雖然 1936 年曾經暴增），意味著出口導向發展時期的短暫與不穩定性。

（4）. 如果和表 3 的進口量相對照的話，則發現一有趣的現象：就是 1932 年以後輸入量的突增，這顯然與當地政經情勢的變化有關。換言之，東北水泥需求市場上，本地產品和進口品一直維持著相互競爭的狀態，此競爭情況影響到當地水泥的貿易。

【44】 井田幸治編，《小野田セメント製造株式會社創業五十年史》，頁 496。

2. 影響此時期東北水泥貿易的因素

以大連為主軸的東北水泥輸出量一直到1924年才開始增加，其主要出口目的地，如表6所示，是中國青島、上海、香港、天津、芝罘和日本、台灣、東南亞的泗水、爪哇等地。當時小野田水泥都是由三井物產株式會社獨家販賣；淺野水泥公司則在大連設有辦事處，經營該公司的產品。【45】

再者，從表6可以明顯地看出1925-1927年間，出口到中國的數量超過到日本的數量，此趨勢到1931年以後的經濟統制時期方有所改變。

那麼，為什麼對外出口要到1924年才開始大增呢？固然前述的小野田大連分廠的擴建增產，使得供給量增加乃為一大因素，但值得深思的是當時關稅制度和政治經濟情勢的影響。首先，在對日本輸出方面，日本從1911年開始對外國水泥（包括滿洲）採用高稅率的進口關稅（每公噸5日圓），來保護本國產業。此稅率一直持續到1925年，使大連分廠的產品難以進入日本競爭。【46】1923年9月發生關東大地震，日本市況沉寂，所以對日出口量急劇低減。次年為了挽救日本水泥業，業者組織水泥聯合會，努力於調節供需和維持市場平穩，但其影響並不及滿洲。【47】另方面，如前所述，小野田大連分廠的第一期擴廠工程於1923年完成，其生產能力顯著增加。結果在供給當地的內需之外，勢必出現過剩的情形，因此考慮到擴大輸出。但由於當時中國各地動亂不安，出口不易，因此只得把希望寄託在日本本國，而面臨的問題就是前述的高進口稅率。【48】

【45】佐田弘治郎編，《滿洲に於けるセメント工業と其の需給狀況》，頁92。

【46】井田幸治編，《小野田セメント製造株式會社創業五十年史》，頁497-499。

【47】井田幸治編，《小野田セメント製造株式會社創業五十年史》，頁502。

【48】本來日本的進口稅在1906年9月根據日英、日德的協定稅率，定為每公噸1.8圓，到1911年，改訂日英、日的通商條約之際，進口稅改為每公噸5圓。見井田幸治編，《小野田セメント製造株式會社創業五十年史》，頁504-505。

　　於是關東州內的各種產業業者展開改革關稅請願運動，所持的理由是「內地延長主義」。他們認為關東州乃是日本帝國領土的延長，因此在日本母國，把關東州的產品與外國貨一視同仁，課以相同關稅是極為不合裡的；並且當時日本本國和外國貨都不須課稅就可以輸入到關東州，在這種內外夾擊之下，明顯地阻礙了關東州內產業的發展，業者再三向當局請願的結果，終於在 1925 年 6 月 17 日，制定了特惠關稅法（法律第 51 號），包括水泥在內的關東州產品都得以免稅流入日本。[49]所以如表 6 所示，此後輸出到日本的東北水泥數量顯著增加。

　　再者，當時影響東北水泥流入中國市場的主要因素，是接連不斷的動亂和抵制日貨運動。並且中國是銀本位國家，採用金本位的日本常因銀價高騰或低降的匯率，而必須權衡利害得失。[50]進而言之，第一次世界大戰結束以後，歐洲水泥開始進入中國，中國水泥公司亦在上海附近的龍潭設廠製造水泥，於是日本、東北、中國和歐洲產品在上海展開削價性的國際競爭，市價因此於 1924 年曾一度低落。1925 年雖然中國各地動盪不安，但因對小野田大連分廠產品的信賴，所以如表 6 所示，輸往上海、天津的數量大增。其後又因為戰亂和抵制日貨運動接踵而來，使得市價低迷，東北對關內的出口大減，只得轉向日本，以至於沒有太多存貨。而 1928 年下半期，日本市況好轉，[51]對東北水泥的需求

【49】 井田幸治編，《小野田セメント製造株式會社創業五十年史》，頁 503 。

【50】 井田幸治編，《小野田セメント製造株式會社創業五十年史》，頁 497 。

【51】 井田幸治編，《小野田セメント製造株式會社創業五十年史》，頁 506 。又，參見表6。關於中國水泥公司，根據吳承洛，《今世中國實業通志》下冊，上海：商務印書館，1933，頁 210（收入於張研、孫燕京主編，《民國史料叢刊　經濟.工業》第 561 冊，鄭州市：大象出版社，2009，頁 504）；楊大金，《現代中國實業誌》上冊，1935 年，頁 992（收入於張研、孫燕京主編，《民國史料叢刊　經濟・工業》第 563 冊，頁 406），該公司為上海著名營造廠姚新記在 1922 年創辦，資本最初為100 萬元。廠址在句容之龍潭，京滬鐵路自此經過。

增加，因此如表 6 所示，輸往中國者明顯地減少。

　　此外，從表 6 也可以看出，在 1927-1928 年，流入到台灣的基隆與高雄兩港的數量，幾乎與日本進口量最多的大阪不相上下，意味著台灣成為東北水泥的重要市場。事實上，自日本殖民台灣以來，小野田在日本的水泥工廠，開始透過大阪、神戶地區的貿易商人，將水泥運銷台灣，但數量並不多。到 1908 年 8 月，該公司才和台北的賀田金三郎商店簽訂獨家販賣契約。適逢築城、基隆港建設等大型工程需求，所以該公司陸續取得大量水泥的訂單。【52】東北大連分廠擴建完成後，如表 6 所示，起初也只在供給內需之餘，出口至中國、東南亞和日本，一直要到 1926 年才開始流入台灣。

　　如前所述，小野田大連分廠水泥產量的增加，曾經過兩次擴建工程，第二次是於 1927 年 2 月著手進行，次年 5 月完成，生產能力大增。因此乃積極開拓海外市場，表 4、表 5 和表 6 就顯示出該年以後出口量大增和進口量的減少，而這應該也是小野田水泥公司所以投資東北的主要因素。換言之，東北本地的需求量影響了出口量的多寡。自表 2 可以看出 1920 年代的東北對水泥的需求，維持著穩定成長的趨勢（1925 年例外），而且輸入量雖曾一度減少，但 1926 年又顯著增加，這或許是小野田大連分廠展開第二期擴建工程以圖增產的重要理由吧！

　　另方面，有些水泥從日本流入東北後，再經由戎克貿易出口到中國沿海的山東，此現象自 1924 年開始有逐增之勢，【53】這或許意味著小野田大連分廠擴建工程，為東北水泥產業劃下新紀元。

　　再者，如前所述，第一次世界大戰以來，東北本地水泥需求的增

　　全部機器皆係德製，由昔大冶水泥廠工程師克立斯督理。1928 年增加資本為 200 萬元，收買前太湖水泥公司全部機器。於老廠附近另建新廠，每日產量由 500 桶增至 3,000 桶，行銷於長江一帶。出品分普通樸脫蘭水泥及特快泥二種。

【52】井田幸治編，《小野田セメント製造株式會社創業五十年史》，頁 226。

【53】佐田弘治郎編，《滿洲に於けるセメント工業と其の需給狀況》，頁 51-55。

景印香港新亞研究所《新亞學報》（第一至三十卷）

加，則和當地工業化的進展息息相關。根據表7，小野田大連分廠的產品，主要供給工廠本身和東北各地，到1924年才開始大量出口，但內需一直佔總消費量的七成左右。例如 1916 年東北（表內的工廠用和滿洲），消耗了 68.57% 的該廠水泥；到1920 年，東北的消費量減少，但仍佔該年總量的 70.56%；而 1924 年出口量大增，但內需也佔有總量的 70.27%。此後隨著輸出量的增加，東北消費量在總量中的比重平均下降到 52.31% 左右。這現象亦說明東北水泥出口的增加，推動了小野田大連分廠的持續發展。

表6 大連港水泥出口地區表

單位：公噸

		1923	1924	1925	1926	1927	1928
日本	橫濱	-	3,544.56	1,919.21	20.86	175.05	5,939.04
	大阪	15.42	293.87	-	10,854.98	6,622.01	17,401.70
	神戶	126.07	633.09	-	950.54	-	2,317.39
	下關	6.35	-	0.91	-	-	8.16
	門司		4.54	182.31	357.36	1,254.38	1,424.90
	基隆	-	-	-	623.11	5,047.46	7,299.54
	高雄	-	-	-	623.11	2,673.84	8,224.68
	其他	13.61	46.26	204.08	4,749.05	1,531.02	5,409.35
	小計	161.45	4,522.30	2,306.50	18,179.00	17,303.75	48,024.74
中華民國	天津	511.55	802.70	2,669.30	4,943.15	832.63	2,259.34
	龍口	25.40	57.14	32.65	84.35	2.72	74.37
	芝罘	121.54	299.31	508.83	1,050.31	419.03	749.18
	威海衛	6.35	9.98	17.23	61.68	57.14	32.65
	青島	3,056.59	2,524.18	2,091.54	570.50	803.60	1,499.27
	上海	458.04	4,163.13	12,648.12	17,903.27	9,635.06	7,662.34
	漢口	-	-	1,293.38	119.72	-	682.06
	福州	29.93	89.79	-	72.56	119.72	-
	廈門	-	137.86	118.82	35.37		59.86
	汕頭	-	234.01	-	-	-	-
	香港	-	7,194.32	7,903.60	2,678.37	4,014.38	5,529.07
	廣州	59.86	1,394.06	7,413.82	12,672.60	4,847.92	208.61
	其他	26.30	71.65	1,462.99	296.59	292.05	244.89

	小計	4,295.55	16,978.13	36,160.28	40,488.48	21,024.26	19,001.65
南洋	巴達維亞(Batavia)	269.38	3,446.60	3,062.03	3,329.60	449.87	1,623.53
	巨港(Palembang)	360.99	360.99	1,015.84	179.59	-	370.06
	Tangerang	-	179.59	-	-	720.16	-
	Panggarangan	-	-	89.79	538.76	-	-
	Semerang	270.29	3,808.49	1,443.04	224.94	809.04	136.05
	泗水(Surabaya)	903.37	2,986.75	3,018.50	1,296.10	809.04	2,034.40
	Makassar	-	-	36.28	54.42	-	-
	Tanjung Pandan	-	-	-	-	-	1,449.39
	爪哇(Java)	-	1,265.27	902.47	-	-	-
	小計	1,804.02	12,047.68	9,567.94	5,623.40	2,788.12	5,613.42
歐美	舊金山(San Francisco)	-	107.03	34.47	-	-	-
	紐約(New York)	-	0.91	-	-	-	-
	漢堡(Hamburg)	-	117.00	-	-	-	-
	小計	-	224.94	34.47	-	-	-
	總計	6,261.02	33,773.05	48,069.19	64,290.88	41,116.12	72,639.82

資料來源：佐田弘治郎編，《滿洲に於けるセメント工業と其の需給狀況》
（大連：南滿洲鐵道株式會社，1930），頁 89-92 。

註：日本其他地區包含小樽、函館、青森、東知取、郭賀、伏木、舞鶴、清
水、名古屋、長崎、鹿兒島、鎮南浦、仁川等處；中國其他地區包含安
東、營口、欒家口、登州府、劉家旺、石虎嘴、興化、黃埔、江門等
地。

表 7　小野田大連分廠水泥消費量表（1916-1929）

單位：公噸

年代	工廠用	滿州	海外	日本	台灣	雜用	合計
1916	377.17	24,878.50	11,577.50	-	-	-	36,833.17
1917	113.67	30,407.50	5,591.67	-	-	-	36,112.83
1918	108.67	26,985.50	8,525.00	-	-	-	35,619.17
1919	157.67	31,542.67	6,767.00	-	-	-	38,467.33
1920	140.83	22,796.67	9,569.17	-	-	-	32,506.67
1921	267.50	36,661.50	1,875.00	-	-	-	38,804.00
1922	3,942.00	31,560.17	4,296.17	-	-	-	39,798.33
1923	2,847.50	39,903.50	3,914.83	113.33	-	-	46,779.17
1924	532.33	64,976.17	23,644.83	3,975.00	-	100.67	93,229.00
1925	174.83	43,719.67	45,139.17	1,928.33	-	30.50	90,992.50

1926	235.50	45,704.33	46,546.67	15,801.17	770.00		-	109,057.67
1927	3,228.67	60,509.67	24,726.00	10,066.17	6,792.33		-	105,322.83
1928	2,699.00	82,707.00	22,023.67	30,945.50	13,556.50	925.50		152,857.17
1929	200.67	46,857.33	19,814.67	12,060.33	9,661.67		-	88,594.67

資料來源：佐田弘治郎編，《滿洲に於けるセメント工業と其の需給狀況》
　　　　　（大連：南滿洲鐵道株式會社，1930），頁 50-51 。

3. 日本水泥聯合會的角色

如前所述，東北水泥不僅在東北當地消費，並且流入日本、台灣、中國關內與東南亞，和日本本國產品產生互補作用。而東北水泥的產銷完全視市場機制而定，此點和日本國內水泥生產是不一樣的。因為日本國內水泥業者之間在1924年成立了水泥聯合會。當初成立的目的是為了防止同業者削價競爭所導致的市價低落現象。此卡特爾組織的萌芽可以回溯到1896年的「共和俱樂部」，後來小野田水泥公司和7家有力業者，進一步於1898年10月共同出資5萬日圓設立名為「共同水泥合資會社」的共同販賣公司，以企圖強化流通過程的統制。但尚未開始營業即解散了，因為此時各業者皆期望以自由競爭的方式來謀取高額利潤。即使日俄戰爭以後，雖然出現了「波特蘭水泥同業會」的團體，但其目的在普及水泥的用途、調查研究、資料蒐集與統計等增進業界總體的利益，並不具有卡特爾性質。後來日益發展，加盟的公司遍及日本、朝鮮和滿洲。

由於水泥市場沈浮不定，所以不時有倡導統制的業者出現，但大多僅限於地域性的販售協定。到第一次世界大戰結束以後，1920年開始日本經濟面臨不景氣，水泥供需不平衡現象的惡化，促使業界認真考慮統制產銷的必要性。適逢1923年關東大地震，業界雖然期待震災後的重建可以促進水泥的需求增加；但因當時缺乏資金，以致於重建工程緩慢，結果造成水泥生產過剩，存貨激增，反使翌年的市況更顯著惡化。為了挽救此現狀，小野田公司社長笠井真三和淺野公司董事金子喜代太積極奔走，結合17家水泥業者共同於1924年10月創設水泥聯合會。

　　此聯合會大抵網羅了當時全部水泥業界的有力公司，主要目的在視加盟各公司的生產和販售數量，以及當時的供需情況，來調節其出貨比例，並協定最低銷售價格以防止市場崩落，亦即在產銷兩方面都實行一元性的卡特爾統制。

　　小野田公司社長就任聯合會議長，結果由於統制工作不易進行，主要的任務僅止於限制生產而已。第一次聯合會持續五年，1929年期滿後，又開始第二次聯合會。到1934年12月的第三次聯合會，會期改為10年。【54】此卡特爾組織的出現可以說是因應時代的產物，也是小野田和淺野兩大水泥公司積極合作的結果。

　　因此兩大公司的動態左右了此聯合會的發展。而日本經濟也在1929年以後面臨世界大恐慌的餘波，以及金解禁、貨幣緊縮政策的施行，一時沈寂，影響到對水泥需求的激減。於是各水泥公司開始削價競爭，市價慘跌。聯合會的功能幾乎完全喪失。此乃由於聯合會是針對全日本產銷狀況而制定相關措施的，所以難免照顧不到地方。因此九州地區的各水泥公司首先召開協調會（名為九州十日會），自行估算出貨比例，結果市價頗佳。所以日本中部、四國、朝鮮、台灣、關東、北海道等地的水泥公司也相繼仿行，紛紛設置新的販賣統制機關。【55】

　　1931年九一八事變以後，犬養毅內閣停止金本位制，進入準戰時體

【54】但事實上在1940年就解散了。參見和田壽次郎，《淺野セメント沿革史》，頁359-362；セメント聯合会編，《セメント聯合会年鑑 昭和6至9年度》（大阪：セメント聯合会，1932-1934），頁411；セメント聯合会編，《セメント聯合会編年鑑 昭和10～14年度》（大阪：セメント聯合会編，1936-1940），頁698-700；藤津清治，〈わが国、および満州その他（終戦前）におけるセメント製造企業の変遷-明治5年（1872年）～昭和30年（1955年）-2-〉，《ビジネスレビュー》7巻3号，1960年2月，頁68-69。

【55】和田壽次郎，《淺野セメント沿革史》，頁387；井田幸治編，《小野田セメント製造株式會社創業五十年史》，頁738。

景
印
香
港
新
亞
研
究
所
《
新
亞
學
報
》
（
第
一
至
三
十
卷
）

制，也採用通貨膨脹政策，匡救時局的土木業乃因此大興，對水泥的需
求增加，於是水泥業者競相增產，市況混亂。當時淺野公司率先提倡暫
時中止增產，但聯合會內部意見相左，結果小野田水泥公司退出聯合
會，加盟派與未加盟派激烈抗爭，使市況更形亂盪不安。一年多以後，
國會通過重要產業統制法修正案的實施，其適用範圍擴及殖民地，此兩
派才在國家權力的壓力下妥協。【56】

　　換言之，中國東北地區的水泥生產、銷售以及價格，在此之前完全
不受日本水泥聯合會的限制，可說是供需市場機制下的產業。而1930年
代初期的東北只有小野田大連分廠生產水泥，僱用日本人和中國人共
1,165名。【57】

【56】井田幸治編，《小野田セメント製造株式會社創業五十年史》，頁452；和田壽
　　次郎，《淺野セメント沿革史》，頁388；橋本壽朗，《大恐慌期の日本資本主
　　義》（東京：東京大學出版會，1984），頁340，348-351。又，犬養毅，生於
　　1855年，曾任報社記者，報導西南戰役。1890年當選岡山縣眾議員，1898年
　　6月，任內閣之文部大臣，1910年創立立憲國民黨；1923年任山本權兵衛內閣
　　的文部兼郵政大臣，1924年任加藤高明內閣的郵政大臣，1929年任立憲政友會
　　總裁，1930年任眾議員，1931年犬養毅作為反對黨總裁被授命組閣，出任日本
　　第29任首相，1932年5月15日遭海軍激進人士襲擊首相官邸（史稱515事
　　件）而身亡，享年77歲。參考自古林龜治郎編，《明治人名辞典》上卷（東京：
　　日本図書センター，1987），頁4；澁澤榮一、三宅雄二郎、鎌田榮吉監修；野
　　依秀市編輯，《明治大正人物史》，（東京：日本図書センター，2004），頁
　　79-80。再者，重要產業統制法制定於1931年3月，是由經濟官僚主導的，其
　　目的在推進產業合理化，因為企業界期待此法能帶來對付當時經濟恐慌的效果，
　　而大力支持。見大石嘉一郎編，《日本帝國主義史2世界大恐慌期》（東京：東
　　京大學出版會，1987），頁220。

【57】井田幸治編，《小野田セメント製造株式會社創業五十年史》，頁508-509，其
　　中這些華工有遠從山東、直隸來的，住在大連分廠為中心的所開闢的「海南」
　　社區。

32

四、蛻變與統制產銷

1930年代初期以後，東北水泥產業因為國際政治經濟情勢的變化而改變。眾所周知，1931年九一八事變後，翌年成立「滿洲國」，東北實質上淪為日本的殖民地，其產業的開發必須遵循「日滿一體」的原則，對外的目標是增強國防力量，對內則企求經濟的安定與成長。在1933年3月，「滿洲國」公佈實施「滿洲國經濟建設綱要」，[58] 展開經濟統制的政策，水泥業統制亦為其中之重要一環。

1、 水泥供需的增加趨勢

「滿洲國」成立後，各項建設工程急速進行，尤其是以滿鐵系統各項事業為

中心的產業開發事業最引人注目。因此對於建材基礎的水泥之需求飛躍地增加。所以如表3所見，1931年以後，從東北各港進口的水泥激增，1933年的進口量是前一年的8.21倍，而1934年的進口量則是1932年的13.03倍，此後進口量減少，但1939年又突增為1932年的20.29倍，達到顛峯。

相形之下，自表4可以看出，1931年開始，自東北各港出口的水泥量顯著地減少，1933年是前一年的40.40%弱，翌年則只有1932年的23.39%而已。此後出口量雖然增加，甚至1936年多達1932年的2.60倍。但中日戰爭期間的出口量再度激減，1939年僅有439公噸，是1932年的1.23%。

東北水泥進口量的增加程度遠超過出口量的減少程度，如果當地生產量不變的話，則表示當地消費量的增加，更何況這段期間東北生產量也持續增加。表8的數據就說明了1931年以後東北水泥消費量的增加

【58】 菊地主計，《滿洲重要產業の構成》（東京：東洋經濟出版部，昭和14年，1939），頁12。

趨勢。【59】

表 8 可以看出以下的訊息：

（1）. 首先，就產量而言，1931 年以後的產量直線上昇，而於 1943 年
達到巔峯，該年產量是 1931 年的 23.13 倍，1936 年的 3.54 倍，
1939 年的 1.59 倍。

（2）. 就當地需求量而言，1931 年的需求量雖然減少，但 1932 年以
後則呈現出急速增加的趨勢，亦於 1943 年達到高峯。該年消費
量多達 1931 年的 63.34 倍，而為 1936 年的 3.02 倍，1939 年的
1.02 倍。

（3）. 此現象意味者東北水泥生產與需求量在 1939 年以前皆呈急遽
增加的趨勢，但進入 1940 年代以後，增加的幅度已逐漸縮小。
而 1931 年需求量、生產量和貿易量的萎縮，則說明了九一八事
變前後東北情勢的不確定性。

表 8 東北水泥需求量表（1927-1944）

單位：公噸

年代	生產量（A）	輸入量（B）	計（A+B）	輸出量（C）	需要量（A+B-C）
1927	62,446	69,186	131,632	32,900	98,732
1928	84,361	41,968	126,329	68,800	57,529
1929	120,301	46,003	166,304	80,400	85,904
1930	90,649	46,796	137,445	106,100	31,345
1931	69,942	38,901	108,843	83,500	25,343
1932	84,167	33,569	117,736	35,100	82,636
1933	163,317	155,922	319,239	18,400	300,839
1934	223,188	306,454	529,642	8,100	521,542
1935	356,080	160,473	516,553	11,900	504,653
1936	457,274	168,895	626,169	95,100	531,069
1937	757,434	44,944	802,378	-	802,378

【59】 因為資料來源不一，所以表 8 與表 2、3、4 的數據相異，但趨勢則同。

1938	1,012,646	194,340	1,206,986	-	1,206,986
1939	1,018,360	550,325	1,568,685	-	1,568,685
1940	1,001,207	457,221	1,458,428	-	1,458,428
1941	1,029,717	327,081	1,356,798	-	1,356,798
1942	1,393,302	43,048	1,436,350	-	1,436,350
1943	1,618,067	2,367	1,620,434	15,306	1,605,128
1944	1,273,131	-	1,273,131	21,992	1,251,139

資料來源：東北物資調節委員會研究組編，《水泥》（東北經濟小叢書之
　　　　　一，北京：全國圖書館文獻微縮複製中心，2006 影印 1947 年
　　　　　版），頁 96-97。

2、 生產體制的改變

　　那麼，東北水泥的生產在進入1930年代以後有何種變化呢？首先，
在九一八事變之前，東北地區的水泥廠只有小野田大連分廠而已，因此
當地所需水泥，存賴該廠以及河北省唐山的啟新洋灰公司、【60】俄國和
日本的供給，而主要需求市場的滿鐵沿線大概每年消耗10萬公噸左右。
事變後，淺野水泥公司頗看好東北地區對於水泥需求的前途，乃與加入
水泥聯合會的各公司商量，計畫創立新公司。於是在1932年「滿洲國」
成立後，7月向關東軍特務部提出興建新工廠的申請，同時立即針對原
料來源和廠地展開調查工作。同年秋天就決定原料的石灰石來自吉海線
沿線的磐石縣七項子山，廠地則選在吉林省京圖線沿線哈達灣。翌年3
月30日得到關東軍的許可，而10月30日也獲得「滿洲國」政府實業
部的正式許可，於是該公司在11月27日於東京召開發起人總會，決定
設立資本金「滿洲國」國幣300萬圓的「滿洲國」法人大同洋灰股份有
限公司。1934年4月底著手進行建廠工程，1935年1月完工，3月開

【60】啟新洋灰公司，1876年開平礦務局創辦唐山水泥廠以來，中國始出產水泥，然
　　其時係中英合辦，至1907年，改歸商辦，更名啟新洋灰公司，是中國華資水泥
　　業之發軔。見楊大金，《現代中國實業志》，下冊，頁990（收入於張研、孫燕
　　京主編，《民國史料叢刊　經濟・工業》第563冊，頁404）。

始運轉。【61】改變了 1909 年以來小野田分廠的 25 年間在東北獨家生產的狀態。

　　大同洋灰公司是「滿洲國」成立後最早開始營業的工廠之一，其組織則採用日本和「滿洲國」合辦的方式，亦選任中國（「滿洲國」）人艾迺芳擔任董事，與出資的各日本水泥公司（秩父水泥公司、大阪窯業水泥公司、磐城水泥公司、日本水泥公司）的代表，共同組成董事會。而監察人有三位，其中一位是中國（「滿洲國」）人常堯臣。淺野水泥公司所持股份為總股份 10 萬股份的 83%，因此大同洋灰公司可說是淺野水泥公司的子公司。淺野公司的副董事長淺野良三就任為大同洋灰公司的總辦，董事長淺野總一郎擔任顧問一職，大同洋灰公司的董事長則為兒玉國雄。因此淺野水泥公司完全掌握了大同洋灰公司的經營權，並在 1935 年 3 月當大同水泥公司的產品開始銷售時，由日本淺野公司取得獨家販售契約，由其在新京的營業所直接經營流通過程。【62】

【61】和田壽次郎，《淺野セメント沿革史》，頁 440-441。或許這也是小野田所以退出水泥聯合會的一主要因素。又，「滿洲國」幣 1 圓等於大洋銀 1 元，原則上是與日幣價值相同。見佐佐木孝三郎編，《奉天經濟三十年史》（奉天：奉天商工公會，1940），頁 317，頁 397-399；滿鐵經濟調查會編，《滿洲經濟年報》，1933 年版（東京：改造社，1933），頁 344-349；東亞經濟調查局，《支那・滿洲經濟研究》（東京：改造社，1937），頁 328-329。

【62】和田壽次郎，《淺野セメント沿革史》，頁 441-443。又，艾迺芳，字擷華，生於 1893 年，為滿石理事長、大同洋灰股份公司董事，「滿洲國」建國前曾任吉海鐵路局幫辦同總辦等職，滿洲事變後任東北交通委員會委員，「滿洲國」建國後任中東鐵路理事，滿石理事長。兒玉國雄，生於 1886 年，曾任東京鐵道局副參事、鐵道參事兼任鐵道書記官、膠濟鐵路車務所長派遣鐵道書記官、運輸局配車課長、鶴見臨港鐵道股份公司監察人等職。引自中西利八編，《滿洲人名辭典》，（東京：日本圖書センター，1989），頁 631、1354。常堯臣，字伴樵，軍官團出身，1924 年任奉天軍吉林混成第二旅騎兵第十八團團長，1926 年 5 月

　　淺野水泥公司的企圖並不僅止於此，該公司在 1935 年 6 月與日本的磐城、七尾兩水泥公司，共同組織康德組合，以篠塚宗吉為董事長，創立資本金「滿洲國」國幣 200 萬圓，可年產 18 萬噸的「滿洲國」法人滿洲洋灰股份有限公司，在遼陽郊外建設工廠，4 萬股權中淺野擁有一半，故能參與策劃經營事宜。【63】

　　淺野公司再進一步於同年 10 月針對大倉財閥所投資的本溪湖煤鐵公司【64】的子公司本溪湖洋灰股份有限公司（年生產能力為 10 萬噸）展開介入經營權的計畫。本溪湖洋灰公司當時總股數有 6 萬股，淺野與澁澤、古河兩財閥合作，購買了 12,000 股，於是得以派遣該公司的人士田中藤作和乙竹茂郎兩人分別去擔任常務董事和監察人，因此淺野公司能

奉郭（張作霖與郭松齡）戰爭立戰功，擢任為第十六師第十旅旅長，為張作霖所信任。引自外務省情報部編，《現代支那人名鑑》，（東京：東亞同文會調查編纂部，1928），頁 860 。

【63】和田壽次郎，《淺野セメント沿革史》，頁 443 。又，滿洲洋灰股份有限公司在日本登記為日本法人滿洲セメント株式會社（水泥公司），資本金為 500 萬圓。再者，篠塚宗吉，生於 1884 年，日本エタニットペイプ、帝國二ユーヒユーム鋼管、北越石油、旭航空工業各股份有限公司董事長。曾任職京都川島織物公司、後轉入東京瓦斯公司，就任神田營業所所長、本公司營業課長、參事、經理等職，後轉任東京瓦斯焦炭公司常務董事、日滿水泥公司社長。引自《日本產業人名資料事典》，（東京：日本図書センター，2001），頁 423 。

【64】本溪湖煤鐵公司是大倉財閥在東北經營的重心。該財閥於 1910 年直接投資 100 萬元（大洋銀），東三省當局則以現金 65 萬元和評價 35 萬元的礦業權取得合作的地位。翌年，為利用廟兒溝鐵礦以從事製鐵事業，增資為 400 萬元，改稱本溪湖煤鐵有限公司，1914 年再增資到 700 萬元。雖然名為中日各增資一半，但實際上中國方面資金，是來自大倉財閥的貸款，而以其所持有的股份為擔保。在日本政府的強力外交支持下，即使辛亥革命之後，亦能排除中國中央政府的介入。在 1935 年 9 月第一次改組，自商辦本溪湖煤鐵有限公司改為「滿洲國」法

參與本溪湖洋灰公司的實際運作。【65】換言之，經由資金的投入與董監事的派遣，淺野公司建立了以大同洋灰公司為主軸，滿洲和本溪湖洋灰公司為支軸的生產架構，短期間內在中國東北就樹立了龐大勢力，足以與已經在此經營 20 多年的小野田水泥公司相抗衡。兩者繼在日本分庭抗禮後，再把競爭的舞台擴展到殖民地。

　　另一方面，小野田則在 1933 年 2 月於滿鐵所屬的鞍山製鐵所內設立「鞍山出張所」（鞍山辦事處），3 月著手建設工廠，次年 4 月完工，同時廢止鞍山出張所，改名鞍山工廠（此時鞍山製鐵所亦改稱昭和製鋼所），此工廠主要利用鞍山製鐵所的礦渣來製造高爐水泥。原本早在 1919 年時，滿鐵總裁中村雄二郎就向小野田提出利用鞍山製鐵所礦渣的要求，其後小野田大連分廠經過九次試驗，確認能產生水泥。於是滿鐵與小野田之間不斷地交涉，終於在 1931 年根據滿鐵的指示，由小野田提出製造高爐水泥的企劃案。後因九一八事變而一時停頓，到 1932 年 11 月始決定由小野田獨資建設鞍山水泥工廠。【66】1934 年 11 月小野田又在關東州設立「關東州小野田セメント製造株式會社」（關東州小野田洋灰製造株式會社），廠址即大連分廠，兩者之間締結租賃契約，該洋

人的本溪湖煤鐵股份有限公司，資金從大洋銀 700 萬元（大倉和中國政府各半），增加到「滿洲國」幣 1,000 萬圓（其中大倉礦業 600 萬圓，「滿洲國」政府 400 萬圓）。大倉雖取得經營實權，但同時該公司被指定為「滿洲國」的準特殊會社，接受其政府某種程度的管制。見高村直助，《日本資本主義史論》（京都：ミネルヴァ書房，1980），頁 137-149；大倉財閥研究會編，《大倉財閥の研究》（東京：近藤出版社，1982），頁 41 9-444。

【65】和田壽次郎，《淺野セメント沿革史》，頁 443。

【66】藤津清治，〈わが国、および満州その他（終戦前）におるセメント製造企業の変遷-明治 5 年（1872 年）～昭和 30 年（1955 年）-3-〉，《ビジネスレビユー》，8 巻 2 号、1960 年 10 月，頁 84-85；此時小野田公司尚擁有哈爾濱工廠。見日本工業化學滿洲支部編，沈學源譯，《東三省物產資源與化學工業》，頁 350。

灰公司也和鞍山工廠及其原料地區締結租賃契約，關東州小野田洋灰製造株式會社的所有股權全部屬於在日本的小野田母公司，取締役社長（董事長）亦為同一人一笠井真三。【67】

　　七七事變、中日戰爭爆發後，1938 年在「滿洲國」政府指示下，成立「共同水泥會社」，統掌東北水泥之配給權。【68】此時小野田哈爾濱洋灰公司不僅在牡丹江設立工廠，而且因其石灰石礦山來自吉林省汪清縣的廟嶺，於是為便於利用資源，乃在此年成立年產 9 萬噸水泥的廟嶺工廠。後來小野田公司在1942 年解除了與鞍山工廠的租賃契約，把它讓渡給「滿洲小野田洋灰股份有限公司」，該公司係滿洲國法人，資本總額500 萬圓，由日本小野田母公司、三井物產和關東州小野田洋灰製造公司共同投資，小野田母公司擁有64% 左右的股權，當時兩公司的董事長也是同一人（狩野宗三），1938 年改名為「滿洲小野田セメント製造株式會社」（滿洲小野田洋灰製造株式會社）。【69】而淺野公司則有鑑於吉林豐滿水電站需要大量水泥，故建設年產 25 萬噸的滿洲洋灰公司吉林工廠，所產水泥除供給吉林外，還銷往長春等城市。到1939 年，淺野公司開始在東北南部重鎮、入關必經之地的錦州建廠，利用從日本拆運來的舊設備，於1942 年竣工投產，年生產能力是 20 萬噸，名為滿洲洋灰公司錦州工廠。1944 年該公司收購了滿鐵撫順洋灰株式會社的撫順工廠，其年生產能力高達30 萬噸，改名滿洲洋灰公司撫順工廠。【70】由此可以看出民營水泥企業與「國策公司」滿鐵的共生共存關係。

【67】同時，也在朝鮮成立「朝鮮小野田セメント製造株式會社」。見藤津清治，〈わが国、および満州その他（終戦前）におるセメント製造企業の変遷-明治 5 年（1872 年）～昭和 30 年（1955 年）-2-〉，頁 68-75。

【68】東北物資調節委員會研究組編，《水泥》，頁 101。

【69】藤津清治，〈わが国、および満州その他（終戦前）におるセメント製造企業の変遷-明治5 年（1872 年）～昭和 30 年（1955 年）-3-〉，頁 85-88。

【70】王燕謀，《中國水泥發展史》，頁 68。

3、 滿洲水泥生產統制組合的出現

　　除了小野田和淺野兩大系統的水泥工廠外，當時在東北尚有日本磐城水泥公司所投資的工廠，終戰前的東北共有14家日系水泥公司。這些工廠的產銷原則上接受「滿洲國」政府的統制，但當局在初期放任管理，所以直到太平洋戰爭爆發以後，「滿洲國」政府為加強對水泥廠的管理，於1943年8月成立滿洲水泥生產統制組合。當年該統制組合將哈爾濱洋灰股份有限公司的哈爾濱總廠和牡丹江分廠，以及滿洲小野田洋灰製造株式會社的廟嶺工廠都劃歸關東州小野田洋灰製造株式會社管理。這樣，關東州小野田洋灰製造株式會社管理東北地區的7個工廠；滿洲磐城洋灰株式會社管理東北地區的4個工廠；滿洲淺野水泥株式會社管理東北地區的3個工廠。【71】

　　茲將1943-1945年間滿洲水泥生產統制組合下屬的日資水泥企業名稱列於表9。表中所列14個水泥廠的水泥年生產能力總共為246萬噸，佔當時全中國水泥總生產能力的57%，成為中國水泥工業的重要組成部分。

表9 1943-1945年間滿洲水泥生產統制組合下所屬日資水泥企業表

序號	企業名稱		水泥生產能力 萬噸/年
	公司	工廠	
1	關東州小野田洋灰製造株式會社	大連工廠	25
2	關東州小野田洋灰製造株式會社	鞍山工廠	13
3	關東州小野田洋灰製造株式會社	泉頭工廠	16
4	關東州小野田洋灰製造株式會社	小屯工廠	15

【71】 王燕謀，《中國水泥發展史》，頁69。

景印香港新亞研究所《新亞學報》（第一至三十卷）

5	關東州小野田洋灰製造株式會社	哈爾濱工廠	10
6	關東州小野田洋灰製造株式會社	牡丹江工廠	15
7	關東州小野田洋灰製造株式會社	廟嶺工廠	9
8	滿州磐城洋灰株式會社	本溪工廠	20
9	滿州磐城洋灰株式會社	本溪工廠分廠	17
10	滿州磐城洋灰株式會社	安東工廠	18
11	滿州磐城洋灰株式會社	遼陽工廠	13
12	滿州淺野洋灰株式會社	吉林工廠	25
13	滿州淺野洋灰株式會社	錦州工廠	20
14	滿州淺野洋灰株式會社	撫順工廠	30

資料來源，王燕謀，《中國水泥發展史》（北京：中國建材工業出版社，2005），頁69-70。

　　水泥統制組合成立後，撤銷共同水泥會社，改由日滿商事株式會社負責配銷。【72】如前所述，該年生產量與消費量均達最高紀錄。

　　統制的目的並非只是抑制營業者的利潤，乃是為了獲得合理的產量與價格，以免畸形發展。因此東北水泥業者在戰時非協助政府所實施的統制政策不可，以加強國家的力量，或能增強業者本身事業的基礎。【73】

　　戰時統制體制時間並不短，在此期間內就營業者的立場而言，難免有許多困難。因為當時各工廠的成立，皆必須經過相關單位的嚴格審查；當局僅於成本之外，容許一定的利潤，來決定其出售的價格。就「滿洲國」政府的立場而言，此統制政策的施行有利於物資動員與維持金

【72】東北物資調節委員會研究組編，《水泥》，頁101。日滿商事株式會社是「滿洲國」實行經濟統制政策下的「準特殊會社」，成立於1936年10月，公稱資本金1千萬圓，主要投資者是滿鐵、滿洲炭礦株式會社、昭和製鋼所和本溪湖煤鐵公司，為統制「滿洲國」內所產各種商品的配給部門的「國策會社」，以圖重要商品的供需運作圓滑，並維持適當的價格。見菊地主計，《滿洲重要產業の構成》，頁191-192、340。

【73】東北物資調節委員會研究組編，《水泥》，頁99-100。此統制政策在戰後依舊存在。

融秩序。因為當時所需物資的情勢頗急，若任其自由競爭販賣，則價格必高漲，如此不但政府的預算膨脹、工程延滯、黑市橫行、製品與資材的獲得困難；即使大多數人所受到的生活壓力，亦或尤甚於實施統制的結果。【74】

　　至於水泥統制時期的工廠生產成本，與「滿洲國」政府的收買價格（由配給機關「日滿商事株式會社」，向水泥業者收買的價格），以及該會社出售給需求者的價格，則列為表10。

表10 東北水泥生產成本與銷售價格表

單位：圓／公噸

年別	生產成本	收買價格	差額（工廠收益）	銷售價格	差額（銷售收益）	備註
1937	不詳			26.000		
1938	不詳	20.625		27.000	6.375	
1939	不詳	24.750		32.000	7.250	設立共同水泥會社統掌配給權
1940	不詳	26.763		32.000	5.237	
1941	不詳	29.400		41.000	11.600	
1942	31.419	35.815	4.396	47.000	11.185	
1943	37.046	35.936	（虧）1.110	47.000	11.064	因偽滿政府之放任管理，頗呈混亂狀態，逐成立統制組合，由日滿商會社實行配
1944	41.549	52.443	10.894	63.000	10.557	
1945	65.797	78.500	12.703	92.000	13.500	

資料來源：東北物資調節委員會研究組編，《水泥》（東北經濟小叢書之一，北京：全國圖書館文獻微縮複製中心，2006影印1947年版），頁100-101。

註：（一）生產成本為各工廠之平均數。

（二）於統制組合成立前，其生產成本不詳。至收買價格係共同水泥會社成立後，向各廠所詢問者，然不宜過信。

（三）工廠收益，尚不及共同水泥會社收益之多，此種不合理現象，為取銷該會社原因之一。

　　根據表10，可以發現到：

　　（1）.1937-45年間，由於統制組合成立之前，各廠並未公開生產成本，外界無法知悉，從而不知工廠利潤。但1942-45年間，除

【74】東北物資調節委員會研究組編，《水泥》，頁100。

1943 年虧損外，其利潤率分別為 14.99%（1942）、26.15%（1944）和 19.31%（1945），可說相當高。而如前所述，1943 年的產量和消費量最多，各廠卻反而虧損，或許這是撤銷共同水泥會社、成立統制組合，由「日滿商事會社」負責配售事宜的原因之一。

（2）. 至於「日滿商事會社」出售水泥的利潤率，隨者成本的提高而有下降的趨勢，1942-45 年間分別是 31.23%、30.79%、20.13% 和 17.20%。這雖然反映出統制政策的效果—— 以合理的的價格來供應市場，但也意味者往昔水泥業者的高營利所得。

（3）. 至於成本的上昇，應與 1942 年以後的通貨膨脹有關。

表 11 東北水泥用途表

用途	1939		1942		1944	
	數量(公噸)	%	數量(公噸)	%	數量(公噸)	%
軍用	275,790	27	691,751	46	397,945	36
偽滿政府機關	83,320	7	103,452	7	68,503	6
鐵路	145,550	14	257,089	17	149,299	14
煤礦	48,470	4				
電力	103,720	12				
鋼鐵	83,960	8	421,404	28	449,777	41
化學工業	36,565	4				
製造工業	57,840	6				
其他民需	183,775	18	25,342	2	43,175	3
計	1,018,990	100	*1,499,038	100	*1,108,699	100

資料來源：東北物資調節委員會研究組編，《水泥》（東北經濟小叢書之一，北京：全國圖書館文獻微縮複製中心，2006 影印 1947 年版），頁 98-99。

註：附有＊號者不包含輸出及本廠用之數量。

表 11 說明了以下的訊息：

（1）. 最大的主顧是軍方，其次為鐵路建設，兩者在 1939 年占總需

景印香港新亞研究所《新亞學報》（第一至三十卷）

求量的41%。到1942年強化統制政策，兩者的比重高達63%，即使後來水泥產量減少，兩者的比重仍有50%。

（2）.「滿洲國」政府機關的用量比重大抵不變。

（3）. 在1939年的重要產業對水泥的需求方面，以正在建築豐滿水電站的數量為最多，甚至超過了政府機關的用量；而鋼鐵業也是一大用戶。

（4）. 就數量而言，軍方、政府機關和滿鐵在這三年的總量分別是504,660公噸、1,052,292公噸和615,747公噸，亦即1942年的用量是1939年的兩倍多，也可說明實行統制政策發揮了極大的效果，尤其是軍方用量居然成長了150.83%。

（5）.1944年由於水泥產量減少，於是軍方、政府機關和滿鐵的用量皆大減，但軍方和滿鐵的消費仍然比1939年多。

（6）. 至於重要產業界的用量，則持續增加，1944的用量是前一年的1.07倍，而為1939年的1.36倍。這或許是在統制政策之下，1944年雖然水泥減產，但仍然盡量供給重要產業的需要量。

（7）. 相形之下，實施統制政策之後，因為軍方、滿鐵與重要產業界的互爭資材，以致民需水泥量異常缺乏，而且1942年的用量甚至只有當年總消費量的2%，實際數據僅為1939年的13.79%而已。

再者，1944年的減產情況，並非水泥業而已，而是整個第二次「滿洲產業開發五年計畫（1942-1946）」[75]中的重要產業都面臨的現象。其主要原因歸根究底可以說是戰爭的長期化與激烈化的緣故。當時的昭和製鋼所企畫課長水津利輔曾於1946年提出以下的12項具體看法：（1）

【75】關於第一次與第二次滿洲產業開發五年計畫，詳見大石嘉一郎編，《日本帝國主義史3 第二次大戰期》（東京：東京大學出版會，1994），頁400-409；陳慈玉，《日本在華煤業投資四十年》（台北縣板橋：稻鄉出版社，2004），頁158-161。

建設器材不足；（2）機械工作力不足；（3）資金不足；（4）熟練工和一般勞工不足；（5）因關東軍的獨斷政策所導致的器材、勞力等的浪費；（6）日本對滿洲開發態度的消極性與步調不一致，尤其是陸軍和海軍之間的爭執；（7）海陸路運輸力之不足和當局不重視此問題的嚴重性；（8）煤炭的極度不足；（9）電力不足；（10）因計畫不均衡所引起的修補等附帶產業的不足；（11）軍部對增產之過分要求；（12）行政事務的不完備與不妥當。【76】

　　而且燃料煤炭的缺乏也使各水泥工廠生產力低下，因為此時撫順煤礦的產量亦大減（自1941年的671萬噸，減少到1944年的451萬噸），以致於供給比預期減少與需求激增的現實導致煤炭極度缺乏。此外，由於關東軍的強勢和陸海軍的意見相左，可以看出上述12項因素中的第5、6、10、11和12項都顯現著計畫本身的不完備性與促進此計畫的體制的不適切性。至於資金、機械、人力資源（熟練工、一般勞力）和能源部門（電力、煤炭）以及運輸能力的不足等因素，則是攸關推展此計畫成敗與否的基本關鍵。其中，機械主要仰賴日本和第三國；資金、熟練工與運輸能力由日本和滿洲本身供給；而勞工、煤炭與電力大致以滿洲本身的供給為主，亦有賴來自華北和朝鮮的調配。【77】這意味著日本、滿洲、朝鮮和華北所形成的東北亞區域在「日本帝國」的資源配置網絡中的互補性，而水泥生產是此網絡的重要一環。

　　進而言之，終戰後，在張公權【78】的領導下，東北物資調節委員會

【76】大倉財閥研究會編，《大倉財閥の研究》，頁645-646。

【77】陳慈玉，《日本在華煤業投資四十年》，頁162-163；大倉財閥研究會編，《大倉財閥の研究》，頁646。

【78】張嘉璈，字公權，1889年生，1914年入中國銀行，為上海分行副經理，1917年昇任中國銀行副總裁，1922年兼北京政府全國財政討論會委員，1930任中國銀行總經理。1932年轉任中央銀行理事會理事、國難會議會員；1935年任中央信託局局長、鐵道部部長；1938年就職交通部部長，1939年任交通部公路運

認為當時14所水泥工廠所面臨的共同癥結為：（1）因熟練工人不足，生產難期如意；（2）因機械熟練工人及修理資材不足，以至機械常生故障；（3）由於修理電氣資材不足，致難多用電動機，動力亦因此不足；（4）粉末機之減速機齒輪及小齒輪（Reducer Gear and Pinion）修理困難，又以材料難購，不能新造；（5）因訂購各種物品之交貨延遲，僅勉強工作；（6）必須由日本輸入的機械及附屬零件，運輸異常困難。【79】

　　根據當時的調查，1944年度生產量突然大減之工廠，計有吉林、錦州、撫順、遼陽、本溪、安東等廠；到1945年上半期，此減產風氣，更波及其他各廠。因為日本戰事不利，產業界幾乎陷於麻痺狀態，【80】東北水泥業就在俄國突然介入的情勢下面臨戰爭的結束。

4、 九一八事變後東北水泥的貿易

　　在太平洋戰爭爆發以前的「滿洲國」時代，如前所述，東北本地需求量大增。其進口來源如表12和圖4所示（此表數據亦與表8相異，

輸總局局長，1941年任全國水利委員會委員，1942年奉派赴美國研究經濟建設。抗戰勝利後，自美返國，1945年當選為國民黨第六屆中央執行委員，任軍事委員會委員、東北行營經濟委員會主任委員、中國常春鐵路公司理事長。1947年任中央銀行總裁、中央信託局理事長；1948年5月免中央銀行總裁，翌年，赴澳洲任悉尼大學任教。1953年僑居美國，於洛杉磯羅耶拉大學任教；1961年參加史丹福大學胡佛研究中心。1979年10月15日病逝，享年90歲。引自徐友春編，《民國人物大辭典》，（石家莊：河北人民出版社，1991），頁962。

【79】 東北物資調節委員會研究組編，《水泥》，頁89。

【80】 東北物資調節委員會研究組編，《水泥》，頁90-91。根據本書，1944年的總產量為1,140,402公噸，比前一年減少362,636公噸，而較1942年減少近40萬公噸，為該年的74.41％，但僅比1941年略少23,319公噸而已。此數據與同書頁96-98（即本論文表8）有些出入。

但趨勢一致），除了日本（包括台灣）之外，朝鮮水泥也大量流入，而中華民國關內雖仍有運銷到關外，但比重遠不及前兩者，關東州亦出口到滿洲國，意味著「日滿朝經濟共同體」的強韌性。唐山的啟新水泥公司素為小野田大連分廠的勁敵，原本在九一八事變前，於政府的輔助保護下，多向東北運輸，在 1927 年前後，最高曾達 47 萬公噸，因而大連分廠的製品，曾受到相當打擊。[81] 迨九一八事變後，從表 12 可看出，相對於日本和朝鮮製品的大量進口，啟新水泥運銷東北者逐漸減少，其在東北水泥總進口量中的比重，自 1932 年的 11.5% 劇跌到 1940 年的 0.2%。

至於蘇聯製品，以前多輸向東北的北部各地，曾活絡一時，但到 1933 年，因受「滿洲國」政府的統制，僅輸入 5,000 多公噸，此後如表 12 和圖 4 所示，可謂完全絕跡。[82]

---

[81] 井田幸治編，《小野田セメント製造株式會社創業五十年史》，頁 506；東北物資調節委員會研究組編，《水泥》，頁 91。

[82] 東北物資調節委員會研究組編，《水泥》，頁 92。

表 12 滿洲國主要水泥進口來源表（1932-1940）

單位：公噸

年代	日本		朝鮮		中華民國		關東州		其他		總計
	數量	比重	數量	比重	數量	比重	數量	比重	數量	比重	數量
1932	14,335.74	57.4	7,745.40	31.0	2,880.48	11.5	-	-	10.14	0.04	24,971.76
1933	112,467.36	54.8	84,686.58	41.3	2,486.88	1.2	-	-	5,494.08	2.68	205,134.90
1934	246,182.82	75.7	76,285.68	23.4	2,935.98	0.9	-	-	8.58	0.00	325,413.42
1935	123,946.74	83.5	24,406.20	16.4	75.66	0.1	-	-	9.00	0.01	148,437.60
1936	157,461.90	94.3	9,475.68	5.7	54.24	0.0	-	-	0.12	0.00	166,991.94
1937	14,984.00	23.7	26,408.00	41.7	2,003.00	3.2	19,911.00	31.4	17.00	0.03	63,323.00
1938	81,993.00	40.7	82,685.00	41.0	1,862.00	0.9	35,060.00	17.4	71.00	0.04	201,671.00
1939	350,660.00	69.2	110,885.00	21.9	3,289.00	0.6	41,927.00	8.3	-	-	506,761.00
1940	144,622.00	67.2	63,162.00	29.3	479.00	0.2	7,017.00	3.3	-	-	215,280.00

資料來源：《中國舊海關史料（1859-1948）》（北京：京華出版社，2001），1932 至 1936 滿洲國各年海關年報、1937 至 1940 各年海關月報。

註 1：1937 年僅統計至 11 月，1940 年僅統計至 9 月。

註 2：其他各國包含英國、德國、俄國等國。

圖 4 滿洲國主要水泥進口來源比重圖（1932-1940）

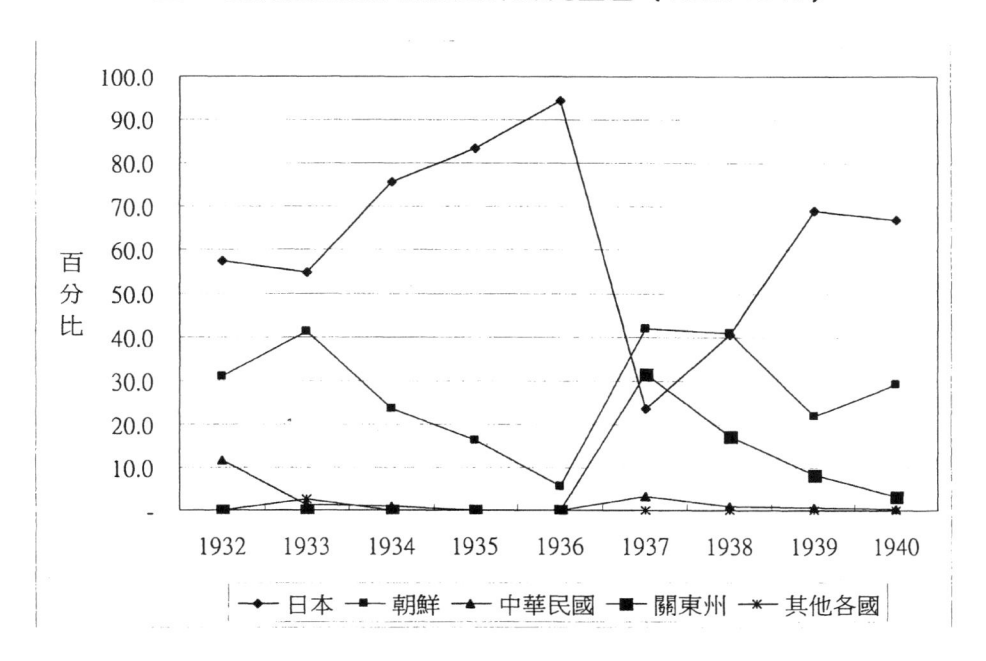

資料來源：《中國舊海關史料（1859-1948）》（北京：京華出版社，2001），1932
　　　　　至 1936 滿洲國各年海關年報、1937 至 1940 各年海關月報。

註 1：1937 年僅統計至 11 月，1940 年僅統計至 9 月。
註 2：其他各國包含英國、德國、俄國等國。

表 13 滿洲國主要水泥出口地表（1932-1940）

單位：公噸

年代	日本		朝鮮		中華民國		其他地區		總計
	數量	比重	數量	比重	數量	比重	數量	比重	數量
1932	24,470.34	68.56	120.30	0.34	10,076.16	28.23	1,026.06	2.87	35,692.86
1933	2,762.46	19.16	-	-	11,489.46	79.68	168.12	1.17	14,420.04
1934	1.26	0.02	3.78	0.05	8,260.86	98.93	84.06	1.01	8,349.96
1935	10,710.54	71.34	2.16	0.01	4,160.52	27.71	140.10	0.94	15,013.32
1936	91,842.48	99.05	0.12	-	686.10	0.74	196.14	0.21	92,724.84
1937	11,313.00	40.71	1,185.00	4.26	14,834.00	53.39	454.00	1.63	27,786.00
1938	4,661.00	34.78	9.00	0.07	8,228.00	61.39	504.00	3.76	13,402.00
1939	-	-	98.00	22.32	60.00	13.67	281.00	64.01	439.00
1940	-	-	1.00	1.41	1.00	1.41	69.00	97.18	71.00

資料來源：《中國舊海關史料（1859-1948）》，1932 至 1936 滿洲國各年海關年報、1937 至 1940 各年海關月報。

註 1：1937 年僅統計至 11 月，1940 年僅統計至 9 月。

註 2：其他地區包含英屬印度、荷屬印尼、以及香港等地。

圖 5　滿洲國主要水泥出口地比重圖（1932-1940）

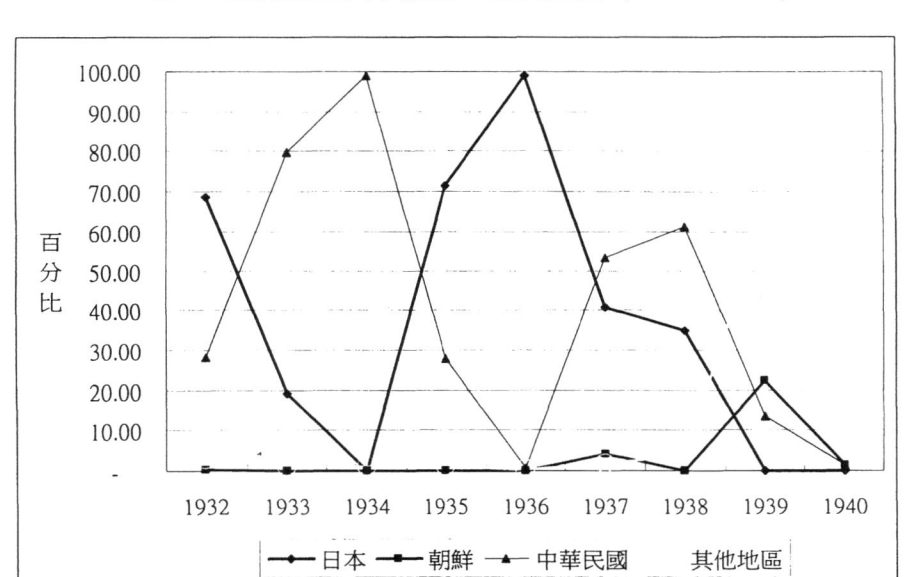

資料來源：《中國舊海關史料（1859-1948）》，1932 至 1936 滿洲國各年海
　　　　　關年報、1937 至 1940 各年海關月報。

註：其他地區包含英屬印度、荷屬印尼、以及香港等地。

　　再者，華北唐山啟新水泥公司的產品，多由鐵路運至瀋陽及其附近
地區，日本製品（包括台灣水泥）係利用船舶輸送到大連；朝鮮水泥中
有經鐵路運往安東、瀋陽及其週遭各地，亦有輸送至圖們地區；蘇聯製
品則由鐵路運到哈爾濱一帶。【83】

　　相對於進口量，從表 13 和圖 5 可看出，出口量非常少，大概不及
其十分之一，除了 1936 年以外，沒有超過 4 萬噸者。在九一八事變前，
固然只有小野田大連分廠的水泥曾被出口；【84】而九一八事變以後，如
前所述，東北需求逐漸增加，日本淺野公司和磐城公司都陸續在此設

【83】東北物資調節委員會研究組編，《水泥》，頁 93。

【84】東北物資調節委員會研究組編，《水泥》，頁 95。

景印香港新亞研究所《新亞學報》（第一至三十卷）

廠，所生產的水泥大多僅供內需。

　　另一有趣的現象是當時東北出口的水泥大部分輸往中華民國，平均佔總出口量的40.57%。值得注意的是雖然有回流到日本者，但因為當時台灣被列入日本的統計項下，所以這些水泥有可能是輸往台灣的。【85】例如在表13中出口量較多的1936年，其主要因素是1935年台灣中部大地震後，各項重建工程積極展開，以及1930年代中期台灣工業化政策下，島內工廠建設的工程需求激增有關，【86】所以東北的水泥才大量流入，台灣也進口了朝鮮產品。

五、結論

　　水泥是近代化建設的基材，隨著中國東北鐵路網的普及、道路橋樑的架設、港灣河川的修築，以及市街建築的營造之進展，對於水泥的需求與年俱增；而且又有良質豐富的石灰石和粘土，與低廉的勞力等頗佳的生產條件，因此東北水泥的價格遠低於日本本國產品，所以從二十世紀初期日俄戰爭結束以來，此產業不斷地擴張，日本民間企業接二連三地在此建設新的工廠，甚至在中日戰爭前夕，文獻上認為呈現出「亂立」的景象。【87】這些水泥工廠的產品在當局統制銷售過程的政策下，主要供給軍方、滿鐵和政府機構；但也流入中國關內、日本、台灣與東南亞，同時也自日本、朝鮮等地進口，可說和日本本國及其他殖民地產品發生互補關係。

　　事實上，這些水泥工廠的分布有其意義存在，並非當時文獻上所說

【85】詳見蕭明禮、陳慈玉，《臺灣對華南的水泥輸出貿易（1931-1937）》，載於《兩岸發展史研究》，第7期（2009年6月），頁1-43。

【86】台灣總督府稅關，《昭和十年及十一年台灣貿易概覽》（台北：台灣總督府稅關，1937），頁194-195。

【87】滿鐵經濟調查會編，《滿洲經濟年報》，1933年版，頁572-573。

的「亂立」景象。根據圖 6，我們發現到水泥工廠與鐵路網的相關性極
高：

1. 最早進入東北的小野田工廠分佈主要沿南滿鐵路分佈，由南而北為
   大連工廠、鞍山工廠、遼陽附近的小屯工廠、鐵嶺的泉頭工廠，顯
   示南滿鐵路與小野田水泥的密切關係。

2. 九一八事變後淺野水泥進入東北，先後引進磐城水泥沿安奉鐵路建
   設工廠，由南而北則是安東工廠、本溪工廠、遼陽工廠。

3. 1937 年以後小野田哈爾濱工廠沿鐵路建立牡丹江工廠、廟嶺工廠，
   供應北滿水泥需求。同時淺野亦投資興建產量龐大的吉林工廠與錦
   州工廠，經由京奉鐵路、瀋陽至吉林的鐵路與撫順工廠連成一氣。

4. 東北水泥工廠分佈主要集中在南滿，同時經由鐵路連接原料與市
   場，因此與鐵路網密不可分，由小野田（沿南滿鐵路）、淺野（沿
   京奉、瀋吉鐵路），以及磐城（沿安奉鐵路）的地理區位劃分更能
   清楚發現這個特色。

　　進而言之，當時日本、滿洲、朝鮮和華北所形成的東北亞區域在
「日本帝國」的資源配置網絡中呈現出互補性，而水泥生產又是此網絡
不可或缺之一環，關係著日滿基礎建設與重要工業的前景，以及軍方運
輸能力的供給面。民間所經營的水泥產業因此和滿鐵事業相輔相成，在
這資源配置網中扮演著重要角色。

景印香港新亞研究所《新亞學報》（第一至三十卷）

圖 6 東北水泥工廠分佈圖

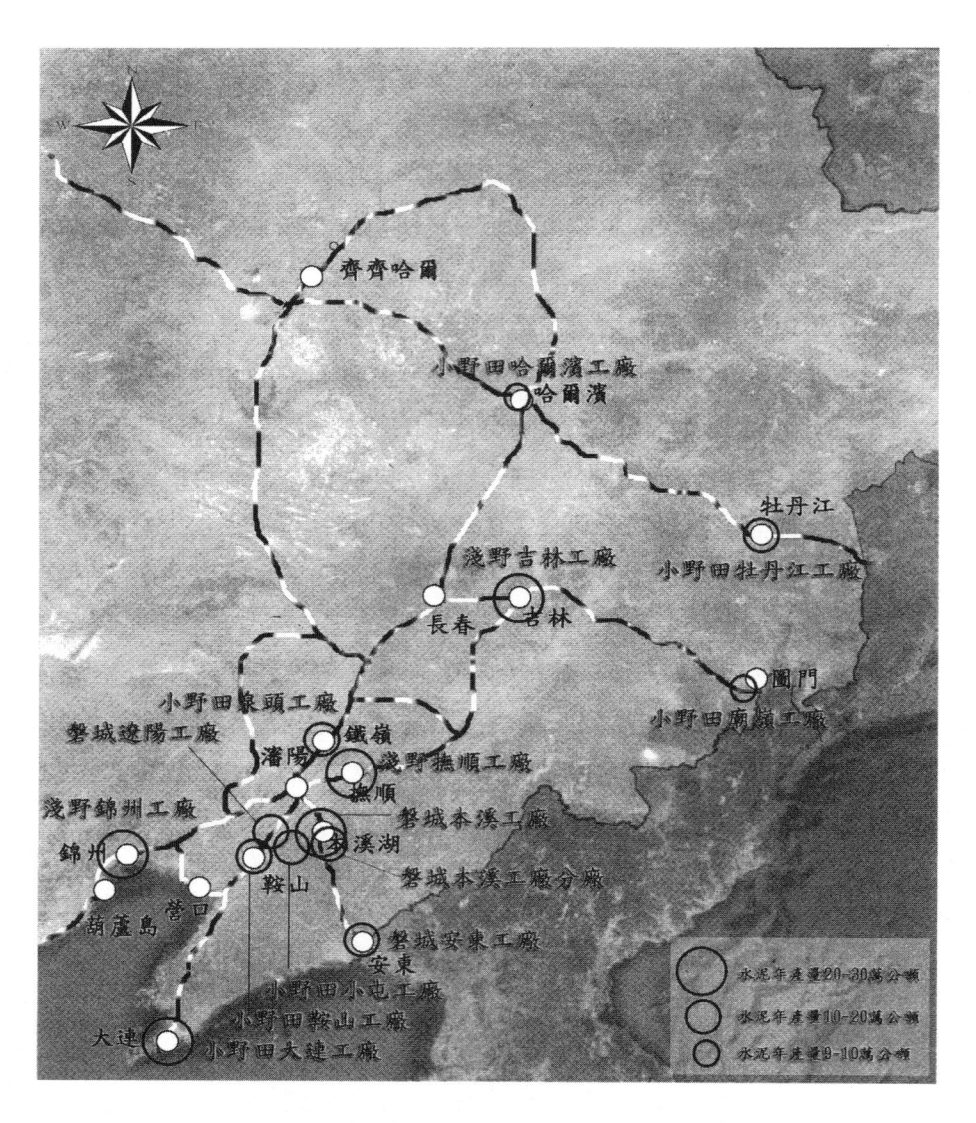

說明：據表9資料，使用「地理資訊系統（Geographic information system, GIS）」繪製。

史學家陳援庵先生藝文考略

李學銘

新亞研究所

提　要

　　陳援庵（垣）先生是現代著名史學家，他的著述很多，主要在史學研究方面。他不是文學家和藝術家，但在藝文方面，也有出色表現。他對文章和書法，有矜慎下筆的要求，而且有不少切要的提示。他懂聲律，也愛作詩，可惜受客觀環境因素的影響，作品數量不多，也沒有留下具體論詩之說。本文作者嘗試勾稽資料，討論援庵先生的藝文表現和意見，藉以顯示一位學者治學的多方面，而史學家的成就，也可以不限於史學。

景印本・第三十卷

1

景印香港新亞研究所《新亞學報》（第一至三十卷）

史學家陳援庵先生藝文考略

一、 引言

　　陳垣先生（1880－1971）字援庵，廣東新會人，是現代著名史學家。他一生的成就，主要在史學研究方面。他不是文學家，也不是藝術家，但對文章和書法，卻有矜慎下筆的要求，而人家對他的文章和書法，也有很高的評價。他生平寫詩不多，就現存的作品來看，大抵不求文采，以事為主，是學人的詩而不是才人的詩。為了要對援庵先生有較全面的認識，本文準備分別討論他的文章、詩作和書法，這三項，我們或可視為援庵先生史學成就以外的別支表現。

二、 文章撰作與文論

　　陳援庵先生對文章撰作的要求，有他自己的尺度。他在《談談文風和資料工作》中說：

> 現在有些學術性的論文，空論太多，閒話不少。有時看到報上的一些長文章，登了滿滿一整版，而細細分析一下，如果把重複的、空洞的話減去，就可以省掉一半。……著書也是如此，有的書長達幾百萬字，如果減去重複的、空洞的話，至少也可以省去一半。【1】

【1】 見陳樂素、陳智超編校《陳垣史學論著選》，1981 年 5 月上海人民出版社（上海），頁 636。又見陳智超主編《陳垣全集》之三十六《解放後重要講話文章》，2009 年 12 月安徽大學出版社（合肥），頁 735，題目改為《在歷史研究所學術委員會擴大會議上的講話》。以後引述《陳垣全集》，編者、出版年月及出版社名稱從略。

援庵先生認為，無論是寫學術論文或是著書，都要少發空論、少說閒話，把重複、空洞的話減去。在同一篇文章中，他又說：

> 發表的文章，最低要求應當：（1）理要講清楚，使人心裏服；
> （2）話要講明白，使人看的懂；（3）閒話不說，或者少說。【2】

能夠做到上述三點的文章，雖仍不算符合最簡潔、最精煉的標準，但也應該是簡潔、精煉的最低要求。援庵先生對自己所寫的文章，就力求簡潔、精煉。蔡尚思在《陳垣同志的學術貢獻》中敘述援庵先生對他提出怎樣的指導意見：

> 他多次親自勸我，不要學習韓文，而要學習《日知錄》式的文字，這就是寫作只求通達不求文采，要少而精不要多而美，要史實不要哲論。他曾對我說：「文學家不配著史書，如歐陽修是文人不是史家，所以他寫的《新五代史》是借史作文，有許多浮詞。寫作應當像顧炎武的《日知錄》，一字一句能夠表達就不要再寫出第二個字第二句話。」【3】

援庵先生勸蔡氏不要學韓愈（768－825）的文章，主要是他認為韓文的精簡不如《日知錄》。他對寫作的要求是通順達意，文字須精要，不要浮泛的空論。他欣賞顧炎武（1613－1682）《日知錄》的文章而不欣賞歐陽修（1007－1072）《新五代史》的文章，理由是前者比後者精簡。李瑚在《疾風知勁節，小草沐春暉》中說：

> （援庵先生）說：「作書是為人看的，不是為自己欣賞，必須嚴密明了。」所謂嚴密明了，就是對所研究的問題，要嚴肅認真，實事求是；文章要論據充分，邏輯性強；文字要簡明扼要，避免繁瑣。……「文章要多置時日。」「文章須三四次易稿。我作文章至少七八次易稿。」他是廣東人，常舉廣東做紅木桌椅為例說：

【2】 見同上兩書，頁637及頁736。

【3】 見《陳垣校長誕生一百周年紀念文集》，1980年11月北京師範大學（北京），頁27。

「做的容易，打磨則更費時日。」他對文字的要求也很嚴格，認為，「文章要精煉，不要有廢詞，要做到一字不可增，一字不可減。一本書也是這樣。」【4】

「嚴密明了」，是援庵先生對文章撰作的概括要求。所謂「嚴密明了」，從研究態度上說，是嚴肅認真，實事求是；從著述內容上說，是證據充分，邏輯性強；從文章文筆上說，是簡明扼要，避免繁瑣。而「簡明扼要，避免繁瑣」的意思，就是「精煉」而沒有「廢詞」。據援庵先生的自述，他撰作文章，一般會擱下一段時間，易稿七八次，可見他對自己要求的嚴格。他在一封信中這樣說過：

> 考證文最患不明白，令人易於誤會；又患有可省不省之字句。【5】

「不明白」，就是不夠「明了」；「有可省不省之字句」，就是「有廢詞」。援庵先生對這些文病，是儘量避免的。啟功在《夫子循循然善誘人》中，更舉出實例，來說明援庵先生對文章的精簡要求。他說：

> 陳老師對於文風的要求，一向是極端嚴格的。字句的精簡，邏輯的周密，從來一絲不苟。……一次我用了「舊年」二字，是從唐人詩「江春入舊年」套用來的。老師問：「舊年指什麼？是舊曆年，是去年，還是以往哪年？」……三十年代流行一種論文題目，像「某某作家及其作品」，老師見到我輩如果寫出這類題目，必要把那個「其」字刪去……。陳老師的母親去世，老師發訃聞，一般成例，孤哀子名下都寫「泣血稽顙」，老師認為「血」字並不誠實，就把它去掉。【6】

【4】見同上，頁 36。

【5】見柴德賡《我的老師——陳垣先生》所附原信影印本，《文獻》第二輯，1980 年 7 月書目文獻出版社（北京），頁 224。又見《陳垣全集》之三十七《書信》，頁 283。

【6】見《陳垣校長誕生一百周年紀念文集》，1980 年 11 月北京師範大學（北京），頁 69。

景印香港新亞研究所《新亞學報》（第一至三十卷）

援庵先生反對用「舊年」，是因為意思不周密，表達得不明確；他把「某某作家及其作品」的「其」字刪去，是因為文字不夠精簡；他主張把「泣血稽顙」的「血」字去掉，是因為不誠實。根據這些實例，可見援庵先生為了力求文章的精煉，不惜簡而又簡，甚至讀起來不上口或不合通俗的慣用語，他也絕不容許多費一個字。一般來說，他的文章樸實而稍欠風華、詞藻，可說與他這種力求精簡的態度有關，持有這種態度的援庵先生，當然不會欣賞那些內容空洞、詞藻堆砌的駢文，但遇到言之有物的駢文，他還是欣賞的。例如高步瀛（1873－1940）曾用駢文為他寫了篇壽序，他就非常推許，認為只有高氏那樣富的學問和那樣高的手筆，才能寫出那樣好的駢文【7】。援庵先生對高氏的推許，應該不會因為這篇壽序的對象是自己，也應該不會因為要客套敷衍。其實他對內容言之有物而形式、詞藻又能做適當配合的文章，並不會不欣賞。

　　為了使文章能夠精煉、簡潔，援庵先生認為，「捨得割棄」是一個有效的辦法。劉乃和在《書屋而今號勵耘》中引述了援庵先生的意見：

> 他寫文章，力求文簡意賅。他主張搜集資料要全，但寫成文章時，不必把所得材料都放進論文裏，要有選擇、有重點，要使用最能說明問題的材料……要捨得割棄，他認為有些人就是「捨不得」，文章裏資料堆堆垛垛，重重複複，凡是找到的材料都捨不得不用，這樣很不好。【8】

援庵先生認為，動筆寫文章前，要儘量把材料搜集齊全，但動筆時，就要有選擇，有重點，刪繁去複，「捨得割棄」，不要把所有材料都放進

【7】 參閱同上，頁 69－70。壽序署沈兼士（1887－1947）撰，其實是高步瀛執筆，只因為當時沈氏任輔仁大學文學院院長，所以才共推沈氏署名。參閱劉乃和《淺釋援師六十壽序》，《歷史文獻研究論叢》，1998 年 3 月廣西師範大學出版社（廣西），頁 255。

【8】 見《陳垣校長誕生一百周年紀念文集》，1980 年 11 月北京師範大學（北京），頁 86－87。

文章裏。援庵先生的意見，本為撰寫學術論文而發，不過對一般文章來說，這個「捨得割棄」的意見，也還是適用的。

我們要對援庵先生的文章風格有具體的印象，最適當的辦法，當然是直接閱讀他的文章。長篇論文不便引述，姑且摘錄幾篇短文，藉資舉隅。如在趙翼（1727－1814）《廿二史劄記・小引》之後，他這樣題記：

> 趙甌北劄記廿二史，每史先考史法，次論史事。其自序云：「此編多就正史紀、傳、表、志中參互勘校，其有牴牾處，自見輒摘出」，所謂史法也。又云：「古今風會之遞變，政事之屢更，有關治亂興衰之故者，亦隨所見附著之」，所謂史事也。今將原本史法之屬隸於前，史事之屬隸於後，各自分卷，以便檢閱焉。癸卯六月十一日記。【9】

這篇《題記》寫於「癸卯」，「癸卯」是光緒二十九年（1903）。又如《史諱舉例・序》：

> 民國以前：凡文字上不得直書當代君主或所尊之名，必須用其他方法以避之，是之謂避諱。避諱為中國特有之風俗，其俗起於周，成於秦，盛於唐宋，其歷史垂二千年。其流弊足以淆亂古文書，然反而利用之，則可以解古文書之疑滯，辨別古文書之真偽及時代，識者便焉。蓋諱字各朝不同，不啻為時代之標誌，前乎此或後乎此，均不能有是，是與歐洲古代之紋章相類，偶有同者，亦可以法識之。研究避諱而能應用之於校勘學及考古學者，謂之避諱學。避諱學亦史學中一輔助科學也。【10】

以上引述，只是節錄《序》文的第一段，文字不多，已把避諱學的起源和作用交代清楚。這篇《序》寫於1928年。上面兩篇短文，措辭客

【9】　見《陳垣全集》之二十三《廿二史劄記批注》，頁8。

【10】　見陳垣《史諱舉例》，1958年1月科學出版社（北京），頁2。又見《陳垣全集》之十一《史諱舉例》，頁3。

7

觀、冷靜，文辭簡淨、清晰，完全沒有感性的語詞。至於他為《通鑑胡注表微》一書所寫的《小引》，則在簡淨、清晰的行文中，含有黍離之悲的感慨。他這樣說：

> 頻年變亂，藏書漸以易粟。惟胡氏覆刻元本《通鑑》，尚是少時讀本，不忍棄去；且喜其字大，雖夾注亦與近代三號字形無異，頗便老眼。杜門無事，輒以此自遣。一日讀《後晉記》開運三年胡注有曰：「臣妾之辱，惟晉宋為然，嗚呼痛哉！」又曰：「亡國之恥，言之者痛心，矧見之者乎！」讀竟不禁淒然者久之。因念胡身之為文、謝、陸三公同年進士，宋亡隱居二十餘年而後卒，顧《宋史》無傳，其著述亦不多傳。所傳僅《鑑注》及《釋文辯誤》，世以是為音訓之學，不之注意。故言浙東學術者，多舉深寧、東發而不及身之。自考據學興，身之始以擅長地理稱於世。然身之豈獨於地理而已哉，其忠愛之忱見於《鑑注》者不一而足也。【11】

這篇《小引》寫於1945年7月。文、謝、陸，指文天祥（1236－1283）、謝枋得（1226－1289）、陸秀夫（1238－1279）；深寧、東發，指王應麟（1223－1296）、黃震（1213－1280）。當時援庵先生身在淪陷區中的北平，心情沉重，精神痛苦，於是借了《資治通鑑》的注文，來談胡三省（身之，1230－1302）的抱負、學問和處境，並宣示彼此遭遇相類的慨歎。

《跋董述夫自書詩》一文，是一篇較能代表援庵先生晚年行文風格的短文：

> 董述夫自書詩一冊，十五首，十四開。末署「萬曆己丑仲夏吳門董良史漫稿」，有董良史述夫印。述夫名良史，能詩工書，其行跡不概見。先是洪武間有董紀者，字良史，上海人，詞翰兼美，

【11】見陳垣《通鑑胡注表微》，1958 年 3 月科學出版社（北京），頁 1。又見《陳垣全集》之三十一《通鑑胡注表微》，頁 1。

有《西郊笑端集》，清《四庫》著錄，兩人相距二百餘年，《明詩綜》混為一人，而云「董紀字良史，以字行，更字述夫」，《檇李詩繫》亦混為一人，而云「董良史名紀，以字行，初字述夫」，《列朝詩集・董紀傳》實無是說。余初得此冊，愛其書法有林泉之致，以為述夫即董紀，既而見其自署萬曆紀年，始恍然《明詩綜》等有誤。董紀根本不字述夫，字述夫者萬曆間之董良史也。《四庫・西郊笑端集》提要乃不調查研究，遽襲《明詩綜》之說，混二人為一人，《明詩紀事》復因之，眾喙一詞，萬曆間之董良史遂成為洪武間之董良史所掩。使無此冊之發見，又孰證其誤哉！……【12】

援庵先生根據董述夫（良史）自書詩冊真跡，證《四庫・西郊笑端集》提要、《明詩綜》、《檇李詩繫》、《明詩紀事》之誤。全文層次清晰，要言不繁。這篇題跋，寫於 1963 年 11 月，在《文物》第二期（1964）刊載【13】。

　　論者認為，援庵先生的文章，乾淨、充實，自然大雅；他的論證，真能做到條分縷析，理達事暢，極少浮詞【14】。許冠三在推許援庵先生史學成就的同時，也說：

　　考據義理之外，援庵兼重詞章。他的文體自成一格，論樸實，極類顧炎武；論簡賅，直追王國維；論明白通曉，可敵胡適之，儘管胡寫的是白話，他用的是文言。【15】

【12】見《陳垣全集》之十六《雜著》，頁 913。

【13】參閱同上，頁 914。

【14】參閱陳凡《訪陳援庵老先生》，周康燮編《陳垣先生近廿年史學論集》，1971 年 11 月崇文書店（香港），頁 124；黃裳《五石居士》，《珠還集》，1985 年 5 月三聯書店香港分店，頁 87。按：黃裳談五石居士（鄧之誠，1887－1960）時，曾評及援庵先生的文章。

【15】見許冠三《新史學九十年》上冊，1986 年 7 月中文大學出版社，頁 110。

而存萃學社的編者在《歷史學家陳援庵先生》中的論述是：

> 先生為文，向以精簡見長於當代，數百字不嫌其短，數千字不厭
> 其長。一部專著，他人為之，往往二三十萬字方畢，先生為之，
> 僅十萬字亦可足，簡潔明確，扼要充實，考證之文，分析演繹，
> 令人讀之怡然理順，不覺其枯燥，且能別具韻味，足以啟發神
> 智，自成一種風格。……對自為文字，自信力特強，頗有懸之國
> 門，不能易其一字。嘗謂吾之應酬文字，有倩人代作者，為易十
> 餘字，亦余作也。若他人易吾文三數字，則非吾作矣。【16】

這段文字，頗能道出援庵先生文章的優點和特色。援庵先生的文章以精
簡、謹嚴、曉暢見稱，有強烈的個人風格。經他定稿後的文章，他人再
要改動，大抵並不容易。他對自己的文字有很強的自信，這是指文章定
稿後而言，文章定稿前，他卻又能虛心接納意見，認真斟酌修訂。

　　此外，援庵先生在《通鑑胡注表微・評論篇》中，對文體與時代的
關係有些意見，也可引述一談。他這樣說：

> 文體隨世運為轉移，豈能拘於古式。故六朝之浮靡，非也；偽裝
> 之古奧，亦非也。孔子曰：「辭達而已矣。」故為古奧，使人不
> 能速曉，其意何居。【17】

援庵先生明確地指出文體是隨時代而轉移的，不能拘限於古代的體式。
浮靡固然不好，仿古亦不足取，「辭達」才是合理的要求。援庵先生
的文章，精簡、謹嚴而不失曉暢，一般沒有不能速曉的毛病，真能符
合「辭達」的標準，可見他的文章風格與他的文體主張，是調和、配
合的。

【16】見周康燮編《陳垣先生近廿年史學論集》，1971 年 11 月崇文書店（香港），
　　頁 151。

【17】見《通鑑胡注表微》，1958 年 3 月科學出版社（北京），頁 147。又見《陳垣
　　全集》之三十一，頁 144。

景印香港新亞研究所《新亞學報》（第一至三十卷）

三、　詩作內容與詩風

　　陳援庵先生是史學家，這是大家公認的，但似乎沒有人把他視為詩人，甚至有人懷疑他不解聲律。事實上，他既懂聲律，又能作詩。啟功在《夫子循循然善誘人》中說：

　　許多人有時發生錯覺，以為這位史學家不解詩賦。這裏先舉一聯來看：「百年史學推甌北，萬首詩篇愛劍南。」這是老師帶有「自況」性質的「宣言」。即以本聯中的對偶工巧，平仄和諧，已足看出這是一位老行家。其實不難理解，曾經應過科舉考試的人，這些基本訓練，不可能不深厚的。曾詳細教導我關於駢文中「仄頂仄，平頂平」等等韻律的規格，我作的那本《詩文聲律論稿》中的論點，誰知道許多是這位莊嚴謹飭的史學考證家所傳授的呢？【18】

啟功用幾項理由來說明援庵先生深諳詩賦聲律。首先是用實例證明援庵先生能作對子，而且「對偶工巧，平仄和諧」【19】；其次是援庵先生曾參加過科舉考試，參加過科舉考試的人，不可能不懂聲律；其三是援庵先生曾詳細教導啟功關於駢文中的平仄韻律規格，《詩文聲律論稿》中的論點，有許多就是援庵先生傳授的。啟功是《詩文聲律論稿》的著者，沒有人會說他不懂聲律，由他來說明援庵先生在詩賦聲律方面的認識和造詣，應該有說服力。

　　還可注意的，就是在聯語中，援庵先生清楚的表示了「萬首詩篇愛

【18】見《陳垣校長誕生一百周年紀念文集》，1980 年北京師範大學（北京），頁 70。

【19】除援庵先生自況的對聯外，可再舉兩例，以證啟功之說不誣。如《挽梁士詒聯》：「張江陵膺重寄，致羣議警疑，孤月心明，百歲神游定何處；歐陽公有盛名，為先生描畫，浮雲世變，九重泉路盡交期。」又如《挽張相文聯》：「與君共事議曹，讜論邁時流，著述等身訂元史；偕我同襄輔校，地文精學派，淵源兩地接宗傳。」參閱《陳垣全集》之三十五《詩稿》，頁 556－557。

景印香港新亞研究所《新亞學報》（第一至三十卷）

劍南」。陸游（1125－1210）有《劍南詩稿》，他為什麼愛陸氏的詩？
陸氏的詩主要有兩方面：一是悲憤激昂，要為國家報仇雪恥，恢復喪失
的國土；一是閒適細膩，表達生活的雋永滋味，描繪景物的曲折情狀。
援庵先生未嘗不欣賞後者，但面對日軍的侵略，他的所愛，顯然是前
者。陸氏不但有愛國、憂國的情緒，還有救國、衛國的膽量和決心，這
是他與陳與義（1090－1138）、呂本中（1084－1145）、汪藻（1079
－1154）、楊萬里（1127－1206）等人不同的地方[20]。錢鍾書在《宋
詩選註》中說：

> 試看陸游的一個例：「鴨綠桑乾盡漢天，傳烽自合過祁連；功名
> 在子何殊我，惟恨無人快著鞭！」儘管他把自己擱後，口吻已
> 經很含蓄溫和，然而明明在這一場英雄事業裏準備有自己的份兒
> 的。這是《詩經》《秦風》裏《無衣》的意境，是杜牧《聞慶州趙
> 縱使君中箭身死長句》的意境，也是和陸游年輩相接的岳飛在
> 《滿江紅》詞裏表現的意境；在北宋像蘇舜欽和郭祥正的詩裏，
> 在南北宋之交像韓駒的詩裏，也偶然流露過這種「修我戈矛，與
> 子同仇」、「誰知我亦輕生者」的氣魄和心情；可是從沒有人像
> 陸游那樣把它發揮得淋漓酣暢。[21]

錢氏闡發陸游的詩心非常深刻。我們如果了解援庵先生的思想意識以愛
國精神、民族氣節為主流，就該明白他愛的就是陸氏的愛國詩心；一個
人對文學作品的品味，往往與他的思想意識有很密切的關係。

　　據說在抗日戰爭時期，援庵先生身處淪陷區中的北平，經常吟誦陸
游憂國憂民的詩句。如：「三秦父老應惆悵，不見王師出散關」；「老
去據鞍猶矍鑠，君王何日伐遼東」；「北望中原淚滿巾，黃旗空想渡河
津」；「幾歲中原消息斷，喜聞人自蔡州來」；「關中父老望王師，想
見壺漿滿路時」；「登臨獨恨非吾土，不為城闉畫角悲」；「遺民淚盡

---

[20] 參閱錢鍾書《宋詩選註》，1979年6月人民文學出版社（北京），頁190－191。
[21] 見同上，頁191－192。

胡塵裏，南望王師又一年」……。援庵先生在困厄環境中，無奈地借了陸氏的詩句，來抒發自己的愛國意緒【22】。

　　援庵先生一生中，究竟寫了多少詩？目前不能確知。據《陳垣全集‧詩稿》的收錄，他的詩只有七十九首【23】，可能有些已散佚了。可以肯定的是，他所寫詩的數量，當遠遠及不上文章的數量。在援庵先生心目中，這恐怕是件遺憾的事。啟功在《夫子循循然善誘人》中說：

> 抗戰前他曾說過，自己六十歲後，將卸去行政職務，用一段較長時間，補遊未到過的名山大川，豐富一下詩料，多積累一些作品，使詩集和文集分量相稱。不料戰爭突起，都成虛願了。【24】

原來援庵先生寫詩興趣甚濃，有意在六十歲以後豐富詩料，努力創作，使自己將來詩集的分量和文集的分量可以相稱。事實顯示，在《陳垣全集》出版前，我們只看到援庵先生極有分量的文集，卻看不到他的詩集。可以理解的是，史學研究既佔去了援庵先生一生大部分的精神與時間，再加上繁雜的教育行政工作，他當然不能多用精神、時間，去作推敲詩句、斟酌詩律的工作了。至於抗日戰爭突起，或會影響援庵先生不能暢遊中國名山大川，但應該不會是影響他少寫詩的主要原因。1949年10月1日，中國新政權成立，援庵先生時年六十九歲，面對大時代的改變和各種政治運動的先後衝擊，他在晚年既不能潛心做學術的研究，也無餘暇和閒情遊覽名山大川，大抵這才是影響他少寫詩或不寫詩的主要原因罷？無論怎樣，目前我們要探討援庵先生詩作的內容和風

【22】　參閱劉乃和《陳垣與詩》，《歷史文獻研究論叢》，1998年3月廣西師範大學出版社（廣西），頁245。原載《北京師範大學學報》（社會科學版），1992年第五期，頁69。

【23】　參閱《陳垣全集》之三十五《詩稿》，頁537－571。

【24】　見《陳垣校長誕生一百周年紀念文集》，1980年11月北京師範大學（北京），頁70。

新亞學報第三十卷

貌，只能根據上述數量有限的詩篇。下面試引述一些例子。

清光緒二十八年壬寅（1902），援庵先生住開封參加光緒三句萬壽恩科鄉試，經過朱仙鎮時，賦詩一首——《壬寅初秋過朱仙鎮》：

胡騎縱橫未可欺，漢家兵馬復猜疑。幸衝幾度金牌召，猶係威名萬古垂。[25]

詩的內容是：金兵實力未可小覷，而未朝君臣的猜忌、牽制，岳家軍實未有必勝的把握。一旦降十二金字牌的召還，雖使岳飛（1103-1142）以「莫須有」的罪名含冤而死，但卻使他名垂萬古。這詩因地撼人、感事措詞質直，論史中有翻案意味。在這詩前前或後數年，應該還有詩作，可惜見不到了。

後於1902年（壬寅）的詩，已是1922年（壬戌）。《壬戌中秋與答兒遊虎丘》云：

一塔欹斜欲插天，劍池神話憶當年。點頭頑石今依舊，說法生公早渺然。[26]

第一句寫寶景，其他三句，則是說虎丘劍池的傳說掌故，在記事中，有撫今追昔的感慨。

《癸亥夏日與勤弟漢姪遊焦山歸途》，作於1923年，是一首紀遊詩：

大江西望碧霞丹，一日清遊興未闌。纜斷幾回舟欲覆，驚心甘露寺前灘。[27]

江上遊覽，既賞美景，也逢急流纜斷之險。

《寧姪北來出示蓮姊照片已不相識感而賦此》一詩，未註寫作年份，大抵作於與上首詩同時或稍後。詩云：

久別容顏異往朝，兒時舊事未全消。不知薑性酸仍辣，持向慵前

---

[25] 見《陳垣全集》之三十五《詩稿》，頁537。

[26] 見同上。

[27] 見同上，頁538。

14

雨水澆。【28】

援庵先生自注云：

> 兒時在四宅舊屋與蓮姊共食酸薑，辣甚，則持向簷前雨水澆
> 之。【29】

以樸素文字記述童年舊事，徐徐道來，稚態可掬。

援庵先生五十壽辰時，曾作《五十生日》組詩七首【30】，內容主要是述志、記事。其一云：

> 英年橐筆走京師，自詡長才不易羈。今也無聞尼父笑，忽然已至
> 孔融悲。【31】

這表示自己當時英年上京赴考，自詡長才不羈。他用「橐筆」兩字，表示要「持橐簪筆，從備顧問」，可惜後來政治現實使他失望，於是轉而把心力投向學術。另一首是回憶光緒二十七年（1901）參加縣試、府試的情景。詩云：

> 沔陽自昔受恩深，此日欣聞座右箴。猶憶當時施太守，嗤予狂妄
> 亦知音。【32】

沔陽，指援庵先生參加縣試時的新會知縣沔陽人楊介康；施太守，指當時主持府試的廣州知府施典章。楊介康曾為援庵先生作祝壽詩，云：

> 我昔尹新邑，烏試促擔晷。何意枚叔材，腹笥捐片紙。乾坤闔義

【28】見同上。

【29】見同上。

【30】這組詩作於 1929 年（民國十八年）11 月。根據年譜，這年援庵先生是 49 歲而不是 50 歲。（參閱劉乃和、周少川等《陳垣年譜配圖長編》上冊，2000 年 10 月遼海出版社〔瀋陽〕，頁 280 。）大抵援庵先生以誕生之年為 1 歲、次年為 2 歲計算，所以這年有《五十生日》詩之作。

【31】見《陳垣全集》之三十五《詩稿》，頁 540 。

【32】見同上。

景印香港新亞研究所《新亞學報》（第一至三十卷）

爻，河洛發明理。射策尫董儔，裒然弁童子。【33】

楊氏原注云：

試日焚香限刻，生筆不停報，學有根柢，遂以弁冕群材。【34】

推許如此，難怪援庵先生有感恩之念。太守施典章不喜援庵先生在試卷中議論橫生，既在卷上批云「狂妄」，又對楊介康表示不能讓援庵先生主持風氣，以免宣傳對清朝不利思想。後來援庵先生撰文反清，又作了大學校長，成了主持風氣的人，施氏當年擔心的事，都真的言中了，所以援庵先生許他為「知音」【35】。

《五十生日》的另一首詩云：

青倉萬丈銷磨盡，已去流光不再還。學道未能儕墨井，寫詩何敢和龜山。【36】

這是歎息歲月如流，時不可再，但學道既未能攀追墨井道人（吳歷，1632－1718），而寫詩更不敢與龜山先生（楊時，1053－1135）相唱和。言下之意，大抵自謙慕道之心與吟詠之才都有不足。

啟功在《夫子循循然善誘人》一文中，提到他曾見過援庵先生《司鐸書院海棠》詩的手稿殘本絕句七首【37】，他摘錄了兩首，其中一首是：

十年樹木成詩識，勸學深心仰萬松；今日海棠花獨早，料因桃李與爭穠。【38】

【33】見劉乃和、周少川等《陳垣年譜配圖長編》上冊的引述，2000年10月遼海出版社（沈陽），頁27－28。

【34】見同上。

【35】參閱劉乃和《立志耕耘，追求真理》，《歷史文獻研究論叢》，1998年3月廣西師範大學出版社（廣西），頁215－217。

【36】見《陳垣全集》之三十五《詩稿》，頁541。

【37】《司鐸書院海棠》絕句七首，見同上，頁558－559。

【38】見啟功《夫子循循然善誘人》的引述，《陳垣校長誕生一百周年紀念文集》，1980年11月北京師範大學（北京），頁71。

援庵先生自注云：

> 萬松野人著《勸學罪言》，為今日司鐸書院之先聲。「十年樹木」
> 楹聯，今存書院。【39】

啟功的按語是：

> 萬松野人為英華先生的別號。先生字斂之，姓赫舍里氏，滿族
> 人。創輔仁社，為輔仁大學前身。陳垣先生每談到他時，總稱
> 「英老師」。【40】

援庵先生因司鐸書院的海棠，而想念英華（1867－1926）的成就。英華
創辦輔仁學社，造就人才甚眾，陳氏寄望司鐸書院也可以造就不少人
才。另一首是：

> 西堂曾作竹枝吟，玫瑰花開瑪竇林；幸有海棠能嗣響，會當擊木
> 震仁音。【41】

援庵先生自注云：

> 尤西堂《外國竹枝詞》：「阜成門外玫瑰發，杯酒還澆利泰西。」
> 「擊木震仁惠之音」，見《景教碑》。【42】

啟功的按語是：

> 利瑪竇，明人以「泰西」作地望稱之，又或稱之為「利子」。《景
> 教碑》即唐代《景教流行中國碑》，今在西安碑林。【43】

利瑪竇（Matteo Ricci，1552－1610）傳教中國，在學術文化方面，影
響深遠。援庵先生期望司鐸書院的司鐸能繼承前人的業績，在將來能像
利瑪竇那樣「震仁惠之音」。從上述兩詩的內容看，《司鐸書院海棠》詩
大抵都是借物寄意，對司鐸書院的司鐸表達了期許之意，可說即事吟

【39】見同上。

【40】見同上。

【41】見同上。

【42】見同上。

【43】見同上。

詠，以事為主，措詞用語平實，並沒有精巧、華美的藻飾。

援庵先生的《挽陳橫山》七絕兩首，更能顯出他的詩作本色。第一首云：

> 郵筒久闕磨刀巷，搦管翻成挂劍詞。為告月泉新史料，梁相少日已成詩。【44】

援庵先生自注云：

> 昔與先生論鎮江也里可溫寺碑，不知撰者梁相為何許人。後閱月泉吟社《春日田園雜興》詩，知第三名高宇，第十三名魏子大，皆即梁相之隱名。時相年僅十五，其詩有「彭澤歸來惟種柳，石湖老去最能詩」之句。未及告先生，不意先生遽殞。【45】

原來援庵先生曾與陳橫山（慶年）討論也里可溫寺碑的作者梁相，但當時大家都不知道「梁相為何許人」。後來援庵先生從月泉吟社《春日田園雜興》詩，得知梁相年僅十五，就能作詩，而且用隱名高宇和魏子大發表詩作。援庵先生的發現，為也里可溫教的研究，增添了寶貴的史料。可見這並不是一首尋常輓詩。又第二首云：

> 蕃語疑消胡木剌，鳳翔碑認太宗朝。可憐未共橫山證，奇字空留也立喬。【46】

援庵先生自注云：

> 梁相碑「忽木剌」之名凡七見，不解所謂。年前得鳳翔磻溪谷長春觀聖旨碑，有「和尚根底寺，也立喬大師根底胡木剌，先生根底觀院」之文，知胡木剌即基督教會堂，也立喬即也里可溫之異譯。碑書戊戌年閏四月，知為元太宗十年，亦未及告先生，至為遺憾。【47】

【44】見《陳垣全集》之三十五《詩稿》，頁543。

【45】見同上。

【46】見同上。

【47】見同上。

援庵先生利用鳳翔磻溪谷長青觀聖旨碑的材料，考出梁相碑中的「忽木剌」即「胡木剌」，也即是基督教會堂；「也立喬」原來就是「也里可溫」的異譯。至於碑上所書「戊戌年」，即元太宗十年（1238）。上述種種，都關乎也里可溫教的史料，有助於宗教史的研究。

　　從輓詩的內容看，我們可推知陳橫山生前對也里可溫教的研究甚有興趣，且常與援庵先生討論。援庵先生把陳橫山生前甚感興趣的史料，作為輓詩的題材，可見他的輓詩，其中蘊含了誠摯的交誼，並非一般應酬之作，同時也可看出援庵先生的個性與喜好。即使是詩歌創作，即使是寫輓詩，他也不離講史事、談學問，因此語語實在，句句關乎史料，充分顯示了學人之詩的特色。

　　1935 年 12 月 22 日，陳述致函援庵先生，提到援庵先生授課時，曾以陳澧（東塾，1810－1882）對崔述（東壁，1740－1816）《考信錄》的批語「此何必辨」、「此何必注」為例，告誡學生在著述時，不可掉以輕心。援庵先生不久寫了封附有贈詩的回信。原詩初無題，後題《示陳述》，最後改為《示門人》：

> 師法相承各主張，誰非誰是費衡量。豈因東塾識東壁，遂信南強勝北強。【48】

這首詩大意是：不同師承在學術上有不同主張，是正常現象，我們不必輕下誰是誰非的結論。陳澧雖對《考信錄》有批評，但不能認定陳一定勝過崔。陳是廣東番禺人，崔是河北魏縣人，所以有「南強」、「北強」之稱。援庵先生雖然欣賞當時還年輕的陳述不忘師教─著述要矜慎，在回信中稱許他「聞見日廣，心膽更虛」，但同時鼓勵他「只要心小，膽不妨大」，「不必效老年人之多所顧忌」【49】。這是因材施教的提示，

【48】見同上，頁 552。

【49】參閱陳智超《關於陳垣贈陳述詩》，《陳垣──生平、學術、教育與交往》，2010 年 8 月安徽大學出版社（合肥），頁 369－370。援庵先生回信見《陳垣全集》之三十七《書信》，頁 280。

同時顯示他沒有門派之見的胸襟。

　　1936 年，日本多紀元胤著的《醫籍考》在上海中西醫藥研究社刊印，援庵先生寫有《題新印醫籍考》七絕兩首，表示了他的興奮和重視。詩云：

　　　　竹垞、竹汀合一手，庶幾醫學之淵藪；成自東儒大是奇，實齋史
　　　　學亡何有。

　　　　卅載聞聲富士川，夢中何幸到娜嬛，食單見後思鴯炙，喜遇醫林
　　　　復古年。【50】

援庵先生在光緒三十四年（1908）曾去日本訪求書籍，多紀元胤的《醫籍考》，是他當時要訪求的書籍之一。在日本，他會見了許多日本醫學界人士，又在東京與富士川會晤。富士川是漢醫學世家，得過文學、醫學兩博士銜，並著有《日本醫學史》。據說在富士川家，援庵先生看到了《醫籍考》的稿本，因將付刊，所以未有借錄【51】。在第一首詩裏，援庵先生推許《醫籍考》的編撰，有類朱彝尊（竹垞，1629－1709）、錢大昕（竹汀，1728－1804）合力而成，並譽此書為醫學的淵藪，而著者竟是日本人；在第二首詩裏，援庵先生自述在富士川家看到了《醫籍考》的稿本，以後常在念中，終於非常高興見到《醫籍考》的出版。就詩論詩，這兩首七絕以述事為主，其中並沒有新奇可喜之句，也沒有華麗詞藻，可說是學人之詩而不是才人之詩。

　　援庵先生在四十年後，曾為湘潭寧某題《鋤耕圖》手卷，有七絕兩首：

　　　　兩世論交話有因，湘潭煙樹記前聞；寒宗也是農家子，書屋而今
　　　　號勵耘。

　　　　仲尼立論輕農圃，儒者由來愛做官；可是丈人勤四體，未教二子

【50】見《陳垣全集》之三十五《詩稿》，頁 553。

【51】參閱劉乃和、周少川等《陳垣年譜配圖長編》上冊，2000 年 10 月遼海出版社
　　　（沈陽），頁 44。

廢鉛丹。【52】

援庵先生對第一首詩自注云：

> 吾先人在湘潭辦茶。先父名田，號勵耘。【53】

劉乃和補充說：

> 我在輔仁讀書時，他曾把這首詩寫給同學，並告訴我們：因喜歡
> 「勵耘」二字，就把自己的書齋名「勵耘書屋」。後將木板撰著，
> 即名為「勵耘書屋叢刻」。【54】

據援庵先生的自注和劉氏的補充，可知這兩首詩雖是為他人題畫，內容
卻有述懷之意。「勵耘」意云勉人勤於耕耘，援庵先生為書屋取名「勵
耘」，當然因為這是父親的號，有紀念的目的，其中也有自勉勤於著述
的含義。「丈人」務農而「未教二子廢鉛丹」，援庵先生對勤讀書的人，
是欣賞的。這兩首詩的平實風格，與上述所舉各詩，可說完全相類。

　　1962 年，北京師範大學慶祝成立六十周年，援庵先生以《今日》為
題，寫七絕四首，藉以表達自己喜悅的心情：

> 東風今日換人間，化雨無私熙大千；共喜黌門弦誦好，艱辛締構
> 想當年。
> 宣南壇坫昔頻登，六十年來幾廢興；廣廈凌霄今日起，掀髯俯視
> 舊觚棱。
> 山河八載憶淪胥，閉戶西涯苦著書；今日九州紅已遍，文光彪炳
> 復充閭。
> 風雨曾摧舊泮林，繁枝今日沐甘霖；芬芳桃李人間盛，慰我平生
> 種樹心。【55】

【52】見《陳垣全集》之三十五《詩稿》，頁 557－558。

【53】見同上，頁 558。

【54】見劉乃和《書屋而今號勵耘》，《陳垣校長誕生一百周年紀念文集》，1980 年
　　11 月北京師範大學（北京），頁 80。

【55】見《陳垣全集》之三十五《詩稿》，頁 564。

這幾首詩扼要地敍述了北京師範大學六十年來的創校、發展與成長，栽培了大量人才，中間備經艱辛、廢興。「山河八載憶淪胥」，指八年抗日戰爭；「今日九州紅已遍」，指政權的轉換；「風雨曾摧舊泮林」，說明北京師範大學的成長，是飽歷風雨的。詩是四首，內容合為一套，敍事清楚，條理井然，首尾照應，形式是詩，卻好像是文。不少人寫敍事詩，愛用樂府、古體，援庵先生所採用的，主要是絕句，特別多用七言絕句。絕句要求文字精簡，這正是援庵先生對文章的要求。讀他的詩，可以看到他駕馭詩句有如文句的功力。

　　援庵先生喜作七言絕句，現存七十二首，在詩作中佔最多數；而五言絕句則只有四首，五言古體詩則少至三首。他的五言絕句，用字淺易，明白如話，不事藻飾。如《西苑》詩：

　　　　三日不相見，如同幾度春。迢迢西苑路，難現有心人。【56】

因地懷人，詩意清晰。又《入蜀》（一作《乘夔州輪入蜀》）詩：

　　　　蜀道古稱難，如今並不難。夔州輪上客，一覺過巫山。【57】

如實記事，寫古今入蜀的難易。

　　至於他的古體詩，篇幅太長，不便全引，姑且節錄《徐文定公三百年紀念五十韻》作為例子：

　　　　……偉哉文定公，挺出明之季。維時國難亟，安攘為要計。建首建遼瀋，流寇遍內地。廟算棋不定，剿撫紛論議。惟公策攻守，請多造火器。規制仿西洋，巨礮敵魄褫。練兵三萬人，大效尤小試。前徵寧遠捷，後鑑申甫躓。此策果得行，成敗定易位。枚卜嗟已晚，賚恨溘然逝！……【58】

這首詩刊於《我存雜誌》第三卷十期（1935 年 12 月），是為紀念徐光啟（文定，1562－1633）而作。內容主要是論述徐氏的事跡和貢獻，形

【56】見同上，頁 560。

【57】見同上，頁 561。

【58】見同上，頁 551。

式是詩，其實是論史之文。以文入詩，可說是援庵先生的典型詩風，只是古體詩似乎比絕句更方便敘事、論史就是了。

　　援庵先生長居北京（中華民國定都南京後改名北平），但他是廣東人，年輕時生活在南方，又曾回鄉探親，因此他的詩作，頗有些涉及嶺南鄉土風物舊事的。現試引述如下：

　　《得心愉手書以小詩答之兼簡慧博》作於1929年，共兩首，詩之一云：

> 廿年不踏芳村路，入夢猶聞花埭香。江北江南遊踪遍，雲泉山館最難忘。【59】

自注云：

> 在粵日，曾與諸同學為珠江南江之遊，憩蒲澗雲泉山館，心愉招待慇懃，男女同學均感之。【60】

這是懷念珠江南北即蒲澗雲泉山館之遊。心愉，指蘇心愉，是援庵先生廣州光華醫校的同學；慧博，指葉慧博，是《光華醫事衛生雜誌》的同事【61】。

　　《漢姪書來知詢虞八叔及耀東大兄近況以此寄之》共三首，詩之一云：

> 卅年不到古岡城，記否鄰庵念佛聲。六韻五言吟甫罷，北門樓上已三更。【62】

自注云：

> 石溪陳氏試館在邑城北門大街，左右鄰均為尼庵。縣試頭場必殿以詩，夜深始交卷。【63】

【59】見同上，頁542。

【60】見同上。

【61】參閱陳智超對詩的注釋，同上。

【62】見《陳垣全集》之三十五《詩稿》，頁545。

【63】見同上。

景印香港新亞研究所《新亞學報》（第一至三十卷）

這是記述自己在石溪陳氏試館參加縣試頭場的情狀。詩之二云：

> 東海桑圍百畝租，十年膏火賴無虞。清明共踏蛇山路，定過君家
> 賣酒爐。【64】

自注云：

> 詢虞昆仲耕白雲祖東海圍學租，在圩上糴穀釀酒。每清明省太祖
> 墓蛇子形，必於此聚集。【65】

每逢清明掃墓，援庵先生與家人必於虞八叔所設酒肆會集。既屬記事，又屬懷人、懷地。詩之三云：

> 惠愛街前秋意新，入闈主考虎紋茵。紅男綠女爭相看，蕞爾科名
> 竟醉人。【66】

自注云：

> 耀東尊人設肆藩司前，每秋試主考入闈，即邀余往觀。【67】

這是描述惠愛街前羣眾爭看秋試主考入闈的情景。第一首和這首詩如實地保留了清末地方考試的一些資料，可供采風問俗者參考。

　　援庵先生還有幾首詩，是與鄉土食物有關的。如《寄薛二妹》：

> 十年兄妹阻關河，世亂憂深鬢已皤。記得故鄉風味否，石頭出色
> 是燒鵝。【68】

兄妹十年南北阻隔，情何能已！詢問故鄉燒鵝之味，是深切表達對故鄉之人和故鄉之物的繫念。又如《無題》：

> 多時不食脯腌魚，深悔離鄉北地居。兩度南旋剛橘綠，土鯪猶未
> 上村墟。【69】

【64】見同上。

【65】見同上。

【66】見同上。

【67】見同上。

【68】見同上，頁 547。

【69】見同上，頁 548。

「脯腌魚」，指鹽漬魚乾，說的是南方秋冬上市的鯪魚乾。援庵先生兩度南返，可惜時序不合，竟未能嘗到故鄉特產的風味。所謂「深悔」，不外強調自己對故鄉懷念之深而已。又如《初夏食西葫蘆味同節瓜而形大》：

> 西葫蘆味清如許，恍惚吾鄉釀節瓜。或說本來同一物，居分南北遂相差。【70】

由吃北方的西葫蘆瓜而想到故鄉的節瓜，認為兩者味道相近，其中不免有懷鄉的思緒。另一首《無題》則記述：

> 鳳安橋畔尋芳侶，白鶴洲邊盪晚舟。共說魚生粥味好，醒來錦蝶倚牀頭。【71】

橋畔、洲邊，都是值得回憶的共遊之地；而共進魚生粥的情景，竟然重入夢中。醒來錦蝶在目，使人浮想聯翩，又怎能沒有感慨？

　　上面各首涉及嶺南鄉土風物舊事的詩作，文字質直樸實，仍屬援庵先生詩作的固有風格。而繫念鄉土故舊之情，卻隱隱從記事說物的字裏行間透出。

四、 書法藝術與書論

　　陳援庵先生不是書法家，但寫得一手好行書。啟功在《夫子循循然善誘人》中說：

> 老師寫信常用花箋紙，一筆似米芾又似董其昌的小行書，永遠那麼勻稱，絕不潦草。看來每下筆時，都提防著人家收藏裝裱。藏書上的眉批和學生作業上的批語字跡是一樣的。黑板上的字，也是那樣。【72】

【70】見同上，頁 549。

【71】見同上，頁 559。

【72】見《陳垣校長誕生一百周年紀念文集》，1980 年 11 月北京師範大學（北京），頁 72。

援庵先生的行書似米芾（1051－1107）又似董其昌（1555－1636），字體勻稱而不潦草，而且在甚麼情況下寫，也是如此，可以想見陳氏下筆書寫時的矜慎態度。汪宗衍在《陳援庵先生論學手簡・後記》中說：

> 援老早年習山谷松雪書法，秀勁通神，中歲以後，渾樸古雅，書味盎然紙上，有竹汀東塾遺風，致衍手簡，咸以佳箋良墨書寫，惜屢經變故，遷徙靡常，間有散佚。七十歲以後，目力較遜，書簡清繕多委記室，偶或簽署而已。【73】

汪氏這段文字，具體地告訴我們有關援庵先生書法的幾件事，頗有參考價值：一是援庵先生學習書法，從黃庭堅（山谷，1045－1105）、趙孟頫（松雪，1254－1322）入手；二是援庵先生早年書法秀勁通神，中年以後渾樸古雅，有濃厚書卷味；三是援庵先生寫字，往往用品質優良的紙墨；四是援庵先生七十歲以後，書簡大多由人代筆。不過，所謂「秀勁通神」，所謂「渾樸古雅」，都是抽象的語句，幸而《陳援庵先生論學手簡》一書，是手跡的影印本，我們打開這一冊書，可直接用援庵先生的手跡與上述語句互相印證【74】。經過印證以後，我們對這些語句的理解，就會較為具體、真切。稍可補充的是，援庵先生的行書，啟功認為似米芾又似董其昌；他在家書中指導兒子學習行書，則主張從《聖教序》、《蘭亭序》入手【75】；而汪宗衍說他早年曾習黃、趙書法，這個說法當有所據，但所指大抵不是行書。看來援庵先生後來書風的表現，是博采兼收、轉益多師的結果。

　　援庵先生給人寫信、寫字、題跋，在分行、章法、款識方面，是很經意的，這說明了我們看到他的墨跡時，為什麼覺得書法既值得欣賞，

【73】見汪宗衍編《陳援庵先生論學手簡》，1972 年 9 月崇文書店（香港），頁 121。

【74】汪宗衍在《陳援庵先生論學手簡・後記》中說：「客歲六月，援老以九十二高齡長逝矣，因檢篋中所藏手簡論及人文科學者彙為一帙，自一九三三年迄於六三年，共三十餘通，都七十餘紙……同人索觀者多，爰付之影印。」（見同上）。

【75】詳見下文。

而分行、章法、款識也有可觀。啟功在《夫子循循然善誘人》中有很具體的說明：

> 老師在名人字畫上寫題跋，看去瀟灑自然，毫不矜持費力，原來也一一精打細算，行款位置，都要恰當合適。給人寫扇面，好寫自己做的小條筆記，我就求寫過兩次，都寫的小考證。寫到最後，不多不少，加上年月款識、印章，真是天衣無縫。後來得知是先數好扇骨的行格，再算好文詞的字數，哪行長，哪行短，看去一氣呵成，誰知曾費如此匠心呢？【76】

援庵先生在名人字畫上寫題跋，行款位置都精打細算；給人寫扇面，更預先數好扇骨的行格，算妥文詞的字數，每行長短、年月款識、印章，都有恰當安排。可見他下筆時不但矜慎地去寫每一個字，同時對整幅字的表現效果，也刻意經營，一絲不苟，有類於考證文章的撰作，不脫學人本色。

　　清末以來，談論書法學習的人，往往主張學北碑，援庵先生卻是反對的。啟功在《夫子循循然善誘人》中說：

> 對於書法，則非常反對學北碑。理由是刀刃所刻的效果與毛筆所寫的效果不同，勉強用毛錐去模擬刀刃的效果，必致矯揉造作，毫不自然。我有些首《論書絕句》，其中二首云：「題記龍門字勢雄，就中尤屬《始平公》，學書別有觀碑法，透過刀鋒看筆鋒。」「少談漢魏怕徒勞，簡牘摩挲未幾遭。豈獨甘卑愛唐宋，半生師筆不師刀。」曾謬蒙朋友稱賞，其實這只是陳老師藝術思想的韻語化。【77】

援庵先生反對書法學北碑的理由，是因為碑刻出自刀刃，與毛筆所寫效果並不相同，勉強模仿，只會令字體不自然。啟功詩中所謂「透過刀

【76】見《陳垣校長誕生一百周年紀念文集》，1980年11月北京師範大學（北京），
　　頁 72 – 73。

【77】見同上，頁 71。

鋒看筆鋒」，「半生師筆不師刀」，原來是啟功把老師論書法的意見，用詩的形式表達出來，因此這兩句詩，倒不妨視為援庵先生的書法理論。在同一文中，啟功又說：

> 有一位退任的大總統，好臨《淳化閣帖》，筆法學包世臣。有人拿著他的字來問寫得如何，老師答說寫得好。問好在何處，回答是「連棗木紋都寫出來了」。宋代刻《淳化閣帖》是用棗木板子，後世屢經翻刻，越發失真。可見老師不是對北碑有什麼偏惡，對學翻板的《閣帖》，也同樣不贊成的。【78】

上文所提到的退任大總統，指的是徐世昌（1855－1939）。徐氏在1918年由安福國會選為總統，1922年被直系軍閥曹錕（1862－1938）、吳佩孚（1874－1939）趕下台。此後遷居天津租界，以編書、賦詩、寫字、作畫遣興。他一生酷愛蘇軾（1037－1101）和包世臣（1775－1855）的字，可惜臨摹的根據，主要是木刻翻板帖，晚年才看到真跡和影印本。援庵先生不贊成學北碑和翻板帖，因為筆鋒和刀鋒，到底是兩回事，以刀為師，他是不肯苟同的。他批評徐世昌臨《淳化閣帖》，「連棗木紋都寫出來了」，真是挖苦得厲害。總而言之，援庵先生對用刀刻的碑和帖，都不抱有好感，他認為我們學習書法，須從前人的筆鋒也就是手寫的墨跡去學，所以他倡言「字最要緊看墨跡」，所謂「墨跡」，指的就是真跡或真跡的影印本【79】。

　　據我們所知，援庵先生並沒有發表過成系統的書法理論專篇。但從他的書信，尤其是給三子陳約的家書，我們倒可找到不少有關書法的具體意見。如援庵先生在家書中這樣提示：

> 行、楷最難寫，篆、隸最易寫。用行、楷是進步的寫法，篆、隸是初民時代的寫法。故寫行、楷，非要有多年工夫不可，篆、隸只有一年半載，即可寫成似樣，速者三兩個月便能似樣，行、楷

【78】見同上。

【79】參閱《陳垣全集》之三十七（1937年3月7日致陳約），頁701。

無此急效也。【80】

我們沒有見過援庵先生的篆、隸書法，但上述難易之論，應是切實練習的經驗之談，不是憑空擬想。在同一家書中，援庵先生又說：

> 入門不慎，走入歧途，回頭不易。故惡劣之字帖，萬不可學，一學便走入魔道。想出來不容易。故凡事須慎於始。【81】

在另一家書中，援庵先生強調：

> 篆、隸最怕起壞首，入錯門。寧可不曉寫，不可曉寫而俗也，俗則不可醫矣。書法皆然，不獨篆、隸。【82】

他諄諄囑咐書法學習須慎於始，尤其是萬不可學惡劣字帖，以免走入魔道，難以脫身。為了避免書法入俗，援庵先生的建議是：

> 眼多見，自然不俗。【83】

多看，是祛俗的良方，也是提高手、眼的有效訓練。

此外，筆畫的先後，竟可影響書法的好壞。援庵先生曾有信給方豪，說：

> 書道入門，宜注意筆畫先後，習慣一成，不易改變。即如「成」字寫法，必須先撇後畫，不然則無法寫好。此例極淺，然非直諒之友，誰肯說破，純恃自己悟入耳。【84】

這是個人體驗有得之言，讀者或可舉一反三。

談書法，不可不留意執筆。家書中，援庵先生的意見是：

> 執筆之法，不要聽人說要執正，有時非用側筆不可。寫篆或顏、柳，似非正不可，此外大約須側筆方能取勢。至於寫隸，則更非將筆尖向身不可，豈能全用正筆？但用側筆，易將手睜按梗不

【80】 見同上（1932 年 11 月 28 日致陳約），頁 603。

【81】 見同上，頁 603－604。

【82】 見同上（1937 年 3 月 7 日致陳約），頁 701。

【83】 見同上（1931 年 1 月 29 日批覆陳約來函），頁 583。

【84】 見同上（1946 年 2 月 23 日致方豪），頁 97。

動，如是，則不能用腕力，且腕不太活動。若能防止此節，則自
然可以用側筆也。【85】

執筆寫字，或用正筆，或用側筆，須視乎書體，如寫篆書、顏、柳與寫隸
書就不同，不能膠柱鼓瑟，毫不變通。這是實踐的經驗之談，並非理論。

　　至於各體書法的用處和學習方法，援庵先生在家書中有很具體的指
導意見。他說：

行楷人所習見，自然覺得難寫，但行書最大用，楷書次之，故願
汝習行楷也。【86】

又說：

行書最要，最有用，最美。楷次要，草、隸又次之，篆又次之。
此指用處。行、草只宜施之筆札，若擘窠大字，非楷、隸不能鎮
紙。故學隸亦好。【87】

援庵先生認為，篆隸楷行草各有用處，但在日常生活中最有用是行書，
其次是楷書，所以在家書中鼓勵兒子「願汝習行楷」。下面試分就篆隸
楷行草各體引述他所提供的學習意見。

　　關於篆書學習，援庵先生指出：

學篆以秦至漢為正宗。【88】

又說：

先認識《說文》部首五百四十字，照《續卅五舉》筆畫先後，寫
得半年，便有模樣，比行楷易進步也。【89】

【85】見同上（1932 年 11 月 28 日致陳約），頁 603。在後來的家書中，援庵先生又
　　說：「應用正鋒或偏鋒，惟其宜，不能執一。」見同上（1937 年 6 月 3 日批覆
　　陳約來函），頁 722。
【86】見同上（1933 年 12 月某日批覆陳約來函），頁 632。
【87】見同上（1937 年 4 月 25 日批覆陳約來函），頁 715。
【88】見同上（1937 年 3 月 7 日批覆陳約來函），頁 700。
【89】見同上（1930 年 8 月某日致陳約），頁 571。

初寫篆書，可從《說文》部首和《續卅五舉》的篆字入手，並持續寫半年。援庵先生又提示：

> 篆書寫好後，最好反底一看，則欹斜不正之處，自然顯出，此祕訣也。若只從正面看或看不出，從背面一看，則原形畢現矣。【90】

在學習過程中，如要改進，就得要從紙背面看所寫的字是否欹斜不正，這是評鑑篆書優劣的祕訣。援庵先生又說：

> 汝現在寫篆，恰巧有江篆墨跡可臨，進步甚速。但必須臨之百回，根基穩固，再圖變化。【91】

「江篆」，指江永（1681－1762）的篆書。江氏工書法，精《三禮》，長於考據之學，對音韻、樂律、天文、地理都有研究。學習書法，援庵先生向來重視墨跡臨摹，而且要多臨，有了穩固基礎，才能講變化。

關於隸書學習，援庵先生的提示是：

> 前日檢出黎二樵隸書一冊……甚佳，可以從此入手……漸追漢隸。如篆之由江慎修入手……可以漸追秦篆也。【92】

黎簡（1747－1799），字二樵，廣東著名書畫家；江慎修，即江永。無論學篆或隸，援庵先生都主張由墨跡入手，然後上追秦篆、漢隸。因此，援庵先生說：

> 隸先於二樵墨跡入，次學《華山》，學殘石，均可。【93】

又說：

> 錢梅溪先生隸書，清朝第一。……學之當於隸大有進步也。【94】

錢泳（1759－1844），字梅溪，工篆、隸，亦能寫山水小景。為甚麼由黎簡的隸書入手後，又要學錢泳的隸書？援庵先生的意見是：

【90】見同上（1932 年 11 月 28 日致陳約），頁 603。

【91】見同上（1937 年 3 月 7 日致陳約），頁 701。

【92】見同上（1937 年 4 月 4 日致陳約），頁 709。

【93】見同上（1937 年 4 月 25 日批覆陳約來函），頁 716。

【94】見同上（1937 年 6 月 10 日批覆陳約來函），頁 724。

> 專習黎墨跡一種，數月後乃他習則易成。……所謂他習者，指他
> 種隸也。【95】

錢隸，就是黎隸的「他習」。其他如臨習《華山廟碑》、殘石等等，也有這樣的作用。

關於楷書學習，援庵先生很強調要脫俗。他說：

> 《九成宮》光緒間多人學，故覺其俗。【96】

《九成宮》指《九成宮醴泉銘碑》，此碑由魏徵（580－643）撰文，歐陽詢（557－641）書寫。這是歐陽詢楷書代表佳作之一，並不俗，只因多人學，才給人「俗」的印象。援庵先生對楷書的要求是：

> 寧可生硬，不可俗。汝現在的楷書可以算得生硬，已脫了俗之門，故可有進步也。【97】

「生硬」本來是缺點，但有進步空間，陷身「俗」中，則過分圓熟，難有進步。能有這樣的理解，再來追求楷書的書道正宗，才會有成。援庵先生對兒子來信的書法這樣評論：

> 此信之字似《黃庭經》，又似《樂毅論》，是為書道正宗，再寫必成家矣。【98】

在王羲之（321－379 或 303－361）的楷書中，《黃庭經》和《樂毅論》受人推許為精妙生動，足為楷書範則，是書道的正宗。雖然如此，援庵先生在提點他的兒子臨摹《樂毅論》時，主張「宜學其神味」【99】，因為得其神味，就不易入「俗」。

關於行書學習，援庵先生特別推薦集王羲之字的《聖教序》。他說：

【95】 見同上（1937 年 5 月 14 日批覆陳約來函），頁 718。

【96】 見同上（1930 年 9 月 12 日批覆陳約來函），頁 573。

【97】 見同上（1931 年 1 月 29 日批覆陳約來函），頁 583。

【98】 見同上（1932 年 1 月 26 日批覆陳約來函），頁 591。

【99】 參閱同上（1930 年 9 月 12 日批覆陳約來函），頁 573。

> 《聖教序》有懷仁集王羲之本，有褚本。王本最佳，行書從此入，不患誤入歧途也。【100】

又說：

> 最（好）寫《聖教序》數百遍，此是捷法。……臨《聖教序》，單寫不得，必要多看，看後再寫。【101】

又說：

> 能臨《聖教序》一百幾十遍，必大有可觀也。【102】

學寫行書，援庵先生建議由《聖教序》入手，不但要多臨，而且要多看，即除對帖臨摹外，還要下讀帖的功夫。此外，援庵先生還說：

> 凡字有特別形狀令人易認易學者，即非正宗。……《蘭亭序》、《聖教序》之屬，學三二月未有分毫像，此正宗也。【103】

《蘭亭序》號稱「天下第一行書」，與《聖教序》可說是行書中的雙璧，不過後者由散字集成，不免行氣有損，更談不上章法。因此歷來談論行書學習的人，大多兩《序》並重，但《聖教序》以獨體佳妙見稱，所以援庵先生建議初學行書者可先從《聖教序》入手，後來又《蘭亭序》、《聖教序》並提，認為這兩帖字體並無特別形狀，不容易學，因而是行書正宗。

關於草書學習，援庵先生的意見是：

> 汝喜散學草書，亦好。由《書譜》入，亦是正宗。……但臨《書譜》，必須整頁，單片不合格式。……前人學草書，《書譜》要寫百十遍，自然成家。【104】

【100】見同上（1930 年 8 月某日致陳約），頁 571。

【101】見同上（1930 年 11 月 24 日批覆陳約來函），頁 582。按：「最」字後脫「好」字。

【102】見同上（1931 年 11 月 18 日致陳約），頁 587。

【103】見同上（1933 年 1 月 25 日致陳約），頁 606。

【104】見同上（1937 年 3 月 7 日致陳約），頁 702。

景印香港新亞研究所《新亞學報》（第一至三十卷）

援庵先生主張學草書須由唐人孫過庭（生卒年不詳）《書譜》入手，要整頁臨，要多臨，才會有成績。他又說：

> 前寄來草書神氣不接。今試打一中線，俾自觀之。【105】

「神氣不接」，所指是上下相聯的行氣。草書、行書固然很重視行氣，甚至楷書、隸書、篆書也不可忽略行氣。其實，除了行氣，各體書法也要講究整篇章法。

關於行氣和章法，援庵先生也有具體的意見：

> 《聖教序》獨體佳，行氣不屬，大為董香光所譏。【106】

又說：

> 須知《聖教序》為前人不滿意，亦因神氣不屬，因本係散字集成也。若出於一手寫成，不能如此。【107】

「前人」，說的就是董香光（其昌）。「神氣不屬」，意云「神氣不相聯」，所以援庵先生進一步指出：

> 筆畫相聯，非謂形跡相聯，乃神氣相聯……神氣相聯，則斜橫□入均可，神氣不屬，則個個正當，亦出如排笀，有形無氣也。【108】

不過，援庵先生筆下的「神氣相聯」，既指行氣，也指章法。章法究竟是甚麼？援庵先生說：

> 所謂章法，所謂分行布白，皆指神氣相聯也。【109】

也就是說，「神氣相聯」固然是行氣的要求，也是全篇分行布白的章法要求。援庵先生為章法的解說提供實例：

> 整篇謂之章法。……今付回白沙先生詩軸影片，廿八字作廿八畫

【105】見同上（1937 年 4 月 25 日批覆陳約來函），頁 715。

【106】見同上（1936 年 10 月 31 日批覆陳約來函），頁 677。

【107】見同上（1937 年 4 月 25 日批覆陳約來函），頁 715。

【108】見同上。

【109】見同上。

> 看，全幅合成一字。故春日二字明明縮入，而不覺其縮，頭字明
> 明突出，而不覺其突。此其所以神也。此之謂章法。【110】

白沙先生指陳獻章（1428－1500）。在援庵先生的心目中，書法藝術，
並不只限形體、筆畫，也要講究行氣、章法。由於指導的對象是自己的
兒子，所以他的態度非常率直，措詞具體而清晰，建議容易遵循。如有
需要，不惜反覆叮囑。這顯然有利於讀者的掌握。

五、餘論

　　陳援庵先生是成就卓絕的史學家，他的文章精煉、簡潔，但主要為
史學研究服務。在他一生中，專題性的論文寫得多，一般性的文章寫得
少。他的詩，述懷、敘事、論史，不以詞藻為尚，表現出質樸、平實的
風格，是學人的詩，不是才人的詩。可惜現時看到他的詩不足八十首，
其中以七絕為多，因此不能全面知道他在詩方面的真正造詣。不過，我
們知道他對聲律很有認識，而且可以指導像啟功那樣的學生。他的書法
作品以行書為多，自題書名則往往用近於正楷的行書。他的行書勻稱而
不潦草，雅秀渾樸，富有書卷味，非常耐看。此外，他對文章和書法，
都有一些深刻而具體的見地，足供同輩和後輩參考。對於詩，暫時看不
到他有甚麼具體論詩之說，但他以文入詩，因此他對文章的要求，也可
以視為他對詩的要求。從文學、藝術的角度看，援庵先生或許算不上是
一位成就很高的文學家和書法家，不過這並不減損他的史學成就，而他
那精煉、簡潔的文筆，已與他的史學研究成果合而為一，形成了強烈的
個人風格。

　　應稍作交代的是，本文有關援庵先生文章的討論，只限他的文言
文，不包括他的白話文，所以舉例也只是文言文，雖然他所提及寫作的

【110】見同上（1937 年 5 月 14 日批覆陳約來函），頁 718。

景印香港新亞研究所《新亞學報》（第一至三十卷）

意見，大部分也適用於白話文。他對白話文的寫作，也的確提過一些意見，可惜數量不多。例如在家書中，他說：

　　白話最要緊是簡淨、謹嚴，閒字閒句少。【111】

上面對白話文的寫作要求，可說與文言文並沒有甚麼不同。他又說：

　　白話文亦不易做，必要有意思乃能說出，文言文則可以無意思，用詞句掩飾，敷衍成篇。如果持此等文言文翻成白話，必定像個瘋子說的話了。【112】

「意思」，指文章的內容。這是說，寫內容空洞的文章，用文言易藏拙，用白話則不易藏拙。因此，真正好的白話文，其實並不易寫。援庵先生這個意見，應該會得到許多人的認同罷？

　　有人曾問：援庵先生能寫白話文嗎？就《陳垣全集》的收錄，我們不可說他不能寫白話文。他晚年的發言稿、演講詞，都是白話文，文字通順暢達，雖有時流腔調，未能免俗，但水平不低，其中有一部分可能是自己執筆，也有一部分可能由人代為撰稿或記錄，再經援庵先生自己潤飾、增刪。由於有難以確定的因素，因此不宜作為述論的根據。至於《給胡適之先生一封公開信》（1949 年 4 月 29 日）【113】，文字是很漂亮的白話文，內容雖經援庵先生認可，但其實是援庵先生、柴德賡、劉乃和、劉乃崇多次共同商討的結果，再由劉乃和執筆寫出，然後又由援庵先生和柴德賡作個別語句的修改、添補，最後交由范文瀾修訂後才發表【114】。因此這封公開信雖不能如胡適（1891－1962）在《跋所謂〈陳

【111】 見同上（1936 年 4 月 11 日批覆陳約來函），頁 642。

【112】 見同上（1948 年 11 月 9 日致陳約），頁 747。

【113】 見同上（1949 年 4 月 29 日致胡適），頁 61－66。《公開信》發表於 1949 年 5 月 11 日的《人民日報》及 5 月 17 日的《進步日報》。

【114】 參閱陳志超《陳垣與胡適》，《陳垣——生平、學術、教育與交往》，2010 年 8 月安徽大學出版社（合肥），頁 440－449。

垣給胡適的一封公開信〉》一文所推測，認定是「別人假冒他的姓名寫的」[115]，但仍不可用來證明援庵先生白話文的水平和風格；至於內容的取捨、語調的輕重、表達的方式，在當時的政治形勢和環境、氣氛下，恐怕也不能百分之一百遵從援庵先生的原意。在現實生活或工作環境中，稿出眾意，執筆由人，再加上政治因素的考慮，結果往往如此，不足為奇。就我們所見，援庵先生晚年的書信、序跋、論著評審報告和學術短文，不少是白話文。這些白話文，一般文白兼用，甚至偶有偏於多用文言的情況，不過在表達上，仍然暢順、清晰，只是說不上是很漂亮的白話文。而且，援庵先生一生中用文言寫的文章，數量實遠多於用白話寫的文章，因此，本文涉及援庵先生寫作表現的討論，就沒有包括他的白話文了。

---

[115] 參閱同上，頁 445－447。又，胡文發表於《自由中國》第二卷第三期（1950 年 1 月 9 日）。

附錄：陳援庵先生手跡三種

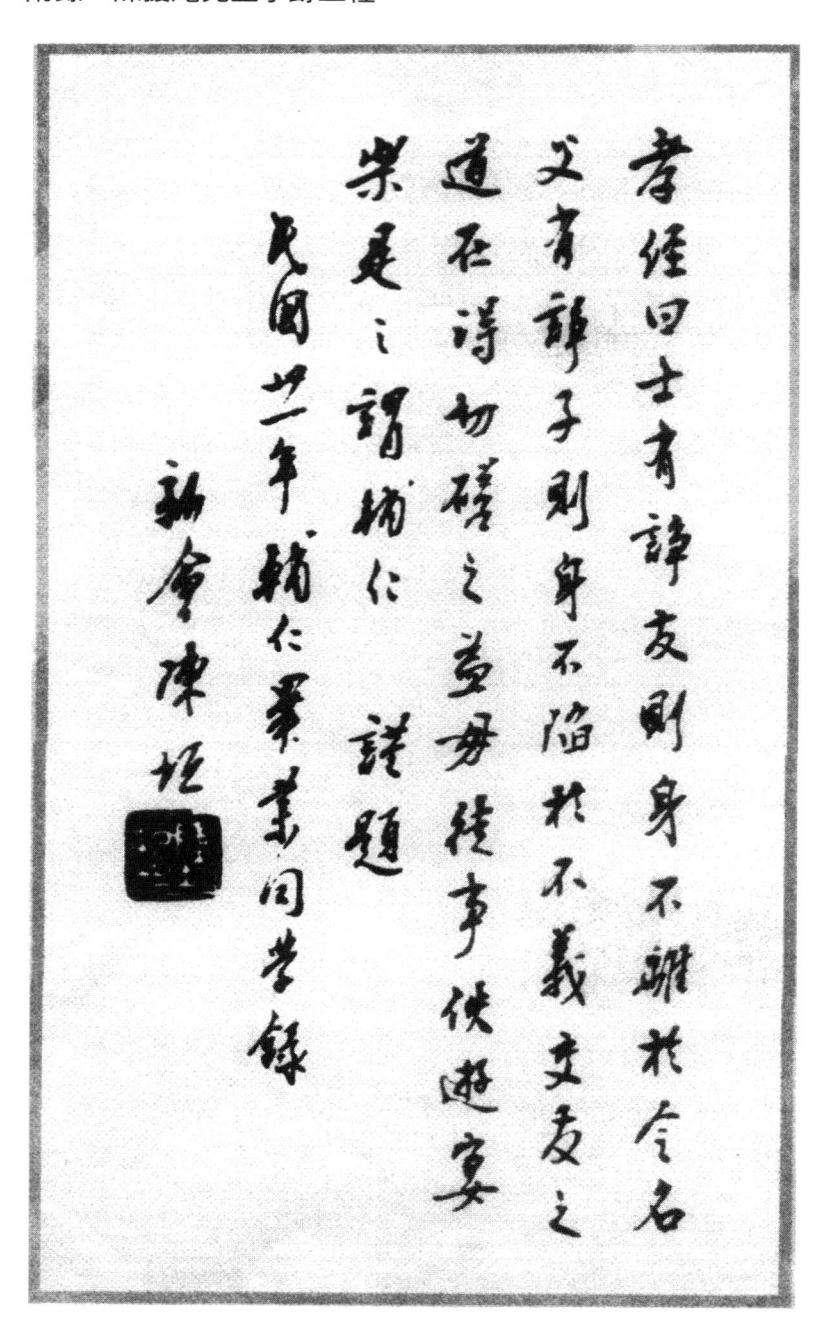

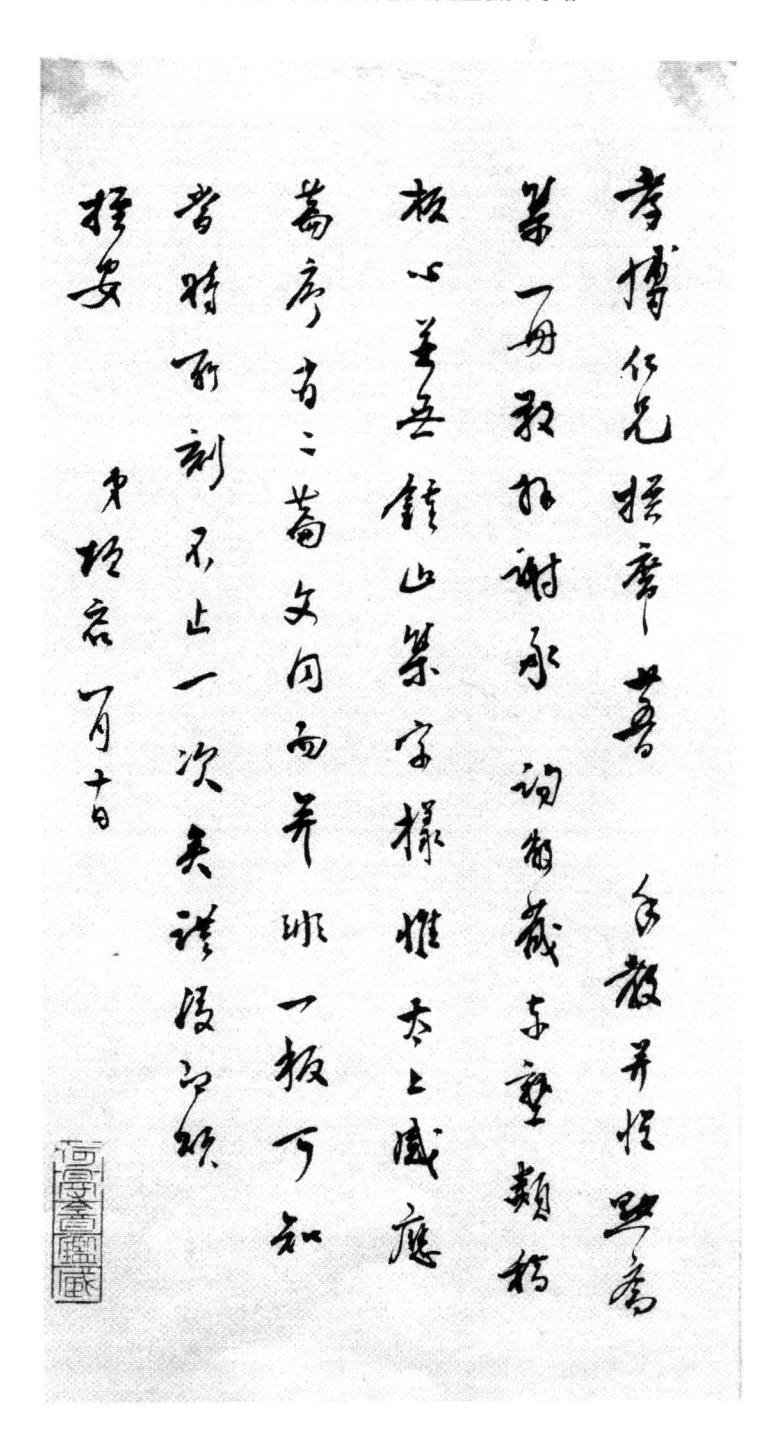

39

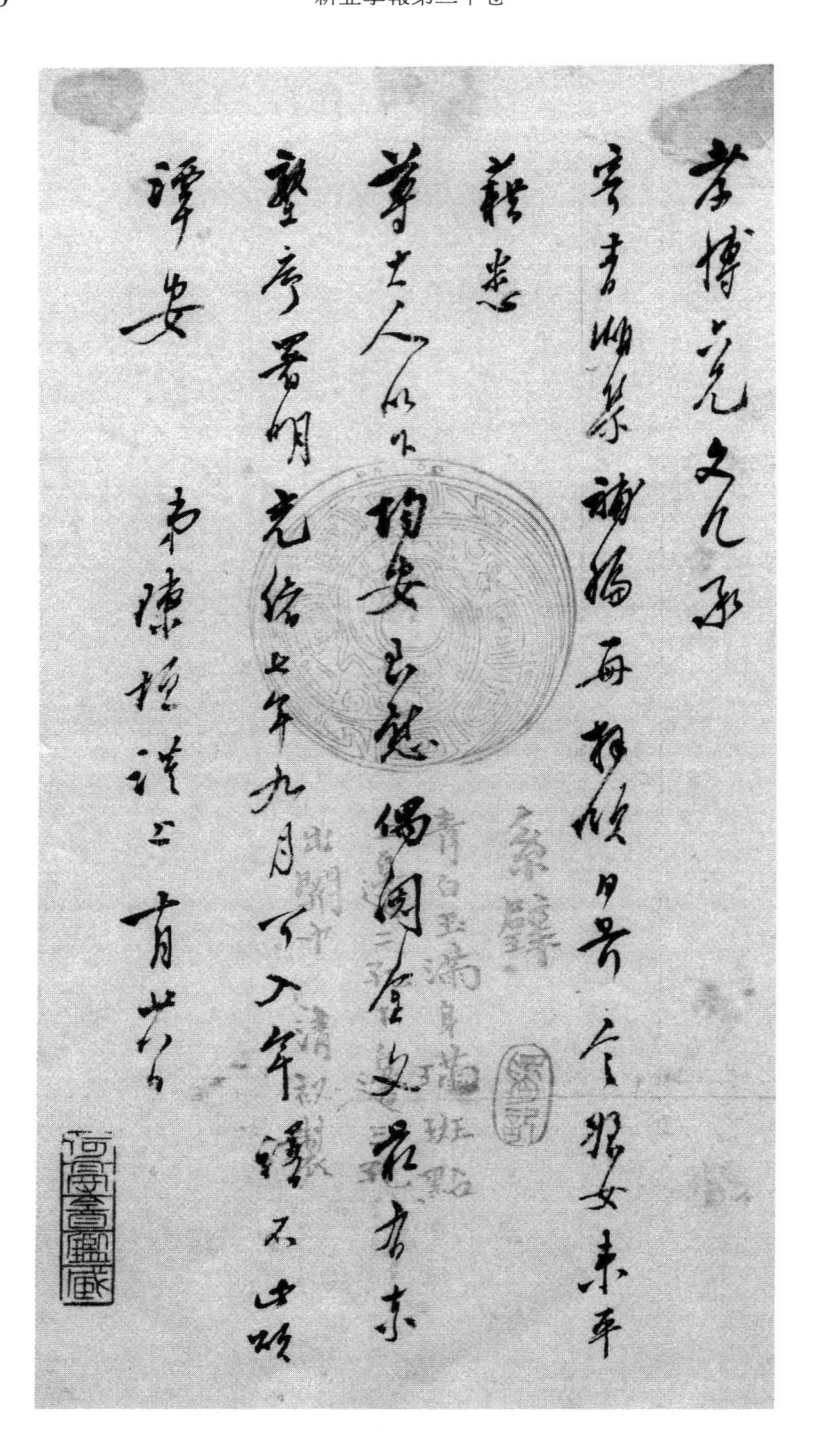

反思二十世紀七十年代大陸批孔運動

翟志成

香港理工大學中國文化學系

提　要

　　本文的要旨，是試圖從「復辟」和「反復辟」鬥爭的角度，勾勒出七十年代「批孔」運動的基線，並在這一基礎上，探查「批孔」運動的根本目標，這目標就是要徹底清除儒家思想在中華民族文化心理各層面的深層影響，為毛澤東思想的「定於一尊」和千秋萬代的相傳，樹立堅實的根基。此外，本文還具体呈現了「革命大批判」中所建構的孔子形象，分析建構者的建構策略和手法，並對批孔運動的主要論旨進行深入的批判與反思。

景印本・第三十卷

反思二十世紀七十年代大陸批孔運動

引言

本文試圖從「復辟」和「反復辟」鬥爭的角度，勾勒出二十世紀七十年代「批孔」運動的基線，並通過對此基線的梳理，以探查「批孔」運動的根本目標。這目標就是要徹底清除儒家思想在中華民族文化心理各層面的深層影響，為毛澤東思想的「定於一尊」和千秋萬代的相傳，樹立堅實的根基。

江青集團倒台後，大陸的學者幾乎都是從權力鬥爭的角度，去解釋二十世紀七十年代的「批孔」運動，其中當然不乏精彩之處，但由於視角畢竟太過狹窄，致使「批孔」的根本目標隱而未顯，難免有逐末而遺本之弊。而從「復辟」和「反復辟」鬥爭的詮釋角度，較之純粹從權力鬥爭的角度予以詮釋，究其實要寬廣得多了。在毛澤東心中，所謂「復辟」，包括共黨政權被黨外「階級敵人」推翻，共黨領導權被黨內「修正主義」者篡奪，以及毛澤東思想「定於一尊」的權威被舊思想、舊文化所取代。正因如此，在毛澤東領導下的「反復辟」鬥爭，包括了鎮壓黨外「階級敵人」的階級鬥爭，清除黨內「異己」或「修正主義分子」的路線鬥爭，以及肅清舊思想、舊文化、舊風俗、舊習慣在國人頭腦中所產生的影響的思想鬥爭。這三種鬥爭，是緊密連繫在一起，同時進行，往往你中有我，我中有你，頗不易析解。若專就一九四九年後由毛澤東所引發的「反復辟」鬥爭的大勢而言，二十世紀五十年代的「反復辟」，比較強調階級鬥爭，重點在鎮壓黨外「階級敵人」的反抗；六十年代的「反復辟」，特別是在「文革」初期，比較強調路線鬥爭，重點在清除黨內的「修正主義分子」和「走資派」；而在七十年代的「反復辟」，尤其是其中的「批孔」運動，則十分強調思想鬥爭，重點在肅清舊思想、

3

舊文化、舊風俗和舊習慣，特別是儒家文化在中華民族文化心理的深層影響。如果不從「復辟」與「反復辟」的角度把握七十年代的「批孔」運動，我們對其中許多錯綜複雜的歷史和社會現象的認識，便不免會流於簡單化，甚至會產生誤判或曲解。用「復辟」與「反復辟」這把鑰匙，去打開七十年代「批孔」的迷宮，正是筆者的努力嘗試。這一嘗試是否成功，留待讀者仲裁。

一、文革前評孔三大派

　　一九四九年中共政權建立以來，在大陸學術界中，運用馬、列、毛的教條，特別是階級分析和階級鬥爭的觀點，竭力要證明孔子是沒落、保守、倒退的奴隸主和貴族階級的代言人，進而大加撻伐與批判的文章，可以說從來沒有消失過。這一派的代表人物，主要有楊榮國、[1]關峰、林聿時、[2]蔡尚思[3]等人。但同樣是運用馬、列、毛的教條，努力使人確信孔子代表著正在上昇、革新、前進期中的新興地主階級的利益，進而為孔子辯誣翻案而大聲疾呼的學者，在文革前，為數亦頗為可觀。這一派的代表人物，主要有郭沫若、[4]趙光賢、[5]湯一介[6]等人。依違於二者之間，認為孔子既不代表奴隸主貴族，也不代表地主階級，而代表的是封建貴族和地主階級之間的中界，亦即代表春秋時

---

[1] 楊榮國，《中國古代思想史》（北京：人民出版社，1973），頁81-164。

[2] 關峰、林聿時，〈論孔子的「仁」和「禮」〉，《人民日報》，1961年7月23日。

[3] 蔡尚思，《孔子思想體系》（上海：人民出版社，1982），頁1-293。

[4] 郭沫若，《十批判書》（北京：科學出版社，1956），頁71-122。

[5] 趙光賢，《周代社會辨析》（北京：人民出版社，1980），頁142-205。

[6] 湯一介，〈孔子思想在春秋末期的作用〉，收入《哲學研究》編輯部編，《孔子哲學討論集》（北京：中華書局，1963），頁43-77。

出現的「士」的階層，因而主張孔子思想，既有前進、革新的一面，又有倒退、保守的一面。持這種觀點的學者，數目也相當不少，這一派應以范文瀾為其主要代表。【7】

　　一九四九年中共立國以後，「日丹諾夫原則」成了中國大陸人文學科研究，尤其是中國哲學和哲學史研究的指導方針。日丹諾夫（Andrey Zhdanov）原是蘇共中央政治局委員，長期掌控著蘇聯文化、宣傳和教育工作，手中握有對官方意識形態的詮釋大權。一九四七年蘇聯官方為亞歷山大洛夫所著的《西歐哲學史》一書特別召開了檢討會，日丹諾夫在會上給哲學史下了這麼一個定義：

> 科學的哲學史，是科學的唯物主義世界觀及其規律底胚胎，發生與發展的歷史。唯物主義既然是從與唯心主義派別鬥爭中生長和發展起來的，那麼，哲學史也就是唯物主義與唯心主義鬥爭的歷史。【8】

一九四九年以後，中共奉行向蘇俄「一邊倒」政策，一切以俄為法、以俄為師，連學術研究也不例外。幾乎所有中國古代的和近代的思想家與哲學家，也都在日丹諾夫的「哲學史也就是唯物主義與唯心主義鬥爭的歷史」這一原則的規範之下，被貼上了「唯心主義」或「唯物主義」的標籤，分別劃歸「唯心主義」或「唯物主義」這兩大敵對陣營。日丹諾夫在發言中，還進一步把原屬於哲學範疇的「唯心主義」或「唯物主義」，和原屬於政治學範疇的「進步」或「反動」概念劃上等號。根據「日丹諾夫原則」，凡認為孔子代表著沒落奴隸主貴族利益的學者，便肯定孔子思想體系「基本上是唯心主義的」；凡認為孔子代表著新興地主階級利益的學者，便肯定孔子思想體系「基本上是唯物主義的」；

【7】范文瀾，《中國通史簡編》（北京：人民出版社，1965），頁200-216。

【8】日丹諾夫，〈在關於亞歷山大洛夫著《西歐哲學史》一書討論會上的發言〉，轉引自中國社會科學院哲學研究所編，《中國哲學史方法論討論集》（北京：社會科學出版社，1980），頁28。

凡認為孔子代表著士階層利益的學者，也就判定孔子的思想體系是依違於唯心、唯物主義兩大陣營之間的「折衷主義」；反之亦然。從一九四九年中共建立政權算起，一直到一九六六年文革爆發為止，大陸學者對孔子的評價，可謂見仁見智，眾說紛紜，意見從未統一過。但無論意見如何分歧，總不能超出以上三個派別的範圍。因為所有評孔文章的理論根據，都同樣源於「日丹諾夫原則」這一教條；而同樣的教條，也只能衍生出這樣的三個派別。

根據個人不同的經驗、政治和教育背景，以及學術上的修養，筆者初步把以上三個派別的大陸學者分為四大類：第一類是極左派，以關鋒、姚文元、戚本禹、林傑、吳傳啟、林聿時、閻長貴等人為代表，這類人是中共官方在意識形態領域的警衛（ideologocal watchdogs）。他們都是最機械的教條主義者，絕不容忍一切文化思想和學術觀點，與馬、恩、列、斯、毛教條有任何的歧出和差異；他們同時又是中國歷史文化最徹底的虛無主義者，絕不給傳統文化思想以任何同情的考慮。第二類是馬列主義的傳統派，以郭沫若、范文瀾、翦伯贊、嵇文甫、吳晗等人為代表。這類人既要忠於教條，又想忠於歷史文化與學術良知。他們的努力，是要把馬列主義和傳統作一和諧的整合。第三類是馬列主義的正統派，以侯外廬、楊榮國、杜國庠、趙紀彬等人為代表。這類人恪守教條主義之熱忱不如極左派，忠於歷史文化與學術良知的意欲又不如傳統派。他們是搖擺於極左派和傳統派之間的牆頭草，那邊風大便向那邊倒。第四類是所謂的「白旗學者」，以馮友蘭、張岱年、周谷城、朱光潛等人為代表。他們雖也努力學習和運用馬、恩、列、斯、毛的教條以指導自己的研究工作，但受制於深厚的西方學術和傳統義理的訓練背景，他們在運用教條時就像放了小腳的女人，走起路來不免左搖右擺，遠不如極左派、正統派或傳統派的天生健足，故一直被大陸學界視為「未改造好的資產階級反動學術權威」。他們像小媳婦一樣，動輒得咎，經常在中共一波未平一波又起的「思想改造運動」和「學術批判」

6

中，被揪出來祭旗，備受極左派、正統派、甚至是傳統派的圍攻。

　　不囿於馬、恩、列、斯、毛的教條的學者，不能說完全沒有，梁漱溟、馬一浮、熊十力等新儒學大師，便是其中的特例。只不過，他們都處於幾乎完全退隱的狀態之中；他們的著述，也幾乎找不到地方發表；即使僥倖地發表了文章或出了書，也沒有幾個人願意細看。在一九四九年後歷次的孔子學術討論中，他們可以說是最沉默的極少數。他們於文革前和文革期間在中國大陸的影響力，也幾乎與零相等。職是之故，本文所涉及的學者，只限於極左、傳統、正統和白旗這四類三派，而不及於當代新儒學家。

　　由於政治上的壓力或各種其它原因，以上三派四類學者的立場，一以貫之者固有，跟風改變者更多。例如在二十世紀六十年代初期，由於劉少奇的默許和周揚的提倡，中國科學院山東分院歷史研究所先後在一九六〇年十月，一九六二年五月和十一月先後三次在濟南或曲阜，召開孔子學術討論會，參加的學者不少一反過去的批孔立場，使尊孔派第一次成了大會的多數派。【9】趙紀彬便是其中轉向者的顯例，他一反過去否定孔子的立場，把孔子說成進步的改良主義者和所謂的「維新派」。【10】但儘管變來變去，卻總改變不了三派鼎立、四類分流的格局。

　　不幸的是，「日丹諾夫原則」提出來的命題，是個不折不扣的假命題；由假命題衍生出來的學術，也只能是假學術。由於中國古代的思想家，主要是在道德倫理學上和人倫日用方面用功，對所謂「物質第一性」或「精神第一性」等屬於認識論範疇的問題，一貫甚少措意。而他們頭腦中唯心論和唯物論的界線，也一直幽黯不明。正因如此，在中國哲學思想史上，除了佛徒，很難找到一個純粹的唯心主義者，也很難找

【9】中國科學院山東分院歷史研究所編，《孔子討論文集》（山東：人民出版社，1961），頁1-6。

【10】趙紀彬，《論語新探》（北京：人民出版社，1962），頁1-200。

到一個純粹的唯物主義者。而對於如孔子、老子、莊子、孟子、荀子、韓非、董仲舒、揚雄、王弼、嵇康、王充、韓愈、柳宗元、王安石、蘇軾、周敦頤、張載、程顥、程頤、朱熹、陸九淵、王守仁和王夫之等等幾乎所有古代的，甚至如譚嗣同、康有為和梁啟超等等許多近代的思想家或哲學家，到底該把他們劃歸唯心主義，或唯物主義的營壘，大陸的專家學者們各執一偏，各抒己見，常引起激烈的爭論，意見幾乎從未統一過。這一分界，不僅沒有希望可以通過爭論分辨清楚（因為絕大多數中國思想家或哲學家頭腦中對這一分界本來就分不清楚，也無意去分清楚），即使真能分辨清楚，對中國哲學和哲學史，以及古代或近代思想家、哲學家的思想體系的理解，相信也沒有太大的幫助。把有限的精力，糾纏於這些沒有多大意義的無休止論爭中，既是人力的浪費，也是生命的浪費！最早在一九五七年北京大學召開的中國哲學史討論會中，馮友蘭、張岱年、嵇文甫等學者就曾嘗試對「日丹諾夫原則」，以及在這一原則指導下的整個中國哲學史的研究和教學，提出了一些極客氣委婉的疑問。【11】這些疑問，當時被當成「右派」或「修正主義」言論，受到了以關鋒為首的極左派的猛烈圍攻。【12】但是，思想問題是不能靠政治圍攻和行政命令壓服的，強壓的結果只能是口服而心不服。在一九七九年十月太原召開的中國哲學史方法論討論會上，這個沉寂了二十二年的問題又重新被提出來，再次引起了熱烈的討論。儘管一些學者仍替「日丹諾夫原則」辯護，但大部分參加會議的學者，對應用「日丹諾夫原則」來研究中國哲學史的準確性和有效性，卻秉持著全部或大部分否定的態度。【13】到了二十一世紀初，「日丹諾夫原則」業已被棄如敝

【11】《哲學研究》編輯部編，《中國哲學史問題討論專輯》（北京：科學出版社，1957），頁11-27，79-86，273-285。

【12】關鋒，《反對哲學史方法論上的修正主義》（北京：人民出版社，1958），頁1-51，118-133。

【13】《哲學研究》編輯部編，《中國哲學史方法論討論集》，頁1-363。

屜，再也無人問津了。此是後話。

　　讓我們再回到文革前評孔的三大派。如上所述，中國古代思想家和哲學家的唯心主義或唯物主義的屬性，因其界線曖昧不明而難以論定，固然是三派鼎立的重要原因之一；然而大陸學者把哲學史上的唯心主義和唯物主義，又與政治立場的「反動」和「進步」劃上等號，讓本來就無解的難題變得更為棘手。例如，大陸學者對孔子所處的時代，到底應屬於奴隸社會，還是應屬於封建社會，從來就未能取得一致的意見。郭沫若斷言西周是奴隸社會，而孔子則處於奴隸社會向封建社會過渡的歷史的轉型時期。范文瀾則根本否定郭沫若的論斷，強調中國早在西周便已進入了封建社會。用同樣的階級分析方法，把同一個孔子放入兩個完全不同的社會去各自去「分析」一番，「分析」出來的結果，就難免會大不相同，甚至完全相反。【14】不過，這些都不是最根本和最重要的原因。

　　造成三分天下最根本和最重要的原因，還是緣於作為大陸政治與學術界最高權威的毛澤東本人，在文革前對孔子的評價既有褒也有貶，使得有心人士極易「各自表述」和「各取所需」。毛在文革前公開發表的著作中，曾經好幾十處提到孔子。總的說來，在一九四九年以前，毛對孔子的評價，是褒貶參半，這是由毛澤東一身兼有民族主義者和共產主義者的雙重性格所決定的。共產主義者的性格，使毛不能不把馬、恩、列、斯抬到至高無上的位置，進而貶斥孔子。民族主義者的性格，又使毛不安心於把中國的歷史文化說成一團漆黑，亦不能不給代表中國歷史文化主線的孔子予以一定的好評。一九四九年以後，毛對孔子的評價是毀多而譽少，愈發展到後來，毛對孔子的攻訐就愈多。例如毛氏一九五七年一月二十七日在省市自治區黨委書記會議上的講話，就把孔子的著

【14】林甘泉、田人隆、李祖德，《中國古代史分期討論五十年》（上海：人民出版社，1982），頁 296-364。

景印香港新亞研究所《新亞學報》（第一至三十卷）

作和蔣介石的書並列，說成是純粹「反面的東西」。【15】這種趨向，與毛在立國後一心要取代孔子的地位，定毛思想於一尊的步伐頗為一致。但是，由於毛思想是「放諸四海而皆準的普遍真理」，他在一九四九年以前對孔子某些好評的「正確性」與「有效性」，在文革前並不曾因時過境遷而自動消失。職是之故，共和國的「尊孔」學者，也同樣能援引毛氏在一九四九年前對孔子所作過的某些肯定的讚語，替自己的文章尋找到法理上的甚至法律上的依據。而被大陸學者引用得最多的兩條評孔語錄，其一見於毛氏在一九三八年十月撰寫的〈中國共產黨在民族解放戰爭中的地位〉：

> 我這個民族有數千年的歷史，有它的特點，有它的許多珍貴品，對於這些，我們還是小學生。今天的中國是歷史的中國的一個發展；我們是馬克思主義的歷史主義者，我們不應當割斷歷史。從孔夫子到孫中山，我們應當給以總結，繼承這一份珍貴遺產。這對於指導當前的偉大運動，是有重要幫助的。【16】

另一條則見於毛氏在一九四〇年一月撰寫的〈新民主主義論〉：

> 我們必須尊重自己的歷史，決不能割斷歷史。但是這種尊重，是給歷史一定的科學地位，不是讚揚任何封建毒素。對於人民群眾和青年學生，主要地不是引導他們向後看，而是引導他們向前看。【17】

　　大陸「尊孔」的學者，對第一條毛語錄的全文及第二條的前半部份，引用強調較多。「反孔」的學者對第二條語錄的後半部引用強調較多。而中間派則對第一和第二條語錄全文都同樣引用並強調。如此一來，三大派都有充分的機會援引「今上」的「聖旨」，作為支撐自己的觀點的依據。而學者個人不同的經驗，政治和教育的背景，學術上的修

【15】毛澤東，《毛澤東選集》（北京：人民出版社，1977），卷5，頁346。

【16】毛澤東，《毛澤東選集》（北京：人民出版社，1964），合訂本，頁499。

【17】毛澤東，《毛澤東選集》，合訂本，頁668。

10

養乃至閱讀原始典籍的能力，都使三派的論爭，朝著更深入化和複雜化
的趨向發展。

二、文革期間的批林批孔

批孔的目標

儘管文革前學界對孔子的評價，經常受到政治運動的干擾，而三大
派學者的思維模式和語言運用，也都充斥著強烈的政治意涵，但無論如
何，他們的評孔，仍應視為在特定歷史情境和社會制度制約下的學術活
動。但到了一九六六年初，毛澤東突然強調「無產階級必須在上層建
築中包括各文化領域中對資產階級實行全面的專政」。毛這一思想，後
來在張春橋和姚文元的文章中，得到了系統和全面的闡述。張春橋把知
識分子看作工人階級身上的「腫瘤」，處心積慮地企圖用「全面專政」的
暴力把它「化掉」；[18] 而姚文元又把張春橋的「全面專政」論加以補
充，提出凡從事人文學科和哲學、社會科學教研工作的人員，在未通過
勞動改造這一關之前，一律不允許從事教研工作。姚文元這一「改造
前提」，實質上把大陸的人文學科和哲學、社會科學工作者，等同於
「沒有改造好」的「地、富、反、壞、右」，把他們變為無限期強迫性
勞動改造的刑徒。[19] 張、姚二人究其實只不過是毛在文化、教育和宣
傳界的「奴隸總管」，他們的言論，當然不是源自他們的獨立思考，而
只是毛思想的山寨版。在毛的「全面專政」思想主導之下，一九六六年

---

[18] 張春橋，〈論對資產階級的全面專政〉，《紅旗》，期4（1975年），頁3-13。

[19] 張、姚二人的思想，由毛而來，二人究其實只不過是毛的幫兇。江青集團倒台
　　後不久，當時的大陸學界習慣於把這筆「文化專政」暴政的帳，都算到張、姚二
　　人頭上，有心開脫毛是「文化專制」暴政的始作俑者這一明顯事實。參看中國社
　　會科學院寫作組，〈「四人幫」是馬克思主義哲學社會科學的死敵〉，《歷史研
　　究》，期10（1978年10月），頁3-16。

11

景印香港新亞研究所《新亞學報》（第一至三十卷）

下半年，文革正式開始，一切學術活動，無論是正常的或不正常的，都被迫完全停頓。文革前幾乎所有的學術著述，都被視作「毒草」，全部予以查禁，學術刊物全部被勒令停刊，大學全部被停課，從中央到各省的哲學社會科學研究機構，也全都被解散和下放。在「全面專政」的大棒之下，大學文科教師和哲學社會科學工作者幾乎都被驅趕到農村、「五七幹校」或工廠等基層單位，被迫從事無限期的勞動改造。在「每一個標點符號都被專政」的高壓政策之下，大陸的文學、史學、哲學和「整個社會科學陣地，變成了一片白霧罩罩的荒原」。【20】文革前由對孔子不同評價而分立的三大派別，到此亦同時自動消失。三派的觀點，到此亦只剩下對孔子全盤否定的看法。不過，在文革初期，一切古的和舊的，都被視為「四舊」（舊思想、舊文化、舊風俗、舊習慣），視為必須清除的歷史垃圾，在這股最徹底的歷史和文化虛無主義的十二級颱風橫掃之下，聖凡共滅，玉石俱焚，孔子的日子雖不好過，但也不特別難過。

讓孔子特別難過的日子，是二十世紀七十年代初期的「批林批孔」運動。林彪之與孔子，一今一古，一武一文，幾乎是風馬牛不相及。江青集團公然把林彪判定為孔子信徒，因而把孔子綑綁到「批林」運動中祭旗，其所能列舉的「鐵證」，無非是林彪曾咒罵過秦始皇焚書坑儒，林彪在筆記本中抄摘過一些《四書》上的句子，林彪把書有「攸攸萬事，惟此為大，克己復禮」的卷軸掛在床頭等等……。【21】這些「鐵證」，若據以證明林彪思想曾受孔子的影響，是可以成立的，但若要證明林彪是孔子的信徒，那孔子的信徒便未免太多了。遠的不說，一部毛著，稱引孔子語錄多達十幾次。毛曾稱讚孔夫子是「封建社會的聖人」，號召繼承「由孔夫子到孫中山」的「珍貴遺產」【22】，難道不比

【20】張顯揚、王貴秀，〈張春橋的「全面專政」必須徹底批判〉，《哲學研究》，期9（1978年9月），頁35-44。

【21】參看《中共中央委員會一九七四年中發第一號文件》。

【22】毛澤東，《毛澤東選集》，合訂本，頁499、頁668。

林彪更有被稱為「孔子信徒」的資格！由於理由實在太過牽強，大陸的「革命群眾」，大都視批林批孔為兒戲，故批判大會上，常笑話百出；【23】大陸的文學、歷學、哲學和社會科學的工作者，嘴裡雖不敢說，心中卻不能無疑；而海外真正的儒者，也無不否認林彪「孔子之徒」的資格。【24】江青集團倒台後，大陸學者分析江青集團把林彪和孔子拉在一起批判的原因，大率有以下兩種看法：

1.「四人幫」與林彪集團原是一丘之貉，「批孔」是為了轉移「批林」視線，以免暴露了自己與林彪集團的勾結。【25】

2.「四人幫」的「批林」和「批孔」都是假的，其目的不過是要借此影射和攻擊周恩來。【26】

這兩種看法，都有一定的道理。毛澤東指使江青集團在全國大張旗鼓地演出「批孔」的鬧劇，究其原因，當然不可避免地帶有權力鬥爭或路線鬥爭的成分。江青集團與林彪集團，一文一武，是毛澤東賴以發動

【23】筆者從大陸逃港的紅衛兵口中，曾聽到許多「批林批孔」的笑料。有人在「批林批孔」大會上，氣勢洶洶的要追查孔子的「入黨介紹人」，有人把「孔老二」說成是林彪的二弟……。

【24】筆者於 1973-1975 年在香港新亞研究所曾從當代新儒學三先生唐師君毅、徐師復觀、牟師宗三遊，他們對中共的「批林批孔」運動，都非常的反感，咸認為中共把林彪視為孔子信徒，是對孔子本人以及他們這些真正的「孔子之徒」的莫大侮辱。

【25】這方面的代表作，請參看傅孫，〈唐曉文的三篇代表〉，《歷史研究》，期1（1978 年 1 月），頁 47-54；以及龐朴，〈評「四人幫」的假批孔〉，《歷史研究》，期6（1976 年 12 月），頁 37-42。

【26】陳中，〈把「四人幫」雜誌《學習與批判》押上審判台——清算《學習與批判》攻擊周總理的罪行〉，《歷史研究》，期 4（1977 年 8 月），頁 3-11；以及《歷史研究》編輯部，〈痛打落水狗梁效、羅思鼎〉，《歷史研究》，期 6（1976 年 12 月），頁 11-19。

13

景印香港新亞研究所《新亞學報》（第一至三十卷）

文革的筆桿子和槍桿子。沒有筆桿子在大喊大叫，光靠槍桿子只能搞武裝政變；沒有槍桿子作為後盾，光靠筆桿子也只能從事沒有成功希望的「秀才造反」。江青集團與林彪集團在權力分配上有衝突，有鬥爭，並最終因之而徹底決裂。但在最後決裂之前，他們在更多的時候是唇齒相依、緊密勾結的。林彪在一九七一年九月敗死，[27] 但林彪的死訊，卻延遲到一九七三年八月下旬，才由周恩來在中共十次代表大會中正式公佈，[28] 可見毛澤東對林彪事件忌諱之深。十大以後，全黨正式開展了「批林整風」運動，火力集中在批判林彪的極左路線，一時間使以江青集團為首的極左派，陷入了十分尷尬的處境。江青曾說：「批林整風，都整到我們頭上來了。」江青集團在杭州的黨羽翁森鶴曾對當時形勢作出這樣的估計：「陳伯達倒了，必然要炮打張春橋、江青同志，實質上是兩個司令部的鬥爭」。[29] 由「批林」轉而「批孔」，確實使江青集團鬆了一口氣，同時，從江青集團倒臺後揭發出來的資料，也證實了江青集團與周恩來集團在權力分配方面有暗中爭鬥。江青集團借「批孔」之機，用隱喻和影射的方法暗刺周恩來，是完全可能的。

但是，「批孔」絕不是僅僅為了「轉移批林」目標，也不僅僅是為了「射周」，它還有更深刻更長遠的目標。只是這一目標，總是和政治上的權力鬥爭交纏牽扯在一起，而前者又往往不免受到後者的掩蓋和歪

---

[27] 關於林彪如何死亡、有傳說多種，其中以中共官方公佈的所謂刺毛不成遂外逃墜機外蒙之說最不足信。以筆者初步推斷，認為林彪被毛在黨章中指定為「繼承人」後，一心以為大功將成，放鬆了應有的警惕，以致被毛毒殺或襲殺。林彪之各種死法，應以這種可能性最高。這一問題，不在本文範圍之內，容後撰文再詳論之。

[28] Zhou Enlai, "Report to the Tenth National Congress of the Communist Party of China" *Peking Review*, （September.1973），pp.17-25.

[29] 轉引自《人民教育》編輯部、《歷史研究》編輯部，〈「四人幫」尊法醜劇的幕前幕後〉，《歷史研究》，期5（1978年5月），頁4。

曲。儘管這一目標幽而不顯，但忽略了它，七十年代的「批孔」，以至文革十年的動亂，都一齊變得不好解釋。大陸的學者，幾乎都是從權力鬥爭的角度來分析文革與「批孔」的，【30】他們難免會碰到許多無法解答的難題。

純從權力鬥爭的角度，可以勉強解釋毛澤東何以發動文革，但卻難以解釋何以毛澤東在權力鬥爭取得壓倒性的全面勝利之後，【31】不去結束文革，而讓文革持續了十年之久。

純從權力鬥爭的角度，也無法解釋七十年代何以會爆發「批孔」運動。因為「批孔」的發動者是毛澤東，不是江青，【32】以毛氏當時至高無上的地位，根本沒有人敢追查他與林彪的勾結，故他沒有必要拿「批孔」來做擋箭牌。集黨、政、軍大權於一身，駸駸有唐代藩鎮割據之勢的全國八大軍區司令，他一紙手令，尚可全部調換。若他要罷周恩來的官，相信也是輕而易舉，根本不必把孔子抬出來，作為比附影射周恩來的暗靶。我們知道，先在文藝界製造輿論，再以此為突破口，用突擊的方式在中央政治局上罷免對手的官，是文革初期毛澤東用以對付劉少奇、鄧小平的策略。那時毛氏已退居第二線，在中央內又處於少數派地

【30】當然，也有極個別的大陸學者提到江青集團再「批孔」中，除了政治上的利用之外，可能還有其他的目標。例如丁偉志就曾提到江青集團的「尊法」，是抱有「虔誠地想從封建地主階級那裡學點古老的經驗教訓」的動機。參看丁偉志，〈「四人幫」是歷史科學的敵人〉，《歷史研究》，期6（1978年6月），頁9。只可惜這些提法只是輕輕一筆帶過，沒能更深入一步進行討論。

【31】1966年8月，中中央召開八屆十一中全會，8月8日會中通過〈關於無產階級文化大革命的決定〉（十六條）。會議以毛派全面勝利，劉、鄧徹底失敗收場。

【32】江青集團垮台後兩年，大陸學者在批判「四人幫」時，幾乎都異口同聲證實「批林批孔」是由毛氏親自發動的。例如傅孫就說過：「我們知道，批林批孔運動是毛主席的偉大戰略部署……。」參看傅孫，〈評唐曉文的三篇代表作〉，頁47。

位，行此險著，實不得不爾。「批林批孔」時，毛氏已由第二線重返第一線，手中大權在握，每一句話，都成了全黨全國必須凜遵的「最高指示」。毛氏一人，實已凌駕在全黨、全軍、全國之上，強弱之勢，至此已完全逆轉。且文革初期的策略，第一次應用是奇兵，第二次應用便不僅平庸無奇，而且會打草驚蛇，讓對手徒生警覺，以毛氏之老謀深算，必不會捨正路而不由，而再用文革初的老套對付周恩來。故「批孔」的主要目標，在毛氏心中，並非射周，實可以無疑。

純粹從權力鬥爭的角度，不能解釋毛澤東為什麼偏偏要把孔子和林彪拉在一起批判，而不挑石敬塘、朱溫、袁世凱。他們其中任何一個，究其實都要比孔子合適得多了。職是之故，「批孔」絕不是僅僅為了「轉移批林」目標，也不僅僅是為了「射周」。「批孔」還有更深刻更長遠的目標。這一目標，就是要一舉清除孔子思想在中華民族文化心理各層面的影響，以確保毛思想千秋一統的獨尊地位。

林彪與毛氏長期共事，又被封為毛氏的「最好學生」和黨章規定的「接班人」可以說知毛最深。早在二十世紀六十年代初，林彪就在軍中大搞對毛氏的「造神運動」和個人崇拜。一九六六年八月八日，他在中共中央政治局的一次會議中，強調必須罷黜百家，定毛澤東思想於一尊，並以當代董仲舒自命。【33】他呈獻給毛氏的「四個偉大」的尊號，排列次序是「偉大導師、偉大領袖、偉大統帥、偉大舵手」。把「偉大導師」排列在「偉大領袖」之上，說出了毛氏不以當及身而止的現實政治領袖為滿足；他的抱負，是要當千秋一系的「萬世師表」。由此可見毛澤東與林彪的結合，不僅是權力鬥爭的結合，而且還是一心想成為當

【33】 林彪在會議中說：「中國是個有八億人口的大國，需要有一個統一的思想，革命的思想，這個思想就是毛澤東思想……。」林彪並號召陳伯達、康生、江青和在座的中央文革小組成員跟他一道，成為定毛思想於一尊的當代董仲舒。參看蔡尚思，〈「四人幫」的假批孔與孔子思想的評價〉，收入山東大學歷史系編，《孔子及孔子思想再評價》（吉林：人民出版社，1980），頁119。

代孔子與董仲舒的結合。由五十年代對毛澤東思想的大規模宣傳，到六十年代上半期全國學毛著熱潮，以至六十年代下半期的全民交心效忠運動，最後是七十年代中國大陸的「批孔」狂飆，自始至終，都貫穿著毛氏一心要取代孔子的地位，定毛思想於一尊，以傳之千秋萬世的強烈欲望。

　　文革不僅把毛澤東推到了絕對政治權力的頂峰，也把毛思想推到絕對思想權威的頂峰。在中國歷史上，像毛澤東這種一身兼有政治上的終極君主和思想上的終極教主兩職的人，可以說是前無古人，後無來者。然而，政治上和思想上的絕對權勢，給毛氏帶來的，不是心理上的絕對安全感，而是無窮無盡的對「復辟」（喪失君主和教主權威）的恐懼和焦慮。劉少奇在《論共產黨員的修養》書中，大量引用了孔孟語錄，似有吸收孔門修養方法以改造中共黨員品格的傾向。文革前大陸的尊孔派學者，往往徵引劉少奇的書，作為孔子學說大有用於今日的證據。有的學者甚至說：「孔孟這些思想，現已被批判吸收，重新塑造為無產階級、共產黨人黨性修養的重要組成部份之一。劉少奇同志在他的卓越理論著作《論共產黨員的修養》裡，非常傑出地完成了這一任務……」。【34】文革初期對劉少奇本人，特別是對劉少奇的《論共產黨員的修養》的批判，紅衛兵便以此攻擊劉少奇「尊孔復古」、「狂熱地歌頌、美化孔老二、惡毒地污蔑、攻擊毛澤東思想」，以及「公開煽動反革命復辟」……。【35】諸如此類的指控，讓毛氏隱隱感到孔子思想——儘管從「五四」開始便疊遭一次比一次更沉重的打擊——仍在頑固地潛伏著，並已滲入共產黨內部來了。一九七三年秋冬之際，北大、清華兩校的大批判組奉江青之命進駐林彪故宅，編輯「批林材料」，兩校批

【34】北京師範大學毛澤東思想紅衛兵井崗山戰鬥團，〈「孔子討論會」是牛鬼蛇神向黨進攻的黑會〉，《人民日報》，1967 年 1 月 10 日。

【35】北京師範大學毛澤東思想紅衛兵井崗山戰鬥團，〈牛鬼蛇神在「孔子討論會」中放了些什麼毒？〉，《人民日報》，1967 年 1 月 10 日。

判組編成了《林彪與孔孟之道》特輯一冊，上呈毛氏。[36]特輯的內容，無非是林彪曾咒罵秦始皇焚書坑儒，抄摘過〈四書〉上的某些句子，並把書有「克己復禮」的卷軸掛在床前……。[37]海外不少學者對這些證據的真實性表示懷疑，理由是這些證據太過薄弱，而且又都在林彪敗死三年後才公佈。[38]而筆者的意見正好與之相反，筆者認為：若毛氏有心「偽造」，為什麼不「偽造」一些更強有力的證據？以毛氏的聰明才智，斷不至於連造假的本領也如此低能。正因為這些證據「太薄弱」，才更能證明它們是真的。毛氏也正因為它們是真的，才捨不得「割愛」。這些材料，固然不足以證明林彪就是孔孟之徒，但它們至少證明了這麼一點：即使與孔子最無淵源的職業軍人林彪，身上仍不免帶著孔子影響的殘留。[39]由此，亦可見孔子思想無所不在，孔子思想在中華民族的文化、心理各層面中滲透浸潤之深；若不予以徹底清除，毛思想雖已定於一尊，也難保不被翻轉，「傳之萬世」的夢想，也必會落空。這就是為什麼毛會藉由《林彪特輯》的引發，把「批林整風」，一變為「批林批孔」運動。

---

[36]《人民教育》編輯部、《歷史研究》編輯部，〈「四人幫」尊法醜劇的幕前幕後〉，頁 4。

[37]《林彪與孔孟之道》作為批林批孔的第一批材料，經毛澤東在 1974 年 1 月 18 日批准，由中共中央轉發全國。

[38] Kam Louie, *Critiques of Confucius in Contemporary China*（New York：St. Martins Press, 1980），pp.101-103.

[39] 在中共各巨頭中，林彪少年失學，一輩子在行伍中打滾，可以說與孔子淵源甚淺。蒙杜維明先生賜告，林彪藏書過八萬冊，其中多為儒典，書中多有林彪眉批。杜先生消息得自前梁效成員湯一介教授。筆者則對這一材料的可靠性不能無疑。姑錄於此，以存其異。

18

江青集團與「批孔」的三個寫作組

　　執行「批孔」的具體任務，落到了在當時控制著宣傳、文化各部門大權的江青集團身上。江青集團主要由中共中央文化革命小組各成員組成，原以江青為首，康生、陳伯達、張春橋、姚文元、關鋒、戚本禹、王力、林傑等人為其羽翼。但早在批林批孔之先，關鋒、戚本禹、林傑等人因在黨報上公開提出「揪軍內一小撮」的口號，引起中共各實力派軍人的強烈不滿和疑懼，毛澤東為了平息眾怒和安定軍心，便以「毀我長城」之罪，下令把他們先後逮捕入獄；王力因涉嫌「煽動」造反派衝擊英國駐北京代辦處，釀成嚴重國際事件，亦被毛氏下令「隔離審查」；陳伯達則因林彪案牽連，亦在羈押之中；而管特工的康生，又與江青有矛盾。故江青集團便只剩下江青、張春橋和姚文元，以及因造反起家後來入伙的王洪文，一共四人。在毛死約一個月後，這四人即在華國峰和葉劍英聯手發動的政變中被逮捕。以華、葉為首的新權力核心把政變稱之為粉碎「四人幫」，並把四人一一公審判刑。江青集團本來就是中國歷史文化最徹底的虛無論者，在他們眼中，歷史文化遺產不過是一堆必須拋棄的垃圾。陳伯達早在一九五八年，便承順毛的意旨，搶先在中共中央機關報《紅旗雜誌》上提出「厚今薄古」的口號，【40】對中國文、史、哲的教學和研究，尤其是古史研究，造成極其嚴重破壞，使得很多大學的歷史系，盡棄古史而只敢教近代史。關鋒則公開宣稱中國的歷史文化遺產中沒有可以繼承的東西，有的只是前人「失足的教訓」。換言之，只有充當「反面教員」的作用。【41】姚文元、戚本禹、林傑等都是文革前著名的「棍子」，誰敢說傳統文化有可承繼之處，古人有可效法的地方，都免不了挨上他們的棍子。他們對吳晗、翦伯贊等

【40】陳伯達，〈厚古薄今，邊幹邊學〉，收入氏著，《陳伯達文集》（香港：歷史資料出版社，1972），頁97-103。

【41】關鋒，〈中國哲學史研究工作的方向問題〉，《光明日報》，1958年6月15日。

景印香港新亞研究所《新亞學報》（第一至三十卷）

人的批判和圍攻，便是其中顯例。江青與張春橋在一九六三至一九六四年領導演出「革命樣板戲」，公開宣稱要把帝王將相、才子佳人統統趕出舞台。由他們這一群歷史文化虛無論者組成的中央文革，是文革極左思潮的發源地。在他們的教唆縱容之下，紅衛兵在全國範圍內瘋狂地開展了破除「舊思想、舊文化、舊風俗和舊習慣」的「破四舊」運動。一切古人、一切文物、一切古蹟，都成了他們要打倒和破壞的目標。一切古人、一切文物、一切古蹟，亦掃地以盡，幾乎無一倖免。

由江青集團來主導「批孔」，當然不會給孔子以任何正面的肯定和同情的考慮，自是最合適的人選。只是，要「批孔」多少總得「懂孔」才行。在江青集團的重要成員中，對孔子思想作過研究的陳伯達、關鋒，多少懂一點孔子思想的林傑，以及學歷史出身的戚本禹，都已被毛澤東拋出去當作替罪羊犧牲殆盡，最後剩下來的江青、張春橋、姚文元、王洪文四人，對孔子和儒家思想，可以說連常識都不具備。一九七四年三月間，周恩來接見外賓，江青、張春橋等也在場。江青插話說：「我沒有讀過《四書》、《五經》，大概我們這裡就是總理讀過。」周恩來問張春橋：「你也讀過吧？」張春橋說：「沒有，現在為了消滅它，只好學習。」【42】這一插曲，可作為江青、張春橋二人在「批孔」前沒有讀過儒典的佐證。姚文元在一九四九年時才二十歲出頭，熟讀《四書》、《五經》的可能性更少，從他的一系列文章中，也看不出曾受過儒典薰陶的痕跡。沒有法子，他們四人只好一面惡補，【43】一面在各高校青年教師中選拔骨幹，權充批孔的筆陣，而一面更從五七幹校或牛棚中起用專家。江青集團把對他們有用的專家學者從五七幹校或牛棚中解

【42】陳中，〈把「四人幫」雜誌《學習與批判》押上審判台——清算《學習與批判》攻擊周總理的罪行〉，頁 32。

【43】北大哲學系教授湯一介，1983 年曾在美西柏克萊小住。他告訴筆者，他在「批孔」期間曾幫江青補習過中國哲學史，並說江青的悟性甚高。周一良、趙紀彬等人據說也當過江青的文學侍讀或侍講。

放擢用，打的是如意算盤：

1. 他們大都是學有專長的成名學者，既可提供江青集團欠缺的儒學知識，以備參考顧問，又可奉命撰寫「批孔」專文，使運動披上一層薄薄的學術面紗。而且由他們寫出來的文章，比那些只會空喊口號的政治宣傳品，會更有市場和讀者，影響力也會更大些。

2. 他們大都是待罪之身，其中有在歷次學術批判中被當作活靶子窮追猛打的「老運動員」馮友蘭、【44】有「反動學術權威」楊榮國、【45】有「從狗洞子裡爬出」的「叛徒」趙紀彬、【46】有在文革初期因反對聶元梓的「第一張馬列主義大字報」【47】而被打成「現行反革命分子」的周一

【44】翟志成，〈馮友蘭的抉擇及其轉變〉，《中國文哲研究集刊》（台北），期20（2002年3月），頁447-510。

【45】文革初期楊榮國被中山大學的紅衛兵戴上「資產階級反動學術權威」的帽子，多次被批鬥，並在牛棚裡關押了大半年。

【46】趙紀彬文革時因「叛徒」罪被紅衛兵揪鬥。關於趙紀彬的事跡，參看傅雲龍、孫乃源，〈趙紀彬1976年的《新探》究竟「新」在哪裡？〉，《哲學研究》，期7（1978年7月），頁45-52。

【47】1966年5月16日中共中央政治局擴大會議通過由毛澤東親自主持制定的〈五‧一六通知〉，點名批判了北京市長彭真。這〈通知〉原是黨內高層極度機密文件，但毛派卻有意外傳，北大哲學系黨總支書記聶元梓得悉〈通知〉內容後，便於5月25日與哲學系七青年教師合寫了一張題為〈宋碩（北京市委大學部副部長）、陸平（北大校長兼黨委書記）、彭佩雲（北大黨委副書記）在文化革命中究竟幹些什麼？〉的大字報，攻擊北大黨委與北京市委聯合起來壓制群眾運動，企圖把「轟轟烈烈」的革命大批判引向「純學術討論」的「歪道」。大字報一出，立刻受到不明中央權力鬥爭真相的積極分子的群起圍攻，把聶元梓等打成「反黨小集團」。6月1日，毛澤東把聶元梓等人的大字報，譽為「全國第一張馬列主義大字報」，在電台及全國各報刊上發表。全國紛起效法，炮轟各級黨委，掀起了一股由下而上揪鬥黨內走資本主義道路當權派的狂潮。

良和湯一介……。【48】在許以戴罪立功，「給出路」的誘惑之下，極易得其死力。幹得賣力時，給一點小甜頭，偶然送一本小書，一包小米，便禁不住感激涕零。例如，江青曾賜楊榮國《四書集註》一套，張春橋親自批示楊榮國的治療方案。楊榮國則一再表示「真是感激不盡」，「中央對我這麼關心……，我不做點事怎麼行呢？」【49】胡蘿蔔之後，還有大棒，若膽敢不絕對服從，一頂「死不悔改」的如山鐵帽當頭壓下來，踢回牛棚去也十分方便。【50】江青集團便以高校青年教師為筆桿子，以這些「假釋」囚犯為顧問，組成「批孔」的寫作班子，【51】並派遣心腹親信監督統率。而在「批孔」中火力最強大、戰功最彪炳、聲名最顯赫，因而最為江青集團所寵信和倚重的筆陣，則有梁效、羅思鼎和唐曉文三大寫作班子。

　　1. 梁效——即「兩校」的諧音，是北京大學和清華大學兩校大批判組的簡稱。它由江青手下最親信的兩個男女幹部——遲群與謝靜宜指揮，直接向江青負責，是江青最信得過的班底。由於在全國各高校中，要數北京大學文科底子最厚，故梁效人手最足，戰力最強，網羅的名學

【48】周一良、湯一介都曾於 1980 年代初在柏克萊加州大學訪問，閒談中得知他們都因反對聶元梓的大字報，被定為「現行反革命分子」，並被關押在牛棚中強迫從事勞動改造。

【49】諸葛計，方式光，〈且看廬山真面目——評廣東某「史學權威」〉，《歷史研究》，期 5（1978 年 5 月），頁 17-25。

【50】中國社會科學院寫作組對江青集團打擊不同意見者的手法，有以下的概括：「……誰如果稍有不同的見解，他們就無限上綱，輕者判為「反動觀點」，批倒批臭；重者定為「翻天復辟」，罪該萬死……」引自中國社會科學院寫作組，〈「四人幫」是馬克思主義哲學社會科學的死敵〉，頁 10。

【51】黎澍，〈「四人幫」對中國歷史學的大破壞——評所謂研究儒法鬥爭的騙局〉，《歷史研究》，期 2（1977 年 4 月），頁 20。

者也最多。【52】梁效在「批孔」期間，共用了柏青、高路、景華、安傑、
秦懷文、施鈞、郭平、金戈、萬山紅、祝小章、梁小章、史軍、聞軍、
哲軍等十多個筆名，【53】共寫了二百一十九篇文章，其中公開發表的有
一百八十一篇，直接由江青、姚文元點題的竟有三十六篇之多。【54】
除了寫「批孔」文章，梁效還對江青負有侍讀和侍講之責。江青出遊，
有時也把梁效的幾個名學者帶在身邊。時人目梁效為武則天時代的「北
門學士」，【55】而梁效也頗以此自傲。

　　2. 羅思鼎──即「螺絲釘」的諧音，取其甘當黨的一顆「永不生鏽
螺絲釘」之意。「螺絲釘」之名的來源，有這麼一段「今典」：二十世
紀六十年代初期，解放軍瀋陽部隊某部汽車連有一班長名雷鋒，在一次
車禍中身死，留下一部日記，內有「甘當黨的一顆永不生鏽的螺絲釘」
之句。在毛澤東的親自發動下，全國掀起了一股學習雷鋒的熱潮，人人
都要像雷鋒一樣，成為黨的螺絲釘。螺絲釘的「美德」有二：（一）微
不足道，無足輕重（從不向黨伸手要名、要利、要官、甘當一默默無聞
的無名英雄）；（二）可任意安裝到機器的各部份（沒有個人的意志，
以黨的意志為意志，黨叫幹啥就幹啥）。螺絲釘精神，其實是一種最徹
底的貶抑他人兼自我貶抑的物化精神。鼓吹者不把別人當人，奉行者也

【52】馮友蘭、周一良等著名學者，都曾是梁效的顧問。

【53】參看陳智超，《歷史的審判──「四人幫」影射史學剖析》（北京：中國社會科
　　學出版社，1979），頁191。

【54】陳石之，〈評「四人幫」發言人梁效〉，《歷史研究》，期4（1977年8月），
　　頁3。

【55】《新唐書・劉褘之傳》稱：唐高宗晚年，劉褘之等人被召入禁中，高宗「密與
　　參決時政，以分宰相權，時謂『北門學士』」。梁效對這一段史實甚感興趣，
　　著文時亦宣揚「北門學士」對武則天「革新政策」的「重要作用」。參看歷史
　　研究所《中國史稿》編寫組，〈史學領域的階級鬥爭與「四人幫」的反革命復辟
　　野心〉，《歷史研究》，期6（1976年12月），頁23。

不把自己當人。螺絲釘的位置，甚至比奴隸還要更低。因為，奴隸還有個人的意願和喜怒哀樂，而螺絲釘只是沒有意志，沒有感情的「黨的最馴服的工具」。中共上海市委寫作組之所以把自己的筆名取作羅思鼎（螺絲釘），無非是藉以宣示自己對毛澤東和毛黨無條件的效忠和服從。羅思鼎以張春橋和姚文元留在上海的心腹徐景賢為首領，直接向張、姚負責。在「批孔」期間，羅思鼎除了署本名外，還用了康立、石侖、翟青、方海、齊永紅、梁凌益、戚承樓、靳戈、史尚輝、史鋒、曹思鋒、方岩梁、石一歌、任犢、宋敏斌、景池、史經、薛慶松、賈漱章、龔青、景漢、方澤生、洪松、魏峽安、舒浩晴、施倫、忻啟明、方天戟、史文桐等八十幾個其他的筆名，【56】僅「歷史」文章就寫了一百五、六十篇。【57】羅思鼎還是江青集團安插在江南的耳目，負責收集政治、經濟、軍事、思想文化各方面的情報，上報江青集團，作為「打仗用的炮彈」。【58】時人目之為「南霸天」。

3. **唐曉文**—— 即「黨校文」的諧音，是中共中央黨校寫作班子的筆名。江青通過遲群、謝靜宜對其遙控，故與梁效被江青合稱為「我的兩個寫作班子」。【59】它的人手、配備、威勢，以至享受的待遇，都不如梁效和羅思鼎甚遠，只能扮演二等小伙計的角色。它的成員中，也只有一個《論語新探》的作者趙紀彬，較受江青重視。趙紀彬早期曾加入中國共產黨，二十世紀三十年代被國民黨逮捕，曾寫「反共」聲明出獄，其後當過國民黨中央圖書審查委員會審查專員。一九三八年趙紀彬曾呈報國民黨中央，要求查禁毛澤東的著作，並撰寫過一些「反共」的文章。一九四九年中共立國後，據云趙紀彬受到劉少奇的「庇護」，免於追究以往的「叛變」行為，重新加入共黨。文革時因「叛徒」罪被紅衛

【56】陳智超，《歷史的審判——「四人幫」影射史學剖析》，頁191。

【57】陳智超，《歷史的審判——「四人幫」影射史學剖析》，頁5。

【58】陳智超，《歷史的審判——「四人幫」影射史學剖析》，頁2-3。

【59】陳智超，《歷史的審判——「四人幫」影射史學剖析》，頁2。

兵揪鬥。由於趙紀彬善於把「前人訓詁成果與階級分析方法相結合」，文革前即為關鋒激賞；【60】「批孔」期間，姚文元藉口「落實高級知識份子政策」，禁止追查趙紀彬的「叛變」經歷，並為他修改《論語新探》提供了優越的條件。《論語新探》修改完畢，江青下令將該書以大小兩種開本同時發行，把它當作「批孔」學習材料向全國散發，並令唐曉文隨即在報上撰文為之推介鼓吹。【61】唐曉文除了署本名外，主要筆名也有湯嘯、辛風、學澤、湯新、范秀文、史建文、宋明、唐拓等八個之多。【62】

　　二十世紀六十年代的文化大革命，一旦經毛引爆之後，基本上可以說是一場由下而上的「群眾運動」。億萬人民在中共極權政體和官僚機制下壓抑了十七年的積怨，被毛澤東一張大字報點燃，如岩漿般由地底噴薄而出。他們運用「大鳴、大放、大辯論、大字報」這「四大武器」，批判社會制度，揪鬥中共各級當權派，如洪水決堤，一發不可收拾。某些學者把文革初期億萬群眾的大批判活動，視為「奉旨造反」。這當然是實情。但我們必須同樣強調的是，「奉旨造反」的群眾，固然不免為毛和江青集團所利用，但他們也同時有意或無意地利用了毛和江青集團，以盡情渲洩自己對極權統治的入骨憎惡。【63】他們正是在這種唇亡齒寒互相利用的關係中，把毛澤東和以江青為首的中央文革小組當成了自己「奉旨造反」的保護神，不止一次地喊出了「誓死保衛毛主席」、「誓死保衛中央文革」之類的口號。但到了一九六八年，毛澤東以軍人的槍桿和工人糾察隊棍棒，強力把群眾運動鎮壓下去，造反派的領袖紛紛被關押、被放逐，紅衛兵和青年學生都被趕到農村去接受「再教育」。

【60】關鋒，《求學集》（上海：人民出版社，1962），頁168。

【61】學澤（唐曉文），〈讀《論語新探》〉，《光明日報》，1976年3月2日。

【62】陳智超，《歷史的審判——「四人幫」影射史學剖析》，頁191。

【63】劉國凱（編），《封殺不了的歷史》（New York：《重新評價文化大革命叢書》編輯部，1996），頁3-56。

被欺騙被出賣的感覺，造成了人民群動對政治運動的普遍反感與疏離，再漂亮、再崇高的口號，也煽不起一點火花，因為人們已不願再受騙、再被利用了。正因如此，文化大革命發展到七十年代，由毛和江青集團所發動的「批孔」，便成了徹頭徹尾的由上而下的「運動群眾」。如果說，江青集團在文革初期是有將有兵，但到了七十年代「批孔」時便無將無兵。如果說，六十年代的文革大批判，是億萬群眾運用「大鳴、大放、大辯論、大字報」這四大武器，猛烈批判中共官僚政體的「群言堂」，但到了七十年代的「批孔」，人們在人云亦云和虛聲附和之後，心中卻有一種事不關己的驚人冷淡和麻木。當時中共的各級黨委負責人，大都是不久前才從牛棚裡「解放」出來的「走資派」，「批孔」散發出來強烈的「反復辟」氣息，使他們這些剛「復官」或「復職」者，無法不把自己和「復辟者」對號入座。在極度疑懼焦慮的氛圍之中，除了上海及東北極少數控制在江青集團手中的地區之外，中共各級黨委對「批孔」多是消極應付，有的甚至暗中加以抵制。例如，江青因廣東的「批孔」搞的冷冷清清，便吩咐楊榮國「回去以後，要促一促廣東省委」。楊榮國一「促」再「促」，但廣東省委仍然「緊跟中央不夠，往往跟得不及時、或跟得很晚」。於是楊榮國只得慨嘆：「中央待我以上賓之禮」，但是「回到廣州就不行了，在學校也呆不下去了。」【64】在得不到群眾支持，又缺乏各級黨組織鼎力配合的情況下，江青集團拿著「批孔」令旗登高一呼，結果是應者寥寥。為了使「批孔」運動能夠繼續下去，江青集團只好命梁效、羅思鼎、唐曉文三個寫作組用百多個化名寫文章，以虛張聲勢，竭力造成一種全國上下熱烈批孔的假象。

　　「批孔」原是奉命行事，但「射周」卻是假公濟私。我們知道，江青集團與周恩來集團有矛盾、有鬥爭，能借批孔之機，暗射周恩來幾箭，自是十分快意之事。江青集團的主要成員，如早已倒台的戚本禹、

【64】諸葛計，方式光，〈且看廬山真面目——評廣東某「史學權威」〉，頁 24-25。

26

關鋒、林傑，以及尚未倒台的姚文元，原來都是「反影射英雄」出身。他們所以能被毛澤東賞識，被不次拔擢入中央文革小組，主要靠的是政治嗅覺特別靈敏，能夠從一般人認為毫無問題的作品中，嗅出其中「三反」（反黨、反社會主義、反毛澤東思想）或影射「偉大領袖」的微言大義來。例如，姚文元就能從吳晗的《海瑞罷官》中，嗅出「替彭德懷翻案」的氣味。其實，吳晗的《海瑞罷官》，是為了響應毛澤東在一九五八年底的一次會議中提出的「學習海瑞精神」而撰寫的。他在受誣陷時，開列了一張由一九五八年底起研究撰寫的《海瑞罷官》的時間表，而毛在廬山會議清算彭德懷，則發生在一九五九年七至八月間，吳晗又哪能未卜先知，早在事情發生的大半年前預先撰寫劇本替彭德懷翻案？中外學術界受姚文元影響，多把吳晗的《海瑞罷官》看作替彭德懷翻案的張本，其實都不正確。【65】由昨日的「反影射」到今日的「影射」，這種一百八十度的置換反應，勢必造成江青集團成員心中無法開解的糾結。「影射」的意欲，使他們深怕作品中的微言大意無人能夠了解，以至心機白費。「反影射」的經驗，又使他們深知其中厲害，生怕別人把微言大意認出來，以至有把柄落在別人手中。由於從文革到「批孔」期間，中央文革小組大部分成員都被毛氏拋出去當替罪羊，全組只剩下江青、張春橋和姚文元三人。在每一分鐘都可能被「犧牲」掉的險境中，張春橋據說每天都準備掉腦袋。例如他和姚文元在一九七四年七月十九日召見來北京參加法家著作注釋工作會議的羅思鼎大頭目，就談到「將來要殺頭，無非是殺我的頭。我這個頭本來早就該殺了，沒有什麼了不起的⋯⋯」姚文元則說：「春橋給你們批些什麼，你們都保存著嗎？將來會不會有什麼麻煩？我給你們批東西還是很注意的。」【66】姚文元的

【65】蘇雙碧、王宏志，〈傳記（吳晗）〉，《中國當代社會科學家》（北京：書目文獻出版社，1982），輯1，頁144-145。

【66】參看《人民教育》編輯部、《歷史研究》編輯部，〈「四人幫」尊法醜劇的幕前幕後〉，頁13。

談話，透露出一種戒慎恐懼中小心翼翼的防衛心理。這種恨愛交纏，又怕又想的複雜心境，長期困擾著江青、張春橋和姚文元等人，一直到江青集團垮台。為了壯大「批孔」的聲勢，江青集團在他們直接控制的黨報《人民日報》和黨刊《紅旗雜誌》之外，又再另立掛著北京大學招牌的《北京大學學報》以及掛著上海復旦大學招牌的《學習與批判》，【67】分別作為梁效和羅思鼎直接掌握的刊物。當然，這兩雜誌的設立，多少挾帶著江青集團難以明言的私心：即儘量把帶有影射意味的文章往這兩刊物登，而直接由姚文元負責的《人民日報》和《紅旗雜誌》，則儘量少登有影射意味的文章。【68】這麼一來，不僅達到了影射效果，若萬一出了問題，也可以自己不知情為理由，把罪責往下一推，儘可能地犧牲別人，保存自己，打的確是如意算盤。

　　為了保留退路，江青、張春橋和姚文元即使對遲群、謝靜宜、徐景賢等負責統率寫作組的親信，也從不明確交代射周的任務，而改用拐彎抹角的暗示和啟發方式，讓親信們自行去猜度和體會自己的意圖。例如，江青不敢明言跟周恩來不和，但又怕梁效頭頭不能心領神會，便令謝靜宜向梁效的頭頭宣讀一份載有西方觀察家評論的外電：「中國當前的鬥爭，是以周恩來為代表的溫和派和以江青為代表的激進派的鬥爭。」當時有人問唸這份外電的動機是什麼，謝靜宜說：「就是讓大家了解了解嘛！」【69】借外人之口，向梁效或其他寫作組交底，是江青常用的暗示和啟發方式之一。親信雖然能把江青們的意圖猜個七、八分，但在

【67】《學習與批判》雖掛名為復旦大學學報，但在大學內根本找不到它的編輯部。它其實是由上海市委寫作組（羅思鼎）直接控制的刊物，和復旦大學全無關係。

【68】例如，石侖（羅思鼎）的〈論尊儒反法〉，先在1973年9月《學習與批判》登出，經姚文元親自刪除有影射味的部份後，才又在1973年10月《紅旗》雜誌登出。參看陳智超，《歷史的審判——「四人幫」影射史學剖析》，頁8。

【69】參看陳石之，〈評「四人幫」發言人梁效〉，頁8-9。

每一分鐘都有可能被拋出去當替罪羊的險境中，不免進退兩難，心境非常灰暗。例如上海寫作組（羅思鼎）頭頭對新工作人員訓話，就曾這麼說：「這裡工作是要掉腦袋的」、「上船容易下船難」、「我們所幹的事，現在說出去，現在殺頭，將來說出去，將來殺頭……。」【70】為了替自己保留退路，遲群、謝靜宜、徐景賢等人即使面對著負責撰稿的筆桿子，也從不敢明言「射周」。他們只能在佈置「批孔」的任務時，夾帶著某些題外之話、絃外之音，讓筆桿子們去自行理解猜度。然而，他們那套吞吞吐吐，欲語還休謎語式暗示與啟發，只有極少數筆桿子偶然能理解從中透出的「天機」。【71】在更多的時候，絕大多數的筆桿子，尤其是尚在待罪之身的顧問，對領導的意圖是猜不透，也不敢去猜的。這就是為什麼江青集團垮台後，楊榮國、趙紀彬、周一良、馮友蘭、湯一介等都矢口否認對「射周」之事有所知聞。周一良、馮友蘭、湯一介都曾親口對筆者說不知有「射周」之事。他們的話，筆者以為是可信的。因為，以他們當時待罪的身分，實難通曉江青集團的核心機密。楊榮國甚至到垂死都還在堅持，他所有的講話和文章都是為批孔而作，絕對和射周無關。【72】而當時梁效的黨委書記、梁效成員中在江青集團倒臺後唯一被判處徒刑的范達人，即使刑滿出獄之後在海外著書，也一再信誓旦旦地否認自己與「射周」有任何關連。【73】

【70】參看陳中，〈把「四人幫」雜誌《學習與批判》押上審判台〉，頁 37-39。

【71】遲群對寫作組寫作人員的「啟發誘導」時之閃閃縮縮，吞吞吐吐，可參看陳石之，〈評「四人幫」發言人梁效〉，頁 10。

【72】酈實，〈評某教授大搞影射史學的實質〉，《學術研究》，期 1（1978 年 5 月），頁 80。

【73】范達人，《文革御筆沉浮錄：梁效往事》（香港：明報出版社，1991），頁 54-55。

景印香港新亞研究所《新亞學報》（第一至三十卷）

「批孔」主調確定的經過

　　七十年代「批孔」序幕，由江青在一九七四年一月二十四、二十五兩日兩次在北京人民大會堂召開批孔萬人大會後，才算正式揭開。【74】但早在一九七三年九月起，梁效、羅思鼎、唐曉文的文章，已使中國大陸上空瀰漫著「批孔」的戰雲。【75】根據毛澤東的鬥爭哲學，矛盾的對立和鬥爭，是天地萬物依存的必要條件，沒有矛盾的對立和鬥爭，天地萬物便不復存在。若儒家沒有與之矛盾著和鬥爭著的對立面，儒家也就不能存在。故替儒家找出對立面，便成了「批孔」的當務之急。只有找到了儒家的對立面，才能以對立面的「好」，襯托出儒家的壞，才能把「批孔」提昇到路線鬥爭的高度。江青集團找來找去，終於找上了法家。江青在一九七四年六月十二、十五、二十一、二十三日，曾多次召見唐曉文、梁效代表，並由梁效成員侍隨到天津東站的小靳莊。在這段時間，江青說過：「儒法鬥爭，從歷史到現在都貫穿著這一鬥爭」；「沒有對立面，便不能從路線高度來看」；「單純批儒，沒有對立面，看不到路線鬥爭的規律……。」【76】江青這些話，反映出她急切地要替儒家找一「對立面」，以便能把「批孔」與黨內的「路線鬥爭」附會。第一個替儒家找到法家這個「對立面」的人，是被江青集團封為三大「反潮流英雄」之一的「批孔」英雄楊榮國。【77】

【74】陳石之，〈評「四人幫」發言人梁效〉，頁3。

【75】梁效的〈儒家和儒家的反動思想〉，登在1973年9月4日《北京日報》上，可視為江青集團「批孔」的第一顆信號彈。第二顆信號彈則是羅思鼎用石侖的筆名，寫了篇〈論尊儒反法〉的文章，登在《學習與批判》，期1（1973年9月），頁44-52。

【76】江青的話，轉引自《人民教育》編輯部、《歷史研究》編輯部，〈「四人幫」尊法醜劇的幕前幕後〉，頁4；以及傅孫，〈評唐曉文的三篇代表作〉，頁48。

【77】三大「反潮流英雄」中，除楊榮國這個「批孔」英雄外，其餘兩人是「白卷」英雄張鐵生，以及「告御狀」英雄李慶霖。

在大陸的學者中，廣州中山大學哲學系教授楊榮國，是最夠資格的反孔英雄。他不像馮友蘭和趙紀彬，馮是逼於當時內外高壓的形勢，而趙則是逼於形勢再加上政治投機，才把尊孔立場一變為反孔的。【78】楊榮國無論在文革前後，激烈的反孔立場從未改變過。一九六二年在孔子故鄉召開的孔子討論會中，對孔子肯定或基本肯定的意見佔了大多數，楊榮國是會議中唯一把孔子說得一無事處，全盤予以否定的學者。他激烈的反孔態度，就連素以機械教條聞名的「極左派」代表人物關鋒、林聿時等，與之相形之下，仍不免減色。【79】文革初期，楊榮國因「反動權威」罪，在牛棚被關押了幾個月。而當時黨內兩條路線鬥爭的宣傳和教育，又使他從中獲得靈感。既然在階級社會中，階級鬥爭不但永遠存在，而且永遠以兩條路線鬥爭的形式反映到思想和意識形態領域裡來。

【78】 馮友蘭在二十世紀三十、四十年代就是尊孔派，著有貞元六書，從新實在論的角度以闡發孔門大義。1949 年後，為替孔子在馬、列教條中爭一地位，馮氏又發明了「抽象繼承法」，認為經一番「抽象」之後，儒家學說中的不合時宜的東西便可以除去，合用的東西便可留下來，為今天的社會服務。馮氏的「抽象繼承法」一提出，即備受關鋒等教條主義者醜詆為「反對馬克思主義的階級分析法」，受到猛烈圍攻。參看馮友蘭，〈關於中國哲學史工作中的修正主義〉，《哲學研究》，一期（1958 年 2 月），頁 1-24。趙紀彬在他的 1962 年版《論語新探》中，尚肯定「孔子即中國第一個哲人」、「孔門為中國哲學史乃至一般思想史的開山祖」，該書對孔子雖也有微辭，但基本是傾向於肯定的。參看趙紀彬，《論語新探》，頁 1-200。

【79】 在孔子討論會中，關鋒、林聿時對孔子在教育史上的貢獻，仍給予某些肯定，楊榮國是大會中唯一全盤否定孔子者。參看楊榮國，〈論孔子思想〉，收入《哲學研究》編輯部（編），《孔子哲學討論集》，頁 373-400；以及關鋒、林聿時，〈論孔子〉、〈再論孔子—兼論哲學史方法論的一個問題〉、和〈三論孔子〉（均見《哲學研究》編輯部（編），《孔子哲學討論集》，頁 217-270，303-327，401-411）。

景印香港新亞研究所《新亞學報》（第一至三十卷）

那末，在春秋戰國這一階級社會中，反映到思想和意識形態領域的兩條路線鬥爭又是什麼呢？郭沫若曾把中國奴隸社會與封建社會的交替期，考訂為春秋戰國之交。楊榮國向來是郭氏這一理論的忠實擁護者，所不同的是，郭氏認為孔子在這一歷史時期中，應順著奴隸解放這一歷史大潮，是代表新興地主階級利益的進步思想家。【80】而楊榮國卻堅持孔子代表沒落奴隸主貴族利益，頑固開歷史倒車，是個企圖復辟奴隸制的反動分子。立足點雖一樣，得出的結論卻完全相反。這一論點，是楊榮國據以全盤否定孔子的理論依據。由黨內路線鬥爭得來的靈感，再與孔子代表沒落奴隸主階級這一以貫之的看法相結合，使楊榮國的學術觀點有了新的發展。一九七二年末，楊榮國在《紅旗》撰文，其要旨在論證春秋戰國時期的儒法鬥爭，實質上是沒落奴隸主階級和新興地主階級在思想領域中的「兩個階級、兩條路線的鬥爭」。【81】

　　江青在一九七四年六月十二日接見梁效和唐曉文時，正式提出了「儒法鬥爭繼續到現在」的觀點。《人民日報》在六月十八日發表了〈在

【80】郭沫若由 1920 年起，即尊崇孔子，並在當時五四運動一片「打倒孔家店」的吶喊聲中，極大膽地替孔子辯誣，憤而指出時人把孔子說成「中國底罪魁」是「厚誣古人而欺示來者」。他讚揚孔子是個「主張自由戀愛，實行自由離婚」、「而高唱精神之獨立自主與人格之自律」的偉人，不僅「有益於當時」，而且「有益於後世」。這一特異的尊孔立場，郭氏持之以恆，即使在上一世紀 70 年代的「批孔」運動中，在毛氏直接壓力之下（毛氏曾詩贈郭氏，勸喻其改變在《十批判書》中鮮明的尊孔反法立場，中有「十批並非好文章」、「勸君莫罵秦始皇、焚書坑儒尚商量」之句），郭氏仍不屈服。這是郭氏一生中少有的「有骨氣」的事例，故特表而出之。請參看陳永志，〈談「五四」初期郭沫若對孔子的評價〉，《遼寧大學學報》，期 4（1981 年 7 月），頁 70-72；以及郭沫若，《十批判書》，頁 71-122。

【81】楊榮國，〈春秋戰國時期思想領域內兩條路線的鬥爭——從儒法論爭看春秋戰國時期的社會變革〉，《紅旗》，期 22（1972 年 12 月），頁 45-54。

鬥爭中培養理論隊伍〉的社論，該社論由姚文元執筆，把江青的論點正式定為：「兩千多年來的儒法鬥爭，一直影響到現在，繼續到現在，還會影響到今後。」從現有的資料看來，七十年代的「批孔」文章，幾乎都是江青「儒法鬥爭繼續到現在」論的注腳。【82】而江青這一理論，至少有一半是從楊榮國那篇文章抄來的。故把楊榮國那篇文章，稱為「批孔」的「始作俑」篇，並不為過。但若以此文為證據，說楊榮國「把學術當做資產階級的商品」向江青集團「兜售」，【83】卻與事實不符。因為楊榮國的文章，發表在「批孔」運動的前一年。江青集團倒臺後，揭發楊榮國的文章，可謂多矣，專門批判楊榮國的文章，主要有諸葛計、方式光、【84】華森、【85】陳周棠、譚超、【86】梁汝衛、【87】廉鍔、【88】牧惠【89】等人的作品，但沒有一篇文章能舉出楊榮國在撰寫「始作俑」篇時，便已與江青集團有了直接聯繫的證據，楊榮國又豈能未卜先知，為江青集團一年後的「批孔」預先製造好投身賣靠的商品？

　　不過，楊榮國的「儒法兩條路線鬥爭」論，也沒能完全滿足江青集

【82】《人民教育》編輯部、《歷史研究》編輯部，〈「四人幫」尊法醜劇的幕前幕後〉，頁4。

【83】華森，〈「幫」用史學的「始作俑」篇──評《春秋戰國時期思想領域內兩條路線的鬥爭》〉，《學術研究》，期2（1978年7月），頁18。

【84】諸葛計、方式光，〈且看廬山真面目──評廣東某「史學權威」〉，頁17-25。

【85】華森，〈「幫」用史學的「始作俑」篇──評《春秋戰國時期思想領域內兩條路線的鬥爭》〉，頁18。

【86】陳周棠、譚超，〈古為幫用的醜惡表演〉，《學術研究》，期1（1978年5月），頁82-85。

【87】梁汝衛，〈貴無崇有之爭是儒法鬥爭嗎？〉，《學術研究》，期1（1978年5月），頁86-89。

【88】廉鍔，〈招牌的效用〉，《學術研究》，期1（1978年五月），頁90。

【89】牧惠，〈忠肝塗地〉，《學術研究》，期1（1978年5月），頁91-92。

團的「批孔」需要。第一，它沒能找到一個與孔子同時的法家人物，作為孔子的對立面。根據江青集團「沒有對立面便不能存在」的邏輯，豈不是說孔子在世之時根本不存在所謂的儒法兩條路線鬥爭？第二，在楊榮國的文章中，儒法的兩條路線鬥爭，到了漢代便突然不見了。這豈不是等於說「儒法兩條路線鬥爭」不能「繼續到現在」？我們知道「繼續到現在」是江青集團「批孔」這一「反復辟」鬥爭的苦心所在，若不能「繼續到現在」，還批什麼孔？

　　江青說：「對立面有統一才鬥，法家要早一些。」為了滿足江青集團的「法家要出現得早一些」的主觀願望，趙紀彬根據《荀子》中最有爭議的〈宥坐〉篇，替江青集團「考證」出孔子在公元前四九八年，曾「濫用其司寇職權，殺害了「『魯國聞人』、法家先驅者少正卯」，找到了「先秦儒法兩個對立學派鬥爭的發端」和「兩條路線鬥爭」的「關鍵」，【90】並撰寫出《關於孔子誅少正卯問題》的小冊子。由於孔子的「對立面」終於找到了，江青立即下令印成大小兩種版本，以廣為宣傳。【91】

　　同一個趙紀彬，與唐曉文合作，又把以上的小冊子改寫成文章在全國各報刊拋出，舊文章卻引出了這麼一個新理論：儒法鬥爭「在歷史上是這樣，在社會主義時期也是這樣。尊孔反孔的鬥爭，作為上層建築領域內階級鬥爭的一個重要組成部分，仍要在相當長的時間內進行下去」。【92】

【90】趙紀彬，《關於孔子誅少正卯問題》（北京：人民出版社，1973 年），頁 1。

【91】江青集團垮台後，大陸學者對趙紀彬假學術之名，以偽考證替權勢服務的行為，詬病甚多。不少學者從考證或義理的角度，證實所謂「孔子誅少正卯」，實出於後人偽託，全不足信。參看傅孫，〈評唐曉文的三篇代作〉，頁 47-54；以及夏子賢，〈儒法鬥爭的歷史真相〉，《安徽師大學報》，期 3（1978 年 8 月），頁 68-70。

【92】唐曉文，〈孔子殺少正卯說明了什麼？〉，《人民日報》，1974 年 1 月 4 日。

先有楊榮國無心插柳於前，再有趙紀彬有心補漏於中，接著還有唐曉文藉題發揮於後，江青集團「批孔」的理論基礎，到此業已奠定。江青便站在這一基礎上，譜出了一曲「兩千多年來的儒法鬥爭，一直影響到現在，繼續到現在，還會影響到今後」的「批孔」主旋律。【93】

江青的十二條判案標準

唐曉文的文章，畢竟是有發揮而無例證。在先秦各學派中，法家最為後起。蓋法家在春秋末期，尚未形成學派，《漢書・藝文志》有〈李子三十二篇〉，列為法家之首，註云「名悝，相魏文侯，富國強兵」。郭沫若據此把李悝說成「在嚴格意義上是法家的始祖」。【94】若郭氏的說法不錯，則法家學派的產生，不可能早於公元前四二四年（魏文侯即位之年）。並且，法家也最為短命，秦亡（公元前二〇六年）後，法家學派亦隨之滅絕，故法家學派在中國歷史上最多只有二百一十八年壽命。【95】本來，能在先秦找到的夠資格的法家本已屈指可數，到了漢代以後，歷史人物敢公開以法家而自我標榜者，可以說一個也沒有。連法家人物都找不到，儒法的「路線鬥爭」又如何能「繼續到現在」？幸而江青集團成員都是「權力拜物教」的忠實信徒，【96】在他們眼中，權力

【93】《人民教育》編輯部、《歷史研究》編輯部，〈「四人幫」尊法醜劇的幕前幕後〉，頁 4。

【94】郭沫若，《十批判書》，頁 311。

【95】夏子賢指出，在先秦的百家爭鳴中，儒法之爭只是其中一小部份，不僅時間不長，激烈程度也不如先起的儒墨之爭和儒道之爭。因之即使在先秦時代，把各派的鬥爭歸約為儒法鬥爭，也是不通之論。參看夏子賢，〈儒法鬥爭的歷史真相〉，頁 8-78。

【96】江青集團倒台後，大陸學者對江青集團「強權出真理」的心態，斥責甚多。其中以吳江稱之為「權力拜物教」，最得神髓。參看吳江，〈哲學上兩條路線的鬥爭〉，《哲學研究》，期 1（1978 年 1-2 月），頁 60。

景印香港新亞研究所《新亞學報》（第一至三十卷）

是萬能的，有了權就有一切，真理和客觀事實，統統都可以按照權力意志或長官意志任意改變和剪裁。在歷史上找不到法家麼？不要緊，江青集團手中的權杖一指，立刻就可以製造出一大批「法家」來。為了使「批孔」運動按既定的目標進行，江青集團把「批孔」的主調，確定為「反復辟」的鬥爭。江青說：「復辟和反復辟，前進和倒退的鬥爭，從奴隸社會，到封建社會，一直到社會主義社會，都貫穿這個。現在還有人要復辟，不能說沒有。要復辟必然要抬出儒家，我們要革命，對歷史上的法家就要批判繼承。」【97】依照江青集團的說法，以儒家為代表的「復辟」勢力和以法家為代表的「反復辟」勢力的路線鬥爭，在時間的上限可一直追溯到春秋戰國之際，而在時間的下限又一直伸延到今時今日，成為一條貫穿著二千多年中國歷史的主線。「儒法鬥爭」在上古已然，於今為烈的說辭，一轉手又成了江青集團「儒法鬥爭一直繼續到現在」的理據。職是之故，當前的「反復辟」鬥爭，就是要在「現在」「繼續」進行「儒法鬥爭」。其具體落實，就是要尊法卑儒，揚秦批孔！

　　說來真是絕妙的諷刺，才不過臨時惡補了幾天中國歷史課的江青，竟成了「批孔」中最高的學術權威。【98】而三個寫作組一大堆白首窮經的專家教授，跟在這個連儒法原意都未必弄得清楚的女「旗手」後面，謙卑恭敬得好像自己才真是連小學都未曾畢業。江青每一句信口開河，今天說儒家如何如何，明天又說法家如何如何，立刻就被教授們引申發揮，寫成皇皇大文。例如，江青說：「呂后了不起，幫助劉邦打天下。劉邦沒有殺韓信，呂后果斷地殺了韓信」；「呂后主要是執法家路線，

【97】陳智超，《歷史的審判——「四人幫」影射史學剖析》，頁 37。

【98】張春橋公開說：「百家爭鳴，一家作主，最後聽江青的。」張春橋的話可作江青在「批孔」已成最高學術權威的佐證。張春橋的話，轉引自周叔蓮、吳敬璉，〈「四人幫」——半殖民地半封建舊中國的招魂巫師〉（《歷史研究》，期 7（1978年 7 月），頁 37。

是漢高祖的路線。」其實，呂后在劉邦打天下時，為項王擄去，曾與劉邦的下屬審食其在俘虜營裡私通，直到垓下之戰前夕才被放回，除了送劉邦一頂綠帽子外，究其實並沒有什麼特別的「貢獻」。但江青的信口開河，使得梁效、羅思鼎們便念念不忘要寫文章「還債」。【99】梁效寫了〈法家代表人物介紹——呂后〉，【100】羅思鼎則趕寫了〈論秦漢之際的階級鬥爭〉，【101】借讚揚呂后為名，大段大段的吹捧江青。在權力拜物教的政治文化氛圍之中，在一言堂思想統制的語境之內，凡因江青心血來潮，今天宣佈的一條劃分儒家和法家標準，明天又宣佈的一條劃分儒家和法家標準，統統都成了一字不許更易的法律條文。綜合起來，江青自訂的標準，竟有十二條之多：

1. 儒家都是唯心論的，法家都是唯物論的。
2. 儒家都是尊孔的，法家都是反孔的。
3. 儒家都是罵秦始皇的，法家都是讚秦始皇的。
4. 儒家都是法先王的，法家都是法後王的。
5. 儒家都是搞厚古薄今的，法家都是搞厚今薄古的。
6. 儒家都是鼓吹復古倒退的，法家都是主張前進革新的。
7. 儒家都是在搞分裂的，法家都是擁護統一的。
8. 儒家都是賣國的，法家都是愛國的。
9. 儒家都是實行土地兼併的，法家都是反土地兼併的。
10. 儒家都是殘酷無情地鎮壓群眾的，法家都是愛護群眾的。
11. 儒家是壓逼別人的，法家是由基層起來的受壓者。

【99】 參看黎澍，〈「四人幫」對中國歷史學的大破壞〉，《歷史研究》，期2（1977年4月），頁14-20。

【100】 梁效，〈法家代表人物介紹——呂后〉，《北京大學學報》，期3（1974年6月），頁39。

【101】 羅思鼎，〈論秦漢之際的階級鬥爭〉，《紅旗》，期8（1974年8月），頁16-26

12.　凡是亡國之君都是儒家，凡是大有為之君都是法家。【102】

江青這十二條判案準則，可以說連最起碼的歷史常識也沒有。然而，學術必須服從政治，梁效、羅思鼎和唐曉文的成員們，也就只好削古人之足，以適江青之履。歷史人物中，凡有片言隻字可與這十二標準暗合的，便賞賜一頂法家桂冠，批准加入反孔的「革命陣線」。原先因沒有找到法家以至「還聯不起來」的「歷史長河」，【103】一眨眼間，便因法家大量湧現而洪水汜濫。【104】思想家如賈誼、王充、范縝、柳宗元、王安石、陳亮、李贄、王夫之、黃宗羲、顏元、戴震、嚴復、章太炎等人，紛紛被封為「法家」不說，就連其他許多多不夠資格當思想家的歷史人物，在權杖的驅趕下，也紛紛穿上了法家的衣冠。在江青的十二條標準的催生下，法家人物五花八門，應有盡有，一篇文章談到當時的尋找法家熱，有以下的描寫：

> 「法家」模式滿天飛，不僅將許多思想家稱為法家，而且許多皇

【102】江青這十二條標準，所講不在一時，也不在一地，散見於江青集團垮台後大陸的批「四人幫」文章，主要見於陳智超，《歷史的審判——「四人幫」影射史學剖析》，頁 32-33；陳石之，〈評「四人幫」發言人梁效〉，頁 3-11；陳石之，〈二評「四人幫」發言人梁效〉，《歷史研究》，期 5（1977 年 10 月），頁 75-83；陳中，〈把「四人幫」雜誌《學習與批判》押上審判台〉，頁 37-39；傅孫，〈評唐曉文的三篇代作〉，頁 47-54；以及黎澍，〈「四人幫」對中國歷史學的大破壞〉，頁 14-20。

【103】江青在 1974 年 6 月 12 日對梁效講話：「我們現在對哪些是法家，哪些是儒家，還順不下來，一條歷史長河，還連不起來……」。轉引自《人民教育》編輯部、《歷史研究》編輯部，〈「四人幫」尊法醜劇的幕前幕後〉，頁 8。

【104】江青在一次座談會上說：「現在法家人物越搞越多了，有的搞了八十三個，還會有……」，江青的話，似乎有點嫌法家人物出現的太濫太多的味道。參看龐朴，〈六家淺說——兼評「四人幫」的儒法鬥爭擴大化的謬論〉，《光明日報》，1978 年 5 月 18 日。

帝、皇后、王侯、霸王、政治家、軍事家、政客、將領、酷吏、詩人、文學家、藝術家、史學家、哲學家、經濟學家、財政學家、天文學家、地理學家、水文學家、礦物學家、植物學家、冶金學家、建築學家、醫藥學家、紡織學家、造紙學家、印刷數家，以致農民領袖，都溢以法家稱號；這個幾乎無所不包的體系還嫌不夠，此外更有法家先驅者，法家同盟軍、法家領導集團、不像樣的法家、尊法者、具有法家傾向者，以及道表法裡者，儒表法裡者、法家的老師、法家的朋友，等等，等等，真是名目繁多，洋洋大觀。【105】

法家名單越拉越長，法家範圍無限擴大。在江青集團從無到有，撒豆成兵的魔術表演之下，中國歷史上似乎真有那麼一支士飽馬騰、旗鼓堂堂的法家大軍，和儒家進行了由兩千年以來一直到繼續現在的「兩個階級和兩條路線的鬥爭」。

　　有了兩千多年來一直與儒家「對著幹」的具體法家人物，推行江青的「儒法鬥爭繼續到現在」論的障礙，到此便告完全清除。十二條標準是模子，它們不僅可以隨心所欲地鑄造法家，也可隨心所欲鑄造儒家。例如趙高與胡亥，明明是最地道的法家。趙高是胡亥的法律教師，胡亥「遵用趙高、申法令」，「繁刑嚴誅、吏治刻深」，奉行的是一條法家路線。為了要證明江青的「凡亡國之君都是儒家」的理論，趙高和胡亥就必須搖身一變成了儒家，以承擔「儒家亡秦」的罪責。【106】十二條標準又是鞭子，它們不僅可以來抽打「孔老二」及其儒家信徒，還可以用來抽打劉少奇，林彪和鄧小平等「當代儒家」，以及那個還未下台的「黨內最大的儒」。江青曾說過：「中國長期都伴隨著儒法鬥爭，前期一定

<hr>

【105】《人民教育》編輯部、《歷史研究》編輯部，〈「四人幫」尊法醜劇的幕前幕後〉，頁15。

【106】羅思鼎，〈論秦漢之際的階級鬥爭〉，頁16-26，梁效，〈趙高篡位與秦朝滅亡〉，《人民日報》，1974年9月8日。

有儒，現在一定有儒，要不為什麼批林批孔？」；她又說：「現在中國
還有儒，最大的儒」。江青的「最大之儒」指誰？她沒有言明，由聽者
各自去體會，這是江青對手下「暗示啟發」的又一方式。一般人以為是
在暗射周恩來。至於寫作組的筆桿子們的「體會」是否與「一般人」和
相同，則不得而知。【107】據筆者淺見，毛澤東的鬥爭哲學有三條基本原
則，其一是「革命不是請客吃飯」的「暴力至上」原則；其二是「矯枉
必須過正」的「凡事左三分」原則；其三是「凡事敵人反對的，我們就
要擁護，凡是敵人擁護的，我們就要反對」的「對著幹」原則。【108】根
據毛澤東的「對著幹」原則，這十二條標準又變成了喇叭，為秦皇、漢
武、呂后武則天等「法家皇帝」，當然更為自己這些「當代法家」歌功
頌德。【109】

三、對「批孔」的反思

　　從一九七三年下半年到一九七六年十月江青集團的徹底垮台期間，
僅梁效、羅思鼎和唐曉文這三個寫作班子，便根據江青的「儒家鬥爭繼
續到現在」這一主調，以及她的十二條判案標準，公開發表了約四百篇

【107】江青的話，轉引自黎澍，〈「四人幫」對中國歷史學的大破壞──評所謂研究
　　儒法鬥爭史的騙局〉，頁15。

【108】這三條原則，構成了大陸極左思潮的理論基礎，也成了七十年代「批孔」的思
　　想武庫。江青集團如此狂熱地歌頌法家的暴政，攻擊儒家的仁政，確是有所本
　　的。

【109】由梁效、羅思鼎吹捧秦始皇、呂后、武則天的文章中，不難看出毛澤東與江
　　青的影子。參看北京大學、清華大學大批判組，〈略論秦始皇的暴力〉，《人
　　民日報》，1974年1月26日；以及梁效，〈有作為的女政治家武則天〉，《北
　　京大學學報》，期4（1974年8月），頁38-43；並參看黎澍，〈「四人幫」對
　　中國歷史學的大破壞──評所謂研究儒法鬥爭史的騙局〉，頁15。

批儒尊法的文章。作為儒門「萬世師表」的孔子，當然不可避免地成了這四百篇文章集矢之鵠的。正如魯迅詩謂「積毀可銷骨」，在「革命大批判」的猛烈炮火中，在眾口一詞的撻伐和斥罵的喧囂聲裡，孔子已徹底地被「妖魔化」和「污名化」了。由於「子」在古漢語中是對有德者的尊稱，故四百篇批判文章，首先得褫奪孔子的「子」稱，上焉者直呼孔子的本名「孔丘」，[110] 下焉者甚至以市井的戲謔直斥孔子為「孔老二」，[111] 蓋孔子在家中排行第二也。在批孔四百篇的筆伐口誅中，「孔丘」或「孔老二」被形容為頭上生瘡、腳底流膿、爛心、爛肝、爛脾、爛肺、爛腎、全身三萬六千個毛孔都散發著毒素和臭氣，簡直是個自從出生以來就沒說過一句真話、沒做過一件好事的騙子和壞蛋。當然，「孔丘」或「孔老二」的最大罪惡，還是在於「復辟」，而他的所有惡行，也都無不與「復辟」緊密相連。更兼孔子所處的時代，在批孔運動中業已被江青集團鐵定為奴隸社會向封建社會的過渡之際，提倡「興滅國、繼絕世、舉逸民」的「孔丘」或「孔老二」，便理所當然地被想像為「頑固地開歷史倒車」，夢想「恢復奴隸制」的反動復辟勢力的祖師爺。「儒法鬥爭繼續到現在」論的來龍去脈，在上文已交代過。儒法鬥爭只有在由戰國到秦始皇統一六國這一極短暫的歷史時期，才有其真實性。在此以前是虛構，在此以後是偽造。即使在戰國到秦始皇統一六國這一歷史時期內，儒法之爭主要還是思想和學術觀點不同的爭鳴。把儒法兩個學派之爭，和現代的階級鬥爭以至共產黨內路線鬥爭相比附，簡直是不倫不類。即使運用階級分析法，也分析不出戰國時的儒家和法家，確是分屬兩個不同的敵對階級。如果從西周封建論者（范文瀾為首）的觀點，法家學派出現時，中國早就是封建社會，並無所謂的奴

【110】北京大學、清華大學大批判組，〈孔丘其人〉，《紅旗雜誌》，期4（1974年4月），頁9-14。

【111】北京大學、清華大學大批判組，〈孔老二的亡靈和新沙皇的迷夢──評蘇修尊孔反法的卑劣表演〉，《人民日報》，1974年1月24日。

隸主階級，故儒、法兩家都應屬於封建地主階級內部的兩個不同學派。如果從春秋末戰國初封建論者（郭沫若首倡，亦為「批孔」時江青集團所本）的觀點，則封建社會始於魯宣公十五年（公元前五九四年），至法家學派的正式出現的公元前四二四年，中國業已進入了封建社會長達一百七十年之久，各國國君，亦皆變為封建君主。無論是儒家學派，還是法家學派，從他們的經濟和社會地位而言，都屬於以智識人為主的「士」的階層，他們要服務的對象，亦同為當時的封建君主，是故從階級分析的角度，也只能得出儒、法兩家屬於同一階級的結論。【112】並且，儒、法兩學派也完全不同於現代社會的政黨。江青集團的「儒法鬥爭繼續到現在」論，其謬誤實在太明顯了。江青集團倒台後，大陸學者已把它批駁得體無完膚。【113】例如，夏子賢引經據典，力證先秦時期被江青集團欽定的法家人物，究其實多脫胎於儒家，如李悝為子夏弟子，吳起曾從學於曾子，商鞅初入秦時亦儒法雜陳，韓非、李斯均為大儒荀卿門人等等；【114】而張岱年則援引史實，力證漢代以來被江青集團欽定的「法家人物」，如賈誼、王充、范縝、柳宗元、王安石、陳亮、李贄、王夫之、黃宗羲等人，不但沒有一個是法家，而且大多為儒家。【115】篇幅關係，似乎用不著筆者再作進一步的批判和分析。基於

【112】 參看郭沫若，《十批判書》，頁 311 。夏子賢，〈儒法鬥爭的歷史真相〉，頁 68-78 。

【113】 有關這方面的著作，請參金景芳，〈論儒法〉，《歷史研究》，期 5（1977 年 10 月），頁 84-91；北京大學哲學系中國哲學史組，〈歷史唯心主義的標本 —— 評《儒法鬥爭史概況》〉，《歷史研究》，期 2（1977 年 4 月），頁 34-41；以及謝天佑、王家范，〈駁法家「長期反復辟」論〉，《歷史研究》，期 2（1978 年 2 月），頁 35-41 。

【114】 夏子賢，〈儒法鬥爭的歷史真相〉，頁 68-78 。

【115】 張岱年，〈關於中國封建時代哲學思想上的路線鬥爭—— 批判「儒法鬥爭貫穿兩千多年」的謬論〉，《哲學研究》，期 4（1974 年 4 月），頁 41-54 。

同樣的理由，筆者既沒有時間和精力，也沒有興趣和必要，把梁效、羅思鼎、唐曉文所寫的「批儒尊法」四百篇，以及製造四百篇的十二條判案標準，一一加以分析批判。筆者只打算反思在文革結束初期，大陸學者在批判江青集團所主導的「批孔」運動時所暴露出來的某些關鍵性問題。

關於對「實用主義」「影射史學」的批判

江青集團垮台後的兩年內，大陸學者對江青集團製作的四百篇「反儒尊法」文章，幾乎是逐點逐條進行論辯批駁，以明其對史實的篡改、歪曲和偽造。這些批駁，無疑是必要的、正確的。只是，大陸學者在猛批江青集團的「實用主義」史學的同時，又往往不忘宣稱「馬克思主義者不承認有所謂為學術而學術」，「只有馬克思主義歷史學敢公開講為無產階級的根本利益服務」，[116] 以及「歷史學從來就是階級鬥爭工具」，[117] 甚至還有人在起勁歌頌毛氏「古為今用」論的無比正確性，[118] 難道「古為今用」不是實用主義？又是「工具」、又是「服務」，高擎著實用主義的大旗去批駁實用主義，豈非白費力氣？胡適的「實用主義」史學觀，被大陸學者責罵了三十多年。但胡適只敢把史學譬喻為千依百順的少女，並不敢直接把史學貶抑為「工具」。而且，胡適在「大膽的假設」之後，尚要作「小心的求證」。而在毛氏「古為今用」旗幟下製作的史學文章，連「小心的求證」這一必要步驟也省去了。毛氏的「古為今用」，其實是最徹底最坦白也最大膽的「實用主義」。一面批判「實用主義」，一面又鼓吹「古為今用」，天下間最荒

---

[116] 任繼愈，〈批判「影射史學」，恢復哲學史的本來面目〉，《哲學研究》，期3（1978 年 3 月），頁 35-36。

[117] 歷史研究所《中國史稿》編寫組，〈史學領域的階級鬥爭與「四人幫」的反革命復辟野心〉，《歷史研究》，期 6（1976 年 12 月），頁 20。

[118] 丁偉志，〈「四人幫」是歷史科學敵人〉，《歷史研究》，期 6（1978 年 6 月），頁 5。

唐之事，實莫過於此。然而，大陸學者卻一點不覺得荒唐，他們自有一套劃分何者為胡適或「四人幫」的「實用主義」史學，何者為毛主席的「古為今用」的「馬列主義」史學的標準。這標準就在於是否「為無產階級的利益服務」。在他們看來，胡適或「四人幫」的史學，所以是「實用主義」的，主要是違反了這一條標準，而不在於史料的選取和運用是否遵循嚴謹的學術原則。因為，「馬克思主義者不承認有所謂為學術而學術」。

但是，想深一層，問題還是沒有解決。因為「為無產階級根本利益服務」，只不過是「為共產黨服務」的同義語。是否「為無產階級根本利益服務」的仲裁權，永遠屬於一個或幾個正在當權黨的最高領袖。批孔四百篇在江青集團得令時，當然是「為無產階級根本利益服務」的和「古為今用」的「馬列主義」史學香花；但在江青集團垮臺之後，卻變成了「反黨奪權」的「實用主義」影射史學的毒草；成王敗寇，如此而已。【119】並且，僅僅憑史實上的辨證也駁不倒江青集團的「實用主義」史學。因為江青可以這樣反駁：你們不是「不承認有所謂為學術而學術」嗎？對史料運用上的無關緊要的枝枝節節，你們為什麼又要斤斤計較？「史學」既要為「無產階級的根本利益服務」，難道「史實」就不應為「無產階級的根本利益服務」？即使我們真的「篡改、歪曲和偽造」了史實，但我們這樣做，不為別的，正是為了要更好地為「無產階級利益服務」！這不叫做「篡改、歪曲和偽造」，這叫做「古為今用」！江青甚至還可以進一步反詰：從五十年代的批武訓、批胡適、批胡風，批梁漱溟，以及反右、批修，六十年代的批吳晗、批翦伯贊、批楊獻珍、批三家村、批劉少奇、鄧小平，七十年代的批陳伯達、批林彪、一直到批「四人幫」，你們這些人在利用學術「為無產階級根本利益服務」之時，有誰敢說自己從來就不曾「古為今用」地「篡改、歪曲和偽造」過史實？由此可見，只要中共一天還在堅持學術「為無產階級根本利

【119】任繼愈，〈批判「影射史學」，恢復哲學史的本來面目〉，頁35-36。

益服務」，學術就一定是政治的奴婢，史學就一定是「實用主義」的史學，對史實的「篡改、歪曲和偽造」，也就必不可免。由這些「不承認有所謂為學術而學術」的「馬克思主義史學工作者」，負責去批判江青集團的「實用主義」史學，只不過是五十步笑一百步而已。要根本清算「實用主義」史學的流毒，只有回到「承認」並「堅持」「為學術而學術」的立場。捨此之外，更無他途。

　　在批判江青集團時，大陸學者又把批孔四百篇，幾乎都詮釋為對周恩來的蓄意影射和攻擊。細讀了四百篇中被大陸學者列為重點批判對象的一百二十四篇「反儒尊法」文章，【120】筆者發現只有其中四篇批宰相的文章，亦即北京大學清華大學批判組（梁效）的〈孔丘其人〉、【121】史經（羅思鼎）的〈李鴻章出洋〉、【122】柏青（梁效）的〈從《鄉黨》篇看孔老二〉，【123】以及康立（羅思鼎）的〈漢代的一場儒法大論戰─讀《鹽鐵論》札記〉，【124】有較明顯的「射周」痕跡。其餘絕大部分文章，實在很難直接與「射周」扯上關係。它們當中「射周」的微言大義，大都是大陸學者用「攻其一點，不及其餘」和「無限上綱」的推理邏輯，以及「先定罪、再找證據」的「實用主義」手法，分析和演繹出來的。這些手法，和江青集團在文革前期或文革中期一以貫之的陷人於罪的慣技，何其相似乃爾。江青集團這次被別人「以其人之道還治其人

【120】這一百二十四篇文章，被表列為〈「四人幫」影射史學主要毒草文章目錄〉，收在陳智超，《歷史的審判──「四人幫」影射史學剖析》一書之〈附錄二〉，頁1-16。

【121】北京大學清華大學批判組，〈孔丘其人〉，《北京大學學報》，期2（1974年4月）。

【122】史經，〈李鴻章出洋〉，《朝霞》，期4（1974年4月）。

【123】柏青，〈從〈鄉黨〉篇看孔老二〉（《北京日報》，1974年5月17日）。

【124】康立（羅思鼎），〈漢代的一場儒法大論戰──讀《鹽鐵論》札記〉，《學習與批判》，期4（1973年12月）。

之身」，可以說是作法自斃，罪有應得。在「四人幫」垮臺之後，負責撰寫批孔四百篇的筆桿子們，大都被指責曾為文影射和攻擊周恩來，而他們也都無不同聲呼冤叫屈。的確，把四百篇都說成對周恩來的影射，不僅在文獻上不足徵，而在事實上也不可能。首先，寫作組的筆桿子們，絕大部分都摸不清江青集團「射周」的意圖，又怎能每一箭都不偏不倚，正中「周」字靶心？[125] 其次，「批孔」是毛氏親自發動的，江青集團不過奉命行事，在毛氏尚未頒下「批周」將令之前，江青集團暗暗做些手腳是可能的，但若把「批孔」根本方向轉為「射周」，則萬萬不敢。別的不說，僅毛氏這一關就首先通不過。毛氏深通通南面之術，決不會在中共高層的權力鬥爭中，讓某一派系佔絕對優勢，而是讓各種派系在鬥爭中互相牽制，誰也吃不掉誰，故都得向他尋求支持。對於江青集團，毛氏也不見得完全放任，亦曾加以壓制。例如在一九七四年末，毛氏在四屆人大中，便阻止了江青集團取周恩來而代之的組閣野心。一九七五年春夏之交，毛氏曾多次批評江青，使鄧小平得以在政治局中敢於和江青爭鬥。據江青事後說：鄧小平主持政治局「擅自鬥爭一個政治局委員，四月底一直鬥我到六月」，說鄧小平對她「攻其一點，不及其餘」、「欲加之罪，何患無辭」⋯⋯。[126] 由於上述的原因，把批孔四百篇的撰寫，統統與「射周」直接掛上鉤，當然是天大的冤枉。但筆桿子們其實也用不著太過氣苦。試想，如果周恩來不是在文革結束後被中共當權派封為聖人，而是與林彪、康生、「四人幫」一樣，在鬥敗後變成了「不齒於人類的狗屎堆」，你們還會一叠連聲地叫起撞天屈嗎？你們既如此氣惱他人使用「攻其一點，不及其餘」和「無限上綱」的

---

[125] 創作組的筆桿子們對「射周」並不知情，可參看陳石之，〈評「四人幫」發言人梁效〉，頁 8-10。陳中，〈把「四人幫」雜誌《學習與批判》押上審判台〉，頁 37-39。酈實，〈評某教授大搞影射史學的實質〉，頁 80。

[126] 參看陳石之，〈二評「四人幫」發言人梁效〉，頁 75-79。以及陳中，〈把「四人幫」雜誌《學習與批判》押上審判台〉，頁 29-39。

推理邏輯，以及「先定罪、再找證據」的「實用主義」手法，從批孔四百篇中分析和演繹出「射周」的微言大意，對你們肆意實行「誣陷」，但試問你們的批孔四百篇，又有哪一篇不是使用同樣的手法，去誣陷孔子，污蔑儒家？豈不聞「種瓜得瓜，種豆得豆」？正所謂「六月債，還得快」，「剃人頭者人亦剃其頭」，如此而已。

關於對「復辟」的批判

前文已提及，「反孔尊法」四百篇，都是江青的「儒法鬥爭繼續到現在」論的注腳，都是由江青十二條判案標準衍生出來的。江青的理論，在學術立場而言，純粹是信口開河；但在政治立場而言，江青的理論，又的確是針對當時最敏感和最重大課題有感而發，不僅不是信口開河，而且還與毛澤東最迫切和最關心的「反復辟」問題，完全一致。毛、江要批的孔子，很可能不是歷史上真實的孔子，但卻千真萬確的是傳統和現代各種亟需解決的重大問題，在他們心中的投影。江青集團倒台後，不少批判文章，都指控江青集團在搞「假批孔」和「真尊孔」。例如歷史研究所《中國史稿》編寫組就說：「他們（「四人幫」）自己倒深得孔丘的心傳。你看，搞復辟、開倒車、巧偽人、兩面派、五穀不分、四體不動，所有這些孔老二的反動本性，在『四人幫』身上，不是都可以找到嗎？」【127】說江青集團不了解孔子、誤解孔子、醜詆與誣蔑孔子，都是正確的、沒有問題的；但若說他們的「批孔」完全沒有真意，甚至說他們才是真正的「孔老二的徒子徒孫」，則顯然與事實不符。

江青集團亟需解決的時代大問題——亦即他們在「批孔」中反覆強調的問題——又要以「反復辟倒退」最為緊要。江青說過：

> 復辟和反復辟，前進和倒退的鬥爭，從奴隸社會，到封建社會，一直到社會主義社會，都貫穿這個。現在還有人要復辟，不能說

【127】歷史研究所《中國史稿》編寫組，〈史學領域的階級鬥爭與「四人幫」的反革命復辟野心〉，頁 21 。

> 沒有。要復辟必然要抬出儒家，我們要革命，對歷史上的法家就要批判繼承。【128】

　　江青這段話，實質上把儒法鬥爭等同於「復辟和反復辟」鬥爭。「反儒」是因為「現在還有人要復辟」，「尊法」也是為了現在的「反復辟」任務，其要害都是為了「反復辟」。【129】

　　但是，「反復辟」為什麼不找別人，而偏偏要挑選孔子當箭靶？毛、江把孔子視為「復辟的祖師爺」，把儒家看作最主要的復辟勢力代表，是否在歷史上有某些客觀的依據？【130】上文提過，文革前大陸學界因對孔子評價的不同而分為三派，其中有一派就把孔子看作沒落、保守、倒退的奴隸主貴族在政治思想上的代表。可見把孔子看作復辟分子，不是由七十年代的批孔才開始的，毛、江也不是始作俑者。孔子的「信而好古」、「好古敏求」、「憲章堯舜、祖述文武」、時時「夢見周公」，提倡「興滅國、繼絕世、舉逸民」，以及孟子和後來的儒者，言必稱引三代，號召「法先王」，以古非今，確實使整個儒家學派瀰漫著一片濃厚的復古氣息，難免予人一種「今不如昔」的印象。馬克思主義的歷史觀，原是一種社會進化論的歷史觀，和儒家的「今不如昔」論正好相反對。儒家的「師古」、「復古」和「法先王」等言論，在大陸教條主義者眼中，自是「落後」和「反動」的證據。更兼孔子所處的時代，

【128】陳智超，《歷史的審判──「四人幫」影射史學剖析》，頁 37。

【129】「反復辟」是毛氏在 1949 年以後最關注的頭等大事，中共歷次的學術批判和路線鬥爭，無不與此有關。

【130】參看羅思鼎，〈秦王朝建立過程中復辟與反復辟鬥爭〉，《紅旗》，期 11（1973年 11 月），頁 30-40；唐曉文，〈孔丘的教育思想與「克己復禮」〉，《光明日報》，1974 年 5 月 28 日；柏青，〈論王莽復辟的歷史教訓〉，《北京日報》，1975 年 2 月 4 日；梁效，〈「克己復禮」再批判〉，《光明日報》，1976 年 3月 6 日；以及康立，〈儒家都是搞陰謀詭計的〉，《學習與批判》，期 3（1976年 3 月），頁 34-37。

文革前大陸學者雖有封建社會和奴隸、封建社會交替之際的這兩種基本看法，但畢竟以第二種看法為主。若把孔子的時代訂為奴隸、封建社會交替之際，按照教條主義者的邏輯：孔子的「好古」，好的當然是奴隸制，他的「復古」，復的當然也是奴隸制，在奴隸社會行將崩潰時熱愛奴隸制，並努力要去恢復奴隸制，孔子不是一個頑固的反動復辟分子又是什麼？

本來，要判斷一個思想家的政治立場，應在對該思想家的全部著作和言行作出盡量客觀的考察之後，而不應在此之前。但是，大陸的教條主義者卻反其道而行之，他們把學術界尚有爭論的孔子所處時代的社會性質，鐵定為奴隸制和封建制交替之際，再抓住孔子思想中「好古」和「復古」的某一方面特點，也不問孔子所好的「古」，是否就是「天下為公、選賢與能」的大同世界，也不問「復古」是否同於托古改制，便遽下結論，把孔子判定為復辟奴隸制的反動分子。更兼他們在這一前提下，戴著階級分析的眼鏡，以及反動分子決不可能做好事的假定，去批判孔子的一言一行。這麼一來，孔子自然無事不「反動」，無處不「復辟」了。「復辟」原是毛澤東最不能容忍之事，二十世紀七十年代的「批孔」，可以在五十、六十年代的機械教條的孔子研究中，找到某些根源。只不過前者卻又把後者的機械教條的偏頗，推衍到了極致。

關於對「克己復禮」的批判

七十年代江青集團筆下的孔子，是個天生的復辟狂。孔子的一生職志，除了復辟，還是復辟！穿衣、走路、吃飯，甚至連睡覺，都在想著復辟！似乎除了復辟之外，簡直不知世上還有其它事情可做。「克己復禮」這四個字，因林彪關係，[131] 被當作儒家兩千多年來一脈相承的復辟證據，受到了最猛烈的圍剿和攻擊。

「克己復禮」見於《論語・顏淵》篇，原文是：

---

[131] Kam Louie, *Critiques of Confucius in Contemporary China*, pp.101-103.

景印香港新亞研究所《新亞學報》（第一至三十卷）

　　顏淵問仁。子曰：「克己復禮為仁。一日克己復禮，天下歸仁焉。為仁由己，而由人乎哉？」【132】

　　其實，「復」字在孔子時的古代漢語中，並沒有「恢復」和「復辟」的意思，而只有「回到」、「反復」之義。【133】「禮」字的狹義，指文物典章制度。它的廣義指社會上共同認可的道德原則，亦即宋儒的「天理」。在這一段話的整個義理和邏輯結構中，「克己復禮」的「禮」，只能作廣義的解釋，而不能作狹義的解釋。歷代諸家注釋，以朱熹注最得其實。朱熹以「勝」解「克」，以「私慾」解「己」，以「反」解「復」，以「天理」解「禮」，「克己復禮」之原意，就是「戰勝己私、返歸天理」，講的完全是個人的道德修養方法。【134】而且，「克己復禮」也不是孔子最早提出來的。據《左傳》昭公十二年（公元前 530 年）記載，楚靈王不聽右尹子革的勸告，兵駐乾谿，欲求周鼎於周天子，不能自克，以及於難，「仲尼曰：『古也有志』，克己復禮，仁也。『信善哉，楚靈王若能如是，豈其辱於乾谿。』」可證在孔子之前，已有人說過「克己復禮，仁也」這句話。孔子只是引述前人的言論，再加以分析，如此而已。把「克己復禮」中的「克」訓「能」，「復」訓「恢復」或「復辟」，把「禮」等同於「周禮」再等同於「奴隸制」，見於六十年代初期教條主義者如關鋒、楊榮國等人的評孔文章。於是，「克己復禮」這句既非孔子首創，又只限於談個人道德修養方法的話，便被教

【132】《論語・顏淵》篇，收入朱熹，《四書集註》（台北：世界書局，1980），卷 6，頁 77-78。

【133】大陸青年學者戴玉斌對「克己復禮」的「復」字，有精審的考證，參看戴玉斌，〈「克己復禮」辯正〉，《江淮論壇》，期 2（1982），頁 20-22。

【134】《論語・顏淵》篇，朱熹，《四書集註》，卷 6，頁 77-78。

【135】楊榮國，〈論孔子思想〉，頁 373-400；關鋒、林聿時，〈論孔子〉、〈再論孔子—— 兼論哲學史方法論的一個問題〉、和〈三論孔子〉，頁 217-270，303-327，401-411。

條主義者解釋為「盡己所能恢復奴隸制」。【135】關鋒、楊榮國對「克己復禮」的曲解，無疑是蔽於由教條產生的偏見，但多少也與他們的訓詁能力有關。到了七十年代的「批孔」，「克己復禮」更被上綱上線，便成了「孔老二」「維護和復辟奴隸制」的綱領。【136】讓我們看看梁效是怎樣解釋「克己」的：

> 「克己」，其實就是裝死躺下，等待時機，以反攻過去，這是反動階級政治代表當他們處於不利地位的時候，所慣用的一種反革命手法。林彪的「韜晦」之計，那些至今不肯改悔的黨內走資派風頭上認輸，風過後翻案，都是他們「克己」的妙用。他們沒有真理，沒有群眾，不敢光明正大，只有靠「克己」過日子，儘量隱蔽自己的政治目的，以屈求伸，時機一到，他們就要亮出「復禮」的旗號，暴露復辟的原形。……【137】

講完「克己」，梁效再把「復禮」與當前「整個社會的階級鬥爭」聯繫起來，「分析」出「復禮」的四條帶根本性的規律：（一）大造反革命輿論，攻擊革命的大好形勢，鼓吹「今不如昔」；（二）打擊革命的新生力量，鎮壓革命派和革新派人物；（三）扶植復辟勢力，在各部門各地方安插舊勢力，以控制局面；（四）扼殺新生事物，恢復舊制度。【138】把「克己」解釋為復辟分子在形勢不利時的屈伸和退隱，把「復禮」解釋為復辟分子在形勢有利時的伸張和進攻，名為述古，實為論今，用的都是最現代的語言，舉的都是最直接的當前案例；於是乎孔夫子便穿上了共產黨員的衣冠，在黨內兩條路線鬥爭的戲台上現身說法，塗白了鼻樑扮演著復辟小丑的角色。梁效的這篇文章，可視為七十年代「批孔」的樣板。鮮明的「政治性」、「現實性」和「針對性」，是二十世紀七十年代「批孔」文章的共同特色。

【136】梁效，〈「克己復禮」再批判〉，《光明日報》，1976 年 3 月 6 日。

【137】梁效，〈「克己復禮」再批判〉，《光明日報》，1976 年 3 月 6 日。

【138】梁效，〈「克己復禮」再批判〉，《光明日報》，1976 年 3 月 6 日。

景印香港新亞研究所《新亞學報》（第一至三十卷）

　　如果說，二十世紀六十年代初期大陸教條主義者所寫的評孔文章，儘管充滿偏頗歪曲之言，所爭的主要還是歷史上、學術上的是與非，目的還勉強可以說是在於「求真」，故在學術研究中仍可聊備一說。七十年代的「批孔」文章，立足在六十年代教條主義者對孔子偏頗歪曲的基礎上，所爭的是當前的、政治上的是與非，目的全在於「革命」。為了革命的需要，歷史上的事實是完全可以隨意改造和顛倒的。這些文章不能用學術的標尺來衡量，也沒有任何學術上的價值。並且，江青集團也無意把它們變為純學術性質的文章。它們都是藉著對孔子和儒家「從事復辟活動」的批判，敲起當前復辟危險的警鐘，吹響「反復辟」的進軍號，並通過對古今「一脈相承」的復辟思想和復辟行動的譴責，在一舉清除當前復辟勢力的同時，徹底清除孔子和儒家潛留在中華民族文化心理各層面的影響，以確保毛思想在定於一尊之後，能千秋萬代地繼續傳下去。

關於對「仁」的批判

　　毛澤東與江青集團，既是權力萬能論者，又是鬥爭萬能論者。一部「紅寶書」，由頭到尾，都是對暴力和階級鬥爭的煽情讚歌。要奪取政權，靠的是槍桿子；要保住政權，也得借助槍桿子的威力，對一切存在的或潛伏的復辟勢力予以無情的鎮壓。對暴力的崇拜，自然會導致對儒家去殘止殺的「仁政」思想的仇視。例如梁效就說：「……對於復辟勢力，只有專政，實行獨裁，才能鞏固新興的社會制度、鞏固國家的統一。秦朝之所以滅亡，其中一個原因，就是革命暴力運用的還不夠，對反革命的儒殺的太少，有一些漏網了，有一些養起來了。鎮壓反革命不夠徹底。」【139】而毛氏更曾公開宣稱「絕不施仁政」，【140】對孔子哲學核心——「仁」——尤其大不以為然。我們知道，「愛人」是「仁」的

【139】梁效，〈趙高的篡位和秦朝的滅亡〉，《人民日報》，1974 年 9 月 8 日。

【140】毛澤東，〈論人民民主專政〉，《毛澤東選集》，卷 4，頁 1468-1482。

正解，針對「仁者愛人」這一命題，毛氏說：

> 世上絕沒有無緣無故的愛，也沒有無緣無故的恨。至於所謂「人
> 類之愛」，自從人類分化成階級以後，就沒有過這種統一的愛。
> 過去的一切統治階級喜歡提倡這個東西，許多所謂聖人也喜歡提
> 倡這個東西，但無論誰都沒有真正實行過。【141】

「人類之愛」在毛氏眼中既不存在，那麼，孔子的「愛人」，「愛」的又
是些什麼「人」呢？毛氏又說：

> 孔夫子講「仁者人也」、「仁者愛人」。愛什麼人？所有人？沒
> 有那回事。愛剝削者？也不完全，只愛剝削者的一部份。【142】

「剝削者的一部分」何指？毛氏雖沒有指明，但大陸學者大都理解為
「奴隸主貴族」。【143】

　　孔子的仁學，核心是愛，毛氏的鬥爭哲學，核心是恨。由偏狹的階
級仇恨的觀點，看普遍的人類之愛，難免格格不入。強調「仁」的階級
性，以否定「仁」的普遍性，是毛氏兩次講話的用心所在。現在，讓我
們來看看毛氏的論據，是否足以支持他的論點。在第一段引文中，毛氏
否定孔子的「愛人」是「愛一切人」的普遍「人類之愛」，他的主要依
據是歷史上「誰都沒有真正實行過」這種愛。只是，「人類之愛」有沒
有「真正實行過」是一回事，孔子思想中是否相信過這種愛又是另一回
事，前者屬於客觀存在的範疇，後者屬於主觀思維的範疇。前者的不存
在，不能作為否認後者存在的理由。正如你可以不承認上帝的存在，但

【141】毛澤東，〈在延安文藝座談會上的講話〉，《毛澤東選集》，卷3，頁871。

【142】毛氏這段話，轉引自蔡尚思、李華興，〈學習毛澤東同志有關孔子論述的一些
體會〉，《孔子及孔子思想再評價》，頁14。

【143】新興地主階級和沒落奴隸主貴族都屬於「剝削者」的範疇，孔子既代表沒落奴
隸主貴族的利益，反對新興地主階級，「只愛剝削者的一部分」指的自然就是
「奴隸主貴族」了，蔡尚思就是這樣理解的。參看蔡尚思、李華興，〈學習毛澤
東同志有關孔子論述的一些體會〉，頁14。

景印香港新亞研究所《新亞學報》（第一至三十卷）

你卻不能以上帝不存在為理由，否認上帝在基督徒心中的存在。普遍的「人類之愛」是否真實存在於孔子思想中，只能從紀錄孔子言行的幾部先秦典籍中求證。用現實上不存在這種愛，作為否定孔子思想中存在過這種愛的理由，在邏輯上是站不住腳的。在第二段引文中，毛氏把孔子的「愛人」，限定為「只愛剝削者的一部分」（奴隸主貴族），卻沒有提出任何證據。這根本不是在擺事實、講道理，而是以政治霸凌學術。這對孔子哲學思想的正理理解，並無任何幫助。

　　任何人只要不存心歪曲，都可以在《論語》中找到大量的材料，證明孔子的「愛人」，愛的是顱圓趾方的一切人。然而，大陸最高的政治權威，亦即為最高的學術權威。毛氏兩段不通的講話，卻成了大陸學術界的玉律金科，一字不可更易。兩段講話中，以第二段講話說得最明白直接，沒有半點空子可鑽。第一段講話中，多少還留下一些讓大陸學者討論的餘地。幸而第二段講話是在一九六四年才講的，而且在文革前未公開發表過。正因如此，在一九六二年孔子討論中，大陸學者對孔子的「仁」，才能允許存有不同的看法。

　　歷史上從來沒實現過孔子的「仁」（普遍的「人類之愛」），這一觀點由毛氏在第一段講話中點出，已成為大陸學界不容許再有爭議的法律。但普遍的「人類之愛」是否存在於孔子思想中，由於當時毛氏的第二段講話尚未出來，故大陸學者仍有所爭論。教條主義者斷言孔子的「仁」（愛仁），無論在孔子主觀上，或在字面意義上，愛的都只僅僅侷限於奴隸主，而不包括奴隸。不過，教條主義者同時又指責孔子的「仁」（愛人）是在玩弄政治騙術。【144】但不少學者從《論語》中的大量證據中，力證孔子主觀上的「仁」，愛的不僅僅是奴隸主，而是包括了

【144】參看楊榮國，〈論孔子思想〉，頁373-400；以及關鋒、林聿時，〈論孔子〉、〈再論孔子——兼論哲學史方法論的一個問題〉、和〈三論孔子〉，頁217-270，303-327，401-411。

奴隸在內的一切人。【145】馮友蘭曾在論爭中尖銳地詰問教條主義者：你們既然說孔子的「仁」是政治上的騙術，那麼，你們就得跟著承認孔子的「仁」，至少在字面的意義上，也得把「愛奴隸」的涵義包括在內；否則，孔子又如何能用公開言明不愛奴隸的「仁」，向奴隸行騙？【146】

　　鼓吹階級仇恨和階級鬥爭，宣揚暴力鎮壓，是二十世紀七十年代「反復辟」的一個重要組成部分。而孔子的「仁政」思想，卻正好與完全相反。因此，文革的「批孔」，矛頭一開始即指向孔子的「仁」。「仁」本來是孔子思想的核心，而「禮」向來是從屬於仁，服務於仁的。孔子說過「仁而不人如禮何」、「禮云禮云、玉帛云乎哉」這樣的話，【147】已明白地說出仁內禮外，仁主禮輔的關係。梁效們卻抓住了「克己復禮為仁」這句話，斷言孔子哲學核心是「復禮」（復辟），而仁是服務於「復禮」（復辟）這一目的，【148】因此「復禮」（復辟）為主，「仁」為輔。梁效把孔子思想體系仁和禮這一主從關係顛倒，正是為了要突出「反復辟」的迫切性和重要性。

　　梁效們把孔子的「仁」歸結到「復辟」的旗下，集中加以攻擊，歸納起來，其要有三：

　　1.「仁」無論在內容意義和字面意義上，愛的都只是奴隸主，並不

【145】嚴北溟、劉節、金景芳等學者，都認為孔子的「仁」是把對奴隸的愛也包括在內的。參看嚴北溟，〈論「仁」——孔子哲學的核心及其輻射線〉，《江海學刊》，期3（1963年3月），頁12-21。劉節，〈孔子的「唯仁論」〉，《學術研究》，期3（1962年），頁40-53。以及金景芳，〈論孔子學說的「仁」和「禮」〉，吉林大學《社會科學學報》，期2（1962年），頁27-35。

【146】馮友蘭，〈論孔子關於仁的思想〉，《哲學研究》編輯部（編），《孔子哲學討論集》，頁289。

【147】《論語》，〈八佾〉篇，朱熹，《四書集註》〈上論〉卷二，頁13。《論語》，〈陽貨〉篇，《四書集註》，頁122。

【148】梁效，〈剖析孔丘的「仁」〉，《人民日報》，1975年3月15日。

包括奴隸。【149】「仁」嚴格的階級性，使階級敵人在「仁」說教下，消除內部矛盾和紛爭，互相愛護，同心合力地進行復辟大業。

2.「仁」本身強烈的欺騙性，使階級敵人在傳播「人類之愛」的號下，宣揚「階級鬥爭熄滅論」，消解革命人民的鬥志，麻痹革命人民的警覺性，為復辟活動創造條件。

3. 階級敵人利用由「仁」衍生的「己所不欲，勿施於人」、「中庸」等觀念，攻擊無產階級對他們的專政為「不仁」，為復辟活動製造口實。【150】

「階級性」與「欺騙性」二者不可並存，因為等「欺騙性」卻是與「普遍性」緊密相連。「仁」若要對另一階級有「麻痹」和「欺騙」功能，則必須突破「階級性」的「特殊」限制，而被賦予一種「普遍性的形式」。有關這一點，馮友蘭在文革前早有論及。【151】然而，在文革期間，真理也好，邏輯也好，統統不過是政治權威手中的玩偶。為了「革命」的需要，孔子的「仁」，既要讓它囿於嚴格的階級性，又要讓它帶有「普遍性形式」的欺騙性，再不通的邏輯，在權力的綠燈放行下，是照樣可以通行無阻的。

【149】 康立，〈孔子、儒家和禮〉，《學習與批判》，期1（1974 年 1 月），頁 53-57。北京大學、清華大學大批判組，〈評林彪所謂的「仁政」〉，《北京大學學報》，期 2（1975 年 4 月），頁 11-18。

【150】 參看羅思鼎，〈論秦漢之際的階級鬥爭〉，頁 16-26。羅思鼎，〈秦王朝建立過程中復辟與反復辟鬥爭〉，頁 30-40。唐曉文，〈孔丘的教育思想與「克己復禮」〉，《光明日報》，1974 年 5 月 28 日。梁效，〈「克己復禮」再批判〉，《光明日報》，1976 年 3 月 6 日。康立，〈儒家都是搞陰謀詭計的〉，頁 34-37。梁效，〈剖析孔丘的「仁」〉，《人民日報》，1975 年 3 月 15 日。

【151】 馮友蘭，〈論孔子關於仁的思想〉，頁 289。

結語

不僅對「克己復禮」及「仁」的批判，是緊扣著「復辟」與「反復辟」的鬥爭進行，江青頒布的餘下十二條標準，也無不和「復辟」與「反復辟」鬥爭緊密相連。請看：鼓吹唯心論、罵秦始皇、法先王、厚古薄今、分裂、賣國、土地兼併、鎮壓群眾等等，統統都被視作「復辟」的組成部分而遭到猛烈攻擊；而宣傳唯物論，禮贊秦始皇，法後王、厚今薄古、反分裂、反賣國、贊成統一、愛國、反土地兼併、愛護群眾等等，又全部被視為「反復辟」的「革命行動」而備受讚揚。「批儒」是因為它要「復辟」，「尊法」是因為它「反復辟」。在江青的十二條標準中，「復辟與反復辟」是綱，其餘都是目。所謂綱舉目張，由江青十二條產生出來的「批孔」四百篇（包括其中射周的四篇文章），都可以看作「反復辟」篇，「批孔」運動也可看作「反復辟」運動。把握到「復辟」與「反復辟」，便能跳出「權力鬥爭」的狹窄視野，從而把「批孔」運動放在傳統的和現代的、學術的與政治的更為深廣的角度中加以考察，並從中找出七十年代的「批孔」、六十年代的文革，以至由一九四九至一九七六這長達二十七年間，中共在學術、思想和文化領域歷次大批判和大鬥爭的真正關鍵。

江青集團垮台後的兩年內，為了配合當時華（國鋒）葉（劍英）集團在政治上對江青集團的清算，大陸學者也開始了在學術上對所謂「四人幫」的清算。七十年代的「批孔」運動，自然成了大陸學者清算的最主要目標。這些清算文章，從純粹權力鬥爭的角度，把「批孔」運動及梁效、羅思鼎、唐曉文這三寫作組寫出的批孔「四百篇」，統統都詮釋為對周恩來的影射和攻擊。這些文章的政治意味極其濃烈，學術意味極其稀薄。絕大部分文章，根本沒有談學術問題；少數文章雖涉及到學術問題，然而卻僅限於史料上的訂正，或且站在更機械、更僵化、更教條和更「左」的基礎上，批駁「四人幫」的「儒法鬥爭論」是如何如何離

57

馬、列之經，背毛澤東之道。在這一階段中，對「四人幫」的「尊法醜劇」，大陸學者嬉笑怒罵，冷嘲熱諷，發為文章，自然鋒芒畢露，淋漓痛外，確是前所未見。但對「四人幫」加諸孔子身上種種誣蔑與枉曲，大陸學者卻幾乎無人加以反對，似乎孔子確如「四人幫」所指，是個徹頭徹尾的反革命極右派，反動透頂的復辟祖師爺。一方面批判「四人幫」，一面卻把「四人幫」對孔子的種種誣枉，看成如山鐵案，信奉到底而一字不移。不少人甚至千方百計，不惜歪曲原文，斷章取義，竭力要把「孔孟之徒」的大帽扣到「四人幫」頭上，似乎不加上一頂「孔孟之徒」的帽子，則不足以批透批臭「萬惡的」「四人幫」。這些文章雖在批「四人幫」，使用的卻完全是「四人幫」慣用的陷人於罪的整人手法。職是之故，這些文章不但沒有學術上的價值，就連對了解七十年代「批孔」運動這一歷史真相而言，也只能起著誤導的作用。

　　一九七八年的「思想解放」運動，給大陸整個孔子研究領域帶來了新的生機。近三十年來大陸學者第一次被允許在純學術的範圍內，享受一定程度的獨立於政治和教條之外的有限度的自由。然而，就是這一點點的自由，給這個往昔的「禁區」帶來意想不到的繁榮。大陸學者小心翼翼地首先從阻力最小的一環──孔子的教育思想開始入手，給予孔子以某些肯定的評價，再慢慢地把對孔子的肯定擴大到其他領域。由一九七九年至一九八四年，大陸學者共發表了約五百篇孔子研究文章，對孔子哲學、倫理學、宗教、社會、政治、教育、美學、心理學等各種思想，都進行了討論。其深度和廣度，都大大超越了五十、六十年代的水平。對於孔子的評價及孔子的每一基本觀念，大陸學者的許多不同的看法和爭論，已非文革前的三大派系所能侷限。儘管分歧是尖銳而又複雜，但整個孔子研究的趨勢，是向愈來愈少的教條味，以及對孔子愈來愈多地予以同情的考慮這一大方向發展。

　　大陸學者替孔子辯誣翻案的努力，第一步表現在孔子從「千古罪人」改變為功過相參的歷史人物。一九七九年初，聲稱「不尊孔」的南

京大學哲學系主任孫叔平，撰文反對在以往的孔子研究中把孔子「一
棍子打死」的態度；【152】復旦大學教授嚴北溟，則要求大陸學者破除以
往的勇於否定、怯於肯定的「寧左勿右」心態，大膽地去肯定孔子學說
中「唯物的、積極的和帶有人民性的思想因素」。【153】這種努力發展到
第二階段，孔子便由「功過相參」的歷史人物，一變為「功大於過」的
偉大思想家、政治家和教育家。二十世紀五十、六十、七十年代加諸孔
子身上的一切「誣枉不實」之辭，大部分被推翻，不推翻的也受到質疑
和挑戰。例如，遼寧大學教師張立吾，在《論語》中挑出「節用而愛
人，使民以時」（〈學而〉），「學而優則仕」（〈子張〉），「有教無類」
（〈衛靈公〉），「民可使由之，不可使知之」（〈泰伯〉），「中庸之為德
也，其至矣乎，民鮮久矣」（〈雍也〉），「甚矣，吾衰也，久不復夢見
周公」（〈述而〉）等七條歷來被大陸學者詬病最多的語錄，一一予以疏
解，以駁正對孔子的種種有心或無心的曲解。【154】孔子學說的核心——
「仁」，也愈來愈被大陸學者認為帶有「普遍的真理性」而加以肯定。
例如，杜任之就把「仁」視為「被剝削階級要求人與人平等的觀
念」、「孔子新人類說」以及「替大眾謀福利的」、「民主自由的理
想形式」。【155】長久以來把孔子之道等同於封建專制主義這一積非成是
的觀念，也在這股替孔子「翻案」「平反」的大潮衝擊下，慢慢站不
住腳了。四川大學羅世烈教授，就雄辯地論證了中國封建專制主義的來
源，不出於孔孟之道，而出於三十多年來一貫被大陸學者尊奉為唯物主

【152】孫叔平，〈孔丘思想評析〉，收入朱東潤、李俊民、羅竹風主編，《中華文史
　　論叢》，（上海：上海古籍出版社，1979），一輯，頁25-31。

【153】嚴北溟，〈真假批孔論〉，收入朱東潤、李俊民、羅竹風主編，《中華文史論
　　叢》，頁33-47。

【154】見張立吾，〈撥亂反正話《論語》—「四人幫」孔子批判之批判〉，《遼寧大
　　學學報》，期1（1961年1月），頁3-9；期2（1961年3月），頁52-58。

【155】見杜任之，〈探索孔子思想的精華〉，《求索》，期4（1981年），頁56-64。

景印香港新亞研究所《新亞學報》（第一至三十卷）

義和革新勢力的代表—法家。因為孔孟講的是君臣之間相對的道德觀，倡導的是民貴君輕的政治理想，和絕對的君權主義是格格不入的。【156】西南政法學院教授楊景凡和他的助手俞榮根合作，寫出了中共政權建立以來第一本替孔子全面翻案的題為《論孔子》的專書，有系統地釐清和糾正了三十四年來大陸學者對孔子的種種誤會和曲解。該書可視為對這一潮流的總結，書中幾乎洗盡教條的味道，處處擺事實、講道理，客觀公正中又能不失諒解和同情。這種心態，在大陸的學術論著中，是非常罕見的。該書推崇孔子對歷史文化和古老文明作出的「傑出貢獻」，提出「中國固有文化以孔子為代表」，「不了解孔子，就無法深刻地了解中國，把握中國國情」，並堅持中華民族應以有孔子為傲。這種熱情揚溢的「尊孔」言論，更是前所未見。【157】

　　一九七九年之後，到一九九〇年代初期，大陸儒學研究的整個大勢，是以馬克思主義為基礎，批判地消化和吸收儒學的「合理內核」。整個過程，既表現為對馬克思主義的「修正」，也表現為馬克思主義的「深化」。「修正」主要是針對以往只強調馬列教條的普遍有效性，完全抹殺了中國哲學史的特殊性，粗暴地削古人之足，以適教條之履。「深化」主要是打破日丹諾夫定義的框框，開始注意到古代哲學家是否信仰唯物主義，與其政治立場的進步與否，並沒有必然的關係。正因如此，大陸的孔子研究，開始有方法論上的突破。李澤厚首先打破了三十多年來禁錮了無數聰明才智之士的「唯心唯物主義鬥爭」的格套，破天荒第一次從血緣基礎、心理原則、人道主義、人格理想以及把這四者聯

【156】羅世烈，〈封建主義不是孔孟之道〉，《新華民摘》，期3（1981年3月），頁80-84。

【157】楊景凡、俞榮根，《論孔子》（重慶：重慶西南政法學院參考叢書，1983），頁1-235。該書在當時是內部發行的參考書，市面上無法購得，蒙該書作者俞榮根先生以空郵賜贈，啻此一併致謝。

繫起來實踐理性構成的民族文化心理這一廣闊的歷史角度,來研究孔子的仁學結構。【158】湯一介在美國講學時,也提出馬列主義若要在中國生根,必須要在中國文化找到與之結合的接合點,這一接合點就是孔子的道德理想主義和人道主義。【159】以上種種,都體現了大陸學者在親歷了文革十年的大毀滅、大虛無的大悲大痛之後,由迷失而覺醒、因覺醒而向中國傳統文化認同和尋根的努力。值得特別表而出之,大書特書。

必須指出,替孔子平反的潮流,是緊密地和政治上平反文革的錯案、冤案和假案這一更大的潮流相呼應的。它存在的依靠,主要還是政治權威的默許甚至縱容。「四人幫」雖已垮台,但流風所被,左毒未除,在學術界中,打棍子的人還很不少。長達三十年的思想禁錮,更造成了驚人的知識閉塞和思想僵化,那些除了教條便一無所學,也一無所有的人,在大陸中年一輩的學者中,也絕不是少數。在「四個堅持」的當頭重壓之下,在「清除精神污染」的戰叫聲中,大陸未來孔子研究的前途,是凶是吉?它還能存在多久?這確曾是一令人擔憂的問題。不過,所謂「開弓再無回頭箭」,由於以鄧小平為首的中共新領導階層執意「徹底否定文革」,不僅無可避免地把毛澤東從神壇貶下塵寰,同時也摘去了中共一貫「偉大、光榮、正確」的光環。億萬曾被教條和「迷信」禁錮的心靈,也乘機得以脫困。被解放出來的理性,開始向中共的一切教條和論述提出質疑。經典馬克思主義和蘇俄的斯大林主義,尤其是毛澤東的鬥爭哲學和反復辟論,當然成了質疑的主要鵠的。這種質

【158】李澤厚,〈孔子再評價〉,《中國社會科學》,期2(1980年3月),頁77-96。

【159】Tang Yijie,"Prospects for the Study of the History of Chinese Philosophy：Also on the True , the Good, and the Beautiful in Chinese Traditional Philosophy" *Chinese Studies in Philosophy*(Winter,1983-84)Vol.XV.no.2,pp9-24.

疑，不僅來自黨外，更主要是來自黨內和黨內高層，儘管後者為了避免政權的合法性遭到過大的衝擊，仍然在表面上違心地聲稱信奉馬克斯主義，以及繼續維持對毛「七三開」的評價。

由理性質疑所形成的精神力量，導致了社會的鉅變。如果毛澤東今天還魂，他一定會痛心疾首，寧願一瞑不視，立刻再死一次。因為，他在後半生提心吊膽千方百計地刻意防範的「資本主義復辟」，在今日中共高層所標榜的「中國式的社會主義」實踐中，除了「千萬人頭落地」這一條之外，都無不變成了事實。在全國皆商全民下海的大潮之中，就連資本家也可以加入共產黨，而許多國營或黨營的中共負責幹部，也早已變成了資本家。毛澤東時代的政治運動和階級鬥爭已被中共官方正式唾棄，地主、富農也都全部被摘去了「帽子」，而被毛「陽謀」所網羅的五十多萬「右派分子」，不僅都被摘帽，而且還幾乎百分之百獲得平反。由於全國再無人真正信馬克思主義，民族主義便成了中共能夠證成自己統治合法性的最重要精神資源；而作為民族主義內核的傳統歷史文化，尤其是倡導「仁愛」、「中庸」和「合作」的儒家思想，更成了中共鼓吹的「和諧社會」和中國「和平掘起」的有力論據。五四後期曾甚囂塵上的「全盤西化」的話語，如今因「政治不正確」再也無人敢提。而與中國的歷史文化，尤其是儒家文化相關的各種研究計劃和課題，由於受到當局的青睞，則特別容易獲得獎助的機會。不少以講授馬列理論和哲學的大學教師，或者為了提升自己的學術地位，或者為了學術資源的爭競，也「與時俱進」地「盡棄本業」，搖身一變「轉型」為「儒家學者」，甚至「國學大師」。在五四時代曾被「丟入茅坑」的四書五經中，有一本《論語》被于丹女士撿出並加以通俗化的詮釋，一轉手間便狂銷過百萬冊。從清末到文革最為「進步人士」所詬病和攻訐的「尊孔讀經」，居然也否極泰來枯木逢春。台灣學者王財貴策畫和經營的兒童讀經班，被複製到中國大陸之後，讀經班裏的學生人數在幾年內便超過一千萬。如果再把不久前曾被安放在天安門的孔子巨型塑像，以及由中

共派遣的遍佈全球的孔子學院一起加以考慮的話，孔子在共和國的際
遇，甚至在自清末民初以來的際遇，從來沒有像今時今日這麼神氣和闊
氣過。港、臺新儒家中的有識之士，所擔心的已不再是政治對儒學的打
壓，而是政治對儒學的收編、利用和歪曲。

　　偉大的哲學思想體系，不能用行政命令禁絕，也不能被政治運動消
滅。只有吸收、消化其一切有益的和合理的因素，以融鑄自己的新體
系，才能達成「創造性的轉化」，開啟雙贏的新局。儒家思想和馬克思
主義的要義，都不在解釋世界，而在於改造世界。儒家強調在道德層面
上對人的改造，馬克思主義強調在經濟層面上對社會的改造。用中國的
老話講，儒家是「內聖」強而「外王」方面有所不足，馬克思主義在經
濟層面上的用心是屬於「外王」事功一面。我們或者可以這樣想，假若
毛澤東真對儒家與馬克思主義有比較相應的了解，而能放棄他的鬥爭哲
學，立足於溫和社會主義經濟平等理論的基礎上，從更高的層次對儒家
的道德理想主義作全盤的綜合和繼承，也未必不能有助於儒家思想與馬
克思主義的新發展。可惜毛澤東見不及此，反以「批判」和「禁絕」的
方法，對待儒家思想，不僅嚴重戕傷了中華民族的精神生命，而毛思想
也一敗塗地。這是孔子的悲劇，是中華民族的悲劇，同時也是毛澤東本
人的悲劇。中共的新領導階層對毛澤東的悲劇並非無動與無感，但他們
在放棄馬克思主義和毛的鬥爭哲學之時，又有把社會的正義和公平等理
想一同放棄的趨向：他們對傳統文化、儒家和孔子的推崇，畢竟是出於
利用的成分多，緣於心悅誠服的成分少，他們能否另外闖出一條新路，
究其實是未定之天，我們也只好拭目以待了。

63

稿　約

（一）本刊宗旨專重研究中國學術，以登載有關中國歷史、文學、哲學、教育、社會、民族、藝術、宗教、禮俗等各項研究性之論文為限。

（二）本刊年出一卷。

（三）本刊由新亞研究所主持編纂，歡迎海內外學者賜稿。

（四）來稿每篇原則上以三萬字為限，請附中文提要（二百字內）；英文篇題；通訊地址、電話、傳真及電郵地址。

（五）來稿均由本所送呈專家學者審閱，以決定刊登與否。

（六）本所有文稿刪改權，如不同意，請預先聲明。

（七）文責自負；文稿若涉及版權問題，由作者負責。

（八）來稿請勿一稿兩投。本所不接受已刊登之文稿。

（九）來稿如以電腦處理，請以word系統輸入，並隨稿附寄電腦磁片，或以電郵附件傳送本所電子郵箱。

（十）請作者自留底稿。來稿刊用與否，恕不退還。若經採用，將盡快通知作者；如半年後仍未接獲採用通知，作者可自行處理。

（十一）本刊所載各稿，其版權及翻譯權均歸本研究所；作者未經本所同意，不得在別處發表或另行出版。

（十二）來稿刊出後，作者每人可獲贈本刊二本及抽印本三十冊，不設稿酬。

（十三）來稿請寄：

香港　九龍　農圃道6號，新亞研究所

《新亞學報》編委會收

Editorial Board, New Asia Journal

New Asia Institute of Advanced Chinese Studies

6 Farm Road, Kowloon

Hong Kong

或以電郵傳送到本所電子郵箱：

newasia2010@gmail.com

新 亞 學 報 第三十卷

出　　版：新亞研究所

　　　　　九龍農圃道六號

　　　　　No. 6, Farm Road, Kowloon, Hong Kong

　　　　　電話：(852) 2715 5929

編　　輯：《新亞學報》編輯委員會

發　　行：新亞研究所圖書館

　　　　　九龍農圃道六號

　　　　　No. 6, Farm Road, Kowloon, Hong Kong

　　　　　電話：(852) 2711 9211

　　　　　電郵信箱：newasia2010@gmail.com

定　　價：港幣二百元

　　　　　美金二十五元

ISSN: 0073-375X

出版日期：二〇一二年五月初版

新亞學報

目　錄

第三十卷　　　　　　　　　　　　　　　　　　二〇一二年五月

景印本・第三十卷

NEW ASIA INSTITUTE OF ADVANCED CHINESE STUDIES

ISSN 0073-375X

9 770073 375008